Atlas Architektur

Atlas

Francesca Prina mit Elena Demartini

Architektur

Geschichte der Baukunst

Deutsche Verlags-Anstalt München

Die italienische Originalausgabe erschien 2005
unter dem Titel »Grande Atlante dell'Architettura«
bei Electa

Aus dem Italienischen übersetzt von Ulrike Stopfel

Bibliografische Information der Deutschen
Bibliothek
Die Deutsche Bibliothek verzeichnet diese
Publikation in der Deutschen Nationalbibliografie;
detaillierte bibliografische Daten sind im Internet
über <http:dnb.ddb.de> abrufbar.

1. Auflage

Lektorat und Redaktion: Caterina Giavotto,
Milena Archetti
Bildredaktion: Elena Demartini
Grafische Gestaltung und Herstellung:
Dario Tagliabue, Sara Salvi, Mario Farè,
Giancarlo Berti
Satz: Boer Verlagsservice, München
Umschlaggestaltung: Büro Klaus Meyer, München –
Jan Riemer
Printed and bound in Spain
ISBN-10: 3-421-03606-3
ISBN-13: 978-3-421-03606-3

www.dva.de

Abbildung Seite 16/17: Giovanni Paolo Panini,
Vedute di Roma moderna, 1759, Detail; Paris,
Louvre
Abbildung Seite 386/387: Foster and Partners,
Kuppel des Reichstags, Berlin, 1995–1999, Detail

Hinweise für den Leser

Das Buch hat zwei Teile, den Atlas und den Apparat.
Der Atlas enthält Doppelseiten zu 148 Themen und 36 Hauptwerken der abendländischen Architektur. Jede Doppelseite gibt mit einem farbigen Balken den Hinweis auf die jeweilige Epoche; die Farben sind folgendermaßen zugeordnet:

- Romanik
- Gotik
- Renaissance
- Barock und Rokoko
- Historismus
- 20. Jahrhundert

- Hauptwerke

Auf einigen Seiten finden sich zusätzlich »Fenster« mit vertiefenden Informationen zu Themen oder Personen. Die Doppelseiten zu einzelnen Bauwerken sind mit einem durchgezogenen Balken gekennzeichnet.

Der Apparat enthält Architektenbiografien und ein Register der Namen, Orte und Werke, ergänzt um ein kleines Glossar.

Inhalt

Vor der Reise

Antik, modern, klassisch

Die Vertrautheit, die wir alle mit den Werken der Architektur empfinden, vermittelt uns dennoch nur ein oberflächliches Bild. Architektur präsentiert sich uns unmittelbar, in Form von »Objekten«, die wir nutzen, und zugleich ist sie einem ständigen Evolutionsprozess unterworfen, der die Entwicklung und die kulturellen Präferenzen vieler Generationen sichtbar macht.

Für die Kunstgeschichte ist das Benennen der historischen Stile das primäre begriffliche Instrument von Forschung und Deutung; was im Nachhinein als logische Entwicklung erscheint, ist oft das Resultat eines komplexen, schwer zu entziffernden Prozesses der Selbstdarstellung von Gruppen oder Individuen. Im Übrigen bewirken die Lückenhaftigkeit des erhalten gebliebenen architektonischen Erbes – das gilt auch für die Bauten aus jüngster Zeit –, die Dürftigkeit und Widersprüchlichkeit der Quellen und der häufig sehr unvermittelte Wechsel ästhetischer und geschmacklicher Beurteilungskriterien eine gewisse Unsicherheit in der Festlegung historischer Epochen; jede Generation steht mit ihrer Zurückweisung oder Neubewertung von Überlieferungen in einem ganz eigenen Verhältnis zur Geschichte. Wir brauchen nur an die negative Auffassung von Gotik als Ausdruck einer barbarischen, dunklen Epoche zu denken, wie sie bis zur Neubewertung im 18./19. Jahrhundert gültig war, oder auch an die Verurteilung des historistischen Eklektizismus durch die Moderne. Und noch ein Beispiel: Die Debatte der zweiten Hälfte des 20. Jahrhunderts über die »moderne« Architektur war von einer entschiedenen Ablehnung des Funktionalismus und Rationalismus der ersten Jahrhunderthälfte gekennzeichnet, zugunsten einer eher unvermittelten Neubewertung des Historismus, und dies nicht nur in der akademischen Auseinandersetzung, sondern von vielen »postmodernen« Architekten auch in die Planungspraxis eingeführt. Offensichtlich verläuft die Auseinandersetzung über die Modernität von Architektur heute genauso wie in früheren Epochen.

Der Begriff »modern«, zum ersten Mal am Ende des 5. Jahrhunderts zur Unterscheidung der christlichen Gegenwart von der römisch-heidnischen Vergangenheit verwendet, bringt das Bewusstsein einer Epoche zum Ausdruck, die sich mit der vorausgegangenen Tradition vergleicht und sich damit als Resultat des Übergangs vom Alten zum Neuen versteht. Das gilt nicht nur für die Renaissance, mit der für uns die moderne Ära beginnt, sondern auch für die Epoche Karls des Großen, für das 12. Jahrhundert und für die Aufklärung, das heißt für alle jene Perioden, in denen sich in Europa das Bewusstsein einer neuen Epoche in der Folge eines neuen, anderen Bezugs zur Antike herausbildete. Die *antiquitas* nimmt damit in diesem ganzen Prozess die Rolle des Vorbildes ein; erst mit dem Positivismus der Aufklärung, das heißt mit der Überzeugung vom Fortschritt des Wissens und von der stetigen Verbesserung der Gesellschaft und Moral emanzipiert sich das Urteil vom bestimmenden Einfluss der klassischen Werke der Antike, wie er bis dahin das Selbstverständnis der diversen Epochen als »modern« geprägt hatte. Wenn die Moden veralten, bewahrt das, was »modern« ist, einen subtilen Zusammenhang mit dem Klassischen, der bis zur Industriellen Revolution eine ständige Bezugnahme auf die Antike bedeutete. Die im Entstehen begriffenen Staaten eines sich soeben neu ordnenden mittelalterlichen Europas orientierten sich immer wieder an der antiken Tradition, was sich von der karolingischen

Parthenon, Athen, 447–430 v. Chr.

»Renaissance« bis zur Gotik beobachten lässt; Humanismus und Renaissance warteten dann mit einer neuen Deutung der Antike auf, die auf besserer Quellenkenntnis beruhte und von einem wissenschaftlichen, rationalen Denken geprägt war, das den Supremat der Theologie ersetzte. Die Rückkehr zur Antike brachte den Dualismus der Moderne hervor, einerseits die klassisch orientierte Kunst, andererseits eine immer weiter emanzipierte und immer stärker an den Naturwissenschaften orientierte Technik – ein Konflikt, den die moderne Architektur des 20. Jahrhunderts in der Weise zu lösen versuchte, dass sie die Technik voll einbezog.

Die historische Perspektive vereinfacht die komplexen Abläufe, die sich in den Werken der Architektur materialisieren; viele Bauwerke, die zur Zeit ihrer Errichtung als revolutionär angesehen wurden, waren nach wenigen Jahrzehnten vergessen oder galten mittlerweile als »klassisch«. Zu den historischen Gegebenheiten gehört darüber hinaus die »Veränderung«: Zerstörung und Wiederherstellung, partielle oder totale Umgestaltung, lange Bauzeiten und folglich Änderung der Form und des Bauprogramms, Überlagerung von Stilen, Restaurierungsmaßnahmen. Vor diesem Hintergrund gewinnt noch jedes Bauwerk, das rein zufällig überlebt hat, einen dokumentarischen Wert als typisch für eine Epoche oder als originale Realisierung eines formalen Programms oder Konzepts, das sich im Laufe der Geschichte immer wieder veränderte.

Architektur als Repräsentation des Raums

Niemand kann die Augen vor der Architektur verschließen; sie bildet die urbane Szene, sie ist Teil unseres bürgerlichen Zusammenlebens, und sie trägt das Zeichen des Menschen in die Landschaft.

Der spezifische Charakter der Architektur, das, was sie von den anderen Künsten unterscheidet, besteht

Nîmes, römischer Aquädukt, Anfang 1. Jahrhundert n. Chr.

Maxentiusbasilika, Rom, ca. 308

darin, dass sie sich in einem dreidimensionalen Vokabular ausdrückt, das den Menschen einschließt: sie plant einen Binnenraum, der sich nicht in anderer Form darstellen lässt und der nur durch direkte Erfahrung erfasst und erlebt werden kann. Der Raum wird so zum Protagonisten der Architektur.

Die Realität eines architektonischen Objekts erschöpft sich nicht in den drei Dimensionen der Perspektive, sondern umfasst eine unendliche Zahl von Perspektiven, die der Zahl der eingenommenen Standpunkte entspricht. In der Malerei oder in der Bildhauerei ist die »vierte Dimension« eine repräsentative Qualität des Objekts selbst; in der Architektur wird die vierte Dimension vom Menschen erschaffen, der, im Inneren eines Gebäudes oder in seinem Umkreis sich bewegend, es unter verschiedenen Gesichtspunkten betrachtet. Aber die Architektur geht noch weiter: Der umschlossene Raum ist nicht in Begriffen der Dimension zu definieren – er ist vielmehr ein Phänomen, das ihren spezifischen Charakter ausmacht.

Das Raumerlebnis greift überdies auf die Stadt, auf die Straßen und Plätze aus: das einzelne Gebäude, durch seine individuelle Architektur scheinbar umfassend definiert, wird erschöpfend doch erst im Zusammenspiel mit dem umgebenden Raum erfahren. Damit ist auch klar, dass viele Dinge, die anscheinend nicht unmittelbar etwas mit Architektur zu tun haben – Brunnen, Straßengestaltung und -möblierung, der Dekor der Fassaden, die Gärten –, eben doch alle miteinander zur Entstehung einer Stadtgestalt beitragen. Jedes Gebäude charakterisiert sich im Übrigen durch eine Vielzahl ökonomischer, sozialer, technischer, funktionaler, künstlerischer, räumlicher und dekorativer Werte, es ist die Konsequenz der Summe aus diesen Werten; der Raum an sich, auch wenn er

Grundlage der Architektur ist, reicht nicht aus, sie zu definieren.

Eine umfassende Architekturgeschichte ist mithin die Geschichte dieser vielfältigen Faktoren, die zusammen die Bautätigkeit über die Jahrhunderte hinweg prägen und die Gebiete der menschlichen Interessen und Angelegenheiten nahezu vollständig abdecken: die sozialen Gegebenheiten – die ökonomische Situation und der Wille der Bauherren –, die intellektuellen Voraussetzungen – sie bestehen nicht nur in dem, was die Gemeinschaft und das Individuum sind, sondern auch in dem, was sie sein wollen –, die technischen Möglichkeiten und schließlich die bildnerischen und ästhetischen Vorstellungen, die alle Künste einbeziehen. All diese Faktoren zusammen bereiten die Szene, auf der Architektur entsteht, ob als Materialisierung der Vorherrschaft einer Schicht, als religiöser Mythos, als gemeinsame Anstrengung, als technische Neuerung, als Mode: das Produkt der Koexistenz und des Gleichgewichts aller Komponenten der Kultur, die sie hervorbringt.

Epochen des gebauten Raums: Ein kurzer Blick auf die abendländische Architektur von der Antike bis zum frühen Mittelalter

Nach dem Untergang der antiken Welt war das spezifische Wissen von einer griechischen Kunst lange Zeit verloren, weil gänzlich von der römischen Kultur as-

Santa Costanza, Rom, ca. 350

Santa Maria Maggiore, Rom, ca. 423

similiert und am Ende in eine sehr viel allgemeinere Vorstellung von »antiker Kunst« eingegangen. Die Kenntnis von der Autonomie der griechischen Kunst breitete sich erst mit der Renaissance allmählich aus, zunächst eher auf literarischem und philosophischem als auf künstlerischem Gebiet, um dann in der Folge der Studien Winckelmanns im 18. Jahrhundert in eine begeisterte Wiederentdeckung zu münden. Seitdem übte das mythische und metahistorische Verständnis dieser Kunst, das sie zum vollkommenen Modell machte, erheblichen Einfluss auf die abendländische Kultur aus. Sehr wichtig war in diesem Zusammenhang die exemplarische, bildende Funktion, die die bürgerlich-laizistische Gesellschaft des 19. Jahrhunderts in der Beschäftigung mit den Klassikern und hier speziell im Zusammenfallen von Ethik und Ästhetik erkannte. Für die Baukunst hatte das zur Folge, dass dem griechischen Beispiel eine ganz besondere Stellung zukam; in der griechischen Kultur spielt die »Form«, verstanden als Ausdruck von »Bedeutung«, eine große Rolle für die rationale Vermittlung der Komplexität der Natur wie auch der ethischen Konzeption des Menschlichen und des Göttlichen. Diese zentrale Bedeutung der Form hat letztlich einen gravierenden Prozess der »Formalisierung« und damit am Ende eine akademische und streng formalistische Konzeption hervorgebracht, die gerade das Feld der Architektur mehr als alle anderen bestimmte; hier sei nur an das Fortbestehen der Modellfunktion des griechischen Tempels erinnert. Von der Entdeckung des Vitruvschen Architekturtraktats, des einzigen aus der Antike überkommenen theoretischen Textes, bis zu ihrer Akademisierung im 19. Jahrhundert galt die Theorie der architektonischen Ordnungen als eine Art metahistorische Norm des Bauens. Allerdings ließ sie es bei den Ordnungen und beim Tempelgebäude bewenden und ignorierte die Vielfältigkeit in den Typologien und urbanen Strukturen.

Die Formenvielfalt, der monumentale Maßstab vieler öffentlicher Bauten, die Technik von Bögen und Gewölben, der Einsatz von Beton und der Sinn für große Volumina – von den Zisternen über die Aquädukte bis hin zu den mächtigen Raumkonzeptionen der Basiliken und Thermengebäude – sind dagegen Ausweis eines ausgesprochen szenografischen Denkens und eines Erfindungsreichtums, der aus dem antiken römischen Bauwerk eine Art morphologische Enzyklopädie der Architektur macht. In Rom sind mit den monumentalen Dimensionen der kaiserlichen Bauten nicht nur immer schwierigere technische Fragen zu lösen. Hier ist darüber hinaus der gesellschaftliche Aspekt der Basilika zu bewältigen, eines Ortes, an dem Menschen mit einer philosophischen und kulturellen Orientierung agieren, die mit dem perfekten Gleichgewicht des griechischen Ideals gebrochen hat, um statt dessen Psychologie und großer Rhetorik Raum zu geben. In der römischen Architektur des ersten nachchristlichen Jahrhunderts haben wir das ganze Wörterbuch der europäischen und mediterranen Zivilisation, aus dem sich eine unendliche Zahl von Motiven und Anregungen entnehmen lässt. Wahr ist, dass Rom alle architektonischen Leistungen der ihm unterworfenen Territorien absorbierte, und wahr ist auch, dass im architektonischen Wortschatz Roms nicht die Genesis aller späteren Raumkonzeptionen zu finden ist. Der Bogen war schon in Ägypten, das Gewölbe schon im Orient vorhanden, bevor die Römer sie übernahmen; eine architekturhistorische Betrachtungsweise muss aber auch sehr deutlich machen, dass Rom damit Elemente übernahm, die ganz unterschiedlich in Raumauffassung, Maßstab, Absicht und Bedeutung sind. In der öffentlichen römischen Baukunst dominieren die Symmetrie und die absolute Autonomie der Bauten, die durch die Stärke der Mauern noch unterstrichen wird: monumentale Großartigkeit als Ausdruck der Autorität und als Symbol der beherrschenden Präsenz des Imperiums. Eben deshalb beziehen Akademismus und Eklektizismus nicht etwa dekorative Elemente oder Fassadenmotive aus der römischen Architektur, wie sie es mit der griechischen Architektur taten; der »römische Stil« prägt vielmehr das Innere großer amerikanischer Bankgebäude und die riesigen Marmorhallen von Bahnhöfen, mit anderen Worten: alle Bauten, die mit ihren Dimensionen beeindrucken. Die römische Architektur findet sich darüber hinaus dort, wo ein Symbol gesetzt werden soll, also in rhetorischen Bauten, in denen sich imperiale Ansprüche und der Mythos der militärischen und politischen Herrschaft äußern.

Hagia Sophia, Istanbul, ca. 523–537

San Vitale, Ravenna, ab 526

Die Christen holten sich die Formen ihres Tempels aus der Enzyklopädie der griechischen und römischen Architektur. Im Namen des Menschen vollzogen sie auf abendländischem Boden eine funktionale Revolution: Die christliche Kirche orientiert sich an der römischen Basilika, weil in ihr das soziale Thema der Versammlung seinen Ort hatte. Allerdings reduzierten die Christen die basilikalen Proportionen im Hinblick auf eine Religion des Intimen und schufen so ein angemessenes Umfeld für die, die hier Aufnahme finden sollten. Diese Transformation übertrug sich im Sinn des spirituellen Wegs des Menschen auf die Ordnung aller Elemente des Kirchengebäudes. Die zweiseitige Symmetrie der römischen Basilika wurde durch Eliminierung einer der beiden Apsiden und durch die Versetzung des Eingangs an eine der beiden kürzeren Seiten aufgegeben, damit wurde die Längsachse zur einzigen Raumleitlinie. Grundrissgestaltung, räumliche Konzeption und in ihrer Folge der gesamte Dekor orientieren sich an einem einzigen Maß von dynamischem Charakter: am Weg des Gläubigen vom Eingang zum Altar. Diese in der Tat revolutionäre architektonische Lösung schafft einen längsgerichteten Raum, in dem der Gläubige sich als integrierenden Bestandteil eines vorgegebenen und von der rhythmischen Prozession der Säulen nachgezeichneten Wegs empfindet. Die gleiche dynamische Lösung findet sich in Gebäuden über Zentralgrund-

riss, vom statischen Raum des Pantheons – einheitlich zentriert ohne Abstufung von Licht und Schatten, begrenzt von mächtigen Mauern – über den Tempel der Minerva Medica – prächtiges Beispiel der Dekadenz, des Stiller- und Nachdenklicherwerdens des römischen Denkens durch die Aufnahme von Anregungen orientalischer Herkunft und bereichert durch atmosphärische Motive – bis zur Kirche Santa Costanza, in der der Ringkorridor eine neue räumliche Gliederung schafft, eine Dialektik von Licht und Schatten, die das Mauerwerk überspielt und eine Vielzahl von Richtungen suggeriert.
In byzantinischer Zeit geht die frühchristliche Basilika noch einen Schritt weiter, indem sie eine dynamische Beschleunigung in das Längsschema einführt. Die Gebäude über Zentralgrundriss aus justinianischer Zeit, die Hagia Sophia in Konstantinopel und San Vitale in Ravenna, arbeiten mit der gleichen Raumanordnung und der gleichen Ästhetik – sie negieren die vertikalen Bezüge und betonen die radialen Richtungen. Der byzantinische Raum ist ein stets sich weitender Raum, in dem das dynamische Element sich in Gestalt schimmernder Ebenen, in riesigen lichterfüllten Flächen zeigt: Eine neue Inspiration klingt zusammen mit einer gleichgestimmten, dogmatischen und abstrakten Spiritualität, eine neue Botschaft, die ihre Stimme im 12. und 13. Jahrhundert mit der Entstehung von San Marco in Venedig

Torhalle, Lorsch, 767–774

Pfalzkapelle, Aachen, 796–805

gegenüberliegende Seite
Corvey, Westwerk, 873/85–ca. 1150

und der Martorana in Palermo erheben und ein Echo in der gesamten orientalischen Baukunst finden wird. Die Jahrhunderte des frühen Mittelalters müssen als eine Epoche der Formbildung angesehen werden, in der sich kräftige, ganz neue Anregungen ausmachen lassen, die den historischen Nährboden des abendländischen Bewusstseins erschaffen. Damit finden wir in einem scheinbaren Niedergang die Keime der romanischen Architektur und die Gestaltungskräfte jener räumlichen Konzeptionen, wie sie dann im 11. und 12. Jahrhundert entwickelt werden sollten. Die in ikonographischer und struktureller Hinsicht originären Elemente der Bauproduktion dieser Jahrhunderte – ihr vorherrschendes Thema ist das Kirchengebäude, der Ort, an dem sich alle kreativen Kapazitäten, alle künstlerischen und handwerklichen Techniken entfalten – sind die Höherlegung des Presbyteriums, das Deambulatorium, das die Seitenschiffe um den Raum der Apsis herum führt, die Verstärkung der Wände mit der sichtbaren Akzentuierung der Beziehung von Stütze und Last, das Ganze mit groben, aber mit großer expressiver Wirkung eingesetzten Materialien (Ziegel, Kiesel, unbehauene Steine) realisiert, zugleich verbunden mit der Negierung des byzantinischen Raums, mit der Unterbrechung der Horizontalen und mit der neuerlichen Abkehr vom einheitlichen Rhythmus der Längsachse. Abkehr von der zentrifugalen byzantinischen Dynamik und Hinwendung zu einer konstruktiven Solidität, die ganz lateinisch ist. In der »karolingischen Renaissance« lässt sich die allmähliche Transformation der christlichen Basilika zum mittelalterlichen Kirchengebäude beobachten, das sich, obwohl es das ursprüngliche Schema beibehält – drei Schiffe, Apsis und Dach, erheblich verstärkte Wände, Reduzierung der Öffnungen und der Fenster, Ersatz der Säulen durch Pfeiler –, als massiver Organismus präsentiert, mit der Tendenz, eine Poetik des geschlossenen und verschatteten Raums zu erschaffen. Die fortschreitende »Romanisierung« Europas in der Organisation der lokalen Kirchen, in der Liturgie und in der Ausbreitung der Benediktinerregel kann nicht verhindern, dass sich mit der Errichtung des Heiligen Römischen Reiches im 8. Jahrhundert der Schwerpunkt der abendländischen Kultur in den Raum nördlich der Alpen verlagert. Die karolingische Architektur, eine elitäre höfische Kunst, ausgerichtet auf die Verschmelzung der klassischen römischen Tradition mit dem Christlich-Spirituellen, tritt mit einer höchst bedeutsamen Neuerung typologischer und struktureller Art auf, die in den kommenden Jahrhunderten ein breites Echo vor allem im fränkisch-germanischen Bereich finden sollte: mit der Erfindung der Doppelchörigkeit. Diese Erfindung führt zu einer radikalen Veränderung der visuellen Erfahrung des Bauwerks, die jetzt keine einfache, auf eine Richtung bezogene mehr ist, sondern eine vielfältige, alternierende Erfahrung. Mehr als ein Jahrhundert verging nach dem Zusammenbruch des römischen Imperiums, bis die Architektur neue Anreize und eine neue Entwicklung fand: das Heilige Römische Reich Deutscher Nation machte sich die Formen der weströmischen Kunst zu eigen und erweiterte ihren sakralen, erhabenen Gehalt.

Die endgültige Trennung zwischen dem West- und dem Oströmischen Reich im Jahr 476, der Zusammenprall der Institutionen und ihre wechselseitige Nichtanerkennung, der Gebrauch zweier verschiedener Sprachen, des Lateinischen und des Griechischen, zur Befestigung der Unterschiede und die unterschiedliche Haltung gegenüber der christlichen Religion zogen eine politische, ökonomische, kulturelle, soziale und religiöse Teilung nach sich, die ihren unmittelbaren Niederschlag in der Baukunst fand. Die »Romanisierung« des Abendlandes und das entsprechende Identitätsbewusstsein zeigten sich in einer kulturellen Einheit Europas und in der Fähigkeit dieser neuen abendländischen Zivilisation, die verschiedenen Komponenten vor dem Hintergrund einer dynamischen wirtschaftlichen und politischen Entwicklung zu assimilieren und zu überbieten. Eben deshalb berücksichtigt der »Atlas Architektur« zumindest bis zum 20. Jahrhundert nur solche Regionen, in denen sich Umrisse einer architektonischen Kultur abzeichneten, die im historischen Rückblick zum tragenden Gerüst der Architektur des Abendlandes wurden. Die wichtigsten Kennzeichen, die Entwicklungen, die regionalen Besonderheiten einer tausendjährigen Geschichte werden anhand einer geographisch-historischen Landkarte analysiert, wobei die einzelnen Routen einer chronologisch-stilistischen Ordnung folgen, die dem Leser die Reise in die Architekturgeschichte des Abendlandes erleichtern soll. Im Übrigen zwingt Architektur zur Beschäftigung mit sehr vielen interdisziplinären Zutaten und Beziehungen sowie mit den vielfältigen Zusammenhängen mit anderen Wissensfeldern: ein methodisches Vorgehen, das die Quersuche innerhalb dieses Bandes begünstigt. Damit präsentiert diese Architekturgeschichte, wenn auch in den Grenzen einer extremen Synthese, ein nahezu umfassendes Panorama der Entwicklung der abendländischen Baukunst vom Mittelalter bis heute. Auch wenn sie unmöglich erschöpfend sein kann, will sie doch Forschungsanreize bieten, Themen nennen, die sich vertiefen lassen, und damit die Neugier der Leser wecken.

Die Baukunst der Protoromanik in Europa vom späten 10. bis zur Mitte des 11. Jahrhunderts

An der Schwelle eines neuen Jahrtausends

Im 11. Jahrhundert kam es zwischen Experimenten und Rückbezügen, zwischen klassischen, frühchristlichen und byzantinischen Elementen, zwischen islamischen und antiken orientalischen Elementen zu einer kulturellen Neuordnung Europas. Vor dem Hintergrund aller dieser Anregungen war die frühromanische Architektur auf der Suche nach einem eigenen formalen Gleichgewicht. Vertreten wird sie durch das Kirchengebäude. Die wechselseitige Bedingtheit von architektonischer Form und Bedeutung spiegelt sich in der Physiognomie des Innenraums, die auf das komplementäre Verhältnis von plastischer Masse und Atmosphäre setzt, so das byzantinische Modell hinter sich lässt und sich von der Formensprache der klassischen Antike lossagt: Die Säule wird durch den Pfeiler ersetzt; an die Stelle der scheinbar substanzlosen Oberflächen treten Mauern, die häufig als kompakte Masse aufgefasst sind; die Wände sind in der Senkrechten in drei oder vier Zonen (Arkaden, Empore, Triforium und Lichtgaden) gegliedert. Auf die radikale Veränderung des statisch-konstruktiven Systems folgt die zunehmende Beherrschung der Kunst der Einwölbung des gesamten Gebäudes. Gleichzeitig ergeben sich mit der Notwendigkeit, den Chor zu erweitern und den Bereich des Presbyteriums neu zu gestalten, revolutionäre Lösungen für den Ostteil: Die Verwendung des Chors, in Kombination mit dem Querschiff und dem Vierungsturm, als Umgang erfordert einen anderen, differenzierten räumlichen Ausdruck in visuellen, perspektivischen und Helldunkelwirkungen, die sich am Außenbau zu einer komplexen, gegliederten architektonischen Struktur, einer Kombination von Volumina, geschmückt mit spätantiken Elementen wie Lisenen, Rundbogenfriesen und Blendarkaden, zusammenfügen.

Abtei Saint-Martin-du-Canigou, 1001–1009, 1026
Im Südwesten Europas versuchte man sich seit dem Ende des 10. Jahrhunderts an der Veränderung des statisch-konstruktiven Systems durch die Einführung gemauerter Gewölbe. Die beiden Geschosse der kleinen Kirche Saint-Martin-du Canigou haben drei Schiffe gleichen Grundrisses mit je einer Tonnenwölbung nach römischem Vorbild; dieses Schema geriet während des gesamten Hochmittelalters nie wieder in Vergessenheit. Die Bauten der Frühromanik in Südeuropa sind in der Regel klein, niedrig und eng, mit robusten Strukturen, die überall gemauerte Gewölbe möglich machen, mit sparsamen Fensteröffnungen und halbdunklem Innenraum. Diese frühen Versuche hatten notwendigerweise die Aufteilung des Innenraums und die Anpassung der Stützen zur Folge.

Dom, Trier, 1039–1066
Der Westbau repräsentiert mit diversen architektonischen Elementen römisch-germanischer Provenienz die neue Gestaltung des Außenbaus. Die Westfassade wird zu einer architektonischen Aufgabe: Der Westbau von Trier ist vielleicht das majestätischste Beispiel der deutschen Frühromanik überhaupt. Eine reiche, differenzierte Gliederung kennzeichnet die Westapsis, die vier Türme, die Nischen und die in die Wände geschnittenen Bogengänge in ihrer raffinierten Zusammenfügung. Mit dem aus dem Westwerk der doppelchörigen karolingischen Kirche hervorgegangenen Westbau entsteht ein zweipoliges Gebäude, das vor allem für die deutschsprachigen Länder typisch ist.

Sainte-Gertrude, Nivelles, ca. 1046
Nivelles ist die Frucht der karolingischen Vorliebe für Räume mit differenzierten Proportionen und für kubische Baukörper, ein Beispiel für die Diversifizierung der Strukturen und entsprechende Veränderung der Stützen. Der Schwibbogen unterbricht die visuelle Sequenz der Arkaden und unterteilt das Schiff in zwei Räume, eine Art erster Entwurf des Jochsystems der Hochromanik.

Ottonische und salische Zeit

ca. 955–1070

St. Cyriak, Gernrode, 961, 1118–1152
Gernrode vertritt mit zahlreichen Innovationen bereits eine neue Raumauffassung, die der Ornamentierung der Wände so gut wie keine Beachtung schenkt, lieber den geometrischen Schematismus des Quadrats als Grundmaß hervorhebt.

Maria im Kapitol, Köln, 1040–1049
Die Kirche Maria im Kapitol repräsentiert den geglückten Versuch der Einpassung eines zentrischen in einen rechteckigen Baukörper. Die Kontinuität zwischen dem Raumkörper der drei Schiffe und dem der drei Exedren kommt ohne Abtrennung des Chors von den beiden seitlichen Konchen zustande.

Die Territorien des Heiligen Römischen Reiches

In Deutschland spiegelte sich der neuerliche Prunk des Imperiums im Beginn einer sakralen Bautätigkeit, die in architektonischer wie in gestalterischer Hinsicht eine natürliche Weiterentwicklung der karolingischen Kunst ist; der Akzent liegt nun allerdings viel stärker auf Erhabenheit und Spiritualität. Diese Bautätigkeit hat ihre Grundlagen in veränderten Nutzungsbedingungen der Kirchen: in der Veränderung der Liturgie und im zunehmenden Reliquienkult, der sich in der Vermehrung der Altäre zeigt. Die Folge ist die strukturelle und visuelle Erweiterung des Chors und gleichzeitig, angesichts des Verlustes der politisch-zivilen Funktionen, die Transformation des Westwerks zum Westbau, mit der die Bipolarität des Kirchengebäudes unter Wegfall einer privilegierten Sichtachse gegeben ist. Das karolingische Nebeneinander der Volumina weicht einer Gliederung der Räume, einem neuen System der Verbindung und architektonischen Integration im Sinne eines in sich einheitlichen und monumentalen Bildes. Die ottonische Kirche folgt einer streng geometrischen Konzeption, die in ihrer reifsten Form das Vierungsquadrat als kompositorisches Modul nutzt. Eine erhabene und feierliche Architektur, hinter der der Gedanke der kaiserlichen Macht steht.

Dom, Speyer, ab 1024
Das kolossale Mittelschiff des Doms von Speyer zeigt architektonische Lösungen, die sich klar von der flachen Kontinuität ottonischer Wände abheben, es führt die Unterteilung in Joche ein. Das isolierte Kreuzgewölbe und das stärkere Relief der Innenwände sind Elemente, die sich in der folgenden Epoche als typisch durchsetzen sollten, während die antikisierenden Details an die Repräsentationsbauten der römischen Kaiserzeit erinnern. Die mittelalterliche Sakralarchitektur von Speyer ist ein Höhepunkt im langen Prozess der Transformation der frühchristlichen zur romanischen Basilika.

St. Pantaleon, Köln, Ende 10. – Anfang 11. Jahrhundert
Der Westbau von St. Pantaleon, bestehend aus einem zentralen Turm, der im Westen durch einen zweistöckigen, von Rundtürmen flankierten Portikus verlängert ist, weist eine zu voller Reife gelangte Außengliederung auf, unterstrichen von Lisenen und runden Bögen. Ein Schlüsselbeispiel für den Übergang vom karolingischen Westwerk zum ottonischen Westbau.

St. Michael in Hildesheim

1010–1033

Die Benediktinerabtei St. Michael, gegründet 996 und in monumentaler Form in frühromanischer Zeit, zwischen 1010 und 1033, von Bischof Bernward und Abt Goderamnus erbaut, ist das gelungenste Beispiel der Bipolarität der ottonischen Kirchen. Nach der Zerstörung im Zweiten Weltkrieg im alten Glanz wiedererstanden, ist St. Michael eine dreischiffige Basilika mit Flachdecke, Krypta und Türmen. Der in der Längs- wie in der Querrichtung symmetrische Bau entwickelt sich zwischen zwei analogen Polen dank der beiden gleichen Querschiffe im Osten und Westen und zweier mit Apsiden geschlossener Chöre von gleicher Höhe, anschließend an den Schnittpunkt von Längs- und Querachse. Das Modul des ausgeschiedenen Vierungsquadrats verleiht dem gesamten Bau Ordnung und Maß und stellt ihn in eine Entwicklungslinie von fundamentaler Bedeutung für die Hochromanik. Säulen und Pfeiler folgen einander im daktylischen Rhythmus, dem so genannten »sächsischen« Stützenwechsel, die Position der Pfeiler beschreibt jeweils ein perfektes Quadrat. Die Wand ist in zwei Zonen gegliedert, die der Arkaden und die des Obergadens, getrennt durch eine hohe, flache und schmucklose Wandpartie, charakteristisch für die ottonische Architektur. Die Fenster lassen viel Licht herein, was dem Gebäude eine klare und diffuse Helligkeit verleiht, die noch hervorgehoben wird durch die roten und weißen Steine der Bogenleibungen. Die in rigoroser Anwendung mathematischer Prinzipien und der symbolischen Zahl Vier gewonnene außergewöhnliche Vollkommenheit der Proportionen und die homogene Funktion der einzelnen Teile verleihen dem Kirchenbau eine seltene Schönheit.

Es ist bekannt, dass Bischof Bernward der Kirche eine Abschrift des Vitruvschen Architekturtraktats vermachte; davon dürfte der Baumeister profitiert haben, um ein Gebäude von vitruvianischen Proportionen zu entwerfen. Sankt Michael ist als Kirche eine Art Reliquie, die für lange Zeit den am weitesten verbreiteten Typus der sächsischen Kirche festlegte und zugleich die Grundsätze der weiteren Entwicklung der Romanik in Deutschland kodifizierte.

Am Außenbau wird die Bipolarität des Ensembles in der Gegenüberstellung zweier massiver, durch das Langhaus verbundener Baukörper und in den vorspringenden Querschiffsarmen deutlich. Die klare Gestaltung und das architektonische Gleichgewicht, die präzise Definition der Volumina und die Komposition in architektonischen Blöcken manifestieren sich in den beiden quadratischen Vierungstürmen und in den vier achteckigen Treppentürmchen mit rundem Abschluss zu Seiten der beiden Querhausfassaden. Die Anordnung der Eingänge an den Längsseiten widerspricht der Axialität der Basilika, die allerdings schon durch den doppelten Chor aufgehoben ist: die Progression von West nach Ost, vom Eingang zum Altar, ist aufgegeben.

Die Normandie und die französischen Kronlande 11. Jahrhundert

Die Protoromanik in Nordfrankreich
Mit der Gründung des Herzogtums Normandie im Jahr 911, in deren Folge der Stamm der Normannen sesshaft wurde, ging nicht sogleich eine neue Bautätigkeit einher. Sieht man von der in Ruinen liegenden kleinen Kirche Saint-Pierre in Jumièges ab, dauerte es noch etwa ein Jahrhundert bis zum Auftauchen einer Baukultur von fundamentaler Bedeutung für die weitere Geschichte der Architektur. Die Normandie entwickelte sich im Verlauf des 11. Jahrhunderts zu einem hochbedeutenden architektonischen Laboratorium, einer Art experimenteller Baustelle für neue konstruktive Techniken. Die Erneuerung der Formensprache ist gut repräsentiert in den Überresten der Abteikirche von Bernay, mit deren Bau im zweiten Jahrzehnt des 11. Jahrhunderts begonnen wurde und in der zum ersten Mal der so genannte *mur épais* auftaucht, eine korridorartige Aussparung in der Mauer in Höhe der Fenster. Daneben gibt es weitere repräsentative, wenn auch schlecht erhaltene Bauten, mit denen Themen von Bedeutung für die Entwicklung der abendländischen Architektur angegangen wurden, von der Zweiturmfassade in Jumièges bis zur Empore des Längsbaus der Kathedralen von Bayeux und Coutances, vom dreiteiligen Chor und dem Blendtriforium an den Langhauswänden wiederum von Bernay bis zur in Schiffe unterteilten Krypta und dem Chorumgang der Kathedrale von Rouen. Zur gleichen Zeit präsentiert Saint-Martin in Tours einen ersten Versuch eines Chorumgangs mit Radialkapellen, die Antizipation einer Lösung, die ihren vollkommensten Ausdruck in den Kirchen an den Pilgerwegen zu Ende des 11. und im 12. Jahrhundert finden sollte. Die angrenzenden Territorien der französischen Krone, des so genannten *domaine royal*, zu dem die Ile-de-France, die Champagne und die Picardie zählten, blieben dagegen noch das ganze 11. Jahrhundert hindurch im Wesentlichen der kaiserlichen, ottonischen und salischen, Kultur treu, als Randzone und Verbreitungsgebiet der protoromanischen Kirche auf basilikalem Grundriss mit flacher Deckenkonstruktion, bekrönt von Türmen und charakterisiert durch eine akzentuierte Gliederung der Wände, wie in Saint-Germain-des-Prés in Paris, Saint-Étienne in Vignory und Saint-Rémi in Reims.

Abteikirche Notre-Dame, Jumièges, 1040–1067
Jumièges besitzt eine einfache Zweiturmfassade, die so genannte harmonische Fassade, die mit den gotischen Kathedralen weite Verbreitung finden sollte.

Saint-Étienne, Vignory, 1050
Saint-Étienne führt neue und eindeutig abendländische Raumelemente ein: das Langhaus ist über den Arkaden von einem *clair étage* durchbrochen, einer Scheinempore, die sich zu den Seitenschiffen öffnet.

Saint-Rémi, Reims, 1005–1049
Saint-Rémi markiert mit dem dreizonigen Wandaufbau den Übergang zur hochgotischen Kathedrale. Die Konstruktion der Gewölbe bedingt die Erhöhung der Wand und die Einführung vorgelegter Säulchen, der Dienste. Die klare horizontale Gliederung der Kirche findet ihr Gegengewicht in der rhythmischen vertikalen Ordnung.

Die Protoromanik in Katalonien und im südlichen Burgund 10.–11. Jahrhundert

Die Pyrenäen als verbindendes Element
Das Gebiet zwischen den Flussläufen der Loire und des Duero bildet innerhalb der frühromanischen Baukunst eine ganz eigentümliche und sehr originelle Landschaft. Katalonien zeigt eine höchst lebhafte Formsuche, Folge des Zusammentreffens der mozarabischen Tradition mit den aus Burgund und der Lombardei kommenden figurativen Strömungen, und bildet einen Raumtypus aus, der grundsätzliche Bedeutung für die Geschichte der europäischen Architektur haben sollte: die Saal- oder Hallenkirche. Dieses Schema, in den Westwerken und den Krypten schon vorgebildet, wird nun, da es den Hauptinnenraum der Kirche bildet, zu einer völlig originalen Gestaltung, mit dicken, kompakten Mauern und halbverschatteten Binnenräumen, in der ein präziser Bezug zwischen dem Schiff im Ganzen und dem Teilraum des Jochs fehlt. Im Inneren weisen diese Gebäude keinen plastischen Dekor auf, die Gliederung des Außenbaus beschränkt sich auf die einfache Rahmung der Wandflächen durch Lisenen und Bogenstellungen, die für einen dynamischen und malerischen Eindruck sorgen. Unter den französischen Landschaften zeichnet sich Burgund durch ein innovatives Potential aus. Einige Bauten, Cluny an erster Stelle, markieren die gezielte funktionale und formale Suche, verbunden mit großem technischem Können. Dennoch besteht ein enger Zusammenhang mit der protoromanischen Baukunst Kataloniens, denn es gibt das gemauerte Tonnengewölbe und häufig das Hallenschema. Wenn auch die Hallenkirche dominiert, so setzt sich daneben doch eine andere klassische Form der mittelalterlichen Baukunst durch, die dann im späten 11. und im 12. Jahrhundert in Südfrankreich und Nordspanien weite Verbreitung findet: die einschiffige, tonnengewölbte oder überkuppelte Kirche.

Saint-Philibert, Tournus, 1008–1120
Das Langhaus der Kirche Saint-Philibert gehört zu den überraschendsten Beispielen der burgundischen Frühromanik. Die beeindruckenden Rundpfeiler, die eine ungewöhnliche Höhe der Seitenschiffe ermöglichen, und die Quertonnen des Hauptschiffs, getragen von Querbögen, bewirken einen Effekt, der dem der viel späteren überkuppelten Saalkirchen gleicht. Es handelt sich hier um eine ästhetisch gewagte und in struktureller Hinsicht funktionale Lösung, die ungeachtet der großen Höhe Fensterdurchbrüche und damit die direkte Belichtung der Schiffe gestattet.

Sant Vincen, Cardona, 1029–1040
Wenn auch keine Hallenkirche im eigentlichen Sinn, bringt Sant Vicen in Cardona doch alle für die Protoromanik in Südeuropa charakteristischen Elemente zur technischen und formalen Reife. Die Außenwände beleben Blendarkaden erkennbar lombardischen Charakters; der Innenraum präsentiert sich geschlossen, kompakt, nackt, schmucklos, streng und auf das Wesentliche beschränkt. Über der Vierung, das Grundmaß der gesamten Komposition, erhebt sich eine Trompenkuppel, deren Außenerscheinung als der Pol fungiert, um den sich die Baumassen von Apsis und Querhaus gruppieren.

Klosterkirche Sant Pere de Rodes, ca. 1022

Sant Pere de Rodes, im Gebiet der Pyrenäen singulär, geht mit seinem unbelichteten Mittelschiff mit der von Gurten unterzogenen Tonne, den steigenden Tonnen in den Seitenschiffen, dem Querhaus mit geosteten Kapellen und dem archaischen kapellenlosen Umgangschor auf franko-aquitanische und burgundische Vorbilder zurück. Wandapparat und dekorative Elemente gehören dagegen der mozarabischen Tradition an. Frei stehende, übereinander gestellte Säulen vor Pfeilern nehmen das klassische Element der isolierten Säule auf, die als Einzelkomponente deutlich machen soll, mit welchen plastischen Mitteln der Rhythmus der Strukturen zustande kommt; sie markieren zugleich den Augenblick des Verlustes ihrer Funktion. Der sehr hohe Stylobat und die Kapitelle, als Palmetten- oder Flechtwerkkapitelle ausgebildet, ordnen den Bau in die Erneuerungsbewegung der romanischen Monumentalskulptur ein. Das Formengerüst erinnert an die hellenistische oder ganz allgemein an die spätantike Architektur, stark scheint auch der Bezug zum Typus der römischen Apostelkirchen.

Die mozarabische Baukunst in Spanien 10.–Anfang 11. Jahrhundert

Sakralarchitektur zwischen Islam und Christentum
Als letzte autonome Bewegung der iberischen Kunst vor der alles vereinigenden romanischen Architektur bildet die mozarabische Baukunst eine sehr wichtige Etappe der hochmittelalterlichen Architektur. Von den Kirchen, die auf der Halbinsel vom Ende des 9. Jahrhunderts bis etwa 960 existierten, hat sich nur eine kleine Gruppe erhalten, Berlanga, Mazote, Lebena, San Millán de la Cogolla und andere. Angesiedelt zwischen der höfischen Baukunst Asturiens und der katalanischen Frühromanik, im Grenzbereich zwischen dem Islam und den christlichen Reichen, gehört die mozarabische Kunst zur Kultur der christlichen Bevölkerung unter maurischer Herrschaft, der es gestattet war, ihre Religion zu praktizieren und Kirchen zu errichten. Weiter gefasst, lässt sich der Begriff des Mozarabischen auf die Kunst des 10. und des beginnenden 11. Jahrhunderts anwenden, wie sie sich in den drei Herrschaftsbereichen Kastilien, Aragon und León entwickelte; eine Kunst, die sich zum einen den klösterlichen Gemeinschaften verdankte, die vor der arabischen Bedrückung nach Norden geflohen waren, zum anderen den Bauleuten, die aus dem gleichen Grund nach Norden gewandert waren, vor allem aus Andalusien. Unmittelbar spürbar sind etwa die Einflüsse der islamischen Zentren Toledo und Cordoba, wo sie sich vereinen mit den künstlerischen Äußerungen der in die christlichen Reiche emigrierten Gemeinschaften. Diese Mischung ergab eine einfache, stark arabisch geprägte Architektur, die sich in der Übernahme des Hufeisenbogens, in der besonderen Form der Kämpfer, in der häufig in Art eines *mihrab* gestalteten Presbyteriumsfront, in der Verwendung des *alfiz* und in den Fenstern und Türen in Form eines *ajimez* manifestierte. Die mozarabischen Kirchen zeigen typische Elemente: im Grundriss die multiplen Apsiden in Hufeisenform, im Aufriss die Verwendung der Hufeisenform auch für die Arkaden in Werkstein und in der Technik den häufigen Einsatz von Quadersteinen mittlerer Größe. Im Übrigen zeigen sie sehr robuste Einwölbungen, die dem Gebäude Solidität verleihen: anfangs einfache Formen wie die Tonnendecke mit quer verlaufenden Bögen oder die gekreuzte Tonne mit scharfen Kanten, später komplexere Formen wie das Zeltgewölbe in San Tomás de las Ollas oder das als Strahlenkranz ausgebildete Rippengewölbe in San Millán de la Cogolla.

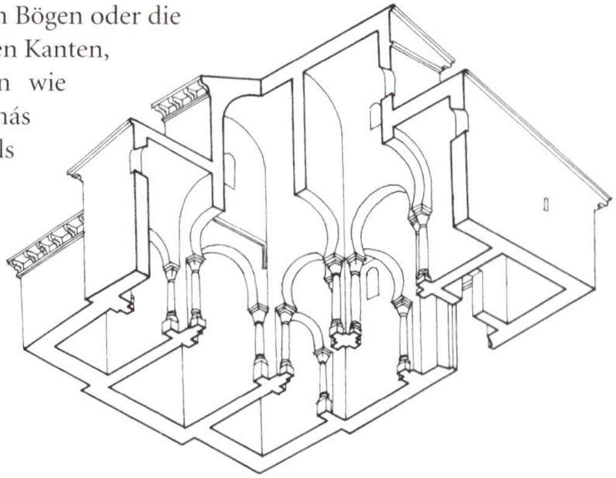

Santa Maria, Lebeña, ca. 930
Eine kleine Kirche auf rechteckigem Grundriss, die den Versuch unternimmt, die unterschiedlich hohen, teils mit Längs- und teils mit Quertonnen überwölbten Schiffe mit einer netzartigen räumlichen Unterteilung ähnlich derjenigen einer Moschee zu verbinden. Dieser Versuch kann allerdings wegen der unzureichenden Unterscheidung zwischen dem Mittelschiff und den kleineren Seitenschiffen in Struktur und Dimension nicht gelingen.

Klosterkirche San Miguel de Escalada, 913
Die von Abt Alfonso erbaute Kirche präsentiert eine Trennung von Lang- und Querhaus in Form einer Tripelarkade. Sie ist Teil der umlaufenden Bogenstellungen auf Säulen, die dem Raum einen einheitlichen Rhythmus verleihen, das gelungene Zusammenwirken von Oberfläche und Raum deutlich machen, zudem die Erinnerung an die frühchristlichen und byzantinischen Basiliken lebendig werden lassen. Einzigartig ist das Presbyterium: drei separierte Räume mit kreisförmigem Grundriss, jeweils überdeckt von einer Kalotte sowie eingeschnitten in die sehr starke Mauer und von außen nicht zu erkennen.

San Baudel, Berlanga, Ende 10. Jahrhundert
Die Eremitage San Baudel zeigt eine komplexe, variantenreiche Binnengliederung: einen Mittelpfeiler, der ein Rippengewölbe mit Palmenprofil trägt, und eine Empore über einem Portikus, der mit absolut eigenständigen Formen – drei Reihen von je fünf aus Säulen und Hufeisenbögen gebildeten Jochen – in einen symbolisch stark aufgeladenen Raum einführt.

Die Protoromanik in Norditalien

Der Kirchenbau in Südeuropa vor dem 10. Jahrhundert setzte die spätantike Tradition getreulich fort; die frühchristliche Basilika ohne Querhaus und ohne Westbau überlebte also das ganze Mittelalter hindurch. In der Poebene, also im Norden Italiens mit Ausnahme Venedigs und der Lagune, hatten die lombardischen Baumeister allerdings schon seit geraumer Zeit bestimmte Elemente der romanischen Formensprache entwickelt, sie auch nördlich der Alpen verbreitet und mit ihrer Umsetzung in gemauerte Strukturen experimentiert, ohne allerdings daraus die letzte Konsequenz zu ziehen. Während die spanischen und französischen Baumeister in Katalonien, Aquitanien und Burgund um die Mitte des 11. Jahrhunderts die ersten Kirchenbauten mit vollständig gemauerter Wölbung schufen, blieben die lombardischen Architekten ihrer Tradition der ungewölbten basilikalen Anlage treu, eine Verzögerung, die sich bis ins letzte Jahrzehnt des 11. Jahrhunderts hielt. Das Fehlen eines Querhauses bewirkte überdies, dass die italienische Architektur dieser Zeit sich dem kompositorischen Problem der Vierung gar nicht stellte. Die Charakteristika des Außenbaus der Kirchen nördlich der Alpen, das Westwerk und seine Transformation in einen mit einem Turm versehenen Westbau sowie die Gruppen von Türmen über der Fassade und der Vierung, wurden in Italien nur sehr selten übernommen; hier zog man die schlichte Fassade vor, an der die Gliederung des Längsbaus im Inneren ablesbar ist. Allerdings gibt es einzelne Beispiele von Türmen zu Seiten der Apsis, so am Dom von Ivrea und an Sant'Abbondio in Como, oder vom Körper des Kirchenbaus getrennte, monumentale Türme, etwa in Pomposa oder an der Turmfassade von Santa Maria del Tiglio in Gravedona. Gleichzeitig verbreiten sich in der Poebene durch jenen osmotischen Prozess, der auf beiden Seiten der Alpen schon immer im Gange war, auch andere nördlich der Alpen ausgebildete Motive und Typen, so die Apsis mit Umgang, anzutreffen in Santo Stefano in Verona (Anfang 11. Jahrhundert), und das Westqerhaus in San Carpoforo in Como (ca. 1025).

Santa Maria Assunta, Torcello, ca. 1008
Die frühchristliche Tradition der scheinbar substanzlos über langen Reihen von Säulen schwebenden Wände findet sich auch in Torcello wieder. Der Fußboden in *opus sectile* teilt das Mittelschiff farblich vom Presbyterium jenseits der Porta Santa der Ikonostase ab. Die frühchristliche Tradition von Santa Maria geht auf das venetische Vorbild zurück, etwa mit der Ikonostase und dem Rückgriff auf die Proportionen des goldenen Schnitts, wie sie auch in Sant'Eufemia in Grado bestimmend sind, ebenso aber auf das Vorbild des Exarchats, erkennbar an eher byzantinischen Merkmalen der Mosaiken und am wahrscheinlich wiederverwendeten plastischen Dekor.

Santa Maria Maggiore, Lomello, ca. 1025
In der Lombardei fehlt es nicht an Elementen, die eine romanische Erneuerung ankündigen. In Santa Maria Maggiore wird die Holzdecke von Querbögen getragen, die als gemauerte Verbindung zwischen den Wänden das erste konstruktive Element des zukünftigen Gewölbes darstellen, eine Lösung, die Lanfranco rund hundert Jahre später in Modena übernahm.

Santa Maria, Pomposa, Mitte 11. Jahrhundert
Während in der Baukunst des Reiches und in gewissem Umfang auch im Gebiet der französischen Krone die Fassaden vom karolingischen Westwerk beziehungsweise von seiner Weiterentwicklung beherrscht werden – Fassaden mit einem oder zwei Türmen, Narthex, Turm-Portikus –, ist für Italien eher der isolierte runde oder quadratische Campanile charakteristisch, der nicht in den Gebäudeblock integriert und besonders sorgfältig mit architektonischem Dekor versehen ist. Die Fassade der Basilika Santa Maria in Pomposa charakterisiert ein dreibogiger, reich mit Majoliken, Terrakotten und skulpierten Quadern geschmückter Portikus und ein imposanter Campanile aus der Mitte des 11. Jahrhunderts. Unterteilt in neun Zonen, die von Lisenen und Blendbögen rhythmisiert sind – das Motiv erfreute sich in Südeuropa vor allem in frühromanischer Zeit, aber auch noch während des 12. Jahrhunderts großer Beliebtheit –, in der Höhe dank der zunehmenden Zahl der Öffnungen und damit der Durchlichtung immer »leichter« werdend, bildet der Turm von Pomposa das schönste Beispiel der Frühromanik in Italien überhaupt. Dieser Typ, der zum Symbol der Macht der religiösen Gemeinschaft wurde, hatte in ganz Italien großen Erfolg; er ist im 12., 13. und 14. Jahrhundert, von Venedig über Modena bis Pisa, mit einer Reihe authentischer Meisterwerke vertreten.

Die Hochromanik

ca. 1070 – 1170

Formen und Typen

Ab den sechziger Jahren des 11. Jahrhunderts führte die Hochromanik alle Entwicklungen der protoromanischen Baukunst zur Vollendung. Die nahezu lückenlose Verbreitung des Gewölbes beruhte nicht nur auf einer fortgeschrittenen Bautechnik, sondern auch auf einer bewussten stilistischen Entscheidung; man experimentierte mit unterschiedlichen konstruktiven wie bildnerischen Formen, je nach Art der Wandgliederung, im Allgemeinen weiterhin in Joche, horizontal in Zonen. Diese Gliederung war nicht mehr dem Hauptschiff vorbehalten, sie setzte sich zunehmend im gesamten Kirchenraum durch, an den Wänden der Querschiffe, im Presbyterium und in den Apsiden, den Außenbau eingeschlossen.

Der Gläubige sollte empfangen und aufgenommen werden an einem ernsten, feierlichen Ort, der sich perspektivisch in die Tiefe erstreckt und seinen krönenden Abschluss in der vom Chorumgang umgebenen Apsis findet – eine komplexe Form, charakterisiert von starken Helldunkelkontrasten, die das plastische Relief der Pfeiler hervorheben sowie eine in ihrer Dichte abgestufte Atmosphäre und räumliche Tiefe bewirken. In konstruktiver Hinsicht ergab sich das durch die gezielte Übernahme des Systems der Joche, verstanden als Raumzellen; die Joche sind jetzt nicht mehr die Unterteilung eines einheitlichen Raums durch Querbögen, sondern aneinander anschließende Raumkörper, eine Addition von Zellen in streng symmetrischer Ordnung. Die ausgeschiedene Vierung wird zur Norm, bildet den Kernpunkt des Gebäudes und verleiht ihm Ordnung und Maß. Gleichzeitig verändert sich die Mauer; sie ist nun als plastische, veränderbare Masse strukturiert, in die der Raum sozusagen eindringt, um in manchen Fällen begehbare innere Korridore zu erschaffen. Die Säule statt des Pfeilers ist jetzt fast überall, außer in Italien, zu beobachten, Ornamentierung und Wandrelief werden häufiger, ohne allerdings je die architektonische Funktion zu ersticken. Die romanische Architektur orientierte sich im Übrigen stark an der Topographie, denken wir nur an die Lage der Abtei Mont-Saint-Michel zwischen Land und Wasser, an die Basilika Sainte-Foy in Conques an einem steilen Hang der Auvergne oder an die Kathedrale von Trani in Apulien.

Klosterkirche Murbach, ca. 1130
Die Kirche, deren Langhaus im 18. Jahrhundert abgebrochen wurde, zeigt einen von zwei Seitenchören flankierten, flach geschlossenen Chor, wie er für die Region am Oberrhein typisch ist, den von Cluny entlehnten so genannten Stufenchor oder auch »benediktinischen« Chor. Zwei Türme, ebenfalls typisch für Nordeuropa, dominieren die Seiten des Querhauses. Die Außenmauern beginnen sich aufzulösen in der eleganten Gliederung der hohen, flachen Blendarkaden und in der starken Leibung der Fenster. Das gesamte Oberrheingebiet ist gekennzeichnet von der Verwendung des lokal anstehenden rötlichen Sandsteins, der höchst suggestive Wirkungen im Mauerwerk hervorbringt. Die großen behauenen und sorgfältig übereinander geschichteten Steine betonen den monumentalen Charakter.

Kathedrale, Santiago de Compostela, ab ca. 1075
Als Endstation des Wegs zum Grab des heiligen Apostels nimmt Santiago de Compostela ungeachtet seiner monumentalen Dimensionen im Wesentlichen die konstruktiven Vorbilder der Epoche auf: eine dreischiffige Basilika mit Emporen, Querhaus und Chorumgang. Das Fehlen einer direkten Beleuchtung im Hauptschiff taucht den großen Raum in einen diffusen Halbschatten, der die strenge architektonische Gliederung deutlich hervortreten lässt. Nur der Chor hat einen eigenen Fensterkranz, der das Grabmal des heiligen Jakobus in gleichsam mystisches Licht taucht.

Notre-Dame-la-Grande, Poitiers, ca. 1130–1145
Während der letzten zwanzig Jahre des 11. und der ersten Jahre des 12. Jahrhunderts kamen in den meisten Regionen Frankreichs Bauwerke zur Reife, die sich durch innovative Lösungen in Typus, Formensprache und Dekor auszeichneten. Der Außenbau von Notre-Dame zeigt signifikante Neuerungen, beginnend mit dem Motiv der großen Blendarkaden, die den der Innengliederung entsprechenden Aufbau der Seiten markieren, und mit der Überfülle des plastischen Dekors. Vor allem aber überrascht die Fassade, die das Motiv der drei mit kräftigen Leibungen ausgestatteten und einander »berührenden« Portale einführt, wie es später von den gotischen Kathedralen übernommen werden sollte.

Die Normandie und die anglo-normannische Region ca. 1066–1130

Die Hochromanik am Ärmelkanal

Der geographische Raum der Verbreitung der normannischen Architektur erweiterte sich mit der Eroberung Englands im Jahr 1066; es entstand eine im Wesentlichen einheitliche Baukultur. Allerdings nahm diese historische Periode in Frankreich einen ungewöhnlichen Verlauf: Nachdem in Jumièges ein Bautyp entwickelt worden war, der konstruktiv dafür prädestiniert war, durchgängig gewölbt zu werden, verzichtete die normannische Architektur auf diesen Schritt. Die Kirchen der Normandie warteten rund sechzig Jahre auf eine definitive Veränderung: Die beiden großen Benediktinerabteien in Caen, Saint-Étienne und La Trinité, wurden erst zwischen 1125 und 1130 mit einem gemauerten Gewölbe versehen. In diesen beiden Werken gelangte die normannisch-kontinentale Architektur zu voller Reife des Bautyps wie auch der Formensprache im Detail, von der harmonischen Fassade bis zum Vierungsturm, von der Gestaltung des Chors bis zu den diversen Ausgestaltungen des *mur épais*.

Vom Jahr 1066 an kam die Aufnahme des Bautyps und der Bauformen des Kontinents in England voll zum Tragen. Die Unterschiedlichkeit der Entwicklungen und der Resultate der anglo-normannischen und der kontinentalen Architektur wird deutlich am Beispiel der Eindeckung des Mittelschiffs; die Neuerung, wie sie Durham mit dem spitzbogigen Rippengewölbe zeigt – in Caen etwa ein Vierteljahrhundert später übernommen –, wurde gerade in England nicht akzeptiert, die englischen Baumeister ließen ihre großen Kathedralen weiterhin ungewölbt. Von ihren französischen Schwesterbauten hoben sich die englischen Kirchen im Übrigen auch durch ihre größeren Dimensionen ab; Lang- und Querhäuser erscheinen sehr stark gelängt. Die hohen, von jeher in drei vertikale Zonen gegliederten Wände sind mit der horizontalen Flucht der tiefen modulierten Arkaden und der Emporen, mit der »normannischen Galerie« vor den Fenstern und mit den massiven Bündelpfeilern stark strukturiert; alle diese Elemente zusammen haben Wirkungen von großer Eindringlichkeit. Das Äußere ist stark variiert, sehr markant und originell; am häufigsten ist das Motiv des monumentalen Zentralfensters, das einen großen Teil der Fassade einnimmt.

Saint-Étienne, Caen, ab 1059
Errichtet als Sühne für die Verwandtenehe zwischen Herzog Wilhelm und Herzogin Matilde, präsentiert Saint-Étienne alle für die normannische Architektur typischen Formen: eine Basilika mit Emporen und vorgelegten Halbsäulen, die sich über die ganze Höhe erstrecken; Längs- und Querschiff sind stark gelängt; zwischen der dünnen Außenwand der Fenster und einer im Inneren verlaufenden Kolonnade findet sich eine »normannische Galerie«. Die Kontinuität von Arkaden, Empore und Fenstern auch in den Querschiffsjochen trägt zu jener Harmonisierung des Binnenraums bei, die zusammen mit dem späteren Rippengewölbe die Formen der gotischen Kathedrale vorwegnimmt.

Kathedrale, Ely, 1090–1130
Das Mittelschiff von Ely zeigt mit der langen Flucht seiner streng rhythmisierten, klar modellierten Wände höchste bildnerische Qualität, zu der die Folge der stark modulierten Arkaden, die Zwillingsöffnungen der Empore, die »normannische Galerie« vor den Fenstern, die vorgelegten Halbsäulen, die bis zum Dachansatz reichen, beitragen. Allerdings zieht auch das konstruktive System der englischen Kathedralen, wie das der franko-normannischen Kirchen der Zeit vor 1130, nicht die letzten Konsequenzen, es bleibt bei einer konkaven, dekorierten Decke.

La Trinité, Caen, ab 1060–1065
Analog zum Zwillingsbau von Saint-Étienne zeigt das ehemalige Frauenkloster der Trinité die Reinform der Zweiturmfassade. Sie entwickelte sich mit der Abstraktion ihrer kubischen Volumina und mit dem perfekten Gleichgewicht von Türmen und Querbau das ganze 12. Jahrhundert hindurch weiter und wurde zum Kennzeichen der hochgotischen Kathedralen Nordfrankreichs.

Die Kathedrale von Durham

1093–1133

In der normannischen Architektur ist die Kathedrale von Durham das Bindeglied zwischen der architektonischen, formensprachlichen und technischen Tradition der französischen und der innovativen Kraft der englischen Baumeister. Zusammen mit Speyer und Cluny III ist sie eine der ersten großen, vollständig überwölbten Konstruktionen der Hochromanik. Der ursprüngliche Bau setzt sich aus einem gelängten dreischiffigen Baukörper mit Emporen und alternierenden Stützen, einem vorspringenden, zweischiffigen Querhaus und dem dreigeteilten Chor zusammen. Die Entstehung dieses Baus illustriert die wichtigen Etappen der Errichtung eines vollständig überwölbten Kirchenraums in seiner vollendeten, endgültigen Gestalt. Die architektonische Form ist, abgesehen von den Gewölben, noch die eines romanischen Bauwerks mit den sehr starken Mauern, mit der kraftvoll modellierten Masse der Rund- und der gewaltigen Bündelpfeiler. Im Chor entstanden zwischen 1099 und 1104 die ersten großen spitzbogigen Kreuzrippengewölbe, eine sowohl gestalterische als auch technisch-konstruktive Neuerung, die das schwere romanische Mauerwerk leichter und höher erscheinen lassen sollte, eine Vorwegnahme der Merkmale und Formen der gotischen Architektur. Die Entscheidung für den Gewölbetyp von Durham markiert auch den Moment, in dem die Aufgabe, die Stabilität der Eindeckung zu garantieren, zu dem generellen statischen Problem wird, die Stabilität eines Bauwerks insgesamt zu garantieren. Die unter dem Dach verborgenen, mit den Emporen korrespondierenden stützenden Bögen haben tatsächlich bereits die Form und die Funktion von Strebebögen, die das zentrale Gewölbe halten sollen.
Die Strukturierung des durch seine Größe und Großzügigkeit beeindruckenden Hauptschiffs bildet ein Gegengewicht zur festen Masse der Mauern, zu den gestreckten Proportionen der Arkaden und zur Höhe des überwölbten Raums. Die Fassade mit den zwei Türmen und der massige Vierungsturm prägen das imposante Äußere, und die freie Nordseite macht die Länge des Kirchenschiffs (143 Meter) anschaulich. Die Kathedrale liegt mit Kloster und Kastell auf einer für Verteidigungszwecke geeigneten Anhöhe.

Die in ihrer Art einmaligen Langhausjoche von Durham sind Rechtecke mit ausgesprochener Längenausdehnung; Bündelpfeiler wechseln sich mit Rundpfeilern ab. Die für die normannische Kunst typischen Zickzack-Formen, Kanneluren, Netz- und Spiralmuster finden sich hier zum ersten Mal an den Pfeilerschäften, sie unterstreichen deren massigen Charakter und geben ihnen einen grandiosen alternierenden Rhythmus, der diesem Meisterwerk romanischer Baukunst eine feierliche Würde verleiht.

Die Pilgerkirchen

11.–12. Jahrhundert

Der Weg nach Santiago de Compostela

Die Pilgerkirchen an den Straßen, die über die Pyrenäen in das galicische Santiago de Compostela führen, gehören zu den signifikantesten Bauten der französischen Romanik im 11. und 12. Jahrhundert. Die Herausbildung des Bautyps Pilgerkirche geht auf kompositorische Überlegungen zur Übereinanderordnung von Krypta und Chor- und Presbyteriumsbereich zurück. Solche Überlegungen wurden wegen der enormen Zunahme des Reliquienkultes, der damit verbundenen Vervielfachung der Anzahl von Nebenaltären und des immer stärkeren Zustroms von Gläubigen notwendig. Die Pilgerkirche zeigt gegenüber der üblichen Form der eingewölbten Basilika eine Reihe bedeutender Neuerungen: die Ausbildung des Chorhauptes als Chorumgang, das fensterlose Schiff, die Umwandlung des Querhauses in einen großen quer liegenden Raum mit drei Schiffen von erheblichen Dimensionen, die Verlängerung der Seitenschiffe, die nun sowohl den Chor als auch das Querhaus umschlossen. Dahinter stand die Absicht, die Pilgerströme auf einem eindeutig vorgegebenen Weg geordnet durch die Kirche zu leiten.

Neben der Kathedrale von Santiago, dem Ziel der Pilgerreisen, sind Sainte-Foy in Conques, Saint-Sernin in Toulouse, Saint-Pierre in Moissac, Saint-Ètienne in Nevers und die Madeleine in Vézelay Etappen eines Weges, der nicht nur dem Gebet und der Buße diente, sondern auch kulturelle und kommerzielle Verbindungen herstellte. Abgesehen von der Entwicklung des Chorumgangs, der Querschiffe und Emporen – alle sind mit Nebenaltären versehen und begehbar –, steigt an diesen Kirchen der symbolische Wert einzelner Bauteile wie der Portale und der Kapitelle, für die sich ein außergewöhnliches Bildprogramm entwickelt, das die Vorsehung, die kosmische, von der Vorsehung bestimmte Ordnung der Schöpfung und die Erlösung des Menschen zum Inhalt hat. Der Jakobsweg ist ein Bild für den Pilgerweg der Seele hin zu Gott, und als solcher wurde er von denen, die ihn gingen, unter Einsatz ihres Lebens empfunden und erfahren. Seine einzelnen Etappen waren uralte Kirchen, die erneuert und vergrößert wurden im Gedanken von der Begegnung des bauenden Menschen mit dem Kosmos der Schöpfung.

Pórtico de la Gloria, Santiago de Compostela, 1168–1188
Der Bau der Kathedrale von Santiago de Compostela, 1075 auf Wunsch Alfonsos VI. begonnen, bedeutet die Einführung des französischen Vorbildes in Spanien, getreu bis in die kleinsten Details und ohne Beachtung der lokalen Tradition. Die gewaltigen Dimensionen einer der großartigsten Pilgerkirchen überhaupt sind unmittelbar zu erklären mit der ungeheuren Zahl von Pilgern zum Grab des heiligen Jakobus, des Apostels Christi, der zum Beschützer des christlichen Spaniens wurde. Die Statue des Heiligen am Türpfeiler des Pórtico de la Gloria, ein Werk des Meisters Mateo, empfängt den Pilger und unterstreicht den Symbolgehalt des Eintritts in die Kathedrale. Das Tympanon mit burgundischen Stilelementen hat die Apokalypse und das Jüngste Gericht zum Thema.

Sainte-Foy, Conques, Mitte 11. Jahrhundert
Sainte-Foy ist die älteste der bis heute erhaltenen Pilgerkirchen. Sie repräsentiert, wenn auch in reduziertem Maßstab, die organische Einheit und die expressive Harmonie des Kirchentyps mit unbelichtetem Langhaus. Die strenge, aber reiche Außengliederung zeichnet sich durch die horizontale und vertikale Staffelung der Chorumgangskapellen und der Apsis gegenüber dem Vierungsturm aus, eine Überlagerung der Volumina, die typisch ist für die romanische Baukunst.

Saint-Étienne, Nevers, ab 1063
Aus der Vervollkommnung der Lösungen erwuchs das Anliegen, eine direkte Belichtung des Hauptschiffs zu erreichen. Saint-Étienne, obwohl eine tonnengewölbte Kirche mit Emporen, wird diesem Bestreben durch eine entschiedene Erhöhung der Mittelschiffwände gerecht, die es ermöglichte, den Mauertrakt über der Empore in Fenstern zu öffnen. An diesem Übergang von der Wand zum Gewölbe, der die Kirche in ihrem Wandaufbau in drei Zonen teilt, behauptet sich jene Klarheit und unverfälschte strukturelle Qualität, durch die sich die Pilgerkirchen auszeichnen.

Saint-Sernin, Toulouse, 1060–1150
Saint-Sernin ist das größte und am stärksten variierte Beispiel des Gebäudetyps, wie er in Conques ausgebildet wurde. Die Ostseite des Außenbaus ist von betonter Vertikalität, die durch die Gliederung und die regelmäßige, abnehmende Überlagerung der Volumina der Seitenkapellen, des Chors und der Apsis zustande kommt, kulminierend in der großen Turmlaterne, die Ergebnis einer Umgestaltung des 19. Jahrhunderts durch Viollet-le-Duc ist.

Die Baukunst der Benediktiner zwischen Luxus und Strenge 11.–12. Jahrhundert

Kluniazenser und Zisterzienser

Die emotionale Wirkung mittelalterlicher Bauwerke beruht darauf, dass sie das Versprechen des ewigen Lebens in Stein auszudrücken vermögen. Hinter jeder Form steht die Fähigkeit, das himmlische Jerusalem darzustellen, so wie es in der Apokalypse des Johannes beschrieben ist, die Stadt des Heils, wie sie sich in der Ordnung der Klöster widerspiegelt.

An drei großen Baukomplexen wird die Geschichte des mittelalterlichen Mönchtums benediktinischen Ursprungs anschaulich: der Mutterabtei von Montecassino, Cluny und Citeaux, die sich vom 6. Jahrhundert an architektonisch um den Kreuzgang gruppieren, jenes neue Element, das von diesem Zeitpunkt an das Herzstück aller Klosteranlagen sein wird. Hinter der außerordentlichen Blüte des Kluniazenserordens, der im 10. Jahrhundert von Wilhelm von Aquitanien gegründet wurde, und seinen künstlerischen Manifestationen im Sinne der neuesten technischen und konstruktiven Entwicklungen der Romanik stand der Gedanke, dass die Ausübung der Liturgie der Kernpunkt monastischen Lebens sei: Sie wurde mit einer erstaunlichen Prachtentfaltung zelebriert, die sich auf den gesamten zeremoniellen Apparat und insbesondere auf die Ausstattung der Kirchen bezog, die, schimmernd von Gold, Glanz und Licht, die göttliche Glorie feiern sollten. Damit ging ein Bedarf an größeren, luxuriöseren Räumen einher, für Chorgesang und die Vielzahl der Nebenaltäre, die der privaten Messfeier vorbehalten waren.

In unverhüllter Polemik gegenüber der Pracht der Kluniazenserkirchen verkündete Bernhard von Clairvaux, der Gründer des Zisterzienserordens, restriktive Vorschriften für die Klosterbauten seines Ordens. Das erklärt, weshalb die Zisterzienserkirchen, gedacht als Bau mit der spezifischen Funktion des Oratoriums, von ausgesprochen bewusster Strenge künden, übertragen in klare Formen und einfache Lösungen. Der Verzicht auf jedes gestalterische Übermaß äußert sich in dem Verbot, Türme zu errichten und das Innere zu dekorieren, etwa mit Bildern, Skulpturen, Geräten, farbigen Glasfenstern. Die klare Trennung von Arbeits- und Wohnbereich sicherte überdies die Abgeschiedenheit von Kirche und Kreuzgang, den Orten der Askese, von der profanen Welt.

Abteikirche Fontenay, 1139–1147
Errichtet unter der direkten Aufsicht von Bernhard von Clairvaux, orientiert sich Fontenay an den unbelichteten Kirchen Südeuropas, um die Strenge und Unerbittlichkeit des Ordensgründers umzusetzen. Das nüchterne Schiff, gewaltig und tief, bedeckt von einer unterbrochenen Längstonne, präsentiert sich als ein einziger durchgehender Raum, gehüllt in einen Halbschatten, der nur von den Lichtbündeln durchbrochen wird, die von den Seitenschiffen und den Fenstern des Ostabschlusses kommen.

Klosterkirche Alpirsbach, 1099–1125
Die den spirituellen Grundsätzen der benediktinischen Reform verpflichtete Hirsauer Schule kehrte zum Stil des frühen Christentums zurück und brachte erneut die Säulenbasilika mit Flachdecke in Vorschlag. Charakteristisch für die Kirchenbauten dieser Schule, darunter jener von Alpirsbach, ist die klare räumliche Trennung des ersten Langhausjochs vom Chor, dem so genannten Chorus maior, mit der nun auch dessen streng den Mönchen vorbehaltene liturgische Funktion in Architektur ausgedrückt war. Alpirsbach verzichtet gänzlich auf prunkvollen Dekor, und zugleich scheinen die »Schachtel«-Proportionen der Schiffe den Eindruck von Monumentalität zu verstärken.

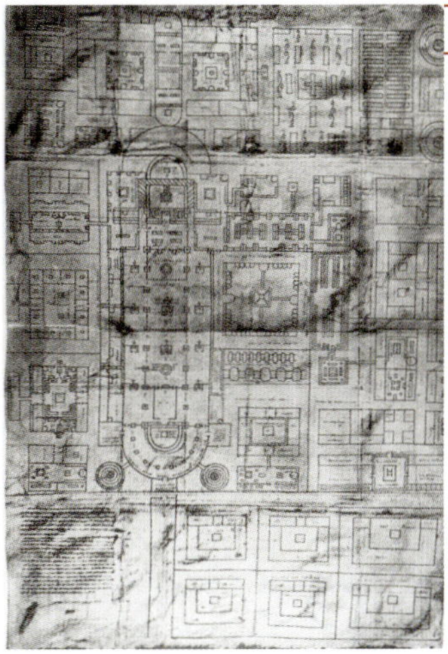

Plan des Klosters Sankt Gallen, 9. Jahrhundert

Als höchst bedeutendes Zeugnis hochmittelalterlicher Baukunst gibt dieses Dokument, das um 820 von Heito I, Abt von Reichenau, an Gozbert, Abt von Sankt Gallen, gesandt wurde, den Grundriss eines ganzen Klosterkomplexes wieder. Das Blatt ist kein Plan im strengen Sinn des Wortes, es zeigt ein komplettes, detailliertes Bauprogramm mit orthogonaler Einteilung gemäß klassischer Provenienz, das sein Zentrum im Kirchengebäude hat, um das herum sich die Klosterbereiche gruppieren. Eine großartige, rationale Anlage, funktional und sich selbst genügend. Die Kirche und die unmittelbar zum Kloster gehörenden Bereiche, angelegt entlang den drei Seiten des quadratischen Kreuzgangs in einer Art, die hier zum ersten Mal auftritt, jedoch von der Erfahrung mehrerer Jahrhunderte spricht, bilden einen einheitlichen Komplex, wie er in den folgenden Jahrhunderten weite Verbreitung finden sollte.

Abteikirche Cluny, ab dem 10. Jahrhundert
Die Benediktinerabtei Cluny II (abgebildet Cluny III) wurde dank der Einführung eines zweiten Querhauses, mit dem das Aufnahmevermögen vergrößert werden sollte, zur großartigsten Kirchenanlage des Mittelalters. Fünfschiffig, mit Chorumgang und Kapellenkranz, großem Narthex und sieben Türmen, war sie ein Monument, an dessen Konzeption und Ausführung die großen Äbte, unter ihnen Petrus Venerabilis, offensichtlich ganz entscheidend beteiligt waren. Die Kirche wurde um 1810 bis auf den Südarm des Querhauses abgebrochen. Ihre Originalität verdankte sie nicht nur dem außergewöhnlich komplexen Innenraum mit einer Vielzahl von Sichtachsen und perspektivischen Wirkungen, sondern auch der Tendenz, das Mittelschiff im Verhältnis zur Breite deutlich zu erhöhen, der Entscheidung für den Spitzbogen an Arkaden und Gewölben, der Einführung des Systems der direkten Belichtung sowie einer Veränderung der Proportionen – die große Höhe der Arkaden reduzierte die darüber liegende Wandfläche ganz erheblich; Folge war die Abschaffung der Empore. In Cluny hat sich mit dem Bestreben, die höchste formale Qualität und das Maximum an räumlichen, perspektivischen und Hell-Dunkel-Effekten zu erreichen, die Partitur der Binnenbereiche der Pilgerkirchen perfektioniert. Das Ergebnis war ein Werk von außerordentlich großer Wirkung, das in nuce bereits wesentliche Merkmale der gotischen Kathedrale zeigte.

Die Hochromanik in Zentralfrankreich

Vom Ende des 11. bis etwa zur Mitte des 12. Jahrhunderts manifestiert sich die Hochromanik in Burgund mit einer regionalen Variante der eingewölbten Basilika, mit der hochbedeutenden Gruppe von Kirchenbauten, die als Paray-le-Monial-Cluny III bezeichnet wird. Diese Bauten, die in direktem Bezug zu den Vorgängerkirchen mit Tonnenwölbung vom Typ Tournus stehen, lassen deutlich das Reifen der lokalen Formensprache und die allmähliche Klärung der Proportionen erkennen: Die Tonne wird geteilt, und die Fenster, vormals in das Gewölbe eingeschnitten, finden sich jetzt im oberen Wandteil in einer klassisch schönen und zugleich sehr originellen Gliederung. Allerdings muss daran erinnert werden, dass der mehrzonige Wandaufbau sich hier nicht zum ersten Mal findet; er ist an der karolingischen Torhalle von Lorsch und an der Westfassade des Trierer Doms schon vorweggenommen. Gesimse und kannelierte Lisenen legen sich in einem in der romanischen Architektur einmaligen, perfekten formalen Gleichgewicht über Wände und Pfeiler, ein Gliederungssystem von antikem Anklang, das sich letzten Endes wohl von den römischen Überresten in dieser Gegend herleitet. Die identische Gliederung setzt sich übrigens im Querhaus und Chor fort, womit jene Kontinuität und Homogenität des Interieurs erreicht wird, die schon auf die gotischen Kathedralen vorausweist. Das Fortbestehen des Tonnengewölbes mit seinem trotz des spitzbogigen Querschnitts starken Schub lässt allerdings die Entwicklung eines weiten, geräumigen Schiffs wie bei den rheinischen oder auch den lombardischen Kirchenbauten nicht zu; die tonnengewölbten Kirchenräume in Burgund sind hoch und schmal.

Saint-Lazare, Autun, 1120–1146
Saint-Lazare, Diözesansitz und getreuer Tochterbau von Cluny III, wurde unter Bischof Étienne de Bâgé errichtet. Ästhetisch seinem Vorbild sehr nahe verwandt, ist Saint-Lazare unbekümmerter in der Behandlung der Details, bei der es sich ganz offen an klassische Elemente hält: Der Ersatz der den Pfeilern vorgelegten Halbsäulen durch kannelierte Lisenen, die ihrerseits mit großer Wahrscheinlichkeit von der korinthischen Ordnung der Porte d'Arroux abgeleitet sind, lässt den Eindruck subtiler Feierlichkeit entstehen. Das Zwillingsportal im Westen mit Trumeau und Tympanon von Giselbertus, der hier zwischen 1130 und 1135 das Jüngste Gericht darstellte, gehört zu den Spitzenwerken romanischer Bildhauerkunst.

Abteikirche Saint-Benoît-sur-Loire, ca. 1073
Ein singuläres Monument der französischen Baukunst des 11. Jahrhunderts steht am Ufer der Loire: die Abteikirche Saint-Benoît-sur-Loire. In der besonderen Grundrissgestaltung des Chors scheint sich das Bestreben anzudeuten, hier ein zweites, kleineres Querhaus anzufügen, was zu der Überlegung geführt hat, Saint-Benoît als Vorwegnahme des Basilikatyps mit zwei parallelen Querhäusern anzusehen, wie er in Cluny III realisiert wurde. Die Fassade präsentiert einen Westbau als dominanten Block mit Formen von großer plastischer und struktureller Strenge.

Notre-Dame, Paray-le-Monial, erste Hälfte 11. Jahrhundert – 1090
Gegründet von Abt Hugo von Cluny, repräsentiert Paray-le-Monial mit basilikalem Grundriss mit drei Schiffen, vorspringendem Querhaus, hohem Turm mit Laterne über der Vierung und einer Zweiturmfassade eine Art reduzierte Version der Mutterkirche. Wie in Cluny ist auch hier die Wand klar vom Gewölbe geschieden durch die Einfügung eines Gesimses, dessen horizontale Flucht durch das spitzbogige Gewölbe kompensiert wird, das dem engen, steilen Raum eine gewisse Vertikalspannung verleiht. Die Wand ist in drei Zonen gegliedert, die Zone der spitzbogigen Arkaden, die des Blendtriforiums und die des von kleinen Fenstern durchbrochenen Obergadens.
Ein komplexes orthogonales System horizontaler und vertikaler Bauglieder, bestehend aus die drei Zonen voneinander trennenden Gesimsen und kannelierten Lisenen, vermittelt den Eindruck von Üppigkeit und Pracht in der Behandlung der Oberflächen, die wenig zu tun hat mit der rheinischen oder normannischen Art, einen Raum zu begrenzen.

Sainte Madeleine in Vézelay

1104 – 1215

Die der Maria Magdalena geweihte Abteikirche von Vézelay, bedeutendes Pilgerzentrum und Ausgangspunkt eines der vier französischen Jakobswege, wurde in drei Phasen errichtet: die Schiffe etwa zwischen 1104 und 1132, der zweistöckige Narthex zwischen 1135 und 1151, das Querhaus und der gotische Chor zwischen 1190 und 1215. Hier kommt der Prozess der Vereinfachung zum Abschluss, der die Kirche wieder zu einem schlichten, essentiellen Bau machen sollte, was vor allem dank der Eliminierung der Empore erreicht wurde. Als ein Hauptwerk der burgundischen Romanik hebt die Madeleine sich von der so genannten Gruppe Paray-le-Monial-Cluny III deutlich ab durch den Verzicht auf das Tonnengewölbe und – darin ähnlich dem rheinischen und lombardischen System – die Übernahme eines Kreuzgewölbes, allerdings zu Lasten des obligaten Stützensystems und zugunsten einer raschen Folge rechteckiger Joche, rhythmisiert von Archivolten. Resultat ist das perfekte, endgültige Modell der dreischiffigen Basilika mit überhöhtem Kreuzgratgewölbe mit scharfen Graten im Hauptschiff und in den Seitenschiffen, mit großen Querbögen, direkter Belichtung, die wiederum die Helldunkelwerte hervorhebt, und mit einfachen, reduzierten Strebepfeilern am Außenbau. Die Qualität des Erscheinungsbildes beruht auf der einprägsamen, maßvollen Kadenz der schlanken Bauglieder, die einen vorspringenden Rahmen vor dem Hintergrund der nackten Wände bilden. Die Harmonie der räumlichen Proportionen und die plastische Unterteilung der Wände durch ein robustes Gesims bewirken die seltene Schönheit diese Kirche. Die zweifarbigen, im regelmäßigen Wechsel gesetzten Bogensteine der Gurtbögen und Arkaden, die Friese, Bänder und Weinreben, die den Bogenlauf der Arkaden, die Fenstergesimse und die verschiedenen Wandzonen höchst dekorativ unterstreichen, sorgen zudem für eine optimale Lesbarkeit des Raums.

Die außerordentliche Qualität der Bauplastik an Portalen und Kapitellen repräsentiert hier ebenso wie in Autun einen grandiosen Höhepunkt der romanischen Plastik der ersten Hälfte des 12. Jahrhunderts. Das Zwillingsportal im Inneren behandelt in einer dynamischen Komposition von großer visionärer Kraft das Pfingstwunder, also die Herabkunft des Heiligen Geistes und die Aussendung der Apostel zur Verbreitung der Heilsbotschaft – eine Gestaltung, die zur Zeit der Kreuzzüge, in der jeder Christ aufgerufen war, zur Verbreitung des Evangeliums beizutragen, von großer Bedeutung war.

Die Hochromanik zwischen Frankreich und Spanien
In Bereich des südlichen Frankreichs und des nördlichen Spaniens hatten sich schon zu Beginn des 11. Jahrhunderts neue Konstruktionstypen entwikkelt, dort waren die ersten ganz überwölbten Basiliken entstanden. Im Laufe des 12. Jahrhunderts festigte und verbreitete sich dieser Stand. Dabei war die Saalkirche der häufigste und homogenste Bautyp, der die schon in frühromanischer Zeit anzutreffenden Merkmale noch immer bewahrte: den geschlossenen Baukörper aus drei mehr oder weniger gleich hohen Schiffen, tonnengewölbt und indirekt belichtet. Gegen Ende des 11. Jahrhunderts trat an die Stelle der durchgehenden Tonne allmählich eine Unterteilung durch Querbögen, die eine schlüssigere Verbindung zwischen Gewölbe und Stützen bewirkten, sich der Längsflucht des Schiffs entgegenstellten und das einzelne Joch als dominantes strukturelles Element auswiesen. Die protoromanische Form der drei parallelen Tonnen, die eine starke räumliche Unterteilung mit sich brachte, war im 12. Jahrhundert noch sehr verbreitet; es fehlte aber auch nicht an Abwandlungen in Gestalt von Vierteltonnen, Quertonnen oder Kreuzgewölben in den Seitenschiffen. Die einschiffigen und die Saalkirchen haben spezifische Lösungen auch für ihre Fassaden gefunden; diese erscheinen als gegliederte Wände und folgen der Innengliederung. In der hier betrachteten Region wird den Türmen und der Entwicklung der Westteile keine große Bedeutung zugemessen, ihre Gestaltung wird häufig vernachlässigt. Dennoch fehlt es nicht an Türmen; erinnert sei hier an den riesigen Turm von Saint-Front in Périgueux oder auch an die isoliert stehenden, überraschend fantasievoll gestalteten Türme der Kathedrale von Le Puy. Im Südwesten Frankreichs finden sich überdies etwa sechzig einschiffige Kirchen mit Kuppel wie in Périgueux und Le Puy. Der romanische Innenraum erreicht hier seine höchste Vollendung: über jedem Joch erhebt sich eine halbkugelförmige Kuppel, eine Lösung, die die additive Komposition des Raums sehr anschaulich macht. Sind die Kuppelkirchen typisch für den Kirchenbau des 12. Jahrhunderts in Aquitanien, dürfen wir doch nicht vergessen, dass sie auch in anderen Regionen auftauchen, etwa in Apulien, in Salamanca und im Sonderfall San Marco in Venedig.

Kathedrale, Jaca, geweiht 1063
Die kleine Kathedrale von Jaca zeichnet sich – in der spanischen Architektur dieser Zeit sehr ungewöhnlich – durch einen Stützenwechsel aus: mächtige Pfeiler stehen neben Säulen mit fein gearbeiteten Kapitellen. Die den Pfeilern vorgelegten Halbsäulen tragen zur architektonischen Gliederung bei; die Gewölbe stammen aus gotischer Zeit.

San Isidoro, León, geweiht 1063
Als ein in architektonischer Hinsicht typisch spanischer Kirchenraum gilt das Innere der Stiftskirche San Isidoro: ein geschlossener Organismus, robust, kompakt, mit starken durchgehenden Mauern, von nüchternen, einfachen Formen. Eine singuläre Bestimmung hat der Bereich zwischen der Stadtmauer und der Kirchenfront: er ist Standort der Grabkapelle der Könige von León, des so genannten Pantheon de los Reyes (1054–1067).

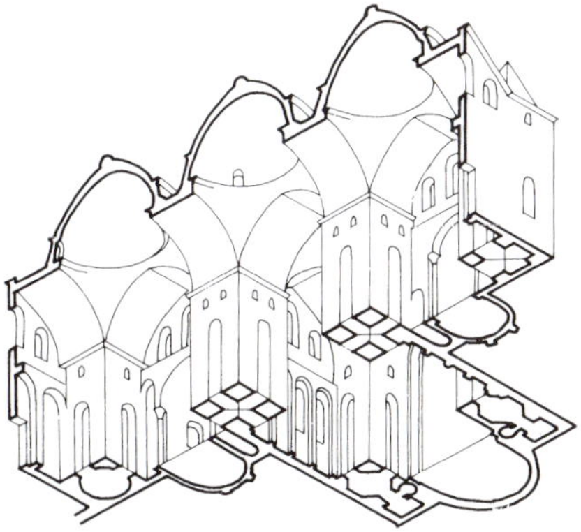

Saint-Front, Périgueux, vollendet 1173
Die Einwölbung der mittelalterlichen Kirchen, ein statisch-konstruktives wie auch ein formales, architektonisches Problem, wurde von den romanischen Baumeistern im Allgemeinen mit Hilfe von Strebekonstruktionen längs der Flanken gelöst. In Aquitanien hingegen nahm man ein Element wieder auf, das im Orient jahrhundertelang in Gebrauch gewesen war: als kompositorische Zelle diente ein Grundrissquadrat, über dem sich eine halbkugelförmige Kalotte erhebt. Der grandiose Innenraum von Saint-Front setzt sich aus fünf kreuzförmig angeordneten Kuppeln zusammen und wiederholt das volumetrische und kompositorische Schema der Basilika von San Marco in Venedig.

San Martín, Frómista, ab ca. 1066
In Auftrag gegeben von der Witwe des Königs von Navarra, zeigt die Kirche San Martín noch deutlich den Einfluss der Protoromanik des europäischen Südens, vor allem im recht kleinteiligen Mauerwerk des Außenbaus. Der dreischiffige Bau mit Apsiden von unterschiedlicher Tiefe und einem vorstehenden Querhaus besitzt eine Kuppel über der Vierung, die am Außenbau von einem achteckigen Turm maskiert wird. Die Fassade wird von zwei zylindrischen Türmchen begleitet, ein karolingisches Vermächtnis. Die Wiederholung der Dekormotive, der tiefen Leibungen der Öffnungen und der bis zum Dachansatz reichenden Halbsäulen, fügt die verschiedenen Teile am Außenbau harmonisch zusammen.

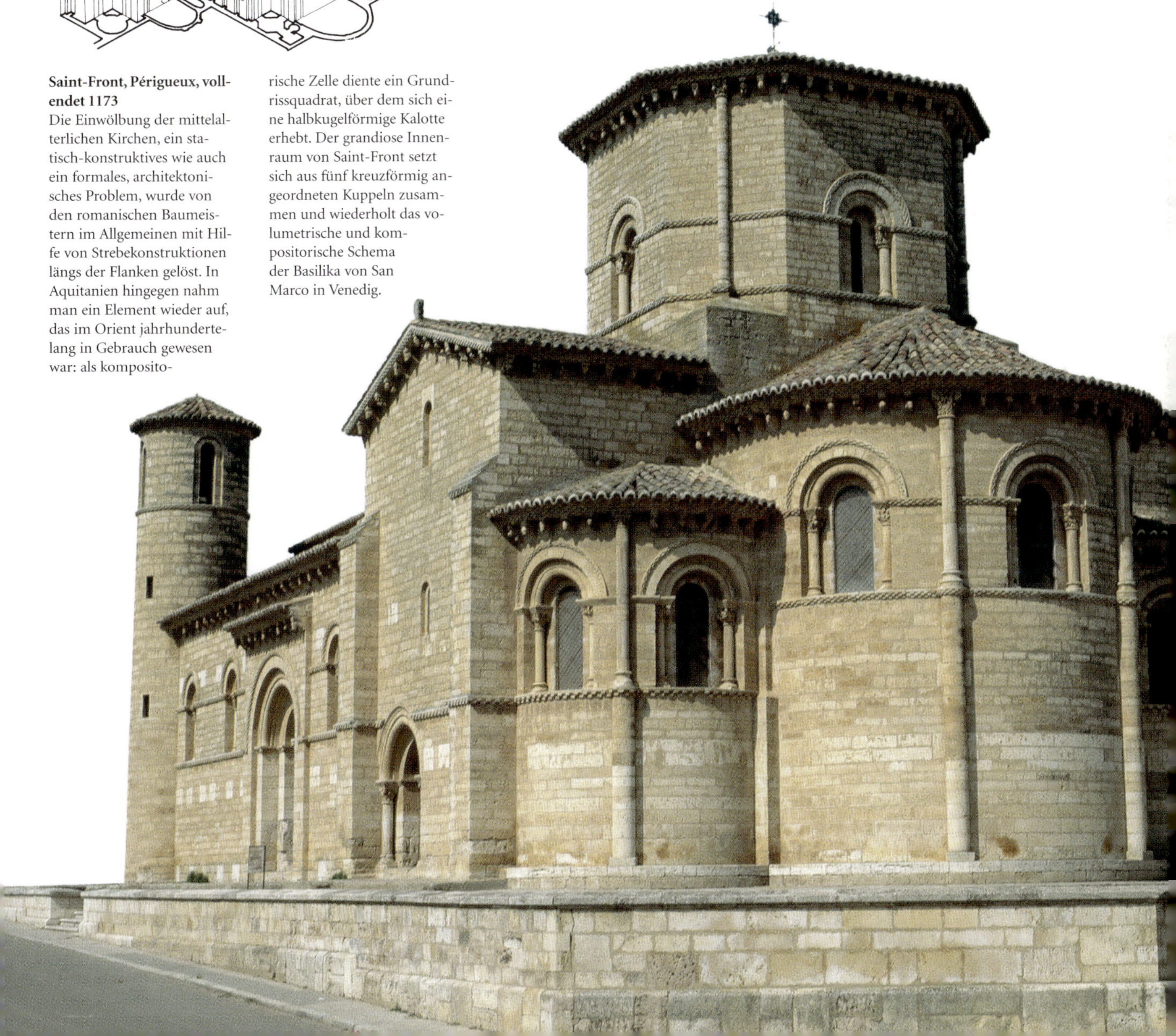

Das lombardisch-padanische Gebiet

1050–1150

Die Hochromanik in Norditalien

Die große lombardisch-padanische Baukunst der zweiten Hälfte des 11. und der ersten Hälfte des 12. Jahrhunderts fügt sich dank des ständigen Austauschs mit Frankreich sowie Nord- und Mitteleuropa in die romanische Kultur ein und entwickelt sich nicht nur in den großen Zentren wie Mailand oder Pavia, sondern auch entlang den Straßen, die nach Rom führen. Zur Vollendung des vollständig überwölbten statisch-konstruktiven Organismus findet sie zwischen 1090 und 1120, also mit deutlicher Verspätung gegenüber den anderen Regionen Westeuropas. Allerdings führen die Mailänder Meister mit der Gewölberippe ein Element von ästhetisch wie strukturell revolutionärer Bedeutung ein, um den Bauvorgang zu rationalisieren und die statischen Funktionen der Rippen von denen der Kappen zu trennen. Das Kreuzgewölbe, die Beibehaltung der Emporen, die Apsiden mit Zwerggalerien, die Fassaden mit den großen Giebeln sind die typischen Themen der romanischen Architektur in Norditalien. In den großen Kirchen Padaniens tritt zudem die Krypta in einen immer engeren räumlichen Zusammenhang mit der Oberkirche, bis sie gleichsam das gesamte Querhaus okkupiert: eine Lösung, wie sie im späten 11. und dann im 12. Jahrhundert in Modena, in San Zeno in Verona und in Venedig angewandt wird und auch in Süditalien Eingang findet.

San Michele und San Pietro in Ciel d'Oro, beide in Pavia, zeigen die Transformation der Fassade zu einer reinen Stirnwand, die, vor den basilikalen Langbau gesetzt, das Profil der Schiffe verbirgt, als Blendfassade beziehungsweise »Scheunenfassade« erscheint und damit einen Typus festschreibt, der noch bis zum 15. Jahrhundert verwendet wurde. Die Apsiden mit ihren Zwerggalerien finden sich in großer Zahl in der Lombardei wie am Oberrhein; das erste zu datierende Beispiel, zugleich eines der schönsten, findet sich in Santa Maria Maggiore in Bergamo, um 1137. Sehr stark ist in der Lombardei auch der Einfluss zentrischer Formen, die bestimmend für zahlreiche Sakralgebäude wurden; zu diesen zählen San Salvatore in Almenno, San Lorenzo in Mantua, der alte Dom in Brescia, das Santo Sepolcro im Komplex von Santo Stefano in Bologna, alle aus dem 11. Jahrhundert.

San Marco, Venedig, 1063–1094
Als Einzelfall in der Geschichte der abendländischen Baukunst steht San Marco außerhalb der Entwicklungen in der romanischen Sakralarchitektur, orientiert sich vielmehr an einem östlichen Vorbild, der Apostelkirche in Konstantinopel. Die Kirche zeigt Merkmale byzantinischer Bauten des 6. Jahrhunderts: Auf dem Grundriss eines griechischen Kreuzes entwickeln die riesigen Pfeiler und die Kolonnaden einen grandiosen Rhythmus, der in der erhabenen, vollkommenen Form der sphärischen Kalotten gipfelt. Im Inneren verleihen das Spiel des Lichtes und die Marmor- und Mosaikverkleidungen auf Goldgrund den gemauerten Massen und den Oberflächen malerische Werte, die jeglichen Eindruck räumlicher Tiefe negieren.

Sant'Ambrogio, Mailand, ab 1080
Sant'Ambrogio bildet eine großartige Ausnahme in der norditalienischen Baukunst: Es handelt sich um eine Saalkirche mit Emporen, entsprechend dem Typus der Pilgerkirchen mit unbelichtetem Schiff. Allerdings verzichtet sie mit der Modifikation der Proportionen auf die Wirkungen der Vertikalität, ist niedrig und breit gelagert, beinahe frei von Belichtung. Die meisterliche »Scheunenfassade« mit der Loggia auf großen Arkaden entspricht der Gliederung des Innenraums. Der axial gestellte Narthex folgt wie gewisse rheinische Beispiele dem axialen Charakter klassisch-römischer Bauten oder auch frühchristlicher Atrien.

Dom, Modena, 1099–ca. 1110
Der Typus, die konstruktiven Systeme, das Zusammenwirken der Einzelteile, stilistische und dekorative Details, wie sie in Mailand neu eingeführt wurden, fanden Eingang in die Kathedralen der Emilia. Der Dom in Modena, errichtet von dem lombardischen Baumeister Lanfranco, übersetzt die romanische Lektion in originelle Formen: unter Verzicht auf die Einwölbung schafft er ein rhythmisches Erscheinungsbild der Räume und Oberflächen, frei von struktureller Textur und ohne direkte Bezugnahme auf die statische und konstruktive Ordnung. Die Fassade mit ihren Vor- und Rücksprüngen gibt präzise die Binnenstruktur wieder; sie, die Flanken und die Apsis werden von einem außen umlaufenden Rundbogenfries in bewegtem Rhythmus zusammengefasst. Die Galerie repräsentiert eine Entwicklungsstufe der rheinischen Zwerggalerie.

Mittel- und Süditalien

ca. 1060 – 1130

Der italienische Regionalismus

Der tusko-emilianische Apennin verläuft als Grenzlinie zwischen der Poebene, dem Gebiet, in dem die romanisch-lombardische Architektur ihre große Entwicklung nahm, und den zentralen und südlichen Regionen Italiens, in denen zur gleichen Zeit andere Bauten entstanden. Die romanische Architektur Tusziens hatte sowohl andere ideologische Voraussetzungen als auch einen anderen Formenschatz und andere Präferenzen: sie interpretiert die strukturellen Elemente, die räumliche Dialektik und die plastischen Werte im Sinne klarer Gestaltung der Oberflächen und rationell-harmonischer Proportionen. Die autonome, schöpferische Bautätigkeit in Tuszien kreist dabei um zwei Pole, einerseits das Florenz des Baptisteriums und der Kirche San Miniato al Monte, andererseits die Schule, die, beginnend mit der Kathedrale von Pisa, im Laufe des 12. Jahrhunderts eine außergewöhnliche quantitative und qualitative Entwicklung nehmen sollte. Beiden gemeinsam ist die Polychromie der Marmorverkleidungen, vor allem am Außenbau, die zusammen mit der Entscheidung für die Blendarkaden die romanisch-toskanische Architektur ganz signifikant auszeichnet, von der Badia von Fiesole bis hin zur Parochialkirche von Empoli und zur Kirche San Giovanni Fuorcivitas in Pistoia.

Über Tuszien hinaus ist das Panorama der romanischen Architektur Zentralitaliens arm an bedeutenden typologisch und formgeschichtlich originellen Beiträgen. Das zeigt sich noch bis in die Mitte des 13. Jahrhunderts darin, dass man sich dem steinernen Gewölbe und damit der Konzeption des Bauwerks nicht in erster Linie als Bild, sondern als organisches System von Strukturen verweigert – eine Position, die dafür sorgt, dass Auftraggeber und Bauleute an der traditionellen Form der nicht eingewölbten Säulen- oder Pfeilerbasilika festhalten. In der passiven Wiederholung des Modells der frühchristlich-konstantinischen Basilika verharrt Rom in einem unbeweglichen Konservatismus, der die gesamte romanische Periode überlebt und der mit dem Wunsch, durch Replizierung der architektonischen Formen der Urkirche etwa Glaubenseifer zum Ausdruck zu bringen, nicht zu erklären ist; einziger aussagefähiger Hinweis ist die Produktion der römischen *marmorari*, deren bewusster »Klassizismus« im Einklang mit der Kontinuität der spätantiken Formen steht. Ein weiteres kulturelles Zentrum, das treu am basilikalen Schema festhält, ist die Abtei Montecassino, die in den Jahren 1066 bis 1071 von Abt Desiderius wiederhergestellt wurde und deren T-Grundriss mit der dominanten Präsenz eines gegenüber dem Langhaus hoch gelegenen Querhauses von den Erbauern der großen Kirchen Kampaniens in Salerno (1077–1175), Amalfi (ab 1060) und Ravello (1086) übernommen wurde.

Dagegen besteht im äußersten Süden Italiens die von arabischen Einflüssen durchzogene byzantinische Baukultur fort, überlagert von der »lateinischen« Matrix in Gestalt der Benediktinerarchitektur montecassinischer oder kluniazensischer Prägung.

San Clemente, Rom, 1099–1118
Das System des Stützenwechsels in San Clemente ändert nichts an der Homogenität und Einheitlichkeit des Innenraums, die dadurch zustande kommt, dass viel Licht hereindringt, das die Gestaltung der Flächen ebenso wie die geometrische Unterteilung des Innendekors unterstreicht und in ihrer Farbigkeit hervorhebt. Die Ausstattung der Kirche gehört zu den vollständigsten und prächtigsten Beispielen ihrer Art: der herrliche Kosmatenfußboden, das Gitter der *schola cantorum*, die beiden Ambonen, der wunderschöne spiralförmige Kandelaber, das antikisierende Ziborium und die Kathedra des Bischofs wahren den Formenschatz der Antike und der frühchristlichen Überlieferung.

San Nicola, Bari, 1087–1105
Als Urmutter der großen romanischen Kirchen Apuliens wirkt San Nicola mit seinen kompakten, massigen Volumina programmatisch-lateinisch und wie eine Festung. Die lombardisch anmutende Fassade, akzentuiert durch einen mit der Giebelschräge ansteigenden Rundbogenfries und belebt von Blendbogen im unteren Teil, wird von zwei mächtigen Türmen normannischer Abkunft eingeschlossen. Zum Eindruck eines kompakten Blocks tragen auch die tiefen Arkaden an den Seiten bei, die Fassade und Querhaus verbinden und eine luftige Loggia bilden, ein Motiv, das an Lösungen aus römischer oder spätantiker Zeit erinnert.

San Miniato al Monte, Florenz, 1028–1062
Die Benediktinerkirche San Miniato folgt in ihrem Aufbau den Vorstellungen Lanfrancos für den Dom von Modena: Ein alternierendes System von Pfeilern und Säulen trägt die quer dazu verlaufenden Schwibbögen, auf denen der offene Dachstuhl ruht und die zugleich die Unterteilung des Mittelschiffs in Joche betonen. Die Mauerstruktur findet dabei ihre Bestimmung in der volumetrischen Synthese des als kristallklarer Raumkörper gedachten Baus: Die schweren romanischen Mauern werden zu reinen architektonischen Zeichen, lösen sich auf im Chromatismus der Intarsien, die die lineare Definition der Ebenen übernehmen. Höchst raffiniert ist die Wandverkleidung mit geometrischen Motiven, die die architektonischen Elemente unterstreichen. Die Zweifarbigkeit von Weiß und Grau mit Hinzufügung eines zarten Sandtons für die aus Sandstein gefertigten Kapitelle und die horizontalen Linien schafft einen Sakralraum von triumphalem Charakter, zu dem das weiche, gleichmäßig sich verteilende Licht beiträgt, das durch die mit Bändern aus Phengit abgeschirmten Fenster dringt.

Der Campo dei Miracoli in Pisa

1063–1350

Im Jahre 1063 besiegte Pisa die Araber bei Palermo und sicherte sich die Hegemonie über das westliche Mittelmeer; die beträchtliche Kriegsbeute erlaubte es, eine neue Kathedrale nach Plänen zunächst Buschetos, später Rainaldos zu errichten; auf Letzteren gehen auch die Verbreiterung der Kirchenschiffe und die Fassadengestaltung zurück. Der außergewöhnliche Charakter dieses Baus zeigt sich an seiner Gestalt und Lage sowie in seiner klaren Beziehung zu den übrigen Bauten des Komplexes: Baptisterium, Campanile und Camposanto. Zur harmonischen Gliederung des Äußeren trägt eine Folge von Blendarkaden mit Marmorintarsien bei, die alle Fronten des Kirchengebäudes, der Querschiffe und des Chors umzieht.

Seinen Höhepunkt findet das Spiel mit chromatischen Wirkungen und skandierten Oberflächen in der prächtigen Sandsteinfassade; der obere Teil zeigt eine der gelungensten Lösungen der romanischen Architektur für das Problem der Komposition einer Front, die sich dem Organismus der Kirche harmonisch eingliedert; die flache Wand verschwindet, aufgelöst in vier Arkadengalerien, die im Spiel von Licht und Farbe die lombardischen Loggien interpretieren.

Ungewöhnlich an der Raumaufteilung im Inneren ist die Einfügung des Querhauses in das Schiff. Wir finden hier keinen Kreuzungspunkt und kein räumliches Zusammenfließen, sondern eine klare Trennung, weil die durchgehenden Wände des Schiffes die seitlichen Bereiche isolieren. So scheint sich eine räumliche und perspektivische Trennung zwischen dem großen Längsbau der Basilika und den beiden kleineren Querbauten zu ergeben. Das Echo der großen römischen Säulenkirchen aus frühchristlicher Zeit wird durch die betonte Höhenentwicklung des spitzen Triumphbogens, durch das starke Hervortreten der von einem wiederum vorspringenden Abakus bekrönten Kapitelle und durch das plastische Gurtgesims wieder verwässert. Die Motive aus antiker Zeit (Säulen und Kapitelle), die frühchristlichen Elemente (das basilikale Schema), die orientalischen Reminiszenzen (Spitzbogen, elliptische Kuppel und die schwarz und weiß gestreifte Wandverkleidung) gehen eine harmonische Verbindung mit den räumlichen Proportionen der abendländischen Romanik ein.

Mit der Freude an raffiniertem Dekor und der Aufnahme von vielerlei Anregungen zeigt sich der 1153 von Deotisalvi projektierte Baptisteriumsbau in harmonischem Zusammenhang mit der Kathedrale. Als großer zylindrischer Baukörper, der Kirche auf der gleichen Symmetrieachse gegenüberstehend, ihr zugehörig und in präziser und unmittelbarer Übereinstimmung mit ihr, ist er außen von einer Blendarkadenordnung belebt und reich verziert mit Motiven aus der antiken und orientalischen Tradition. Der berühmte Campanile entwickelt Rainaldos Fassadenlösung in absolut einmaliger Weise weiter. 1173 möglicherweise von Bonanno begonnen, wurde er, nachdem das Terrain nachgegeben hatte und die Arbeiten deshalb langsamer vorangingen, erst gegen Ende des 13. Jahrhunderts vollendet. Seine Erbauer haben die gleichen gestalterischen und architektonischen Elemente, die im Dom und im Baptisterium verwendet wurden, in die gleiche Partitur eingefügt und so das gleiche Ergebnis erzielt. Hier ist dieses Ergebnis aufgrund der Vervielfältigung der visuellen Effekte – die sich ihrerseits den Transparenzen, den perspektivischen Variationen, dem Spiel von Licht und Schatten an einem so vielfach aufgebrochenen und zylindrischen Turm verdanken – von noch größerer Wirkung.

Das arabisch-normannische Sizilien

1130–1200

Die Eroberer aus dem Norden in der Sonne des Mittelmeerraums

Die normannische Eroberung brachte Sizilien nach zwei Jahrhunderten arabischer Herrschaft zurück in den Schoß der abendländischen Kultur. Den Normannen präsentierte sich die Insel als Hüterin einer architektonischen Kultur, die sich unter dem Einfluss byzantinischer Formen und der Ausdrucksmittel der islamischen Kunst entwickelt hatte. Es gelang den Eroberern, diese reifen Formen zu assimilieren, in einem Synkretismus, der sich in vielen ausgesprochen repräsentativen Bauten von hoher künstlerischer Qualität äußert. Das dominante Anliegen der sizilischen Baukunst des 12. Jahrhunderts ist es, der Vierung als dem Kernpunkt des Gebäudes mit perspektivischen und Helldunkeleffekten zu größtmöglicher Wirkung zu verhelfen. Diesem Zweck dienen unter anderem Arkaden, die so weit und so hoch sind, dass sie den Eindruck der Raumvereinigung begünstigen. Von der Mitte des 12. Jahrhunderts an tauchen dann auch einige charakteristische spätromanische Elemente auf: die reiche Gliederung des Äußeren, insbesondere der Apsiden, die Tendenz zu einer zentralräumlichen Gruppierung, das Sterngewölbe orientalischer Prägung, Steineinlagen und manieristisch wirkende Stalaktitengewölbe. In der Vielfalt und unterschiedlichen Provenienz dieser Elemente – byzantinisch, islamisch, katalanisch-provçenalisch – offenbaren sich die eklektischen Merkmale einer höfischen Kunst. Nicht weniger bedeutend sind die profanen Bauten, die nach Zahl und Varietät auf dem italienischen Festland kein Äquivalent haben: der Palazzo, die vorstädtische Villenanlage, die Pavillons und Kioske wie die Torre Pisana im Königspalast von Palermo, die Sommerresidenzen Zisa und Cuba – sie alle folgen islamischem Muster.

Dom, Monreale, 1174–1189
Der Dom von Monreale, auf Wunsch Wilhelms II. als großartiges Symbol der absoluten Macht des normannischen Königshauses erbaut, ist ein eindrucksvoller Komplex, in dem sich heterogene Elemente zu einem ausgewogenen Ensemble von großer Faszination verbinden. Seine Ergänzung findet dieses Meisterwerk des normannischen Synkretismus in dem berühmten angrenzenden Kreuzgang.

San Giovanni degli Eremiti, Palermo, ab 1142
Der, zeitlich gesehen, erste Bau, der in seinen Details mehr als alle anderen die Merkmale der arabischen Kunst trägt und zugleich den byzantinischen Einfluss bezeugt, ist die von fünf Kuppeln, halbkugelförmigen Kalotten, bedeckte Kirche San Giovanni degli Eremiti. Die Kirche hat die Form eines geschlossenen und kompakten Kubus, auf dem die kleinen Kuppeln unmittelbar aufsitzen, mit einer flachen Gliederung aus sich überkreuzenden Spitzbögen.

Cappella Palatina, Palermo, 1132–1143
Die Cappella Palatina löst das Problem der Einfügung der Kuppel in den Langbau, indem sie die dreischiffige Säulenbasilika mit einem Presbyterium verbindet, das von einer Kuppel mit Tambour und Kalotte bekrönt wird; beide Elemente lassen im Mauerwerk wie auch in den Bögen und Zwickeln arabische Einflüsse erkennen. Islamischer Herkunft ist auch der Typ der Holzdecke mit den Stalaktiten und Alveolen, der sich schon in den nordafrikanischen Moscheen findet und in den Decken der Alhambra in Granada eine noch prunkvollere Gestaltung erfahren sollte.

Dom, Monreale, 1174–1189
Der Beitrag des Arabischen wird ganz deutlich an der engen Zusammenfassung der Volumina und am fantasievollen Einsatz der Farbe, die den Apsisbereich mit dem Kontinuum übereinander angeordneter und verflochtener Bögen und Gesimse belebt.

Die deutschsprachigen Länder

ca. 1070–1170

Zwischen Tradition und Erneuerung

Ab etwa 1070 war das politische Klima im Reich sehr instabil, was sich in der deutschen Baukunst nachhaltig niederschlug. Die ottonische Tradition blieb ihren historischen und kulturellen Hintergründen fest verhaftet, vergrößerte damit noch den Abstand zwischen der ideologischen und gesellschaftspolitischen Konzeption der erhabenen und strengen Kaiserdome und dem neuen Bild des romanischen Kirchengebäudes. Die germanischen Länder übernahmen die architektonischen Lösungen und die Grundsätze, ästhetischen Aspekte und formalen Elemente der Hochromanik als Letzte; der Übergang zur romanischen Basilika sah im Wesentlichen so aus, dass sie den geraden Deckenabschluss durch das Gewölbe ersetzten. Die ersten Neubauten oder Umgestaltungen von Klosterkirchen und Kathedralen, die nun ein steinernes Gewölbe erhielten, entstanden nach 1080; noch bis zur ersten Hälfte des 12. Jahrhunderts und darüber hinaus bestimmten daneben aber die weiterhin einflussreichen traditionellen Strömungen eine reiche Bautätigkeit, die am Typ der ungewölbten Säulenbasilika festhielt. Parallel dazu bleibt die Gruppe der großen rheinischen Kathedralen, Speyer, Mainz, die Klosterkirche Maria Laach und später der Dom von Worms, weiterhin beim germanischen Grundriss mit Doppelchor und seitlichem Eingang; das bedeutet zugleich den Verzicht auf die vollständige visuelle Erfassung des Inneren vom Eingang her und im Abschreiten der Achse oder, anders ausgedrückt, die Akzeptanz einer nur partiellen, graduellen und fragmentarischen Sicht.

Die »konservativen« Werkstätten arbeiten im Innenraum weiterhin mit ottonischen Formen, entwickeln aber für Idee und Ausführung von Bauvolumen und Fassade auch neue Formen. Das Gebäude, verstanden als gemauerte plastische Masse, verwandelt sich in ein Gebilde aus großen, kantigen, gegen- und übereinander angeordneten Teilen, das geometrische Klarheit und strukturelle Qualität betont. So schließt sich die deutsche Baukunst, auch wenn sie sich dem Gedanken an das Kirchengebäude als überwölbten Organismus noch verweigert, eben doch den Bestrebungen der romanischen Architektur an, der Außenansicht der Bauten eine Bedeutung zu verleihen, die der Bedeutung und Qualität des Innenraums entspricht.

Sankt Godehard, Hildesheim, 1133–1172
Sankt Godehard zeigt trotz des Abstands von etwa hundert Jahren alle für die ottonische Architektur charakteristischen Elemente. Hier treffen ein traditionelles Verständnis des Gebäudes als ganzen – überdachte Basilika mit Doppelchor und Stützenwechsel – und ein Chorumgang mit Kapellenkranz französischen Typs zusammen.

Klosterkirche Maria Laach bei Koblenz, ab 1093
Die Schönheit des Außenbaus beruht auf zwei Turmgruppen, die sich an der Ost- und an der Westseite der Kirche erheben und so die Bipolarität des Gebäudes unterstreichen. Dagegen wirkt der Dekor aus dünnen, gleichsam kalligraphischen Rahmungen auf den Betrachter fast losgelöst vom architektonischen Volumen.

Dom, Mainz, 1110–1137
Der Umbau des Mainzer Doms fällt in eine stilistische Phase der deutschen Romanik, die der Komposition der Außenansichten besondere Aufmerksamkeit schenkt. Die äußerst qualitätvolle plastische Gestaltung der Ostpartie kommt durch den roten Stein besonders zur Geltung; der Kontrast zwischen der nackten, kraftvollen Wandfläche zwischen den beiden flankierenden, in das Querhaus einbezogenen ottonischen Rundtürmen und der durchbrochenen zentralen Apsis erzeugt einen ernsten, feierlichen Eindruck.

Dom, Speyer, 1082–1106
Die Umgestaltung des Doms zu Speyer markiert den Zeitpunkt, zu dem die Baukultur des Reiches endgültig den Anschluss an die abendländische Entwicklung gefunden hat, und bestätigt zugleich die besondere Aufmerksamkeit, die in der deutschen Romanik den Außenansichten zuteil wird. Zur Betonung typisch karolingischer und ottonischer Elemente – des Zusammen- und Gegeneinandersetzens großer Bauteile – kommen Elemente lombardischer Herkunft wie Lisenen, Arkaden, Bogenfriese, Galerien, Loggien zum Einsatz. Auf einfachem, kompaktem Grundriss erhebt sich ein variierter, bewegter Komplex: der Block aus Querhaus und Chor mit Türmen stellt sich dem entsprechenden Block des Westbaus entgegen.

Zwischen Romanik und Gotik

1170–1250

Zentral- und Nordfrankreich

In einigen Gebieten Frankreichs entstanden die letzten Zeugnisse der romanischen Kunst in der gleichen Zeit, in der sich bereits die gotische Architektur durchsetzte. In Burgund zum Beispiel hielt man sich weiter an das Vorbild der Gruppe Paray-le-Monial-Cluny III; allerdings wurde es mit der um 1200 einsetzenden Verwendung des Rippengewölbes anstelle der Tonne über dem Mittelschiff möglich, den Raum weitläufiger zu strukturieren und sich von der Enge und Vertikalität der Vorgängerbauten zu lösen. Eine zweite, im Südwesten Europas sehr verbreitete Gruppe von Bauten bezog sich dagegen auf den Typus der Zisterzienserkirche von Fontenay; hier wurde das einzige, tonnengewölbte Schiff durch eine Reihe von Kapellen erweitert. Eine dritte Gruppe, zu der die Zisterzienserabtei von Pontigny und Saint-Philibert in Dijon gehören, nahm sich das Langhaus von Vézelay zum Vorbild und erneuerte dessen Schema, indem sie es vereinfachte. Um das Jahr 1200 erlischt die Kraft der Romanik dann allerdings auch in Burgund; allmählich werden nun frühgotische Formen von der nahen Champagne übernommen. Der neue Chor von Vézelay, die Kirche Notre-Dame in Dijon, die Kathedralen von Auxerre, Chalons-sur-Saône, Genf und Lausanne halten sich an ein neues, typisch »burgundisches« System, das dank gewisser Motive, darunter das von Autun und Vézelay übernommene große Atrium, leicht zu erkennen ist. Im Inneren fällt vor allem die Leichtigkeit der Strukturen und die Behandlung der Wand mit Durchbrüchen und Galerien vor den Fenstern des Mittelschiffs auf. Mit diesen Bauten aus der ersten Hälfte des 13. Jahrhunderts bildet die burgundische Architektur ein wichtiges Verbindungsglied zwischen den noch immer spätromanisch orientierten Landschaften und der Gotik des *Domaine royal.*

Notre-Dame, Dijon, Portikus, 1220–1240
Die Kirche Notre-Dame, ein Meisterwerk, das alle burgundischen Erfahrungen in sich vereinigt, besitzt einen weiten, tiefen Portikus mit drei Eingangsbögen und darüber zwei Reihen von Bogenstellungen, die an entsprechende toskanische Beispiele in Pisa und Lucca erinnern.

Abteikirche Fécamp, nach 1168
Die späten normannischen Kirchen gaben die Technik der starken Mauer mit der daraus folgenden Schwere der gesamten Struktur nicht auf. Die Abteikirche Fécamp wahrt ungeachtet der Spitzbogen mit scharfen Profilen noch die Robustheit der romanischen Bauglieder und dient späteren Bauten der Region zum Vorbild.

gegenüberliegende Seite
Die Abteikirche Sainte Madeleine, Vézelay, Chor, 1185
Der Chor von Vézelay steht für einen ersten »Einfall« der gotischen Architektur der Ile-de-France in Burgund. Licht und leicht, zeigt er seine Modernität in einer ausgeprägten Linearität, die durch die die Rippen des Gewölbes tragenden Dienste an den Pfeilern des Chorumgangs zustande kommt. Ebenso innovativ ist der Verzicht auf den oberen Teil der Trennwände zwischen den Radialkapellen, der den freien Lichteinfall ermöglicht.

Die Spätromanik in Deutschland

ca. 1150–1230

Das Rheinland

Der weitere Verlauf der deutschen Romanik lässt sich als die natürliche Entfaltung eines langen kulturellen Prozesses sehen, mit Merkmalen, die für den germanischen Raum typisch sind, und als Gesamtheit autonomer Strömungen. Diese architektonische Entwicklung verläuft parallel zu den Phasen der französischen Gotik, die ohne bestimmenden Einfluss auf den deutschen Kirchenbau bleibt, der die Formen und Typen der romanisch-ottonischen Tradition noch lange Zeit beibehalten sollte. Die Baukunst der Region am Oberrhein entwickelt sich im Schatten der großen Kaiserdome; die Kathedralen von Worms und Mainz erhalten jetzt ihr endgültiges Aussehen, während Speyer mit der Bekrönung der Türme durch die spätromanischen steinernen Helme einige Veränderungen erfährt. Die großen Schöpfungen vom Ende des 12. und aus der ersten Hälfte des 13. Jahrhunderts bleiben im Wesentlichen dem obligaten einfachen System treu, aus dem sich ein kraftvoller Rhythmus ergibt, der für die Realisierung eindrucksvoller und monumentaler Formen besonders geeignet ist. Im Gegensatz zu den niederrheinischen Kirchen fehlt es hier an der Freiheit der Ornamentierung und am Reichtum der Gliederung, wie er sich mit der Unterteilung des Schiffes in drei oder vier Zonen und mit der Auflösung der Apsiswand durch eine innere Galerie erreichen lässt; vielmehr ist bei formaler Strenge ein entschiedener Drang zur Monumentalität zu beobachten, die, akzentuiert durch die Verwendung des lokal anstehenden Sandsteins mit seiner schönen Rotfärbung, außergewöhnliche Vollkommenheit erreicht. Die Außengestaltung führt die germanisch-kaiserliche Tradition des Bauwerks fort, das als kraftvoller, das Umfeld dominierender gemauerter Block der zusammengruppierten und gegeneinander gesetzten kantigen Massen der Schiffe und Türme verstanden wird.

Im dritten Jahrzehnt des 13. Jahrhunderts kommt die deutsche Romanik allmählich an ihr Ende; die gotischen Formen werden den traditionellen Bautypen unmittelbar appliziert, ohne dass jemals das gesamte statisch-formale System der Hochgotik angewandt werden sollte.

Groß St. Martin, Köln, 1150–1172, 1185–1200
Unter dem Einfluss von St. Maria im Kapitol entstand eine Reihe von Sakralbauten, die dazu tendieren, der Vierung eine zentrale Stellung zu verleihen. Groß St. Martin zeigt eine Dreikonchenanlage als Abschluss des Ostbaus, über der sich ein mächtiger Turm erhebt, der mit dem Baukörper der Kirche eine Einheit bildet.

Sankt Aposteln, Köln, 1190–1219
Die Tendenz, rund um die Vierung Teile einer zentrischen Struktur zu versammeln, wird abgeschwächt durch die Verfestigung in der Vertikalachse des Vierungsturms und aufgewogen durch den massigen Westbau vom ottonischen Typus.

Dom, Worms, ca. 1000–1200
Worms, als letzte der großen rheinischen Kathedralen entstanden, nimmt das schon in Speyer angewandte Schema auf und behält die Doppelchörigkeit bei. Der von großer Dynamik geprägte Westbau zeigt mit den beiden in Höhe und Tiefenausdehnung »versetzten« achteckigen Prismen zwischen den Türmen eine entschiedene Konzentration der plastischen Wirkungen.

Zisterzienserkirche Heisterbach, 1202–1237
Die Kirche stellt mit ihrem reichen Dekor eine Höchstleistung der rheinischen Spätromanik dar. Im erhalten gebliebenen Chorumgang lassen sich burgundische Einflüsse, angepasst an lokale Vorbilder, ausmachen. Die Gewölbe sind in geblähte Kalotten zwischen Rippen unterteilt: Elemente, die die gotischen Lösungen des Stern- und des Palmengewölbes etwa an den Kirchen im Stil des Early English vorwegnehmen.

Die Spätromanik in Italien

Mitte 12.–13. Jahrhundert

Konservatismus und Heterogenität

In manchen Gebieten Europas fehlte es an der im Rheinland oder auch in Burgund zu beobachtenden Dynamik; dort blieb die spätromanische Architektur im Wesentlichen konservativ. In Italien, besonders in den zentralen und südlichen Regionen, manifestiert sich diese Tendenz vor allem in der Beibehaltung der flachen Eindeckung noch während des gesamten 13. Jahrhunderts. Gewölbte Kirchenbauten sind hier nahezu unbekannt, die wenigen Beispiele sind das Werk zisterziensischer Baumeister und stehen der lokalen Tradition völlig fern. Die Mehrzahl der flach gedeckten Basiliken setzte die stilistische Tradition der Hochromanik fort, ihre Datierung gelingt nur anhand der ornamentalen Details, die in der Phase der Spätromanik um neue Formen bereichert werden, von der Kehlung der Gesimse und Rippen bis zur Verfeinerung der kubischen Kapitelle. Im späten 12. Jahrhundert ist die Einwölbung, im Allgemeinen im Zusammenhang mit dem gebundenen System, in Norditalien üblich geworden, und vom 13. Jahrhundert an finden sich Formen, die aus Nordfrankreich übernommen werden, zum Beispiel der Spitzbogen und das sechsteilige Gewölbe. In den italienischen Kirchen dominiert im Übrigen noch die einfache Ausformung der östlichen Partien, auch wenn sich zunehmend Querhäuser und Vierung finden. Die Heterogenität ist Ausdruck der Vorlieben einer vielschichtigen Gesellschaft und unterschiedlicher Auftraggeber. Rom etwa blieb der Bezugspunkt für alle Versuche einer Wiederaufnahme antiker Formen, hinter denen der ideologische und politische Anspruch auf dieses Erbe stand; die extrem konservative Haltung der päpstlichen Auftraggeber hielt die Architektur in der müden Wiederholung spätantiker Vorbilder gefangen.

Dennoch entstehen neben den konservativen Bauten originelle Schöpfungen, dank derer vor allem Norditalien eine führende Rolle in der europäischen Kunst der Spätromanik spielt: die singulären piemontesischen Saalkirchen wie San Bernardo und San Marco in Vercelli oder die Kathedrale im apulischen Molfetta, in der der Typus der Saalkirche mit dem der Kuppelkirche verschmilzt und eine in der mittelalterlichen Architektur einmalige Struktur entstehen lässt.

Dom, Piacenza, 1122–1150
Langhaus und Chor des Doms von Piacenza, beide von einem sechsteiligen Gewölbe überspannt, bringen eine für das italienische Panorama ganz neue Sensibilität zum Ausdruck: Pfeiler und Arkaden vermitteln mit ihrer Höhe den Eindruck eines saalartigen Innenraums. Wie im Dom von Pisa läuft das Mittelschiff unter dem Vierungsturm hindurch; in diesem Joch öffnen sich die hier noch höheren Arkaden auf ein saalartiges Querhaus, das niedriger ist als das Mittelschiff. Die Variationen im Grundriss und die unterschiedlichen Höhen steigern das Spiel der Formen und Gliederungen, und die Kombination aus basilikalem Langhaus und saalartigem Querhaus verleiht dem Kirchenbau einen ganz eigenen Charakter.

Kathedrale, Casale Monferrato, geweiht 1107
Der Portikus von Casale Monferrato präsentiert sich als hoher, weiter Raum, bedeckt von einem einzigen Gewölbe und auf drei Seiten von Nebenräumen umgeben. Das Gewölbe zeigt ein im Umfeld der lombardischen Spätromanik singuläres und innovatives Schema: flache parallele Rippen schneiden sich senkrecht in Art riesiger Rundbögen, auf denen sich dünne, durch Gewölbe verbundene Wände erheben. Ein so hoher und weiter Raum, von Nebenräumen umgeben, zeugt von großer Originalität; hier lebt die alte Vorstellung des Westwerks in einer originellen Ableitung wieder auf, die an die Westchorhallen der Kirchen am Niederrhein und an der Maas erinnert.

Baptisterium, Parma, ab 1196
Das Baptisterium besteht aus einem schlanken Baukörper auf achteckigem Grundriss, außen in mehrere, dank der Verwendung einer zweischaligen Mauer offene Galeriegeschosse gegliedert. Berühmt wegen der Skulpturen des Benedetto Antelami, gilt es als eine der vollkommensten Schöpfungen der Spätromanik: Der eigenständigen Wiederaufnahme des Loggienmotivs fügt die padanische Baukunst hier neue Facetten hinzu und erreicht suggestive diaphane Wirkungen. In der Monumentalität des Bauwerks, im Motiv des Architravs innerhalb der Blendarkaden des Sockelgeschosses und erneut in der vierfachen Loggienordnung zeigt sich eine eindeutig klassische Orientierung.

Die Spätromanik in Spanien

ca. 1150–1300

Die *cimborios*

Zwischen der zweiten Hälfte des 12. und dem Anfang des 13. Jahrhunderts werden die Araber immer weiter nach Süden zurückgedrängt; Städte wie Tarragona, Zaragoza, Coimbra, aber auch Toledo und Sevilla werden für das Christentum zurückgewonnen. Die zahlreichen Kirchenbaustellen, die von nun an entstehen, lösen sich aus der architektonischen Tradition Katalaniens, auch wenn sie in geografischer Hinsicht dazugehören, und entwickeln ganz neue, eigene Formen: Die Kathedrale von Tarragona (nach 1171), die alten Kathedralen von Salamanca, Zamora und Toro sind alle Basiliken über kreuzförmigem Grundriss mit Kreuzrippengewölbe, sie sind massig und schwer, mit Pfeilern auf mächtigen Sockeln und mit großen spitzbogigen Arkaden, die eine an die Hallenkirche erinnernde räumliche Verbindung zwischen den Schiffen herstellen. Die Wände sind glatt, nicht gegliedert, unterbrochen nur von Spitzbogenfenstern; die Querbögen, die Rippen und die Schlusssteine der Gewölbe sind recht massig; prächtige figürliche Kapitelle bereichern den Innenraum mit ihrer plastischen Energie. Charakteristisch für diesen Stil sind die berühmten Rundtürme mit Kuppel, die *cimborios*, die sich mit einem fantastischen Formenreichtum über der Vierung erheben.

Neben den Basiliken mit Rippengewölben ist eine zweite Gruppe von Bauten – Vilabertrán, Besalú und eine Reihe von Zisterzienserkirchen wie Poblet gehören dazu – stark in der Tradition verwurzelt, also dem alten katalanischen Modell der Saalkirchen mit Tonnengewölbe verpflichtet. Bei diesen Kirchen kommt der neue Stil nur in formalen Details zum Ausdruck, während die räumliche Anlage nahezu unverändert bleibt, sei es der tonnengewölbte Raum auf hohen Bündelpfeilern wie in La Coruña oder der Saal mit Empore wie in der Kathedrale von Coimbra. Ähnliches gilt für die tonnengewölbten Kirchen vom basilikalen Typ, häufig mit Fenstern auf nur einer Seite, unter denen die Kathedrale von La Seu d'Urgell die bedeutendste ist. Es gibt aber auch eine Reihe von Bauten, die sich von den üblichen Typen lösen: In Torres del Rio wird der einfache achteckige Zentralgrundriss variiert durch ein Sterngewölbe mit flachen Rippen, das unmittelbar islamische Vorbilder hat.

Unter so vielen Erscheinungsformen darf man den höchst eigenwilligen Chor der Kathedrale von Avila nicht vergessen, der zwar in gewisser Hinsicht den Chor von Vézelay vorwegzunehmen scheint, sich außen aber als ein einziger runder Block darstellt, ähnlich einem Mauerring, der den Chorumgang mit seinem Kapellenkranz einschließt. Diese Lösung, hinter der wohl Verteidigungszwecke stehen, bringt auch den Willen zum Ausdruck, die für die spanische Spätromanik typischen geschlossenen Formen zu bilden.

Kathedrale, Zamora, ca. 1151–1174
In einem kurz zuvor noch maurischen Gebiet, im Süden des Königreichs von León, entstanden um die Mitte des 12. Jahrhunderts die Kathedralen von Zamora und Salamanca sowie die Kollegiatskirche in Toro. Sie zeigen eine Reihe von Gemeinsamkeiten, darunter in erster Linie die ungewöhnlichen Vierungstürme, die *cimborios*. Ein isolierter Fall in der spanischen Romanik, gelten diese Türme mit ihrer überraschenden Architektur als eine regionale Besonderheit. Der *cimborio* der Kathedrale von Zamora zeigt mit den vier zylindrischen, auf die Diagonalen des Tambours gesetzten Türmchen und den in den Querachsen flach vorspringenden Baukörpern eine sehr komplexe Außengliederung. Das Zusammenspiel von Arkaden in Miniaturgröße, kleinen Kuppeln und Gesimsen verleiht dem Außenbau des Turmes den Charakter einer in große Dimensionen umgesetzten Mikroarchitektur. Die reiche Gliederung sollte allerdings nicht nur unter dekorativen Gesichtspunkten gesehen werden; sie hat auch statische Funktionen, denn die exakt auf die Pendentifs gesetzten Ecktürmchen dienen der seitlichen Stützung des Turmes und neutralisieren die Schubkräfte der Kuppel.

Alte Kathedrale, Hahnenturm, Salamanca, 1150–1220
Der Vierungsturm der alten Kathedrale von Salamanca, wegen des Hahns auf der Spitze auch Torre del Gallo genannt, orientiert sich ohne nennenswerte Varianten am Vorbild des Turmes von Zamora. Im Inneren mit zwei Fensterkränzen, ausgerichtet an einer Partitur des doppelten Rings, einfach und solide, zeigt er sich außen mit üppigem Dekor, mit zwei übereinander angeordneten Reihen von Arkaden und pyramidenförmigem Dach mit schuppenartiger Deckung.

Santa Maria la Mayor, Toro, 1160–1240
Die Kuppeln von Zamora und Salamanca mit ihren stark profilierten Rippen und den wie Segel geblähten Kalotten sind in Toro durch eine einfache Halbkugel mit dünnen Rippen ersetzt, denen keine strukturbildende Funktion zukommt. Dagegen hebt sich der Außenbau mit seinem markanten Dekor und den in die Diagonale gesetzten Türmchen nicht sehr von den Schwesterbauten ab.

Die norwegischen Stabkirchen

11.–12. Jahrhundert

Die Holzkirchen auf hölzernen Masten
Die Christianisierung Norwegens, die erst gegen Ende des 10. Jahrhunderts erfolgte, kam um das Jahr 1000 mit der von König Olaf II. bewirkten Einheit des Reichs zum Abschluss. Daher haben sich nur sehr wenige romanische Kirchenbauten in Norwegen erhalten: Stavanger, die Kathedrale von Trondheim und die Reste der Kathedrale von Bergen. Dennoch hat Norwegen einen signifikanten Beitrag zur romanischen Kunst in Skandinavien geleistet, und zwar mit den Stabkirchen aus senkrecht gestellten Holzmasten, die ausschließlich im Norden Europas anzutreffen sind. Von den mehreren hundert Kirchen, die im 11. und 12. Jahrhundert erbaut wurden und sich einst über ganz Skandinavien verteilten, sind heute nur noch fünfundzwanzig erhalten. Es handelt sich bei diesen *stavkirker* um einen Kirchentyp, bei dem die Verteilung der Baumassen und der architektonischen Elemente ganz und gar eigenständig ist, während das System der Einteilung in Schiffe, die Arkaden auf Rundpfeilern, die Holztonnen, die Gliederung der Ebenen und die Erhebungen in Art von Türmen – deutlich an den Holzbau angepasst – von den Kirchen Südwesteuropas entliehen sind. Die Wände bestehen aus hölzernen Bohlen, vertikal zwischen Eckstützen angeordnet, die bis zum Ansatz des Dachs reichen. Ein Bogengang umgibt diese Bauten, während die Dächer auf verschiedenen Ebenen in Stufen angeordnet sind. Die bedeutendsten erhaltenen Beispiele sind die Stabkirchen von Urnes (ca. 1060, 1130–1150), Lom (11. Jahrhundert, umgestaltet um 1630) und Borgund (ca. 1150). Eine Gegenüberstellung von Urnes und Borgund zeigt den Übergang von einem einfachen zu einem stärker gegliederten Stil, charakterisiert durch ein Mehr an Dekor und durch die Verfeinerung der Proportionen. Das Äußere der Kirche von Borgund ist reich geschmückt: Eingänge und Giebel zeigen Holzschnitzereien, die typisch sind für den Figurenschmuck der Romanik: Tiere, Weinreben, Drachenköpfe und Runeninschriften.

Heddal, 1242
Die Kirche von Heddal ist die größte der erhaltenen norwegischen Stabkirchen. Mit ihren drei Glockentürmen und den 64 Teilen des über mehrere Ebenen verteilten Dachs gilt sie als »hölzerne Kathedrale«.

gegenüberliegende Seite
Urnes, ca. 1060
Urnes, die älteste der norwegischen Stabkirchen, ist ein nüchternes Bauwerk, dessen Profil sich über vier nach oben sich verjüngende Ebenen entwickelt, ohne äußeren Schmuck mit Ausnahme der bekrönenden Folge der aufsteigenden Dächer.

Borgund, ca. 1150
Die Stabkirche von Borgund ist die einzige ihrer Art, die sich seit dem Mittelalter bis heute unverändert erhalten hat. Dem Apostel Andreas geweiht, auf den das Kreuzsymbol in der Balustrade zurückgeht, präsentiert sie einen einfachen, schmucklosen Innenraum, belichtet nur von wenigen kleinen Öffnungen im oberen Teil der Wände. Zwölf kleine hölzerne Säulen, die *stav*, tragen den zentralen Teil des Kirchenschiffs und das Dach. Die Deckenträger und »falschen« Sparren sind so dünn, dass sie im Halbdunkel fast unsichtbar sind und den Bau damit noch schlanker erscheinen lassen.

Das Heilige Grab als Modell
Die romanischen Bauten auf Zentralgrundriss gehören fast alle der Hoch- oder Spätromanik an. Ihr Bezugsmodell ist die Pfalzkapelle von Aachen; allerdings finden sich auch bei einer Reihe von Westwerken Ansätze einer Konzeption, die den Bauten auf Zentralgrundriss verwandt ist – man hat zum Beispiel die Bauten mit Doppelchor, die die Basilika behutsam modifizieren, als »zentralisierend« bezeichnet –, so die Dreikonchenanlagen von Köln, die Chor und Querhaus zu einer einheitlichen Komposition verschmelzen. Dem Zentralbau werden häufig sehr präzise Funktionen zugewiesen: die des Baptisteriums, das vor allem in Italien monumentale Dimensionen annehmen kann (Florenz, Cremona, Parma, Pisa), und die der Heiliggrabkirche, die sich im Allgemeinen an das archetypische Modell Jerusalems hält (Segovia, Oxford, Neuvy-Saint-Sépulcre). Andere Typen lassen sich häufig ganz bestimmten Landschaften zuordnen: Die einfache Rundkapelle mit Apsis ist vor allem in Mittel- und Osteuropa verbreitet, mit Zentrum in Böhmen; in Jütland und auf den baltischen Inseln finden wir die manchmal zweigeschossige Rundkapelle mit vier Stützen, auch rechteckige Bauten mit Apsiden oder Türmen wie in Kalundborg, Dänemark; in der Provence und in Italien begegnet uns das einfache, an der Spätantike orientierte Oktogon ohne Nebenräume; die runden Formen mit Umgang sind relativ selten und fast ausschließlich auf Norditalien beschränkt (Almenno, San Salvatore, Bologna, Mantua, Asti), auch wenn es eine Reihe bedeutender Vertreter auch nördlich der Alpen gibt, darunter die Pfalzkapelle von Kobern im Rheinland; das griechische Kreuz wird vor allem in den Heiligkreuzkapellen wie in Trier oder Montmajour gewählt, interessante Beispiele finden sich aber auch in San Marco in Venedig und in Saint-Front in Périgueux. Und schließlich gibt es auch den kleeblattförmigen Grundriss, wie er ab ca. 1150 von der staufischen Kunst eingeführt wird, der harmonische Formen und an die Antike erinnernde Proportionen bevorzugt (Kapelle in Schwarzrheindorf, Allerheiligenkapelle in Regensburg), und den quadratischen Grundriss mit vier Stützen, wie er vor allem für Schlosskapellen gewählt wird und schon in Germigny-des-Prés auftritt.

Baptisterium San Giovanni, Florenz, ca. 1070–1230
Das achteckige Florentiner Baptisterium orientiert sich ganz eindeutig an Formen der klassischen römischen Architektur – eine Art »florentinischer Protorenaissance«, die mit der Farbigkeit der grünen und weißen Marmorintarsien in klaren geometrischen Formen einhergeht. Eine Reihe eindeutiger »Brüche« in den Bau- und Schmuckformen werden mit der langen Dauer der Bauarbeiten begründet.

Templerkirche, Tomar, Ende 12. Jahrhundert
Diese höchst originelle Kirche mit dem eigentümlichen Umgang um die innen gelegene Kapelle und den Gurtbögen, die diese Kapelle mit der Umfassungsmauer verbinden, präsentiert sich als Kopie des Heiligen Grabes in Jerusalem und ist durch den Kontrast zwischen dem festungsähnlichen Äußeren und der Eleganz im Inneren gekennzeichnet. Da die Templer sich als Verteidiger des Heiligen Landes und der Pilger verstanden, leuchtet es ein, dass hier der Versuch gemacht wurde, das symbolische Gebäude auf iberischen Boden zu übertragen, dorthin, wo unter dem Zeichen des Apostels Jakobus die christliche Reconquista im Gang war.

gegenüberliegende Seite
Heiliggrabkirche, Torres del Rio, Ende 12.–Anfang 13. Jahrhundert
Die an der von Navarra nach Santiago führenden Pilgerstraße gelegene Kirche von Torres del Rio hat einen einfachen achteckigen Grundriss ohne zentrale Kapelle. Die Kuppel, die in einer Laterne endet, präsentiert sich im Inneren als Sterngewölbe islamischer Abkunft mit flachen, untereinander verflochtenen Rippen. Das Licht dringt durch schmale Mauerschlitze am Ausgangspunkt der Rippen. In Torres del Rio ist der synkretistische, internationale Charakter eines Teils der spanischen Architektur im 12. Jahrhundert nicht zu übersehen. Dem in Gedanken an das Heilige Grab und an die Idee des Kreuzzugs gewählten Zentralgrundriss, der außen mit typischen Formen der Pilgerbaukunst aufwartet, gesellt sich eine Kuppel zu, deren Vorbild der zweite *mihrab* der Moschee von Cordoba ist.

Städtische und ländliche Festungsbauten 11.–12. Jahrhundert

Der Glanz des Militäradels

Neben den Kirchengebäuden verweisen Burgen und Festungsbauten im Allgemeinen auf die andere Seite einer Epoche, in der sich eine vom Baltikum bis nach Sizilien nahezu identische gesellschaftliche Struktur spiegelt. Die Burg, ursprünglich zur Verteidigung gedacht, wird zum zentralen Bezugspunkt großer Gebiete, zum Verwaltungssitz, aber auch zum Wohnsitz des ländlichen wie des urbanen Feudaladels; die Fragmentierung der feudalen Macht in den Jahrhunderten des Mittelalters erklärt die außerordentlich große Zahl von Festungsbauten, die aktiv blieben, solange die wirtschaftlichen und gesellschaftlichen Verhältnisse dies erforderten. Vergleichbar der Sakralarchitektur, die vollkommen neue Formen einsetzt, beschreitet nun auch die profane Architektur am Beginn des zweiten Jahrtausends neue Wege. Von der hochmittelalterlichen Bergfestung an sind die Kastelle über Jahrhunderte hinweg, bedingt durch die Entwicklung der Verteidigungstechniken und die neuen Ansprüche an das Wohnen, immer wieder Veränderungen unterworfen. In der ersten Phase der Romanik wird die Turmburg aus Holz errichtet und mit einer Bastion und einem Graben umgeben; der Hauptturm wird zum Modell für die späteren steinernen Kastelle. In ihnen gibt es neben den rein der Verteidigung dienenden Strukturen wie dem befestigten Turm, dem Bergfried und dem Mauergürtel nun auch einen dem privaten Wohnen vorbehaltenen Teil, Zeichen eines entschiedenen gesellschaftlichen Wandels. Der französische *donjon* und der anglo-normannische *keep* befriedigen also nicht nur das Sicherheitsbedürfnis, sondern fungieren auch als Symbole der Macht. Im Zentrum, isoliert, erhebt sich ein mächtiger Bergfried von eher einfacher Form: In der staufischen Architektur überwiegen die fünfeckigen Türme mit Sporn an der Angriffsseite, so im Kastell von Altenwied im Rheinland; in Nordwestfrankreich, vor allem auf normannischem Territorium, finden sich viele verschiedene Formen, zum Beispiel das achteckige Fort mit Seitentürmen von Houdan aus dem ersten Viertel des 11. Jahrhunderts. Die Kreisform beziehungsweise das Oktogon stellt in verteidigungstechnischer Hinsicht einen Fortschritt dar: Damit entfallen die toten Winkel, den Angreifern bieten sich kleinere Zielflächen. Mit Ausnahme einiger befestigter Turmhäuser im Nordwesten Frankreichs und in England hat sich kein Kastell in Europa in seiner romanischen Form erhalten.

Pont Valentré, Cahors, 1306–1355
Vom 11. Jahrhundert an wurden die aus römischer Zeit stammenden Brücken, die der Zunahme des Verkehrs in Städten wie in ländlichen Gebieten nicht mehr gewachsen, häufig in schlechtem Zustand waren, allmählich durch neue steinerne Anlagen ersetzt, die ab der Mitte des 12. Jahrhunderts in architektonischer Hinsicht kühner ausfielen.

Der Weiße Tower, London, ab 1078
Die gewaltigen Baumassen des White Tower, am Ufer der Themse zur Verteidigung von London errichtet, sind Festung und Königspalast zugleich, Verlies und Regierungssitz, Zentrum der englischen Monarchie und Symbol der Macht Wilhelms des Eroberers – ein Beispiel der vielen Nutzungsmöglichkeiten, die der *keep* bot.

Vor Frue Kirke, Kalundborg, 1170–1190
Ein Solitär im Panorama der befestigten Bauten ist die Wehrkirche von Kalundborg in Seeland, Dänemark. Das auf kreuzförmigem Zentralgrundriss aus rotem Backstein errichtete Bauwerk ragt mit seinen fünf Türmen stolz in die Höhe, Symbol der Christianisierung des Landes. Über jeder polygonalen Apside erhebt sich ein mächtiger Turm; ein noch höherer rechteckiger Turm fungiert als zentraler Blickpunkt.

Die Festungsstädte Europas
Die romanische Stadt erhebt sich nicht selten auf den Überresten der römischen, die, im Zuge der Barbareneinfälle im Laufe der Jahrhunderte immer weiter reduziert, nur eben noch überlebte. In urbanistischer Hinsicht nach ganz neuen Kriterien angelegt, Zeichen einer erheblich veränderten, häufig durch Überfälle und Plünderungen geschaffenen Realität, deutet diese Stadt schon mit ihrem Grundriss die Notwendigkeit an, das Verteidigungssystem und damit den Mauerring zu verstärken. Im Allgemeinen geschieht das, entsprechend der Zunahme der Bevölkerung, in konzentrischen Kreisen. Die romanische Stadt hat zumeist die geschlossene Form eines Kreises mit einem unregelmäßigen Straßennetz, umgeben von einem Mauergürtel mit wenigen Eingängen, die durch Türme und Tore geschützt werden. Das Kastell, innerhalb der Stadtmauern und in der Regel an erhöhter Stelle errichtet, ist häufig von einer zusätzlichen Mauer und einem Graben umgeben.
Die ersten Planstädte entstanden in Frankreich unter Ludwig VII. und Ludwig IX.; im Midi breiteten sich im 11. und 12. Jahrhundert die *villes fortifiées* aus, neue befestigte Siedlungen, die der Verteidigung des Gebietes dienen sollten. Die urbane Struktur der befestigten Städte ergab sich vor allem aus den topografischen Gegebenheiten und politischen Notwendigkeiten: Die Höhen-Festungsstadt liegt, wie Carcassonne oder das gaelische Caernarvon, auf einem Hügel, von dem aus sie das Umland beherrscht, die Wasser-Festungsstadt ist von einem Fluss oder von Sümpfen umgeben wie Aigues-Mortes in der Camargue, eine Kleinstadt auf rechteckigem Grundriss mit turmbewehrten Mauern, Toren und einem orthogonalen Straßennetz; von hier aus brach das französische Heer zu den Kreuzzügen auf.

Monteriggioni, 13. Jahrhundert
Erbaut von den Sienesen, um sich der Ausbreitung von Florenz entgegenzustellen, spiegelt die befestigte Ortschaft Monteriggioni die speziell italienische Situation, in der die Städte ihren Zugriff auf das Land unter der Notwendigkeit planten, sich gegen die Expansionsbestrebungen der rivalisierenden Nachbarstädte zu verteidigen. Die Gründung neuer Ortschaften verfolgte hier nicht nur militärische Zwecke, sondern diente auch der Wiederbevölkerung und der Verwaltung der abhängigen Gebiete. Die städtische Hegemonie über den ländlichen Bereich führte also zu einer starken Zunahme der Zahl kleinerer Zentren, Kastelle, befestigter *borghi*, »terre nuove«, die keinerlei Wachstumsmöglichkeiten hatten und die das Bild der zentral- und norditalienischen Landschaft ausmachen.

gegenüberliegende Seite
Carcassonne, 12.–13. Jahrhundert
Die Grafenstadt Carcassonne, die unter Simon de Montfort Festung der Katharer war und 1226 an die französische Krone kam, ist von zwei konzentrischen Mauergürteln mit Wehrgängen, Zinnen und Pechnasen umgeben. Den Verteidigungscharakter vervollständigen zahlreiche Türme unterschiedlicher Bauart. Zu Beginn des 19. Jahrhunderts als Steinbruch genutzt, wurde die Stadt nach 1852 von Eugène Viollet-le-Duc umfassend restauriert.

Avila, 12. Jahrhundert
Als einzige Stadt, die ihre romanische Ummauerung intakt bewahrt hat, führt Avila seine rein militärischen Zwecken entsprechende imposante Verteidigungsanlage auf seine Lage an der Grenze zu einem Gebiet zurück, das immer wieder von den Arabern angegriffen wurde. Die Stadt ist umgeben von einem Mauergürtel mit 88 Verteidigungstürmen, der ein unregelmäßiges Rechteck beschreibt; sie ist ein Hauptwerk der kastilischen Festungsarchitektur des 12. Jahrhunderts.

Gotische Architektur

1144–14. Jahrhundert

Formen und Typen

Ausgehend von den nordfranzösischen Kathedralen verbreiteten sich von der Mitte des 12. Jahrhunderts an eine neue künstlerische Sensibilität und neue architektonische Grundsätze. Die romanische Kirche verwandelte sich in einen Organismus, der ein auf großen Mauerstärken beruhendes statisches System zugunsten einer Struktur, des »Skelettsystems«, hinter sich ließ, die sich von allen überflüssigen Teilen befreite und die im Inneren wirkenden Kräfte, den Schub der Gewölbe und das Gewicht von Dach und Mauern, gewissermaßen dingfest machte, um sie dann den Plänen entsprechend einzusetzen. Der Impuls, der in der Île-de-France innerhalb von weniger als hundert Jahren eine solche Veränderung zeitigte, ist das Ergebnis technischer und formaler Überlegungen, die von der Idee eines sehr hohen Schiffes ausgehen. Dieses formale Anliegen, das Vermächtnis wichtiger Strömungen innerhalb der romanischen Architektur, von Cluny bis zu den großen ottonischen Kathedralen, wird zum kompositorischen Element; es bewirkt eine neue Weise, den Raum mit den Sinnen zu erfassen und entsprechend einer geometrischen Anlage zu lesen, die von den Vertikalen hoher Stützen und spitzbogiger Arkaden bestimmt ist. In diesem »Skelettsystem« sorgt die Form der Rippengewölbe für die Konzentration der Schubkräfte an den Kämpferpunkten, außen ausgeglichen durch Strebebögen, die den Druck wiederum auf Strebepfeiler übertragen. Formal gesehen, wirken der Höhendrang, das Joch als den Innenraum bildendes Modul, die Gliederung der Wände und die großen Fenster zusammen, um die Mauer in einem »diaphanen System« aufzulösen. Die Autonomie der Teile reduziert sich zugunsten eines größeren räumlichen Zusammenhangs, und die Vielzahl der Sichtlinien lässt den Eindruck von Weite entstehen. Diese agile und elastische Struktur befreit die Wände von jeder tragenden Funktion und öffnet sie dank der großen bunten Glasfenster, die Bündel farbigen Lichts einlassen, das in seiner Veränderlichkeit den Raum transfiguriert. So wird das Licht, im Gegensatz zum Halbdunkel der romanischen Kirchen, zum fundamentalen Element der bildnerischen Theorie der Gotik; es wird physisch und metaphorisch eingesetzt, um die logischen und konstruktiven Abläufe – strukturiert wie das gleichzeitige scholastische Denken – deutlich zu machen, die der gotischen Kathedrale zugrunde liegen. Sie ist für den mittelalterlichen Gottesgelehrten ein Ausdruck der kosmischen Ordnung und Symbol der immateriellen Substanz Gottes, die in der Harmonie der Proportionen und im lichten Erscheinungsbild des Gebäudes widerscheint. Die Fialen, Zinnen, Giebel und Türme der nach dem Goldenen Schnitt konstruierten Fassade akzentuieren die vertikale Dimension, Symbol des Drangs hin zum Göttlichen; die Himmelspforte erleuchtet das Innere in Gestalt der großen Fensterrose, der mystischen Membran zwischen dem Licht Gottes und den Herzen der Gläubigen.

Die gotische Kathedrale ist Ausdruck der neuen urbanen Kultur. Der Wunsch, in einer großen, schönen Kirche das Idealbild zu gestalten, das die Epoche von sich selbst hat, ist der eigentliche Ansporn dafür, dass immer anspruchsvollere Kirchengebäude entstehen. Die Wirkung der Gotik auf die Vorstellungswelt und Baukunst der Folgezeit wird von einer lebhaften kritischen Debatte begleitet, die, beginnend mit dem Humanismus, das antiklassische Bild dieser Kunst negativ wertet: Die »gotische Manier« galt als willkürlich und barbarisch. Schon in barocker Zeit allerdings erkannten große Architekten, allen voran Borromini und Guarini, die technische Qualität und formale Originalität der gotischen Bauten, und das 19. Jahrhundert machte sich den gotischen Geschmack insgesamt wieder zu eigen.

Kathedrale, Amiens, ab 1220
Struktur des gotischen Kirchenschiffs nach Viollet-le-Duc

Bauhüttenbuch des Villard de Honnecourt

Das Bauhüttenbuch des Villard de Honnecourt (1220–1240) enthält rund 250 Zeichnungen zu den wichtigsten theoretischen und praktischen Aspekten der Bildung und Ausbildung eines mittelalterlichen Baumeisters: Gezeigt werden Zimmermannskonstruktionen, handwerkliche Verfahren an der Baustelle, Methoden des Steinzuschnitts, Skulpturenmodelle, Vermessungsmethoden mit Hilfe von Winkelmaß und Kompass. Anhand einer Entwurfstechnik, die auf der Anwendung geometrischer und proportionaler Schemata ad triangulum *und* ad quadratum *basiert, zeigt Villard den rationalen Geist, der die Schöpfung beherrscht und vom Künstler dargestellt werden muss.*

Kathedrale, Laon, Fassade, 1190–1205
Mit der Unterteilung in drei unterschiedliche Zonen, der Hervorhebung der Portalzone durch Einfügung eines tiefen Portikus und mit dem Zurücksetzen der Turmgeschosse gewinnt die »harmonische Fassade« von Laon eine räumliche Autonomie, die von den kolossalen Dimensionen der Öffnungen und von der riesigen Rose im Zentrum, dem Bezugspunkt der ganzen Komposition, noch betont wird. Die Helldunkeleffekte und die Volumengliederung, bereichert um Detailformen, gipfeln in der ungewöhnlichen Erfindung der Türme.

rechts
Kathedrale, Soisson, südliches Querhaus, 1180
Das höchst ungewöhnliche südliche Querhaus der Kathedrale von Soisson, im Aufriss in vier Zonen gegliedert, gilt als eines der ersten Beispiele der Hochgotik. Der Gedanke der Horizontalität ist in der regelmäßigen Unterteilung des Triforiums und in den Gesimsen, die den Höhenzug der Säulen unterbrechen, noch immer recht deutlich. Die doppelte Wand verstärkt den Eindruck der Auflösung der Mauern und schafft ein lichtes, luftiges Gitter. Der Anschluss dieses traditionellen vierzonigen Wandaufbaus im Querschiff an den dreizonigen Chor, der von den gleichzeitigen Experimenten in Chartres übernommen ist, unterstreicht die Radikalität der in Chartres gewählten Lösung.

Île-de-France

1140–1190

Die Anfänge der Frühgotik

Die Architektur der französischen Kronlande bereitete mit der immer stärker akzentuierten Gliederung, die wiederum die Formen zunehmend verschwimmen und den Raum transparent und lichterfüllt erscheinen ließ, die baulichen Leistungen der Hochgotik vor: Fünfzig Jahre des Experimentierens mit Lösungen, die alles andere als homogen waren – von den Kathedralen ohne Querhaus oder mit nur ganz geringfügig hervortretenden Querhausarmen der Region um Paris bis zu den Kathedralen der Picardie, Noyon und Soisson, mit ihren komplexen Grundrissen und beeindruckenden Querhäusern. Allen gemeinsam ist das Streben nach größtmöglicher Höhenausdehnung des Bauwerks, das sich an den bedeutendsten Beispielen in der Entscheidung für einen vierzonigen Wandaufbau und damit für ein Triforium als Gegengewicht zum Schub der sechsteiligen Gewölbe äußert; das Kontinuum von Schiff, Querhaus und Chor schafft Innenräume von großer Eleganz und erstaunlicher Harmonie. Die Fusion des aus der anglo-normannischen Baukunst übernommenen Systems der doppelten Wand mit einer linearen Vergitterung bringt geschichtete Strukturen von unglaublicher Leichtigkeit und Transparenz hervor. Die Baustellen von Laon und Paris experimentieren darüber hinaus mit technischen und formalen Neuerungen: Notre-Dame stützt das Gewölbe des Schiffs mit einer auf Sicht über den Dächern verlaufenden Strebekonstruktion, während man in Laon mit einer Interpretation der anglo-normannischen Technik des *mur épais* arbeitet, nämlich mit der fortschreitenden Auflösung der Außenmauern, durch die sich ein »teleskopischer« Effekt ergibt. Vor dem Hintergrund dieser Erfahrungen nimmt schließlich das stark plastische System der Strebepfeiler und Strebebögen der Kathedrale von Chartres Gestalt an.

Wandaufbau der gotischen Kathedrale: Vergleich der Mittelschiffe von Noyon, Laon, Paris, Chartres, Reims und Amiens im gleichen Maßstab.

Kathedrale, Noyon, Schiff, ab Mitte des 12. Jahrhunderts
Die Linearität der französischen Frühgotik erreicht ihren Höhepunkt in Noyon. Ein sechsteiliges Gewölbe ruht auf alternierenden Stützen, doch liegt der Akzent auf der deutlichen Diskrepanz zwischen den Doppeljochen und dem Drang in die Vertikale, der einen vierzonigen Wandaufbau nach sich zieht sowie Bündel kleiner, nach oben strebender Säulen im Chor. Der *mur épais* des Triforiums erzeugt eine bisher nicht gekannte Leichtigkeit und Transparenz. Am Querhaus ist die Komplexität der konstruktiven Konzeption ablesbar; hier wird das Bemühen deutlich, zunehmende Leichtigkeit durch mit der Höhe zunehmendes Licht zu erreichen, indem die Ebene der Fenster in jeder Zone weiter nach innen rückt.

gegenüberliegende Seite
Abtei St. Denis, Chor und Chorumgang, 1144
Der neue Chor von St. Denis, mit doppeltem Umgang und Radialkapellen, eleganten Rippengewölben und Wänden, die sich in großen Fenstern öffnen, ist die erste Anlage, in der Gewichte und Schubkräfte auf relativ dünne frei stehende Stützen geleitet werden. Dank eines geschickten Umgangs mit dem Licht ergibt sich der Eindruck von Weite und Höhenstreben. Saint-Denis ist mit der Persönlichkeit Abt Sugers verbunden, des Vertreters einer ästhetischen Lehre, der zufolge das große urbane Werk mit dem Gedanken von Schönheit und geistiger Erbauung einhergehen muss.

Die Kathedrale von Chartres

1194–ca. 1221

Die Kathedrale von Chartres ist der Prototyp der gotischen Kathedrale: An ein dreischiffiges Langhaus mit dreizonigem Wandaufbau – Arkadengeschoss, Triforium, Lichtgaden – schließt sich ein kurzes Querhaus an; das Ganze wird abgeschlossen von einem tiefen Presbyterium mit Umgang und Kapellenkranz. Der Wiederaufbau in den gotischen Formen begann unmittelbar nach dem Brand von 1194, der nur die Krypta und die Westfassade der Vorgängerkirche verschont hatte. Die querrechteckigen Joche bedeckt ein vierteiliges Rippengewölbe, das noch auf alternierenden Stützen ruht, die man, auch wenn sie nicht mehr notwendig waren, vielleicht in der Absicht wählte, zu großer Monotonie entgegenzuwirken. Daraus ergibt sich ein kontinuierlicher, gedrängter Rhythmus, der den Eindruck der Vertikalität des Raums unterstreicht, an dem auch die gesamte plastische Gliederung teilhat: Der revolutionäre *pilier cantonné*, der kantonierte Pfeiler, hier zum ersten Mal eingesetzt, trägt spürbar zum Eindruck von konkreter Materialität bei. Die großen Fenster, ermöglicht durch die Strebebögen am Außenbau, zeigen innovative Formen, ein Lanzettenpaar und eine runde Öffnung, die in eine Arkade eingeschrieben sind. Die riesigen Dimensionen sorgen für eine exponentielle Steigerung der Wirkung des Mittelschiffs, betonen dessen deutliche Vorrangstellung gegenüber den Seitenschiffen. Dem Thema Fassade wendet man sich in Chartres um 1220 im Zusammenhang mit dem Querhaus zu, dessen Kopfenden sich durch ein vorspringendes, reich dekoriertes Atrium auszeichnen, über dem eine Folge von fünf Lanzettfenstern sich mit der Rose verbindet. Damit entsteht eine ungewöhnliche, lichte Oberfläche, die den Weg zu den späteren Querhäusern von Saint-Denis und Paris ebnet. Die Formel von Chartres – Eliminierung der Emporen, Vergrößerung des Obergadens, rechteckiges Joch, vierteiliges Gewölbe und kantonierte Pfeiler – hatte sofort großen Erfolg. Sie ermöglicht auf einfache, klare Weise die Rationalisierung der konstruktiven Prozesse und verleiht dem Gebäude eine zuvor nicht gekannte Grandiosität.

Vor dem Hintergrund dieser Kathedralbaustelle feilten namhafte Denker wie Theodor von Chartres und Wilhelm von Conches weiter am Schönheitsgedanken der Gotik, dem zufolge die *anima mundi*, die Schöpfungsenergie, sich in der gegliederten Spannung der baulichen Strukturen und im eigentümlichen, vielfältigen Repertoire des plastischen Dekors spiegelt.

Das System der Strebebögen am Außenbau hat zur Folge, dass das abgestufte äußere Profil aufgegeben wird zugunsten eines einfachen, aber großartigen Aufrisses auf zwei Ebenen. Die Komposition der Massen wird unterstrichen in der Sequenz der hohen, massigen Strebepfeiler, die den Binnenrhythmus der Joche nach außen projizieren. Das Schema der Strebebögen, Doppelbögen mit Reihen verbindender, radial angeordneter Säulchen, passt sich den neuen Dimensionen an; ein dritter, dünnerer Bogen ist vielleicht eine spätere Zutat. Die größere Freiheit, die sich durch diese Sicherung der Gewölbe und durch den folgerichtigen Wegfall der Emporen ergibt, gestattet es dem Meister von Chartres, das Schiff auf eine neue, originelle Weise als Raum zu interpretieren. Er schafft hier ein Bauwerk von klassisch anmutenden Proportionen, dessen Arkaden und Obergadenfenster gleiche Höhe und damit gleichen Rang haben. Parallel dazu bestimmt das neue liturgische Erfordernis der sehenden Partizipation der Gläubigen an der Eucharistiefeier (Augenkommunion), wie es sich in den letzten Jahren des 12. Jahrhunderts herausgebildet hatte, auch eine neue Konzeption des Chors: der lichte Raum der Apsis wird zum privilegierten Schauplatz der Liturgie und des polyphonen Gesangs.

Die großen Kathedralen

1195–1230

Die »klassische Gotik« in Frankreich

Der architektonischen Entwicklung der Kathedrale vom früh- zum spätgotischen Stil entsprachen eine immer höhere Wertschätzung des Lichtes und folglich die Auflösung der Wände in große Glasfenster. An den herausragenden Beispielen erscheinen die Strebebögen in übereinander geordneten Bündeln von immer größerer Steilheit; um sie aufzunehmen, baute man immer mächtigere Strebepfeiler, bekrönt von Tabernakeln und Fialen, die das äußere Bild des Bauwerks radikal veränderten, indem sie entweder die Volumina in einer Art perspektivischem Kaleidoskop auflösten oder das Modul der Joche wiederholten. Auch der Innenraum veränderte sich, denn die Verwendung der Strebebögen machte eine Erhöhung des Mittelschiffs bis an den äußersten Punkt des technisch Machbaren ohne Emporen über den Seitenschiffen möglich; das Mittelschiff erreicht jetzt in Gestalt eines dreizonigen, von Emporen bereinigten Wandaufbaus von großen Dimensionen seine reife Form.

Um die Mitte der neunziger Jahre des 12. Jahrhunderts nutzte man auf den beiden großen Baustellen von Bourges und Chartres das Erneuerungspotential, das im Verzicht auf die unbequeme und wenig funktionale Empore lag, dazu, das Streben nach Gleichgewicht und Harmonie zwischen den Teilen und dem Ganzen mit einer neuen Monumentalität zu verbinden – ein Anliegen, das mit einfachen, musikalischen Beziehungen in enger Anlehnung an das neuplatonisch und augustinisch geprägte Denken der Bauherren verfolgt wurde und die Definition »klassische Gotik« rechtfertigt.

Die Kathedralen von Chartres, Bourges, Reims und Amiens experimentieren mit dem kantonierten Pfeiler, der mit dem ohne Unterbrechung bis zum Gewölbeansatz aufsteigenden Mitteldienst die Vertikalität unterstreicht und den Rhythmus der Komposition beschleunigt. Die monumentale Konzeption der großen Kathedralen ist Ausdruck des Aufstiegs des Königshauses der Kapetinger unter Philipp II. August, und die Verbreitung der gotischen Formen in Europa muss im Zusammenhang mit dem zunehmenden Einfluss der französischen Politik und Kultur im Laufe des 13. Jahrhunderts gesehen werden.

Kathedrale, Reims, 1211–1427
Der mit nur einem Umgang versehene Chor von Reims hat fünf nebeneinander liegende Kapellen, die sich, wie auch die Seitenschiffe, durch eine besondere Wandform auszeichnen: Die Fenster sind über der Sockelzone so weit nach außen gerückt, dass sich tiefe Mauernischen mit einspringenden Pfeilern und damit ein innerer Laufgang ergeben. Dank der vollständig durchbrochenen Spitzbogenfenster kann das Licht sich gleichmäßig ausbreiten und verstärkt so den Eindruck heiterer Ausgewogenheit. Nirgendwo sonst hat die gotische Architektur eine so exakte Entsprechung von äußerer Projektion und Innenraum bei größtmöglicher Einheit und Klarheit des Ausdrucks erreicht wie hier.

Kathedrale, Bourges, ab 1195
Das Fehlen eines Querhauses gestattete es dem Architekten von Bourges, die Seitenschiffe außen wie zwei abgestufte Körper zu gestalten, die die Apsis ohne Unterbrechung der Kontinuität umfangen. Durch die regelmäßige Folge der dünnen, der pyramidalen Struktur streng konformen Strebebögen ergibt sich ein ausgesprochen einheitliches, kompaktes Außenvolumen. Im Gegensatz zur weiten Verbreitung der chartresischen Formel fand der Chor von Bourges als Typ nur eine begrenzte, im Wesentlichen auf Randgebiete beschränkte Nachfolge.

Kathedrale, Amiens, Fassade, ab 1220
Bei der Fassade von Amiens arbeitete der Architekt Robert de Luzarches mit Formen, wie sie in Paris bereits erprobt worden waren, wobei er die große zentrale Fensterrose in tangentialer Position gegenüber dem Schlussstein im Inneren zum generierenden Prinzip wählte. Allerdings sitzt die Rose aufgrund der ungewöhnlichen Proportionen des sehr hohen, schmalen Schiffes zu hoch. Zwischen der Portalzone und der Höhe des Triforiums vermitteln zwei horizontale Bänder, ein Umgang und die Galerie der Könige, die den engen Zusammenhang von Außen und Innen weiter unterstreichen. Im Hinblick auf die größtmögliche Leichtigkeit der Struktur verminderte de Luzarches die Tiefenausdehnung der Fassade merklich; diese nimmt im Grundriss nicht mehr, wie in Chartres und in Reims, ein ganzes Joch ein. Den Türmen sind massige Strebepfeiler vorgelagert, aus denen heraus sich die Wölbungen der Seitenportale entwickeln. Das Resultat ist eine stark gegliederte, in Teilen tief verschattete, detailreiche mehrzonige Fassade, ein deutlicher Kontrast zur ernsten Einfachheit des Innenraums.

Die Spätgotik

ca. 1230–1350

Die Rayonnantgotik in Frankreich

Die Fensterlösungen in Reims und in Amiens nehmen den Beginn einer ästhetischen Erneuerung voraus, die in Anlehnung an das Radialschema des Maßwerks der Fensterrosen als Rayonnantgotik bezeichnet wird. Die Bedeutung der architektonischen Elemente wandelt sich von Grund auf: Die anfängliche Monumentalität und Massigkeit wird zugunsten einer Körperlosigkeit aufgegeben, die die Formen auf ein Spiel der Linien in Fläche und Raum reduziert, ohne allerdings die Struktur der gotischen Kirche radikal zu verändern, die sich in Grund- und Aufriss weiterhin an das Chartreser Modell hält. Was sich verändert, ist das den Innenraum bestimmende Pfeilersystem; die vertikale Spannung nimmt ein extremes Ausmaß an, alles tendiert zur Linearität. Wieder einmal setzt Saint-Denis sich an die Spitze: der neue Pfeilertyp im Chor, ein dichtes Bündel kleiner Säulen, einer Kehle oder einer Rippe entsprechend, verwandelt das Schema des Schiffs in ein grafisches Spiel. Die Planer konzentrieren sich auf die immer kunstvollere Gestaltung der steinernen Vergitterungen, die die Fensteröffnungen schmücken und strukturieren, während sich der Verzicht auf den extremen Gigantismus am Außenbau in weiten, zugleich ausgewogenen Proportionen äußert. Die erstaunliche Verbreitung des Rayonnantschemas wird um 1340 unterbrochen, Folge des mehrfachen Wütens der Pest und des Hundertjährigen Kriegs. Der Bruch in der dynastischen Kontinuität durch den Aufstieg des Hauses Valois zur Königswürde im Jahre 1328 führt überdies zum erneuten Aufflammen des feudalen Partikularismus und zur zunehmenden Entheiligung der Gestalt des Königs, anschließend zu einem Rückgang der sakralen und Aufschwung der profanen, fürstlichen und öffentlichen, Bautätigkeit und der Militärarchitektur.

Kathedrale, Reims, ca. 1250
Projektiert von Bernard de Soisson, weist die Fassade von Reims eine durchgehende Reihe schlanker, feiner Wimperge über drei mit tiefen Leibungen versehenen Portalen auf, die mit der Transformation ihrer Tympana in lichterfüllte Fenster ein geniales Gegengewicht zum in der Tiefe liegenden, verschatteten Zugang zur Kirche bilden. Reims vereinigt sämtliche vorausgegangenen Lösungen, aber es zeigt sich auch neu und originell im Nebeneinandersetzen und Vereinheitlichen kontrastierender Formen.

Sainte-Chapelle, Paris, 1241/42–1248
Paris ist das große Zentrum der entwickelten Rayonnantgotik, die ihren Höhepunkt in der Sainte-Chapelle findet, die, vielleicht von Pierre de Montreuil entworfen, zur Aufnahme der Reliquien bestimmt war, die Ludwig IX. in Konstantinopel erworben hatte. Die außergewöhnliche Leichtigkeit des oberen Raumteils ist die Folge einerseits der Solidität der äußeren Strebepfeiler, andererseits des technischen Geschicks der Bauleute. Zur ausgesuchten Qualität der Architektur treten reicher Schmuck, der Einsatz von Farbe und die wundervolle Polyphonie des vielfarbigen, schimmernden Lichtes, das durch die riesigen durchbrochenen Fenster eindringt. Die Sainte-Chapelle treibt die technischen Möglichkeiten des gotischen »Skelettbaues« bis an ihre äußersten Grenzen: die Wand verschwindet und wird von einem nahezu durchgehenden Fenster ersetzt.

Kathedrale, Beauvais, ab 1284
Im Jahr 1284 kam es zum vielleicht aufwühlendsten Unglücksfall, den je eine gotische Bauhütte erlebte: Der außergewöhnlich hohe Chor der Kathedrale von Beauvais, um 1225 begonnen und 1272 vollendet, hielt der Kraft des Windes nicht stand und stürzte ein. Diese Katastrophe markiert das Ende einer Epoche: Baumeister und Auftraggeber verabschieden sich endgültig von der Idee einer kontinuierlich zunehmenden Höhenerstreckung, wie sie die wichtigsten Schöpfungen der gotischen Architektur bis dahin kennzeichnete. Beauvais muss als Endpunkt der Entwicklung des Chartreser und Reimser Systems betrachtet werden, als Punkt, über den man nicht mehr hinausgehen konnte.

Der Kölner Dom

1248–1322

Die Rayonnantformen überschritten rasch die Grenzen Frankreichs, und die großen Handelsstädte, darunter auch Köln, gehörten zu den ersten, die diese Formen übernahmen. Die Initiative zur Umgestaltung der alten ottonischen Kölner Basilika fällt in das zweite Jahrzehnt des 13. Jahrhunderts, aber erst nach dem Brand von 1248 beginnt man mit dem Neubau nach einem Plan eindeutig französischer Prägung. Es ist nicht unwahrscheinlich, dass der Bauherr, Bischof Konrad von Hochstaden, ein Befürworter der antistaufischen Politik Ludwigs IX., sich diesen Bau in der formalen Eleganz der gleichzeitigen Pariser Schöpfungen wie der Sainte-Chapelle wünschte. Die Arbeiten kamen nur sehr langsam voran: nachdem die noch nicht fertig gestellte Kirche 1322 geweiht worden war, begann man 1350 mit der Errichtung der Fassade, die dann erst zwischen 1842 und 1880 auf der Basis der ursprünglichen Pläne vollendet wurde.

Grundsätzlich nimmt der Kölner Dom das Schema der Kathedrale von Amiens auf, wenn auch mit Varianten: Das Langhaus mit vorspringendem Querschiff hat nicht drei, sondern fünf Schiffe; der Chor besitzt einen doppelten Umgang mit Kapellenkranz. Ein tiefes »Westwerk«, das, indem es das Schiff verkürzt, den Eindruck virtueller Zentralität vermittelt, mag eine Reminiszenz an die lokalen Traditionen sein. Den Aufriss kennzeichnet ein deutlicher Vertikalschwung, während große Fensteröffnungen für eine intensive Belichtung sorgen. Die »modernen« Aspekte des Kölner Doms liegen im Verzicht auf den kantonierten Pfeiler chartresischer Prägung zugunsten eines Bündelpfeilers, dessen Runddienste ohne Unterbrechung bis zum Ansatz des Gewölbes reichen, und im lichterfüllten Triforium, das dank der Aushöhlung der Zwickel ausgesprochen filigran wirkt. Die Mauerflächen des Außenbaus verschwinden nahezu vollständig hinter einem raffinierten Spiel durchbrochener Partien und schlanker Fialen, die den komplexen Volumen Einheitlichkeit verleihen. Damit wurde die Kölner ebenso wie die gleichzeitige Straßburger Bauhütte zu einem der wichtigsten Zentren der Entwicklung der Rayonnantgotik, in dem man, anders als im Großteil der deutschen Dombauhütten, das Fortbestehen der germanischen Tradition nur mit Mühe ausmachen kann.

Die Querhausfassade nimmt in der Gliederung der Strebepfeiler und im Motiv der sehr spitzen Wimperge Formen auf, die in Amiens entwickelt wurden. Das Relief bleibt allerdings vergleichsweise flach. Es spielt mit feinen Differenzen in den Ebenen, wobei die vertikalen Elemente die horizontalen überwiegen. In den Wimpergen erscheint das charakteristische dreiblättrige Motiv (Dreistrahl).

Flamboyantformen

Ende 14.–15. Jahrhundert

Die letzte Phase der Gotik in Frankreich
Flamboyantformen sind grundsätzlich durch aufwendigere konstruktive und dekorative Elemente gekennzeichnet, ohne dass es zu nennenswerten strukturellen Neuerungen kommt: dekorative Linienführungen – sie finden sich schon am oberen Teil der Fassade der Kathedrale von Rouen, die ab 1370 zu datieren ist –, die in einer lodernden Kombination von Kurven und Gegenkurven Flammen imitieren. Der Flamboyantarchitektur geht es nicht mehr darum, Kraftlinien an den Baugliedern kenntlich zu machen, sie entfernt sich also von einem Prinzip, das bis zu dahin die wichtigsten Phasen der gotischen Architektur bestimmt hat, zugunsten neuer formaler Kriterien. Jetzt beruft man sich gern auf vegetabilische und ähnliche Formen, im Einklang mit naturbezogenen Komponenten, wie sie die gleichzeitige Kunst in Frankreich kennzeichnen. Die Formensprache dieser Phase findet ihren gelungensten Ausdruck an Fassaden, an denen sie ohne jede Unsicherheit Wimperge, Kurven und Gegenkurven, reich dekorierte Portalleibungen, Ädikulen und Bauglieder verwendet, die sich frei im Raum vor andere Elemente legen und damit ein dynamisches Spiel von Verschiebung und Rollenwechsel zwischen den verschiedenen Ebenen je nach dem Betrachtungspunkt in Gang bringen. Das Gesamtergebnis ist eine szenisch mobile Vision, eine Sprache für reiche und fantasievolle dekorative Themen. Analog dazu macht sich im Inneren rasch eine Neigung bemerkbar, neue Lösungen für den Ansatzpunkt von Rippen, Gewölben und Pfeilern zu ersinnen, während das Interesse an innovativen planimetrischen und typologisch-funktionalen Lösungen schwindet. Freiheit der Lösungen und deren Überraschungseffekt – das ist ein planerisches Anliegen, das für unterschiedliche Regionen und Projekte gilt, ein Ansatz, hinter dem häufig regierende Häuser oder ranghohe Vertreter der kirchlichen Hierarchien stehen.

gegenüberliegende Seite
Hôtel de Cluny, Paris, 1485–1498
Die französische Spätgotik erzielte ihre signifikantesten Leistungen auf dem Feld der Sakralarchitektur; es fehlt aber auch nicht an bedeutenden Beispielen des profanen, privaten und öffentlichen, Bauens. Das Hôtel de Cluny, die Residenz der Äbte der gleichnamigen Abtei, zeichnet sich durch den betonten Flamboyantcharakter der Details aus. Das gilt zum Beispiel für die Kapelle mit ihren originellen konstruktiven und formalen Elementen, die sie zu einer der interessantesten Schöpfungen des Pariser Flamboyantstils machen.

Palais des Duc de Berry, Poitiers, ca. 1386
Unter den höfischen Bauaufträgen zeigt das großartige Palais des Duc de Berry mit der Rückwand des großen Saals eine außergewöhnliche, ganz im Flamboyantstil gehaltene Lösung. Von Guy de Dammartin als Proszenium gedacht, fungiert der imposante Kamin als Bühne, während die darüber liegende Galerie den Musikanten vorbehalten ist. Die große verglaste Wand gliedert sich in durchbrochene Fenster und Wimperge auf unterschiedlichen Ebenen – ein raffiniertes Spiel der Mauerdurchbrüche von seltener Schönheit.

Saint-Maclou, Rouen, ab 1434, 1500–1514
Zu den bedeutendsten Bauten des Spätmittelalters in Frankreich zählt die Kirche Saint-Maclou in Rouen, deren zwischen 1500 und 1514 nach Plänen von Ambroise Havel errichtete Westfassade ein Höchstmaß an Ausdruckskraft erreicht. Die polygonale Brechung des Portikus kulminiert in spitzen, mit Kurven und Gegenkurven verzierten Wimpergen, die frei vor dem Gebäude aufragen. Vom zweiten Geschoss an sind die Eckstrebepfeiler des Mittelschiffs um 45 Grad gegenüber der Fassade gedreht, während die Serie der doppelten Strebebögen seitlich des obersten Geschosses frei in der Luft zu schweben scheint. Die strukturellen Elemente, die nichts mehr von ihrer einstigen statischen Funktion wissen, spielen nur noch eine formale Rolle, sie lassen ihre geometrischen Qualitäten spielen, um dekorative Assoziationen zu wecken, ganz ähnlich wie in anderen Formen sakraler Kunst wie der Holzbildhauerei oder der Goldschmiedekunst.

Die Baukunst der Zisterzienser

12.–13. Jahrhundert

Die Ausbreitung des gotischen Stils in Europa
Die Gründung des Klosters Citeaux in Burgund, 1097, bereitete den Weg für die Entwicklung eines Gebäudetyps, der in den folgenden Jahrhunderten große Verbreitung finden sollte. Mit der Anerkennung der Regel, die auf der Rückkehr zu den Anfängen fußte, machte Bernhard von Clairvaux sich zum Förderer einer Architektur, die dieses Gebot der Einfachheit und Klarheit zum Ausdruck bringt. Seit den ersten Klostergründungen, La Ferté, Pontigny, Morimond und Clairvaux, ist das Bauprogramm der Zisterzienser von jenem religiösen Geist geprägt, der sich mit seiner Strenge ganz bewusst gegen das Ausufernde der Architektur und des Bauschmucks nicht nur von Cluny, sondern auch von Sugers Abtei Saint-Denis stellte. Die Klostergebäude, entsprechend älteren benediktinischen Vorbildern rund um den Kreuzgang errichtet, folgten einer eisern durchgehaltenen, immer gleichen Anordnung und präsentierten sich bei bescheidenerem Aufwand monumental, schmucklos und funktional. Zwar ist die Abteikirche Fontenay noch ganz und gar romanisch, doch der Orden übernahm das Spitzbogengewölbe für angrenzende Gebäude schon sehr früh, in Fontenay selbst zum Beispiel im Kapitelsaal aus dem Jahr 1150. Pontigny wurde um 1160 vollständig mit Spitzbogengewölben ausgestattet. Allerdings brachte die Entscheidung für diese Gewölbeform noch nicht die für die gotischen Kathedralen typische klare und rigorose Raumunterteilung mit sich, weshalb die Zisterzienserarchitektur des 12. Jahrhunderts auch als »reduzierte Gotik« bezeichnet worden ist, reduziert auf die technischen Vorgehensweisen und auf ein Prinzip einer neuen lichten Raumdefinition, das dekorative Formen von anderen, nicht monastischen Gebäuden übernimmt. Erst nach dem Bau der neuen Apsis von Pontigny im Jahr 1185 verabschieden sich die Zinsterzienserarchitekten allmählich von der Einfachheit und nähern sich dem prunkvollen Stil der großen Kathedralen – sie übernehmen jetzt die rechteckigen Querjoche. Von diesem Zeitpunkt an wendet die Baukunst der Zisterzienser sich endgültig der Gotik zu, wenn auch mit Formen und Typen, die sich von denen der großen nordfranzösischen Kathedralen des 12. Jahrhunderts unterscheiden. Die Zisterzienser entscheiden sich gegen komplexe Baukörper, für gerade Chorabschlüsse, versehen die Querhäuser häufig mit geosteten Nebenkapellen und verzichten, zumindest anfangs, auf die Vierungstürme, die harmonischen, zweitürmigen Fassaden und die Glockentürme, die von der Ordensregel verboten sind. Nach der Mitte des 12. Jahrhunderts wurde die vereinfachte Gotik der Zisterzienser in die fernsten Regionen getragen: in den Süden Frankreichs, nach Spanien, nach Italien, nach England und in das deutsche Reich, nach 1200 auch nach Polen und Ungarn.

Abteikirche, Salem, ca. 1414
Die Rolle der Zisterzienserarchitekten als Verbreiter der französischen Gotik und ihre ganz unterschiedlichen Formen der Adaption werden in den schönen durchbrochenen Fenstern von Salem erkennbar, in denen dekorative Flamboyantmuster eine Verbindung mit dem lokalen Schilfsandstein eingehen, durch die dessen malerische Qualitäten zur Geltung kommen.

Abteikirche, San Galgano, ab 1224
Der Zisterzienserorden trug zur Einführung »nördlicher« Formen in Italien bei. Allerdings orientieren sich seine Bauten nicht an »modernen« gotischen Systemen, sondern an der nahezu wörtlichen Wiederaufnahme burgundischer Vorbilder: San Galgano weist einen Grundriss, Kreuzpfeiler und Arkaden auf, die denen von Fontenay sehr nahe kommen, wenn auch mit einer deutlicheren Vertikaltendenz.

Abteikirche, Rievaulx, 1132
In den dreißiger Jahren des 12. Jahrhunderts, also recht früh, gelangten die Zisterzienser nach England, wo sie eine große Zahl von Klosterkirchen errichteten, die heute fast alle Ruinen sind. Die Kirche von Rievaulx zeigt ihre französische Herkunft im dreizonigen Wandaufbau mit horizontalen Gesimsen und im vorspringenden Querhaus. Hinzu kommen eine entschiedene Gliederung der Wände und reich profilierte Spitzbogenarkaden.

gegenüberliegende Seite, unten rechts
Kloster, Poblet, 1151
In Spanien entstanden in der zweiten Hälfte des 12. Jahrhunderts zahlreiche Zisterziensergründungen, die hier die frühen Elemente der Gotik des Nordens verbreiteten, vor allem die Spitzbogengewölbe. Allerdings blieb die Anlage ungeachtet der Verwendung von Spitzbögen und Rippengewölben wie im Brunnenhaus von Poblet traditionell, und die generelle Schwere erinnert noch sehr stark an die älteren Formen.

Die englische Frühgotik

ca. 1200–1290

Das »Early English«

Gegen Ende des 12. Jahrhunderts lassen einige Bauten in England eine sehr originelle Interpretation der französischen Vorbilder erkennen: Eine Gruppe von Kirchen setzt den dreizonigen Wandaufbau so ein, dass die einzelnen Ebenen ohne vertikale Verbindung als übereinander liegende Sektionen eines Längsschnitts über die ganze Länge des Schiffs geführt werden. Damit wird jene Tendenz zur Horizontalität vorweggenommen, die dann die frühe englische Gotik kennzeichnen sollte. Die originellen Lösungsversuche stellen dem streng logischen Aufbau der französischen Architektur besondere dekorative Effekte gegenüber, wie ineinander verflochtene oder längs der Gewölbescheitel verlaufende Rippen. Die englischen Kathedralen bleiben mit der betonten Horizontalität der Arkaden und Emporen im Wesentlichen der Längsrichtung verhaftet, die Vertikalität der Pfeiler wird gemildert oder unterdrückt. Die Kontinuität der Wandflächen bleibt sichtbar erhalten, auch wenn die Wände vielfach durchbrochen sind. Dennoch werden für bestimmte »periphere« Teile der Kathedrale ungewöhnliche Lösungen gefunden: Effekte einer ungehinderten Ausdehnung wie in der Lady Chapel in Salisbury, Dekor und Öffnungen oder die fast obsessive Wiederholung des von einem Okulus überfangenen Zweierfensters, eines Rayonnantmotivs. Das Interesse an den Rayonnantformen beschränkt sich allerdings auf die Behandlung der Oberflächen, insbesondere auf das Maßwerk der Fenster, dem ein neuer Wert zugesprochen wird, ohne dass die strukturellen Voraussetzungen aus Frankreich übernommen werden. Gleichzeitig tauchen die ersten Blendfassaden auf – ähnlich den spätromanischen Fassaden in der Lombardei oder in Aquitanien –, die das Langhaus wie ein Wandschirm schließen und verbergen: Hier wird der Verzicht auf die Zweitürmefassade französischer Herkunft zugunsten einer dominanten Horizontalität ganz deutlich.

Kathedrale, Canterbury, Chor, ab 1174
Der Neubau des Chors von Canterbury beweist, dass die neue architektonische Formensprache in England schon sehr früh rezipiert worden ist. Wilhelm von Sens übernimmt auf originelle Weise das Thema des *mur épais*, wobei er das Lineare betont: er setzt dünne Dienste aus dunklem Marmor ein, deren dekorative Wirkung nichts mit den französischen Erfahrungen zu tun hat und zur charakteristischen Konstante der englischen Gotik werden sollte. Der neue Chor übernimmt – für die englische Baukunst eine große Ausnahme – den Umgang, während die geschwungenen Wände ihn zu einem einzigartigen und singulären Phänomen in der gesamten mittelalterlichen Architektur machen.

Kathedrale, Lincoln, Hugh-Chor, 1192–1205
Im Hugh-Chor treten die für die gotische Architektur in England typischen Kennzeichen eines überreizten Dekorativismus deutlich zutage. Die untere Zone zeigt eine extravagante Wandgestaltung in Form zweier hintereinander verlaufender Scheinarkaden. Die hintere und niedrigere dieser Arkaden spielt in illusionistischer Weise mit dem Gedanken der Tiefenwirkung und erinnert an die typisch englische Vorliebe für doppelte Wände und üppigen plastischen Dekor.

Kathedrale, Salisbury, Fassade, 1258–1266
Berühmt auch wegen des bekannten Gemäldes von Constable, manifestiert die Kathedrale von Salisbury ihre Schönheit in dem hohen Vierungsturm, der in einer schlanken Fiale endet. Wie die meisten gotischen Kathedralen Englands entwickelt sich auch Salisbury mit seiner Blendfassade, die dank der übereinander verlaufenden, zur Aufnahme des plastischen Progamms prädestinierten Spitzbogenarkaden besonders reich an Helldunkeleffekten ist, im Wesentlichen in die Breite. Den Portalen kommt dagegen keine besondere Bedeutung zu.

Westminster Abbey, London, 1245
Die Wiederherstellung der Abteikirche fällt mit der Einführung der Rayonnantformen in England zusammen. Angelegt nach einem französisch inspirierten Schema mit Chorumgang und Kapellenkranz, mit von Reims abgeleiteten Fenstern und mit Gewölben, die ohne starke Mauern auskommen, bleibt Westminster Abbey in anderer Hinsicht dennoch den baulichen Traditionen der Insel treu: Der Architekt Henry de Reyns arbeitete mit Bauteilen aus dunklem Marmor, mit stark ausgeprägten und profilierten Spitzbögen und mit zurückgesetzten Obergadenfenstern, was die Horizontalität des Triforiums betont.

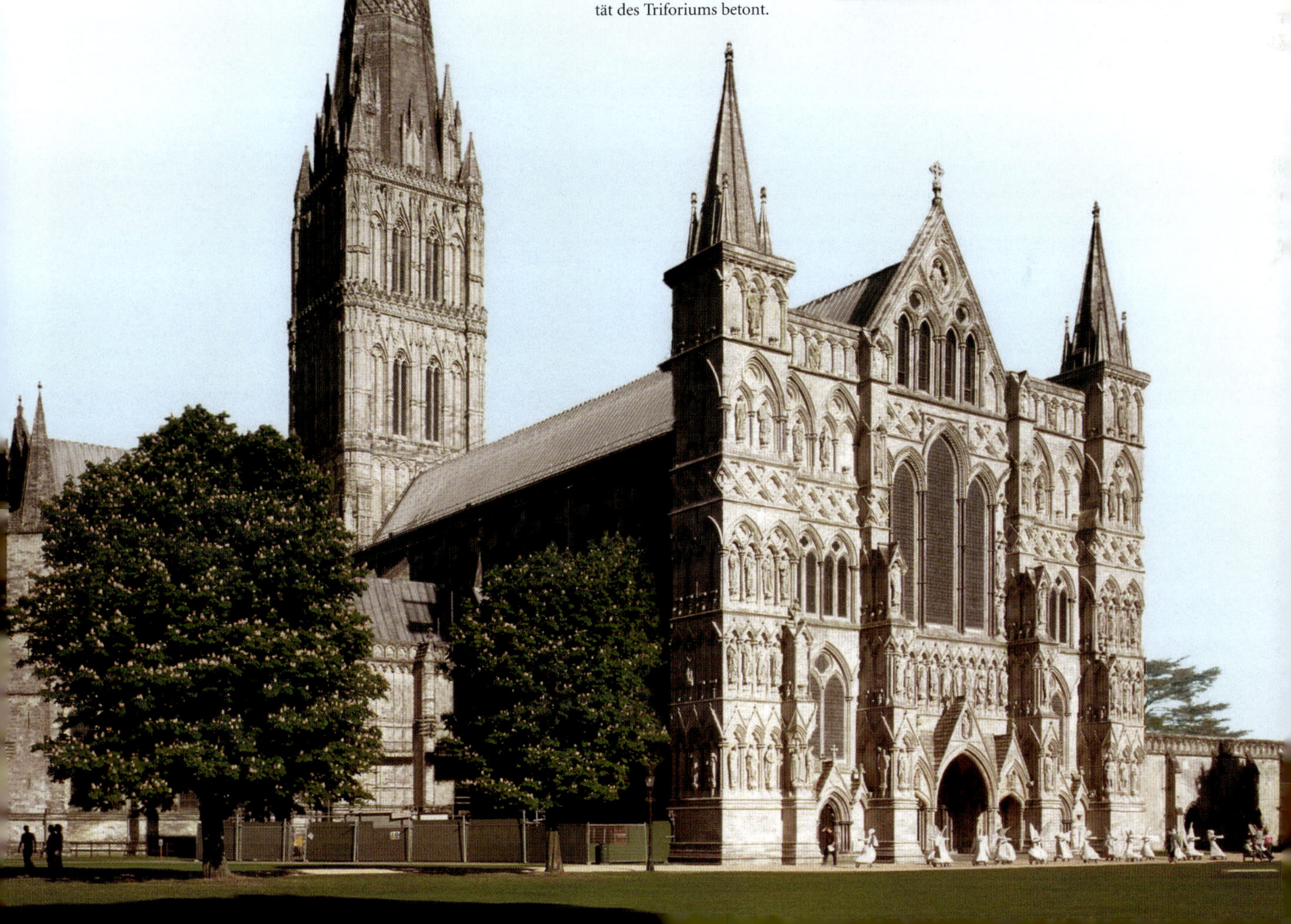

Die elegante Phase der englischen Gotik ca. 1290–1330

Decorated Style und Curvilinear Style

Um die Wende des 13. zum 14. Jahrhundert hielten sich die englischen Baumeister im Wesentlichen an die überkommenen Vorbilder, an die stark gelängten Grundrisse mit vorspringendem Querhaus und Vierungsturm, an die Proportionen, die sich weniger in die Vertikale als vielmehr – auch bei den Fassaden – in die Horizontale entwickeln, an die konstruktive Technik der starken Mauer und an die eher sparsame Verwendung des Strebebogens. Der Definition des Jochs wurde entsprechend weniger Aufmerksamkeit geschenkt, zugunsten einer einheitlichen Wirkung der Gewölbeoberflächen, deren Gestaltung durch zusätzliche Rippen kunstvoller geriet. Die englischen Baumeister übernahmen im Grunde nur das Motiv des großen durchbrochenen Fensters aus dem Repertoire der Rayonnantformen, was wichtige Konsequenzen für die allgemeine Organisation der englischen Kathedralen hatte. Die Aufgabe der Kontinuität der Wand veränderte den Rhythmus der Schiffe, während man die Stärke der Wand, in der das Fenster wie »versunken« wirkt, beibehielt. Etwa um 1280/1290 tauchten in den vom Hof beauftragten Bauvorhaben geometrische Muster im Maßwerk der durchbrochenen Fenster auf, die sich direkt an den »zeitgemäßeren«, im Ergebnis radikaleren französischen Vorbildern orientierten. Neben dieser nunmehr strengeren Anlehnung an die Rayonnantformen, die im Wesentlichen von London ausging und Voraussetzung für die späteren Schöpfungen im Perpendicular Style war, markierten in diesen Jahren weitere Varianten der Fenstergestaltung den Beginn einer neuen Phase, die sich im Rahmen des Decorated Style als der Curvilinear Style abhebt: Dessen wesentliche Kennzeichen sind das lineare konkav-konvexe Schema sowie die Ogive, der kielbogenförmige Spitzbogen, den die Engländer als *ogee arch* bezeichnen. Seine Bedeutung geht über reinen Schmuck hinaus, denn das Fließende und Bewegte dehnt sich rasch auf die dreidimensionale Struktur aus, verändert damit die gesamte Raumkonzeption und löst die ursprüngliche Solidität der gemauerten Wand auf. Das Thema der Statik des Gebäudes wird also abgelöst von einem Bedeutungskanon, der ein neues kulturelles Klima ankündigt, in dem eher auf formale Komponenten geachtet wird.

Kathedrale, Ely, Oktogon, 1322–1342
Die vielfältigen Sichtlinien und neuen perspektivischen Verkürzungen werden in der Alan of Walsingham zugeschriebenen Vierung der Kathedrale von Ely bis zum Extrem getrieben. Mit ihren in Weite und Höhe ausgedehnten Dimensionen, die durch eine ganz spezielle Technik möglich wurden, erzeugt sie verblüffende illusionistische und fantastische Wirkungen, mit denen sie zur Avantgarde der zeitgenössischen europäischen Architektur gehört.

Kathedrale, Wells, ca. 1338
Fragen der Stabilität des Vierungsturms von Wells waren entscheidend für die Realisierung eines für ein Kirchengebäude ganz ungewöhnlichen Tragsystems aus zwei gegeneinander gesetzten, konvergierenden Verstärkungsbögen. Der Turm erscheint damit räumlich vom übrigen Gebäude getrennt, obwohl man ihn durchaus wahrnimmt – aufgrund des imposanten statischen Apparats und der größeren Dunkelheit, die hier im Vergleich zu anderen Teilen des Kirchenraumes herrscht. Die bis dahin nie gesehene Form, die durch das konkav-konvexe System erzielt wird, sollte die spätgotische Architektur Englands noch lange kennzeichnen.

links
Kathedrale, York, Kapitelsaal, 1286
Die Gestaltung der Innenwände des nördlichen Querschiffs mit in die Wand geschnittenen Fenstern verstärkt den Eindruck von Weite. Die Sockelzone ist als eine Folge polygonaler Nischen ausgebildet. Die so entstandene Oberfläche lässt die Raumgrenzen in dem strahlenden Licht, das durch die großen Fenster hereindringt, undefinierbar erscheinen.

Der Perpendicular Style

ca. 1330–1500

Perpendicular Style
Mit dem Beginn der Regierungszeit Edwards III., im dritten Jahrzehnt des 14. Jahrhunderts, begibt sich die englische Baukunst auf die Suche nach neuen Raumqualitäten. Die Bauherren bevorzugen elegante, ungewöhnliche Formen, die geeignet sind, ihre elitäre Position hervorzuheben. Der Reichtum, den bestimmte gesellschaftliche Schichten, die großen Landbesitzer und noch mehr die ranghohen Vertreter von Kirche und Staat, angehäuft haben, ist der Grund für eine Nachfrage nach neuen architektonischen Formen speziell für Bauvorhaben von Kirche und Königshaus. Die Bezeichnung *perpendicular* oder auch *rectilinear* bezieht sich auf die Struktur der Außen- und Innenwände, die auf einem orthogonalen Raster aus dünnen, sehr hohen vertikalen Baugliedern und, als Kontrast und Gegengewicht dazu, ebenso feinen horizontalen Elementen beruht. Andere dekorative Motive, die gegenüber diesem Hauptschema allerdings nur eine sekundäre Rolle spielen, bereichern das Bild: Reihen von dicht stehenden kleinen Säulen, die quasi eine Balustrade bilden, Spitzbogen, Rosetten, Rankenwerk, Vierpässe und anderes.
Die Konfiguration der Gewölbe und der Stützsysteme sowie ihr wechselseitiger Zusammenhang sind Experimentierfeld und werden zum zentralen Thema der neuen Architektur: Von nun an tauchen in England sehr spezielle, autonome Lösungen auf, die sich durch eine schon fantastische Häresie, jedenfalls durch einen ausgesprochenen Widerspruchsgeist gegenüber den französischen Vorbildern auszeichnen: die Schrägstellung der Fensterwände, die Stützbögen der Gewölbe oder auch die trichterförmig auf einen Stützbogen geführten Gewölbe, schließlich die Fächergewölbe. Obwohl die englische Architektur dieser Zeit keine von Grund auf neuen Gebäude hervorbringt, sondern nur noch Erweiterungen und Vervollständigungen vorhandener Gebäude leistet, entstehen in dieser Form der Gotik ihre originellsten und phantasievollsten Schöpfungen: Der Perpendicular Style entspricht den Erfordernissen der Sakralarchitektur wie auch denen anderer Bauaufgaben, er sorgt für einen interessanten, stimulierenden Austausch zwischen den Aufgabenbereichen.

Kathedrale, Canterbury, Kreuzgang, ca. 1380
Der Kreuzgang von Canterbury, eine Schöpfung von Henry Yevele, zeigt eine Reihe besonders innovativer Formen des Perpendicular Style. Analog zum Kreuzgang von Gloucester präsentiert er sich als dichte Folge trichterförmiger Fächergewölbe, bereichert um zusätzliche Rippen und einen üppigen Reliefdekor – eine Transfiguration der alten Spitzbogengewölbe.

Kathedrale, Gloucester, Kreuzgang, 1337–1360
Das erste Beispiel der neuen Phase, die Kathedrale von Gloucester, erzeugt hier, ganz ähnlich dem, was William Ramsey für den Chor plante, den Eindruck von Transparenz, Entmaterialisierung, Irrealität, fantastischer Spannung in Form eines Rasters im Perpendicular Style, mit dem der Kreuzgang überzogen ist. Hier taucht eine neue statisch-formale Struktur auf: das Fächergewölbe, ein Gliederungssystem, das sich insgesamt zu einer umgekehrt-konischen Form entwickelt. Die konische Oberfläche weist weitere verbindende Elemente auf, deren Linienführung derjenigen der großen Fenster gleicht – eine gedankliche Rückkehr zur dekorativen Fantasie der »eleganten« Gotik. Das Fächergewölbe ist auch ein bedeutender technischer Fortschritt, da es die statischen und die eher dekorativen Elemente konzeptuell auf gleicher Ebene behandelt.

Westminster Hall, London, Saal Richards II., 1377–1399
Die komplexe hölzerne Struktur, die an die Technik des Schiffbaus erinnert, bringt die Merkmale der englischen Architektur des 14. Jahrhunderts optimal zum Ausdruck. Ungeachtet der dreidimensionalen Organisation der Elemente und des Systems der Stützen, die sich in einem komplexen Gebälk überschneiden, vermittelt das Resultat den Eindruck einer Duplizität räumlicher Werte. Die kunstvoll-dekorative Zimmermannsarbeit scheint sich gegenüber den darunter liegenden Zonen als autonome Struktur zu verstehen.

Deutschland als Land des »Widerstands«

Die strukturellen und formalen Konzeptionen der gotischen Architektur fanden nur schwer Eingang in die deutschsprachigen Gebiete. Im Zentrum des Reichs baute man weiterhin im Wesentlichen in Anlehnung an die traditionellen Vorbilder, man verweigerte sich den extremen Strebekonstruktionen. Die deutschen Baumeister hielten sich an die massigen Proportionen und an die Technik der starken Wand und legten Wert auf eine überreiche Außengestaltung, allerdings ohne Strebepfeiler und -bögen. Der Höhepunkt der kaiserlichen Autorität nach dem Tod Heinrichs VI. von Hohenstaufen und die italienische Politik Friedrichs II. gingen in einen künstlerischen Partikularismus über, mit der Folge, dass die Rezeption der in den französischen Kathedralen erprobten Lösungen anders aussah oder unter dem Einfluss konservativer Kräfte unterdrückt wurde.

Ab etwa 1230 lässt dieser Widerstand dann allerdings zunehmend nach, zugunsten der Raumvorstellung der französischen Gotik. Die Entscheidung für die Gotik zeigt sich im Reich vor allem an den Stützen: in der Diözese Trier wird der Einfluss der französischen Architektur in der Übernahme des kantonierten Pfeilers und der hohen »Reimser« Fenster deutlich.

Straßburg und Köln bleiben die wichtigsten Kathedralbaustellen des Reichs; zugleich bestätigen einige Schöpfungen vom Beginn des 14. Jahrhunderts, dass die deutsche Gotik zur Reife gelangt ist und früh in spätgotische Formen übergeht. Im Nordosten Deutschlands entwickelt sich die Schule der Backsteingotik, zu deren bedeutendsten Beispielen die Klöster Doberan, Pelplin (heute in Polen) und Chorin zählen, während in der Katharinenkapelle des Stephansdoms in Wien (vollendet 1369) ein singuläres Sternrippengewölbe mit hängendem Schlussstein auftaucht. Die Sandkirche in Breslau (ca. 1340), im Zweiten Weltkrieg nahezu vollständig zerstört, präsentiert ein Gewölbesystem, das in der Projektion drei Dreiecke ergibt, die wiederum durch Dreistrahlrippen akzentuiert sind. Daraus entsteht eine Spannung, die mit »Springgewölbe«, wie diese in ganz Schlesien verbreitete Form genannt wird, sehr gut umschrieben ist.

Münster, Straßburg, ab 1176

Am Straßburger Münster lässt sich die fortschreitende Entwicklung der gotischen Lösungen ablesen – von der Ablehnung der rheinischen Baumeister bis zur uneingeschränkten Bejahung der neuen Formen. Die Entscheidung für die großen Fenster von der Art der Chartreser Fenster traf auf Zustimmung, und von diesem Augenblick an wurde die Straßburger Bauhütte zu einem der wichtigsten Zentren der Verbreitung und Weiterentwicklung der Rayonnantgotik.

Franziskanerkirche, Salzburg, Detail des Gewölbes, ab 1408

Marienkirche, Prenzlau, ab 1325
Im Nordosten Deutschlands entstand mit der Verwendung des Backsteins eine ganz eigene Form, die mit ihrer Kompaktheit in offensichtlichem Gegensatz zu der von der gotischen Architektur angestrebten extremen Leichtigkeit stand. Dennoch gelang es den deutschen Baumeistern, die neue Formensprache und den Backstein zur besonderen Form der Backsteingotik zu kombinieren. Die Struktur dieser Kirchen, von Lübeck über Chorin bis Prenzlau, zeigt deutlich das Streben nach Vereinfachung gegenüber der Gotik der großen Kathedralen: eine Einfachheit, die zum Teil vom verwendeten Material diktiert ist, das die Errichtung flacher gemauerter Flächen von großer formaler und malerischer Qualität ermöglichte.

Wiesenkirche, Soest, 1331–1376
Der Architekt der Wiesenkirche erbaute eine Hallenkirche, die sich im Verhältnis von Haupt- und Nebenschiffen an das Prinzip des goldenen Schnitts hält. Ein Pfeiler vom spätgotischen Typ, in dessen Form man die strukturelle Hierarchie der profilbildenden Elemente aus den Augen verliert, trägt ein sehr einfaches Rippengewölbe. Die Verbindung der tragenden und getragenen Elemente gelingt hier ohne Unterbrechungen, die andeuten könnten, wo die eigentliche Stütze in die Rippen des Gewölbes übergeht.

Die Familie Parler

14. Jahrhundert

Eine Baumeisterdynastie in Mittel- und Osteuropa
Der Berufsname *parlier* bezeichnete im Mittelalter jenen Werkmann, der die Aufgabe hatte, den Plan des Architekten in Stein umzusetzen. Er wurde im Laufe des 14. Jahrhunderts zum Eigennamen: Von dieser Zeit an bildeten die Parler eine der bedeutendsten Baumeisterdynastien des 14. Jahrhunderts, die einen entscheidenden Anteil am Stilwandel in der mittel- und osteuropäischen Architektur hatte. Stammvater der Familie ist Heinrich d. Ä., der, nachdem er an der Dombaustelle in Köln gelernt hatte, das Langhaus der Heiligkreuzkirche in Schwäbisch Gmünd umgestaltete und damit einen neuen Typ entwickelte, der den weiteren Verlauf der Baugeschichte in Österreich und Deutschland beeinflussen sollte. Von seinen Söhnen gehört Peter in die erste Reihe der Vertreter der europäischen Spätgotik. Er hatte bei seinem Vater gelernt, arbeitete dann in Straßburg, Köln und Nürnberg und ging schließlich nach Prag, wo er die Leitung der Dombauhütte übernahm. Peter Parler hatte zwei Söhne, Wenzel, der in den Jahren von 1400 bis 1404 als Baumeister am Stephansdom in Wien tätig war, und Johann IV, den Erbauer – zusammen mit Jakob Parler – des Chors von Sankt Barbara im böhmischen Kutná Hora (Kuttenberg). Ein weiteres Mitglied der Familie, Heinrich III Parler, ist 1392 auf der Baustelle des Mailänder Domes bezeugt.
Peter Parler zeichnete sich schon zu Beginn seines Werdegangs in Schwäbisch Gmünd und am Prager Veitsdom durch große Freiheit bei der Gestaltung von Gewölberippen aus, beruhend allerdings immer auf präzisen geometrischen Gesetzen; vorherrschend ist die Verwendung von Achsen, die gegenüber den Orthogonalen des Jochs um 45 und 60 Grad verschoben sind. Die Quellen des Schaffens von Peter Parler sind bekannt: Es sind englische Einflüsse, auch wenn nicht nachgewiesen ist, dass er eine Reise über den Ärmelkanal unternommen hätte, und norddeutsche Anregungen, insbesondere aber die Baustellen von Köln und Straßburg; er bricht mit den Themen der französischen Rayonnantgotik, die er in absolut autonomer, origineller Weise nutzt. Der Einfluss Peter Parlers, der Familie Parler war in vielen Zentren Böhmens, in Deutschland und Österreich mit Tirol, auch in Brabant und Flandern fassbar.

Sankt Barbara, Kutná Hora, ab 1388
1388 dem Jakob Parler von der einflussreichen lokalen Knappschaft der Bergleute in Auftrag gegeben, wurde die Kirche Sankt Barbara 1512 fertig gestellt von dem Baumeister Benedikt Ried, der sich als Erneuerer gegenüber der Parlerschen Tradition erwies. Ried schuf hier ein prächtiges Beispiel der deutschen Spätgotik, einen vieldimensionalen, vielfach gerichteten Raum. Im Zentrum des Mittelschiffs vereinigen sich die Überschneidungen der Rippen zu blütenartigen Formen, die in einer Blüte um den Schlussstein kulminieren.

St. Veit, Prag, Goldene Pforte, 1367
An der Südseite des Veitsdoms öffnet sich die von Peter Parler geschaffene Goldene Pforte. Im Vestibül setzt der Architekt die typisch englische Lösung der frei hängenden Rippen ein, verkompliziert in der Rippenführung des Portikus.

rechts
Heiligkreuzkirche, Schwäbisch Gmünd, ab 1317
Die Heiligkreuzkirche markiert den frühen Beginn der deutschen Spätgotik und steht für die endgültige Überwindung der Rayonnantformen. Die verschiedenen Systeme der Rippen in Langhaus und Chor verweisen auf ihre Herkunft aus zwei verschiedenen kulturellen Welten und darauf, dass hier zwei Architekten tätig waren. Belegt ist, dass der Chor ein Werk Heinrich Parlers ist; die Urheberschaft für das Langhaus wird seinem Sohn Peter zugeschrieben, auf den direkt oder indirekt auch einige der wichtigsten Beispiele spätgotischer Architektur in Zentraleuropa zurückgehen.

Prag

ab 1349

Die Erschaffung einer Kaiserstadt

Karl IV. von Luxemburg, der 1349 Kaiser des Heiligen Römischen Reiches wurde, bestimmte die Stadt Prag, die schon 1344 von Papst Clemens VI. zum Bischofssitz gemacht worden war, zu seiner Residenz. Nach seiner Thronbesteigung entwickelte die Stadt sich zur kaiserlichen Kapitale. Auf Initiative des anspruchsvollen, unternehmungsfreudigen Karl wurde Prag zum hoch bedeutenden kulturellen Zentrum; damals erhielt es jenes faszinierende, ganz und gar individuelle Aussehen, durch das es sich noch immer auszeichnet. 1348 wurde hier die erste Universität Zentraleuropas gegründet und mit einem wichtigen Kollegium belehnt, dem Karolinum. Große Bauvorhaben wurden auf den Weg gebracht, an erster Stelle der Bau der neuen, dem heiligen Veit gewidmeten Kathedrale innerhalb der Mauern der Prager Burg (des Hradschins); konzipiert nach einem traditionellen Entwurf von der Hand des Mathias von Arras, wurde der Veitsdom ab dem Augenblick, da der damals 23-jährige Peter Parler die Baustelle übernahm, zum ersten eindeutigen Beispiel eines neuen architektonischen Denkens in Europa. Das politische und urbanistische Programm, das Karl mit Blick auf eine ganz neue Gestalt seiner Hauptstadt beschlossen hatte, wies auch der Moldau eine neue Rolle zu; bis zu dieser Zeit hatte sie, getreu dem üblichen Verhältnis von höfischen Quartieren und Bürgerstadt, die beiden traditionellen Teile der Ansiedlung klar voneinander geschieden. Nun entstand ein dritter urbaner Pol, die so genannte Kleinseite zu Füßen der Burg, verstanden als eine Art Scharnier zwischen dem Gebiet der kaiserlichen Residenz, in dem man soeben mit dem Bau der Kathedrale begonnen hatte, und dem von einflussreichen Bürgern bewohnten Gebiet jenseits des Flusses. Dies machte Prag zu einer dreiteiligen Stadt, die dringend auf eine neue steinerne Brücke als Ersatz für die älteren, unzulänglichen Holzbrücken angewiesen war – die Karlsbrücke.

St. Veit, ab 1344
Unbekümmert änderte Peter Parler den Plan des Mathias von Arras: Er fügte dem Grundriss die Sakristei und die Wenzelskapelle hinzu. Das neue System der Gewölbe – teils Sterne und Dreistrahlen, teils frei hängende Rippen, dann wieder hängende Halbbögen, getragen von einer Mittelachse – fügte sich zu einem formalen Ensemble englischen Ursprungs zusammen. Ebenso innovativ ist die Behandlung der Wände mit der starken Betonung der geometrisch-orthogonalen Komponenten, die die kleineren Elemente rahmen. Das Kriterium ihrer Gliederung erweist sich insofern als komplexer, als die geknickten Oberflächen den Eindruck eines »schwimmenden« Raums hervorrufen, ausgehöhlt in Richtung der Fenster, die an dem durchgängig zu erkennenden Streben nach Raumkontinuität teilhaben.

Die Karlsbrücke, 1357
Die Karlsbrücke, getragen von 16 Pylonen, die sich mit überhöhten Rundbögen abwechseln, nimmt einen leicht gewundenen Verlauf. Zwei Türme an den Enden überwachen den Zugang. Mit ihrer stereometrischen Klarheit gehört die Brücke in technisch-formaler Hinsicht zum in der Zivilbaukunst Üblichen, doch in der Trasse und dem Profil ihrer Bögen ist sie durchaus individuell. Entsprechend dem urbanen Leben und Denken dieser Epoche wurde die Brücke zu einem Symbol der Stadt, zu einem neuralgischen Punkt, der die wichtigsten Funktionen des kommerziellen, finanziellen und rechtlichen Lebens der Bürger mit den Aufgaben einer urbanen Achse verband. Entlang dieser Achse bewegten sich jeweils auch die Teilnehmer an rituellen und repräsentativen Umzügen.

Burg Karlstein, 1348–1357
Vielleicht noch Mathias von Arras und Peter Parler zuzuschreiben ist die Errichtung der imposanten Burg Karlstein, einige Kilometer von Prag entfernt. Die Burg, bevorzugte Residenz Karls IV., in die er sich zurückziehen konnte und die den Kronschatz barg, erhebt sich als Zeichen der kaiserlichen Macht hoch auf einem Felsen. Die ursprüngliche Anlage wurde im 19. Jahrhundert in Teilen rekonstruiert.

Die italienische Gotik

13.–14. Jahrhundert

Bürgerstolz

Seit Beginn des 13. Jahrhunderts zeichnete sich die Bautätigkeit in Italien durch große Vitalität und eine Uneinheitlichkeit aus, die zurückzuführen ist auf die von den Zisterziensern vermittelten franko-burgundischen Anregungen und die starke romanische und römische Tradition. Das hatte zur Folge, dass nur wenige gotische Formen und Techniken in Italien zu finden sind. Das Fehlen einer starken Zentralmacht stand der Verbreitung einheitlicher Lösungen entgegen und sorgte für das Fortbestehen lokaler Bautraditionen, die häufig als repräsentativ für den Partikularismus der Städte empfunden wurden. Im Übrigen fehlten an vielen großen Baustellen in Italien neue Initiativen, man brachte bereits begonnene Vorhaben zu Ende, die, wenn auch mit zeitgemäßen Akzenten versehen, der ursprünglichen Raumvorstellung folgten und den kompakten, gleichmäßigen Charakter der Volumina beibehielten. Erst mit der Betrachtung der Wand als von der Substanz befreite reine Oberfläche gelangte man in Italien zu einem anderen Planungsverhalten, das, zeitlich parallel zu den Schöpfungen der französischen Gotik, insbesondere Wert auf die perspektivische Erweiterung des Raums legte.
Im Verlauf des 14. Jahrhunderts lässt sich ein kräftiges Wiederaufleben öffentlicher und privater Bautätigkeit feststellen, Ausdruck der Erneuerung des Stadtraums und der städtischen Gebäude. In erster Linie kennzeichnet die gotischen Bauten in Italien, ausgenommen den Dom von Mailand und die Kirche San Francesco in Bologna, der Verzicht auf äußere Strebekonstruktionen. Verbreitet dagegen ist bei den Sakral- und Profanbauten das Rippengewölbe über nahezu quadratischen Jochen und über Kirchenschiffen von gleicher Höhe. Zur Stabilisierung genügte es, die Außenmauer an einigen Stellen zu verstärken; die Wirkung der kompakten, wohl definierten Formen gerät damit gegenüber den übrigen Elementen der Stadtlandschaft nicht aus dem Gleichgewicht. Die, verglichen mit Frankreich, andere gotische Formensprache erklärt sich sehr wahrscheinlich mit der stolzen Überzeugung der Bürger von ihrer Autonomie und den besonderen urbanen Qualitäten ihrer Städte.

Dom, Mailand, Apsiden, ab 1387
Der Mailänder Dom übernimmt Elemente des internationalen Repertoires am Ende des Trecento und erweist sich damit als Ort der Zusammenführung unterschiedlicher Bestrebungen vorzugsweise der französischen Flamboyantarchitektur und der deutschen Architektur. Das könnte sich mit der Absicht der Familie Visconti erklären, sich als bedeutendes Herrscherhaus in Europa darzustellen.

Santa Maria del Fiore, Florenz, Campanile, 1334–1360
Der ursprüngliche, von Giotto stammende Plan sah einen schlanken, feinen Quader mit Geschossgesimsen und krönender Fiale vor. Die neuen Architekten Andrea Pisano und Francesco Talenti verdoppelten, ohne Verrat an Giottos Vokabular zu begehen, das Schema der Anordnung und das zugehörige Dekorsystem in einer gelungenen Verbindung von cosmatesk anmutenden Säulchen mit den schon länger in der Florentiner Baukunst vorhandenen klassischen Anregungen; der Verzicht auf die Turmspitze allerdings setzt ein Fragezeichen hinter die Verwendung neuer ästhetischer Tendenzen, wie sie sich inzwischen in Florenz herausgebildet hatten.

Santa Maria del Fiore, Florenz, Mittelschiff, ab 1366
Dem Plan des Arnolfo di Cambio, aufbauend auf dem dialektischen Verhältnis zwischen zentraler Anlage des östlichen Teils und dem Langhaus, stülpte Francesco Talenti einen gleichlautenden Entwurf über – allerdings von größeren Dimensionen und luftigerer Räumlichkeit.

Dom, Orvieto, Fassade, ab 1308
Die Fassade, von Lorenzo Maitani als ein vom Baukörper der Kirche losgelöstes Element konzipiert, zeigt eine Anordnung, die auf der Komposition geometrischer Figuren und auf den zwischen ihnen bestehenden Beziehungen und Überschneidungen basiert. Ein Hauptwerk des »gotico ornamentale«, tritt die Fassade in ein organisches Verhältnis zum umgebenden städtischen Raum und prägt ihrerseits dessen Wahrnehmung.

Der venezianische Palazzo

14.–15. Jahrhundert

Die Stadt auf dem Wasser

Die Formensprache der Gotik wurde in Venedig in Gestalt von Kompromissen, Mischformen und unvermeidlichen Anpassungen an das urbane Gefüge übernommen und selbständig verarbeitet. Die Lagunenstadt assimilierte die gotischen Formen in einer Zeit gewichtiger Entwicklungen und Veränderungen. Dazu gehörten ihr Aufstieg zur bedeutenden Seemacht, ihre Rolle als einziges Scharnier zwischen Okzident und Orient, die Struktur der Gesellschaft und der Institutionen sowie ein signifikanter Wachstumsprozess, in dessen Folge sie an der Schwelle des Trecento rund 115 000 Einwohner zählte. Zwar ist das Eindringen gotischer Elemente schon im 13. Jahrhundert spürbar, doch erfolgt deren vollständige Akzeptanz erst um die Mitte des folgenden Jahrhunderts, als die großen Klosterbaustellen eingerichtet werden und rund um das Becken von San Marco öffentliche wie private Bauvorhaben auf den Weg gebracht werden, die von grundlegender Bedeutung für die urbane Struktur und die künstlerische Entwicklung Venedigs werden sollten. Im Schoß einer aristokratischen, oligarchisch organisierten Oberschicht, der es darum ging, die wirtschaftliche Rolle der Stadt und damit ihr Erscheinungsbild zu stärken, entsteht der Typ des städtischen Palazzo, der in den folgenden Jahrhunderten so gut wie keine Veränderung erfährt. Die privaten Bauherren erneuern im Lauf des 15. Jahrhunderts ihre Häuser, wobei sie fast ausnahmslos eine Gestaltung in C-Form wählen, die einen auf drei Seiten geschlossenen und mit der vierten Seite den »portego« tangierenden Hof in den Gesamtorganismus einbezieht. Das erlaubt die beste Belichtung der Räume und macht den Hof zum Mittelpunkt des häuslichen Lebens, häufig unterstrichen durch qualitätvolle Brunnen und durch die Bedeutung der Außentreppe. Besonders wichtig für den spätgotischen venezianischen Palast ist der Saal im Piano Nobile, der sich nach außen in einer erhabenen Reihe vieler Öffnungen zu erkennen gibt, die, gegebenenfalls durch ein zweites Piano Nobile darüber verdoppelt, die Mitte der Fassade und damit die Rolle des kompositorischen und formalen Fixpunktes einnehmen. Dekorfreude byzantinischen Ursprungs und gelehrte Anspielungen auf islamische Motive bereichern die kanalseitigen Fassaden dieser profanen Bauten mit dem exakten Rhythmus ihrer Öffnungen und mit ihren kostbaren Materialien. Die Wiederholung der Schmuckmotive, der Türmchen, der Balkons im Stil der Hochgotik, durchbrochen wie Spitzen, der schmalen steinernen Gesimse, der charakteristischen Dreipassbögen, bestimmt die Fassade, die als dynamischer Organismus aufgefasst wird. Hier wie in der ganzen Stadt ist das Verhältnis zwischen der Fassade und dem Wasser vorrangig, der architektonische Entwurf löst sich in den formalen Werten von Licht, Farbe und Bewegung auf. Die bürgerliche venezianische Architektur bewegt sich damit in Richtung neuer Grenzen und findet ganz eigene Formen eines Flamboyantstils, um schließlich in die Atmosphäre des speziellen venezianischen Humanismus einzumünden.

Ca' d'Oro, 1421–1440
Die Ca' d'Oro, in Auftrag gegeben von Mario Contarini aus einer der angesehensten venezianischen Familien, war als Baustelle Ausgangspunkt zahlreicher grundlegender Stilelemente der spätgotisch-bürgerlichen Architektur Venedigs. Konzipiert ausschließlich im Blick auf die kanalseitige Ansicht, entwickelt sich das Schema der Fassade zwischen dem Helldunkel der Öffnungen und den überwiegend geschlossenen Flächen des Seitentrakts, zwischen den »Gittern« der Balkons und den ruhigen marmornen Flächen. Matteo Raverti, der von der Mailänder Dombaustelle kam, nimmt hier die konstruktive Idee der offenen Loggia im Piano Nobile auf, wobei er sich des Flamboyantstils bedient und die traditionellen Ausdrucksmittel aktualisiert. Alle Oberflächen sind mit Platten aus seltenen Marmorsorten verkleidet, die die Materialität der Backsteinstruktur aufheben und in symbolische Lichtwerte überführen. Damit reiht die Ca' d'Oro sich unter die »goldenen Bauwerke« des venezianischen Quattrocento ein.

Dogenpalast, ab 1340, Umgestaltungen in den Jahren 1422–1424
Die Vollendung der Fassade des Dogenpalastes war Aufgabe einer Baustelle, die, fast achtzig Jahre zuvor eröffnet, die strukturellen Vorgaben dafür mit dem Großen Ratssaal längst geschaffen hatte. Das Gesamtbild ist geprägt vom Kontrast zwischen den beiden unteren Ebenen, die sich in übereinander liegenden Portiken nach außen öffnen, und dem darüber liegenden, in seiner ganzen Länge verkleideten Block. Die Formensprache der einzelnen architektonischen Elemente beruft sich auf Themen der Hochgotik, überführt in die üppige venezianische Version. Die Fassade steht für die venezianische Auffassung von einer Architektur aus Licht und Farbeffekten, die den Oberflächen ihre Materialität nimmt. Die konsequente Treue, die die quattrocentesken Formen des Dogenpalastes dem Vorbild des vorausgegangenen Jahrhunderts wahren, zu einer Zeit, in der Florenz bereits den Weg in Richtung der Renaissance beschritten hat, verweist auf die Gültigkeit und Funktion der spätgotisch-venezianischen Formensprache, verstanden als Rückbeziehung auf eine Tradition, die für Größe steht.

Ca' Foscari, ab 1452
Bemerkenswert ist die Ca' Foscari, später von Ruskin als »nobelstes Beispiel der venezianischen Gotik des Quattrocento« bezeichnet, wegen ihrer kompositorischen Strenge und der unverhohlenen Absicht, sich als Modell der spätgotisch-venezianischen Architektur darzustellen. Ihre Wasserfassade zeigt ein ausgeglichenes Spiel von geschlossenen und geöffneten Partien, von Licht und Schatten, einen Rhythmus, der gefasst wird von Eckbetonungen aus kleinen behauenen Quadersteinen aus *pietra d'Istria*.

Die spanische Gotik

13.–15. Jahrhundert

Der Einfluss der Gotik im iberischen Raum
Die Einführung der gotischen Formen auf der iberischen Halbinsel fiel mit der Reconquista zusammen. Sie traf allerdings auf den Widerstand einer starken romanischen Tradition, die ihrerseits eine stilistische Synthese mit den islamischen Einflüssen eingegangen war. Vom Ende des 12. Jahrhunderts an ergaben sich längs der Pilgerstraßen neue Kontakte zur nordfranzösischen Architektur, weniger in der Verwendung des Rippengewölbes als im Bildprogramm der plastischen Zyklen oder auch in der Übernahme des burgundischen Chorumgangs. Als der Bischof von León um 1225 den Bau einer neuen Kathedrale betreibt, hat sich die Rezeption der französischen Formen gewandelt, auch wenn sie an vierzig Jahre zurückliegende Vorbilder gebunden ist: Die Kathedrale kopiert den Grundriss von Reims und übernimmt das aus der Champagne stammende Modell des Laufgangs sowie den chartresischen kantonierten Pfeiler. Erst gegen Ende des 13. Jahrhunderts ist in Katalonien und auf den Balearen, parallel zu entsprechenden Versuchen in Südfrankreich, das Bestreben zu beobachten, das Gebäude als großen einheitlichen Raum zu konzipieren, der sich tendenziell in alle Richtungen erweitert. Die Neubauten verzichten auf die Abfolge der Räume und auf die Betonung der Joche, indem sie die gemauerten Oberflächen auflösen und das Interesse an der tragenden Struktur aufgeben. Die Region der Pyrenäen bleibt also ein Gebiet, in dem höchst eigenständige, innovative, formal wie konstruktiv qualitätvolle Überlegungen zur Raumgestaltung angestellt werden, die am Ende zu den großen mallorquinischen Kirchen mit drei Schiffen führen sollten. Zugleich bilden im 13. und 14. Jahrhundert die Kreuzgänge einen integrierenden Bestandteil der Kirchen; in den prunkvollen Durchbruchsmustern, die die Arkaden der Portiken schmücken, darf sich eine entfesselte Fantasie Bahn brechen, die auf maurische Formen zurückgreift.

Kathedrale, Palma de Mallorca, 1420–1427
Das statisch-konstruktive Schema der Südseite beruht auf einem System von Strebepfeilern und doppelten Strebebögen, komplettiert durch gemauerte Trennwände. Es folgt bekannten Bahnen der französischen Gotik; allerdings ergibt sich durch die dicht stehenden Strebepfeiler der Eindruck einer massigen, von Schattenlinien durchzogenen Wand mit starken Helldunkeleffekten. Palma widerspricht jedem Gedanken an die Entkernung der Wand, wie sie für die französische Rayonnantarchitektur typisch ist, und präsentiert sich als einheitliche architektonische Masse.

Santa Eulalia, Barcelona, ab 1298
Das Streben nach offenen und weiten Räumen, nach gigantischen Dimensionen, der Wunsch, die Volumina in einer noch nie dagewesenen Weise zu durchdringen, manifestiert sich in den radikalen Lösungen der Kirche Santa Eulalia. Ein Meisterwerk technischer Virtuosität im Dienst einer ganz eigenen Raumkonzeption, scheint diese Kathedrale die Wirkung der deutschen Hallenkirchen, der klassischen französischen Kathedralen und der einschiffigen Kirchen Katalaniens in sich zu vereinen.

Kathedrale, Burgos, 1223/24–1260
Burgos erscheint wie eine Vereinfachung der französischen gotischen Formen, was vielleicht auf ökonomische Zwänge zurückzuführen ist oder auch darauf, dass der Gigantismus der Kathedralen nördlich der Alpen einem Umkreis, der noch an die romanische Tradition gebunden war, wesensfremd blieb. Die Kathedrale, mit ihrer Nordseite an einem steilen Hang stehend, zeichnet sich durch die aus dem 15. Jahrhundert stammenden Osttürme aus; die großartige Porta del Sarmental erweckt das Vorbild der gotischen Skulptur mit realistischen und außergewöhnlich lebendigen Reliefs zu neuem Leben.

Santa Maria da Vitória, Batalha

ab 1387

In Portugal erfolgte der Übergang von romanischen zu eher gotischen Formen recht langsam; die Bautätigkeit hatte im gesamten Trecento einen gemächlichen Rhythmus, der erst neue Impulse erhielt, als João I., Begründer der Dynastie Avis, den Königsthron bestieg. Damit nahm jene künstlerische Periode ihren Anfang, die von der Geschichtsschreibung als die »juaninische« bezeichnet wird.
Das Dominikanerkloster Santa Maria da Vitória, von João I. zum Gedenken der Unabhängigkeit des Königreichs Portugal gewünscht und von den Architekten Alfonso Domingues und Jaime Huguet geplant, setzte sich aus der Kirche und drei (Anm. d. Ü.: der dritte fiel 1811 einem Brand zum Opfer) prachtvollen Kreuzgängen mit Formelementen unterschiedlicher Provenienz zusammen. Französische Elemente tauchen im erhöhten Langhaus der Kirche und in den für den Flamboyantstil typischen Schmuckdetails des Außenbaus auf. Die Zeichnung der Gewölbe, die zusätzliche lineare Rippen aufweisen, und die vorwiegend horizontale Organisation der Fassade wiederholen hingegen Merkmale der englischen Gotik, sowohl des Curvilinear als auch des Perpendicular Style.
Insgesamt ist Santa Maria da Vitória nicht nur das bedeutendste Werk der portugiesischen Architektur, sondern auch ein Hauptwerk der Kunst des 14./15. Jahrhunderts. Es ist vielleicht der Bau, der die neue künstlerische Einstellung dieser Epoche zur Gotik am besten verkörpert. Dabei darf man allerdings nicht vergessen, dass das Kloster auf einmaligen Prämissen beruht: Es ging aus einer königlichen Initiative hervor, die dem Zweck diente, mit Hilfe der Architektur eine politische Legitimation durchzusetzen, deren Botschaft sich im Wesentlichen an das Ausland richtete. Ein Werk also, das nicht etwa die portugiesische Baukunst als Gesamtbild in sich vereinigt, sondern das mit dem Rückgriff auf internationale Formen vor allem französischer und englischer Provenienz die Idee und das politische Programm des Herrschers symbolisiert und zum Ausdruck bringt.

Ein komplexes System von Strebebögen wirkt dem Schub der Gewölbe entgegen. Deren sehr eigenwillige Gestaltung, die an das Bild eines umgekehrten Dreiecks erinnert, dessen lange Seite einen Bogen bildet, vermittelt den Eindruck extremer Leichtigkeit, lässt aber auch Fragen nach der statischen Sicherheit aufkommen. Zwischen den Strebebögen öffnen sich Rundfenster, während in den Seitenschiffen große Fenster für Helligkeit im Innenraum sorgen.

Die Architektur der Bettelorden ab ca. 1250

Das städtische Kloster
Im Schoß der neuen städtischen Kultur machten sich die Bettelorden, die Augustiner, Dominikaner und Franziskaner, zu Wortführern der unruhigen und reformwilligen Gläubigen, der Kritiker des Reichtums und schrankenlosen Lebensstils. Das städtische Kloster, obwohl in vieler Hinsicht den Benediktinerkonventen verpflichtet, entwickelte einen L-förmigen Grundriss, auf dem das Kirchengebäude und die den Mönchen vorbehaltenen Räume sich auf die Piazza orientierten, den Ort der Predigt. Diese typologische Entscheidung hat einschiffige Kirchen zur Folge, in denen sich konstruktive Einfachheit und Strenge mit großen Dimensionen verbinden ließen, die notwendig waren, um die Masse der Gläubigen aufzunehmen. Die deutschen Bettelordenskirchen nahmen sich die strengen Formen der Zisterzienserbaukunst zum Vorbild. Sie strebten mit der Eliminierung von Querhaus und Chorumgang mit Kapellenkranz eine größere Vereinheitlichung des Raums an und entwickelten einen neuen Chortyp, den Langchor, der durch eine Zwischenwand vom Langhaus getrennt ist. Ebenso originell waren die Bettelordensbauten in Italien: In Padanien hielten sie sich an die lokale zisterziensische Tradition, die sie im Konstruktiven vereinfachten, während man in Zentralitalien dem Überfluss eine Absage erteilte: hier entstanden ungewölbte einschiffige Kirchen mit hohen, schmucklosen Wänden, in denen große Fenster saßen, und einem Chor auf quadratischem Grundriss mit Kreuzgewölbe und Nebenkapellen. Dies ist der Typ der »Scheunenkirche«, ein schmuckloser, karger, dabei aber riesiger, feierlicher und weiter Raum, dem das Licht zu Zonen gleißender Helle verhilft. Der Außenbau war einfach und rechteckig, nahezu frei von charakterisierenden Einzelformen, aber im städtischen Gefüge unverwechselbar. Der einheitliche Raum, realisiert mit der großen Höhe der Seitenschiffe, durchzogen von einer diffusen, unterhalb des Gewölbes stärkeren Helligkeit, ist ein Thema, das vor allem in Tuszien entwickelt wurde und seinen reinsten Ausdruck in der Dominikanerkirche Santa Maria Novella (1279) sowie in der Franziskanerkirche Santa Croce (1294–1295), beide in Florenz, findet.

Dominikanerkirche, Colmar, 1283
Die andersartige Lösung für den Osttrakt der Bettelordenskirchen im deutschen Sprachgebiet, den Langchor, zeigt Colmar, wo sich an einen großen, schmucklosen, geometrisch definierten, letztlich von keiner vorherrschenden Richtung bestimmten Raum der Langbau des Chors anschließt, in dem der Blick in blendender Lichtfülle versinkt. Die Leichtigkeit der Strukturen und die einfachen, gelängten Stützen sprechen von der Vorliebe der deutschen Baumeister für solide, ausgewogene Formen.

Santa Maria Gloriosa dei Frari, Venedig, ab 1334
Die Frari-Kirche steht für eine interessante Episode der Architektur, denn sie hat, vermutlich wegen der Beschaffenheit des Baugrunds, ein System von Verstärkungen im Inneren, das entsprechend einer vielhundertjährigen lokalen Tradition auf hölzernen Ankern beruht, die in der Längs- wie in der Querrichtung angebracht sind. Daraus entsteht eine beeindruckende dreidimensionale Modulation des Raums, quasi eine kubische Struktur, die durch das helle und homogene Licht noch betont wird.

Jakobinerkirche, Toulouse, ab 1260
Die berühmteste Bettelordenskirche Südfrankreichs ist die Kirche der Jakobiner (Dominikaner) in Toulouse, in der sich das üppig einfallende Licht unterhalb der Gewölbe konzentriert und das elegante Muster sowie die Polychromie der Gewölberippen hervorhebt. Der Chorpfeiler, aus dem heraus sich ein Sterngewölbe entwickelt, wird zum Brennpunkt des großen, insgesamt einheitlichen Raumes, denn die dünnen, sehr hohen runden Stützen, die einander in großem Abstand entlang der Kirchenachse folgen, können den Eindruck des Fließenden nicht aufheben.

San Francesco, Assisi, Oberkirche, 1228–1253
Die lange, komplizierte Baugeschichte von San Francesco ist Ausweis der Debatte zwischen den Anhängern des Armutsideals und den Befürwortern des Gedankens, dass Bewegung in die Geschicke der Kirche kommen müsse. Hält die Unterkirche sich noch im Wesentlichen an die additive spätromanische Formensprache, so ist die Oberkirche ein neuer, klarer und einheitlicher Organismus, in dem die Überfülle an gotischen Merkmalen – von den Öffnungen bis zum Laufgang unterhalb der Fenster, von der Linearität der Stützen bis zum übernommenen System des Skelettbaus – direkt auf nordfranzösische Vorbilder verweist. Derart neue Formen lassen auf eine präzise Vorgabe des Bauherrn schließen, dem es darum ging, hier, im Monument und Symbol des Franziskanertums, ein modernes, internationales Bild des Ordens zu erschaffen.

Das profane Herz der mittelalterlichen Stadt 13.–15. Jahrhundert

Das zivile Bauwesen im späten Mittelalter
Das Anwachsen der Bevölkerung, die Entwicklung von Handel und Gewerbe und damit der Wohlstand und die Bedeutung der Städte im späten Mittelalter hatten zur Folge, dass die bedeutendsten städtischen Zentren nun auch zu Schauplätzen politischer Manifestationen, Kaiserbesuchen, Konzilien, Versammlungen von Körperschaften, wurden. Die zivile Architektur lässt ihren rein funktionalen Charakter hinter sich und tritt in Konkurrenz mit der sakralen und feudalen Architektur, wobei sie sich Elemente und symbolische Gehalte der Adelspaläste zu eigen macht und auch den Einfluss der großen Sakralbaustellen erkennen lässt. Das Aufkommen einer speziell urbanen Architektur ist Zeichen der Wandlung einer feudal-agrarischen in eine bürgerliche Gesellschaft. Der Typ des Stadtpalastes, des Wohngebäudes der neuen herrschenden Schicht, ersetzt als großer rechteckiger Block die älteren mehrstöckigen Hallenhäuser und sorgt vom 13. Jahrhundert an für eine Modifizierung der Anlage von Straßen, prägt folglich in erheblichem Umfang das Bild der Stadt. Parallel dazu nimmt die administrative Autonomie, wie sie sich im Schoß der mittelalterlichen Stadtkultur entwickelt hat, Einfluss auf die Ausdehnung und die typologische Entwicklung. So wird das Rathaus zum wichtigsten Gebäude und so, häufig auf dem Platz gegenüber der Kathedrale errichtet, zum Antagonisten in der ideellen Auseinandersetzung zwischen sakraler und profaner Architektur. Symbol der Selbstvertretung der Bürgerschaft, entwickelt es unterschiedliche Typen, Funktionen und Raumprogramme, je nachdem, ob es sich um eine blühende Handelsstadt im Norden Europas oder um eine stolze Kommune im Süden handelt.

Unten, links
Tuchhalle, Brügge, Mitte 13.–Ende 15. Jahrhundert
Die Tuchhallen gehörten zu den wichtigsten zivilen Gebäuden, die die Städte in spätmittelalterlicher Zeit errichteten. In ihrer Architektur äußert sich die Bedeutung des Tuchhandels, zumal in den großen Zentren Brabants und Flanderns. Die Tuchhalle von Brügge zeigt die gelungene Verbindung von Elementen der städtischen, feudalen und sakralen Architektur in einem einheitlichen Komplex.

Palazzo Vecchio, Florenz, ca. 1299
Die wachsende Zahl der Palazzi der kommunalen Verwaltung in Italien bezeugt, dass dem Schmuck und der Qualität der Städte große Aufmerksamkeit zuteil wurde. Die *palazzi pubblici*, die nach 1250 in großer Zahl entstanden, sind Ausweis der Blüte des kommunalen Lebens und im Allgemeinen charakterisiert vom Bestreben, sich nach außen zu öffnen in Portiken und Fenstern, die den militärischen Aspekt mildern. Eine Ausnahme bildet der gewaltige Quader des Palazzo Vecchio, der entschieden militärisch wirkt; die asymmetrische Stellung des Turmes soll ihn zum Fixpunkt des städtischen Raums machen.

gegenüberliegende Seite, rechts
Rathaus, Stralsund, 13.–15. Jahrhundert
Wie in vielen Hansestädten ist das Rathaus auch in Stralsund eingepasst in das städtische Gefüge. Die Fassade, ein eindrucksvolles Beispiel der Backsteingotik, hat mit dem Gitterwerk ihrer Öffnungen ungewöhnliche malerische Wirkungen und zeichnet sich darüber hinaus durch das singuläre Detail der orientalisierenden Scheiben aus farbiger Majolika aus.

Rathaus, Löwen, 1448–1463
Die rasche Entwicklung der internationalen kommerziellen, gewerblichen und finanziellen, aber auch der künstlerischen und kulturellen Beziehungen hatte dem zivilen Leben in Flandern und Brabant schon am Ende des 13. Jahrhunderts einen starken Impuls gegeben und dem zivilen und öffentlichen Bauen zu voller Entfaltung verholfen. Als großartiges Beispiel eines Typs, der in den folgenden Jahrhunderten zu immer prächtigeren Formen findet, zeigt das Rathaus von Löwen stolz seine spätgotischen Fassaden, steinerner Ausdruck der Ambitionen der Bürgerschaft.

Paläste und befestigte Anlagen in Spanien 14.–15. Jahrhundert

Die Zivilbaukunst Kataloniens und Aragons
Die katalanisch-aragonesische Architektur, obwohl erkennbar im Kielwasser der europäischen Gotik, sprengt dennoch mit neuartigen Lösungen diesen Rahmen: zum einen mit dem Festhalten an Themen, die in der lokalen romanischen Tradition wurzeln, zum anderen mit der sehr sorgfältigen Auswahl gotischer Elemente und deren Verbindung mit lokalen Elementen. Bezeichnend ist das Interesse an der zivilen Bautätigkeit: hier trifft die Suche nach neuen Formen und neuen räumlichen Werten auf bedeutende Entwicklungsmöglichkeiten, was zu sehr eigenständigen architektonischen Resultaten führt. In der katalanischen Baukunst dominiert das Bestreben, Räume, Volumina und Details von großer Klarheit und Nüchternheit zu erschaffen. Weite Räume werden mit Holzdecken versehen, die von Querbögen getragen werden; die Vorliebe gilt statischen Lösungen, die ohne den Strebebogen auskommen. Die konstruktiven und formalen Entscheidungen fallen generell streng und nüchtern aus, allerdings verbindet sich dieser Grundton mit der eleganten Kombination geradliniger geometrischer Gebilde, der Folge von Gestaltungen *ad quadratum*, und fließender Linien auch in der Form von Kurve und Gegenkurve.

Castel Nuovo, Neapel, 1450–1454
Von Guglielmo Sagrera stammt die Gestaltung der Fassadentürme sowie das Gesamtschema dieser befestigten Anlage, die auf den neuen Konzepten der zeitgenössischen Militärbaukunst fußt. Die Formen, die für den Sockelbereich der Türme gewählt wurden, die geriefte Oberfläche in ihrer überraschenden Anordnung diagonal zu den konischen Turmbasen und das Schema der Diamantgrate, lassen die Teile, die normalerweise auch aus Sicherheitsgründen als reine Verbindungselemente behandelt wurden, besonders bewegt und elegant wirken.

Castillo de Bellver, Palma de Mallorca, 1309–1314
Dieses Werk der Militärbaukunst, errichtet, um die Stadt von oben zu kontrollieren und zu schützen, scheint mit seiner sich gegen die Landschaft absetzenden Struktur Lösungen vorwegzunehmen, die denen der Kathedrale ähnlich sind. Es besteht aus einem Baukörper auf rundem Grundriss mit ebenfalls rundem Innenhof, der mit seiner doppelten Loggienordnung die Innenräume belichtet und zugänglich macht. Die Konzeption der oberen Loggia zielt auf eine Schmuckform, die durch ein System miteinander verbundener und gegeneinander verschobener Bögen nach islamischem Vorbild gebildet wird. Das mallorquinische Kastell ist eine Besonderheit, denn hier werden formale Lösungen gefunden, die eine Synthese unterschiedlicher kultureller Vorbilder anstreben.

Palacio del Infantado, Guadalajara, 1480
Von Juan Guas stammt eine der beeindruckendsten Schöpfungen der gesamten katalanisch-aragonesischen Region: Der Hof von Guadalajara zeigt einen Schmuckreichtum, der sich in Zusammenhang mit ähnlichen Werken des Architekten bringen lässt, etwa mit dem Komplex von San Gregorio in Valladolid.

Palacio de la Generalidad, Barcelona, 1416–1425
Als eines der repräsentativsten Beispiele der katalanisch-aragonesischen Zivilbaukunst präsentiert der »Palau de la Generalitat« einen prächtigen Hof mit Treppen und oberem Patio, der sich durch feine Arkaden auf dünnen Säulchen auszeichnet.

Die Wohnbauten der Vertreter der Feudalmacht 13.–14. Jahrhundert

Befestigte Wohnsitze
Die gotische Architektur erschöpft sich nicht in den sakralen Bauvorhaben. Eine ebenso dynamische Entwicklung ist im Bereich des Festungsbaus und der befestigten Wohnsitze zu beobachten, wie sie angesichts der höchst unsicheren politischen und gesellschaftlichen Verhältnisse von den Herrscherhäusern und Zentren feudalherrschaftlicher Macht gewünscht wurden. Der Gegensatz zwischen einer Bautätigkeit zu Verteidigungszwecken und einer Bautätigkeit zu Wohnzwecken zeigt das spezifische Problem des mittelalterlichen Festungswesens. Einerseits trieb der Wunsch nach Eroberung, nach Befestigung und Ausdehnung der eigenen Macht zur ständigen Verbesserung und Weiterentwicklung der Kriegstechniken und der Verteidigungssysteme, andererseits nötigten Prestige und Stellung zu einer »adäquaten« Lebensführung in repräsentativen Residenzen und Palästen.
In Frankreich und England bestimmten politisch-territoriale Gegebenheiten sehr weitgehend das Siedlungsprogramm: Verteidigungs- und Wohnbedürfnisse gingen im Typ des *donjon* eine Verbindung ein, dem im Laufe des 13. Jahrhunderts neue Elemente, äußere Verteidigungsringe, Barbakane, Bastionen, Türme, Pechnasen, Wehrgänge, hinzugefügt wurden. Die Kosten derart komplexer Verteidigungssysteme konnten nur von großen Adelshäusern, Fürsten und Ritterorden aufgebracht werden, die nicht zufällig die wichtigsten Auftraggeber waren. Parallel dazu entwickelte sich unter dem Impuls der Politik Friedrichs II. im 13. Jahrhundert in Süditalien eine im Wesentlichen auf Wohn- und militärische Zwecke ausgerichtete Bautätigkeit, die die symbolische Präsenz des Herrschers im Territorium bestätigen und ein Netz von Siedlungen zu Verteidigungs- und Überwachungszwecken knüpfen sollte; diese Siedlungen waren programmatisch konzipiert als Botschaften von kaiserlicher Macht und Großartigkeit. Die Modelle erinnern im Allgemeinen an orientalische, byzantinische und arabische Beispiele, sie gehören formal noch ganz der romanischen Bautradition an. Immerhin treten mit den zwanziger Jahren des 13. Jahrhunderts, dank der Tätigkeit von Zisterzienserbauleuten, vielleicht vermittelt durch die Architektur der Ritterorden, gotische Formen dekorativer und konstruktiver Details hinzu. Eine weitere Komponente der friderizianischen Formensprache ist ein gewisser »Klassizismus«, der Einsatz von römischen Mauertechniken (Bossenmauerwerk, *opus reticulatum*), das Sammeln und die Wiederverwendung antiken Materials.

Castel del Monte, 1240
Die außergewöhnliche Anlage von Castel del Monte ist Synthese der vielfältigen Erfahrungen einer die Zeit des Stauferkaisers Friedrich II. kennzeichnenden künstlerischen Kultur, der sie mit ihrer klaren Stereometrie begegnet. Castel del Monte, unterschiedlich interpretiert als Militärbau, Jagdresidenz oder astronomisches Observatorium, präsentiert sich als regelmäßiges Oktogon, das sich in zwei übereinander liegenden Ebenen entwickelt; deren jede besteht aus acht gleichen Raumeinheiten mit oktogonalen Türmen, eine Überführung der Zisterziensergotik in höfische, klassische Wehrbauformen. Hier wird der Wunsch erkennbar, ein Ideal der Vollkommenheit und abstrakten Schönheit zu erreichen und damit das Kaisertum in seiner ganzen Größe zu vermitteln.

Coucy, 1220
Obwohl in struktureller Hinsicht noch im Wesentlichen eine Verteidigungsanlage, zeigt der *donjon* von Coucy als eines der ersten Beispiele seiner Art auf französischem Boden auch schon das Streben nach Prachtentfaltung und eigener künstlerischer Gestaltung.

Harlech, 1283
Die Form des Kastells mit Hof und an vier Seiten in regelmäßigen Abständen vorspringenden Verteidigungstürmen taucht im Lauf des 13. Jahrhunderts in vielen Gebieten Europas auf, vor allem in England bei den von Edward I. im Zusammenhang mit seinem walisischen Eroberungsfeldzug errichteten Forts. Harlech Castle gehört zu den am besten erhaltenen Beispielen.

Der Papstpalast in Avignon

1334–1352

Unter den Residenzen des 14. Jahrhunderts tauchen bereits Gebäude auf, bei denen die Verteidigungsfunktion allmählich nur noch eine sekundäre Rolle spielt. Das bedeutendste dieser Beispiele in Frankreich ist der Palast in Avignon, ein in Größe und Komplexität außergewöhnliches Gebäude, das auf felsigem Untergrund in dezentraler Lage, aber in Nachbarschaft der Kathedrale errichtet wurde. Die erste päpstliche Residenz, der von Benedikt XII. in Auftrag gegebene und von Pierre Poisson entworfene alte Palast, war das Spiegelbild eines strengen befestigten Klosters mit Türmen und hohen Umfassungsmauern. Sie enthielt auf der einen Seite die Appartements des Papstes, auf der anderen Seite, um einen Kreuzgang angeordnet, die Kapelle sowie die Baulichkeiten für den päpstlichen Hofstaat und das Konklave. Der neue Palast, dessen Bau von Clemens VI. (1342–1352) vorangetrieben wurde und der an den alten Palast anschließt, ist von völlig anderer Art. Entworfen von Jean de Louvres, ist er durch ein prunkvolles Interieur charakterisiert, das wie eine prächtige Hofhaltung mit Salons, Treppen und Vorsälen ausgestattet ist, alle mit sehr fein gearbeiteten Konsolen, Portalen und Fenstern. Dieser Palast besteht aus einer endlosen Folge von rund um den Ehrenhof angeordneten Versammlungsräumen, Kapellen und Appartements. Die kompositorische Neuerung ist der Südflügel, der aus zwei prächtigen übereinander liegenden Bereichen besteht, dem großen Audienzsaal und der Cappella Clementina, dem Ort der Papstkrönung und der Offizien. Besonders interessant sind die Lösungen für Räume mit technischen und dienenden Funktionen, vor allem die großen Küchenbereiche und zugehörigen Lagerräume sowie die hygienischen und sanitären Systeme und Räumlichkeiten. Signifikante stilistische Details wie das Profil der Bündelpfeiler, die reichen Rippengewölbe, der betonte Dekor und die raffinierten Kapitelle und Konsolen zeigen die spätgotische Prägung im Gegensatz zur Kargheit und Einfachheit der zisterziensischen Bauten Benedikts.

In den zeitgenössischen Berichten als »der schönste und bestbefestigte Wohnsitz der Welt« bezeichnet, ist der Papstpalast das Inbild des Prunks und der kulturellen Ausstrahlung des päpstlichen Hofs.

Der Große Audienzsaal, in dem die Mitglieder der Sacra Rota empfangen wurden, ist das Hauptwerk des päpstlichen Architekten Jean de Louvres. Von beträchtlichen Dimensionen – 52 m Länge, 16,80 m Breite und 11 m Höhe –, wird er von Bündelpfeilern, die ein spitzbogiges Kreuzrippengewölbe tragen, in zwei Schiffe unterteilt. An den Wänden sitzen die Gewölberippen auf kunstvoll mit Darstellungen aus einem fantastischen Bestiarium verzierten Konsolen auf. Im Inneren des Papstpalastes kam die Malerschule von Avignon zur Blüte, in deren Werken sich der feine Sieneser Realismus und der Chromatismus des Matteo Giovannetti mit der zeichnerischen Eleganz der französischen Malerei der Zeit verband – der Beginn der künstlerischen Expansion Italiens in das Frankreich des Trecento. Während in der Anlage und in der inneren Aufteilung des Palastes deutlich das Interesse an einem höheren Lebensstandard zu erkennen ist – ein Anzeichen der neuen gesellschaftlichen Realität und Lebenspraxis der spätgotischen Kultur –, kommt dieses Interesse am Außenbau in den Mauern mit hohen Spitzbogenblenden, in den Türmchen mit betonten, in einer Fiale endenden Rippen, in den vorspringenden Elementen und in den Zinnen zum Ausdruck. Insgesamt bildet der über eine Brücke mit dem städtischen Gefüge verbundene Palast einen architektonischen Mikrokosmos, ausgedehnt auf die Größe eines Stadtviertels.

MERVEILLES
D'OR & DE SOIE
EXPOSITION

Der isabellinische Stil in Spanien

ca. 1400–1550

Ein Jahrhundert der Kathedralen

Im iberischen Raum entstand im 15. und 16. Jahrhundert eine vielfältige Architektur, reich an Möglichkeiten, als Widerhall von Gegebenheiten, die im gesamten Mittelmeerraum zu gravierenden Veränderungen führten. Dazu zählten die Vereinigung der beiden Reiche Kastilien und Aragon, daraus folgend die Entstehung eines riesigen, einflussreichen politisch-territorialen Gebildes, die spürbare Beschleunigung des schon seit Jahrhunderten virulenten Prozesses der Reconquista, die Erweiterung der Handelswege und die geografischen Erkundungen, die am Ende des Jahrhunderts zur Entdeckung Amerikas führten.
In diesem Klima kam es zu einem Prozess der spürbaren Erneuerung der Architektur, entstanden bedeutende Werke, die, obwohl der europäischen Spätgotik verhaftet, sich doch durch Elemente der lokalen Tradition auszeichnen. Beispiele sind die zahlreichen Kathedralen, die im Verlauf des 15. Jahrhunderts und darüber hinaus in den Städten Spaniens errichtet wurden. Sie zeigen die Tendenz, Themen und Lösungen zu wiederholen; das geschieht auf zweierlei Weise: Eine Gruppe verwendet weiterhin die aus ihrem Kontext gerissenen *mudéjar*-Elemente, die andere arbeitet mit Formelementen französischer und englischer Herkunft. Beiden gemeinsam ist allerdings das charakteristische sehr große Presbyterium, *coro* genannt, das dem Rest des Kirchenraums »abgewonnen« wird durch die Einfügung von Schranken und Trennwänden, die die Einheit des Kirchenschiffes optisch und liturgisch aufbrechen – und in einem allgemeineren Sinn eine Wahrnehmung des Raums in Fragmenten nahe legen; im Inneren des Presbyteriums steht der Hauptaltar mit prunkvollen Retabeln. Gegen Ende des 15. Jahrhunderts schält sich eine weitere Richtung heraus, der »isabellinische Stil«; er nimmt, betrachtet als eine extreme Variante des Spätgotischen, die Themen des Flamboyantstils auf und bringt sie mit *mudéjar*-Elementen und Renaissance-Ideen zusammen: ein höfisches, prunkvolles Produkt, das sich in einer reichen Sprache ausdrückt; Hauptvertreter sind die Colonia, Juan Guas, Enrico Egas und Gil Siloe. Das heißt also, die spanische Architektur des 15. und 16. Jahrhunderts nimmt eine Vielzahl formensprachlicher Komponenten auf, die ihrerseits unterschiedlichen kulturellen Hintergründen entstammen. Ein wichtiges, in formaler Hinsicht sehr anregendes Thema ist die heraldische Darstellung – das Wappen der katholischen Könige als Zeichen des politisch-religiösen Charakters ihrer kulturellen Vorlieben gehört dazu –, deren Elemente sich mit dem diffusen dekorativen Repertoire der internationalen Spätgotik, insbesondere mit dem Flamboyant-Stil mischen und so ganz besonders ansprechende Lösungen entstehen lassen.

Neue Kathedrale, Salamanca, ab 1513
Eine höchst wichtige Episode der spanischen Architektur war der Bau der neuen Kathedrale von Salamanca. Juan Gil de Hontañón verwandelte das alte, mittlerweile zu klein gewordene und für die Stadt nicht mehr repräsentative Gebäude in ein typisch spätgotisches Bauwerk und ein signifikantes Beispiel der »hispano-flamenco«-Version, die den kalligrafischen Charakter betont.

Casa de las Conchas, Salamanca, ab 1493
In Salamanca verbreitete sich im Laufe des 15. Jahrhunderts der Platereskenstil, eine Mischung aus spätgotischen Elementen, klassizistischen Themen und der Natur entlehnten Motiven. Die Casa de las Conchas mit ihrer ungewöhnlichen Fassadengestaltung ist eines der gelungensten Beispiele dieses Stils. Die spanische Tendenz zum Dekorativen lässt sich vielleicht in einen Zusammenhang mit der fast gleichzeitig in Italien zu beobachtenden Freude an »naturalistischen« Schmuckformen bringen, also an den künstlichen Felsen und Grotten, Dekoren mit Inkrustationen von echten Muscheln, Kieselsteinen und anderem.

Juan Guas, San Juan de los Reyes, Toledo, ca. 1479–1480
Die Franziskanerkirche San Juan de los Reyes, ein für den isabellinischen Stil ganz typisches Bauwerk, erinnert an den Sieg der katholischen Könige, sie wurde im Jahre 1476 zum königlichen Mausoleum. Den an die Kirche anschließenden großen Kreuzgang kennzeichnen der reiche Dekor an seinen Stützen und Strebepfeilern und die vielfach in sich gebrochenen Bögen der oberen Loggia.

Kathedrale, Burgos, Cimborio der Capilla del Conestabile, 1492 1532
Die Capilla del Conestabile ist eine regelrechte Adelskapelle mit einem Laternenaufsatz, dem sogenannten *cimborio*. Die logische Struktur des Bauwerks bestimmen die dekorativen Elemente, die Friese, die Bögen mit der in einer Gegenbewegung endenden Spitze, die polyzentrischen oder abgeflachten Bögen. Diese Art Architektur hat ihre Wurzeln in der gewachsenen künstlerischen Tradition des *mudéjar*: der *cimborio* ist das Element, in dem die verschiedenen Quellen der Gestaltung eine optimale Verbindung eingehen – die geometrischen Linien, die lokalen Details, darunter vor allem die arabischen Themen der Überkreuzung der Bögen, die das Sterngewölbe bilden.

Die Kathedrale von Sevilla

1401–1519

Die Kathedrale von Sevilla ist das bedeutendste jener Bauwerke, die französische und englische Einflüsse verarbeiten. Ab 1401 auf den Überresten der Großen Moschee errichtet, bewahrt sie von diesem Vorgängerbau nur den großen Minarett-Turm; er wurde zu einem Glockenturm umgestaltet, »Giralda« genannt wegen der aus der Renaissance stammenden, im Wind beweglichen Struktur, die seinen oberen Abschluss bildet. An der Errichtung der Kathedrale, die mehr als hundert Jahre in Anspruch nahm, waren viele einheimische und auswärtige Baumeister beteiligt, darunter der Flame Ysambert und der Franzose Carlín; viele auswärtige Künstler schufen die Glasfenster, die Skulpturen, die Architektur- und Dekorelemente. Die Kathedrale hat fünf Schiffe mit Kapellen zwischen den Strebepfeilern und ein nur wenig vorspringendes Querhaus, das nur im Aufriss erkennbar ist. Das Grundrissschema besteht im Wesentlichen aus einem Rechteck, möglicherweise von älteren, heute nicht mehr existenten Kirchenbauten in Sevilla übernommen. In den Aufrissen zeigen sich ein klarer Aufbau des Ganzen und eine harmonische Abstufung der Teile, ausgehend von den Dächern der Schiffe. Den Innenraum belichten große Fenster, die sich von der französischen Rayonnantarchitektur herleiten, dabei aber auch Flamboyantelemente aufweisen; sie rufen den Eindruck einer kontinuierlichen Erweiterung des Raums hervor.

Das System der nur wenig geneigten Strebebögen am Außenbau trägt zur weiteren Abstufung der Hierarchie der Volumina bei, indem es diese miteinander verbindet, während ein ganzer Wald von Fialen auf sämtliche vertikalen Elemente der Strebesysteme verweist.

In der Kathedrale von Sevilla, einem eindeutig politischen und religiösen Monument, wird die Absicht deutlich, alle Vorgängerbauten in den Dimensionen und der Dekorfülle zu übertreffen; dies erklärt sich aus der herausgehobenen gesellschaftlichen Stellung der Auftraggeber, die die Gelegenheit zu Vergleich und Wettbewerb mit der internationalen Baukultur nutzten, was auch für die Kathedrale im Mailand der Visconti und der Sforza aus der gleichen Zeit gilt.

In der dem Kapitel und dem Altar vorbehaltenen Zone der Kreuzung von Schiff und Querhaus wird das ohnehin schon sehr kunstvolle Gewölbe, ein Werk des Juan Gil de Hontañón, noch bereichert und kompliziert dadurch, dass die Rippen, bereits mit einem Spitzenmuster versehen, auch noch fein ausgeführte durchbrochene Partien und Schlusssteine an ihren Hauptkreuzungspunkten erhielten.

Portugal:
Die manuelinische Architektur
15.–16. Jahrhundert

Die Ausdehnung des Herrschaftsbereichs
Bis über die Mitte des 15. Jahrhunderts hinaus hielt sich in Portugal eine der europäischen Spätgotik entsprechende Bautradition, die in ihren Techniken und in ihren gestalterischen Mitteln im Wesentlichen auf dem Einsatz des Spitzbogens und des spitzbogigen Gewölbes mit gelegentlich archaisierenden Anklängen basierte. Am Ende des 15. Jahrhunderts setzte mit der Thronbesteigung Manuels I. (des Glücklichen, 1495 bis 1521) eine Zeit der Blüte und der Ausdehnung des Reichs ein, in der neue Ansiedlungen im Fernen Osten und auf dem amerikanischen Kontinent entstanden. In dieser Zeit bildeten sich auch die Charakteristika einer neuen Phase der portugiesischen Architektur heraus, bekannt als manuelinischer oder auch Emanuel-Stil; er wirkte mit diversen Schöpfungen auch in außereuropäische Regionen hinein und zeichnete sich im Unterschied zu anderen Teilen der iberischen Halbinsel gerade durch das Fehlen jedes gestalterischen oder morphologischen Bezugs zum *mudéjar*-Stil aus. Im 15./16. Jahrhundert kamen ganz neue Formen und Themen auf, zunehmend stark beeinflusst von naturalistischen Bildern oder solchen aus der Seefahrt, etwa Knoten oder Taue. Es sind Elemente, die auf das europäische und das überseeische Portugal verweisen, weil sie auf die Entwicklung der Seefahrt, auf die geografischen Entdeckungen der Portugiesen und den wirtschaftlichen Aufschwung anspielen, den Seefahrt und Entdeckungen zugleich bedingen und beantworten. Der manuelinische Stil gilt mit seinem Eklektizismus als eine Phase des Übergangs zur schließlich auf portugiesischem Boden durchaus verbreiteten Kultur der Renaissance, von der anfangs nur einzelne formale Anregungen überhaupt rezipiert und übernommen wurden; er verdankt sich der Vermischung und Verbindung innovativer und traditioneller Elemente und ist charakterisiert durch das faszinierende Schweifenlassen der Phantasie, wenn es darum geht, neue Themen und Symbole ausfindig zu machen.

Hieronymiten-Kloster, Belém, 1502–1572
Der große Komplex wurde auf Betreiben König Manuels unweit von Lissabon an der Tajo-Mündung errichtet; er war zunächst Boytac, später João de Castilho und dann Diego de Torralba anvertraut. Castilho und Torralba ist ein entscheidender Wandel der architektonischen Formensprache im Portugal des 16. Jahrhunderts zu verdanken: Sie führten eine Reihe von Renaissanceelementen und -themen ein, die auch hier die Wendung zur mittlerweile in ganz Europa verbreiteten »klassischen« Kultur markierten. Der Klosterkomplex als solcher ist innovativ; das Gleiche gilt für die architektonischen Formelemente, von den Rahmungen und dem im Flachrelief gehaltenen Dekor, der an die Tradition des Platereskenstils erinnert, bis hin zu den vielen vegetabilischen Elementen, Früchten einer beharrlichen Suche nach Motiven aus Natur und Seefahrt. Das exakte Quadrat des Kreuzgangs, an den Ecken durch Bögen im Winkel von 45 Grad abgeschrägt, um das strenge Schema aufzulockern und die Eckpfeiler zu verbergen, gliedert sich in zwei Loggiengeschosse mit durchaus individuellen Zügen.

Hafenturm, Belém, 1510–1520
Der unmittelbar am Meer errichtete Turm ist in zwei Teile gegliedert, einen niedrigen Baukörper mit einer Terrasse und einen hohen, den eigentlichen Turm, der auf mehr als nur ein Vorbild zurückgeht. Hier tauchen sowohl typisch militärarchitektonische Lösungen, vorspringende Ecktürme, Schießscharten, zinnenbewehrte Wehrgänge, als auch dekorative Themen, die die neuen formalen Anliegen im Europa des 16. Jahrhunderts aufnehmen, wie die kleinen Kuppeln und die Wappenschilde, und schließlich auch Themen der iberischen Tradition auf.

gegenüberliegende Seite, unten
Convento da Ordem de Cristo, Tomar, Detail, 1510–1515
Das Templerkloster, nach den in Frankreich erlittenen Verfolgungen des Jahres 1312 in Portugal errichtet, wurde zu Beginn des 16. Jahrhunderts umgestaltet. Es erhielt einen westlichen Anbau mit dem Kapitelsaal und der darüber liegenden Rittergalerie, die den Zugang in die Kirche gewährt. Das Eingangsportal an der Südseite wird João de Castilho zugeschrieben, der in der ihm eigenen Weise die für die Spätgotik typischen verdrehten und rotierenden Formen mit Renaissanceelementen kombiniert. Auch die Fenster, an denen die typischen Seilformen auftauchen, sind reich dekoriert.

Die internationale Spätgotik
15. – 16. Jahrhundert

Herbst des Mittelalters

Das Ende des Mittelalters zog sich in manchen Gegenden Europas nicht nur bis ins 15., sondern sogar noch in die ersten Jahrzehnte des 16. Jahrhunderts hin, in eine Zeit, in der sich in Italien bereits die Renaissance durchgesetzt hatte. Ungeachtet der schweren wirtschaftlichen Krise und der allgemeinen Instabilität in England suchten Edward IV. und Richard III. aus dem Hause York mit ihrer Baupolitik ein verfeinertes Bild ihrer Herrschaft zu präsentieren. Im ganzen 16. Jahrhundert betont die englische Architektur also das traditionelle Interesse an den dekorativen Komponenten, wie sie es schon seit der Frühgotik eigenständig entwickelt hatte, mit innovativen Lösungen und unter formaler und funktionaler Berücksichtigung unterschiedlicher Riten. Das Königshaus der York wartet mit Bauprogrammen auf, die nicht nur prunkvoll sind, sondern sich auch durch die systematische Einführung heraldischer Themen auszeichnen. Zentral für die englische Spätgotik ist die grundsätzliche Verwendung des Fächergewölbes, das nun in der Kombination mit frei hängenden Elementen der Wölbung noch raffiniertere Ausprägungen erfährt und Raumeindrücke entstehen lässt, die an ganze Bündel von Ästen oder an Grotten mit Stalaktiten denken lassen.

In Deutschland ist das interessanteste architektonische Thema – es muss mit dem »eckigen« Stil zusammengesehen werden – dasjenige der Decke aus verputzten Zellen, wobei die Gewölbekappen zwischen scharfen Kanten tief gehöhlt wurden. Solche Zellengewölbe waren in Norddeutschland und in Böhmen sehr verbreitet. In der spätgotischen Architektur des Reichs wird hier ein neues Kapitel aufgeschlagen von Benedikt Ried, dem Architekten, der wie kein anderer die statischen, räumlichen und dekorativen Möglichkeiten umsetzen kann, die in der Kunst der Parler liegen.

In Italien wiederum bezieht sich die Identitätssuche auf einen übergreifenden und überhistorischen Horizont, denn man besinnt sich auf das Formen- und Gedankengut der Antike. Die Suche mündet in der Renaissance – mit jener eindeutigen Einstellung, die zur negativen Bewertung des Gotischen führt.

Benedikt Ried, der Wladislawsaal der Prager Burg, ca. 1483 – 1490
Der größte stützenlose Saalraum Zentraleuropas aus dieser Zeit hat ein Deckengewölbe, das sich von Wand zu Wand erstreckt: eine Raumschöpfung, die noch kunstvoller wird durch die fließenden, in sich verschlungenen Rippen. Die gewundenen Linien verbergen die exakte geometrische Konstruktion der Oberflächen, so ist es unmöglich, die strukturelle oder auch nur grafisch-dekorative Rolle zu benennen, die sie in dieser Architektur insgesamt spielen.

gegenüberliegende Seite
Westminster Abbey, London, Kapelle Heinrichs VII., 1502–1512
Von Robert und William Vertue stammt ein einzigartiges Tonnengewölbe mit Abhänglingen, das an das Thema des Fächergewölbes erinnert, wobei das höchst individuelle Spiel der Kurven und Gegenkurven dem Ganzen einen im Wesentlichen dekorativen Wert verleiht und den Eindruck erweckt, als sei die statische Bedeutung der einzelnen Bauglieder so gut wie völlig verloren gegangen. Allerdings vermag das Licht, das reichlich durch die großen Fenster hereindringt und dem Ganzen eine einheitliche architektonische Qualität verleiht, den reichen, vielschichtigen Dekor zusammenzufassen, der den symbolischen und repräsentativen Erfordernissen des höfischen Zeremoniells auf vollkommene Weise entspricht.

Albrechtsburg, Meißen, ab 1471
Die Torsion der Wendeltreppe der Albrechtsburg teilt sich allen architektonischen Elementen mit: Nahezu entkernte Pilaster, deren kantige Segmente sich in der Masse des Gewölbes verlieren. Verstärkt wird die Wirkung einer an Schöpfungen der Holzbildhauerei erinnernden Architektur durch die Gestaltung der Gewölbe: profilierte Rippen und scharfkantige Faltung der Teile, die im Verputz stehen geblieben sind. Angesichts der Dynamik und der drängenden Qualitäten fantastischer Gebilde, wie sie in dieser Weise bisher noch nie aus geometrischen Körpern zusammengestellt wurden, ergeben sich überraschende Raumeindrücke.

King's College Chapel in Cambridge

1446–1515

Neben den bewundernswerten Entwicklungen auf dem Gebiet der Sakralbaukunst erlebt auch die profane Architektur im 15. und 16. Jahrhundert eine große und nicht weniger spektakuläre Blüte. Das Interesse des englischen Königshauses an den Städten Cambridge und Oxford, in denen sich die wichtigsten Universitäten etabliert hatten, sorgte dafür, dass sich die Aufmerksamkeit verstärkt auf die Errichtung universitärer Infrastrukturen und der damit zusammenhängenden Colleges richtete.

Das anspruchsvolle, großartige Bauvorhaben einer Kapelle für das King's College in Cambridge wurde 1446 von Reginald Ely begonnen und erst zwischen 1508 und 1515 von John Wastell zu Ende geführt. Die Kapelle kann als die Quintessenz des Perpendicular Style angesehen werden. In ihrer Anlage folgt sie analogen technischen und formalen Lösungen, wie sie in der Sakralbaukunst bereits im Gang waren: Die hohen Wände sind vollständig durch große Glasflächen ersetzt, und das Mauerwerk des Sockels verschwindet unter einer luftigen gitterartigen Verkleidung. Die Vertikalität des Gebäudes wird durch dünne Dienste unterstrichen, die den Blick in Richtung des Gewölbes ziehen. Dieses, zu Beginn des 16. Jahrhunderts entstanden, ist mit der sehr englischen Lösung dicht aufeinander folgender Fächer ein Meisterwerk der Gewölbekunst. Dieser Typus, schon in den sechziger Jahren des 14. Jahrhunderts im Kreuzgang von Gloucester erprobt und von diesem Zeitpunkt an in klein dimensionierten Räumen angewandt, findet hier in einem Gewebe, dessen feine Maschen deutlich zu erkennen sind, zum Höhepunkt seiner technisch-formalen Ausdruckskraft. Damit erstreckt sich an einem Ort, der in Europa nicht seinesgleichen hat, die Perforierung der Fenster auch auf die Oberflächen der Einwölbung. Ein Meisterwerk, nicht nur aufgrund seiner formalen Qualitäten, sondern auch in technischer Hinsicht: Das Fächergewölbe von Cambridge setzt sich nicht in der herkömmlichen Weise aus separaten Rippen und Kappen zusammen, sondern aus Steinplatten von erheblichem Gewicht.

Der Außenbau der Kapelle folgt einem einfachen rechteckigen Grundriss und setzt sich aus klaren Körpern zusammen. Ein lang gestreckter Quader, als Typus an das Kastell erinnernd, geht über die funktionalen Erfordernisse des Gebäudes hinaus. Die beiden Ecktürme, analog den Türmen englischer Kastelle, schließen eine eindrucksvolle Fassade ein, die wie üblich von einem riesigen Fenster durchbrochen ist. Die Flanken werden von einer dichten Folge von Strebepfeilern bestimmt, die die großen Fensteröffnungen erst möglich machen.

Florenz

Das Wort *rinascita*, Wiedergeburt, das schon die Gelehrten des 15. und 16. Jahrhunderts verwendeten, impliziert einerseits die Vorstellung einer langen Phase des Niedergangs seit dem Ende der antiken Welt, andererseits das Wissen, in einer außerordentlich wichtigen und schöpferischen Zeit zu leben, deren unangefochtener Protagonist die Stadt Florenz war. Die künstlerische Blüte des frühen Quattrocento scheint eng an das politische Ideal der Stadt gebunden und hat ihre Prämissen in dem Bestreben, die Antike zu neuem Leben zu erwecken und es ihr an Großartigkeit gleichzutun. Die Beschäftigung mit der Antike ist also nicht nur ein gelehrtes Unterfangen, sondern auch ein moralisches Gebot: die Antike nicht als zu imitierendes Vorbild, sondern als Anreiz, der »Tugend« der Alten nachzueifern, Anreiz für etwas, das in der aktuellen historischen Realität zu verwirklichen ist, in der der Künstler sich bewusst als *artifex* sieht, als Instrument einer unvoreingenommenen Betrachtung der Wirklichkeit, die eine nüchtern »laizistische« Auslegung des Sakralen einschließt. Das Studium Vitruvs und seines Traktats findet programmatische Form in verschiedenen Bauwerken, und die spezielle Verbindung zwischen den Welten der schreibenden und bildenden Künstler zeigt den Willen, die Künste von ihrer »mechanischen« Natur zu befreien und in den Rang der liberales zu erheben. Die Wiedergewinnung des »Klassischen«, sei es als Norm von Harmonie und Proportion, sei es als Wiederaufgreifen klassischer Details, wird entscheidend für den Fortgang der neuen Architektur. Die Erinnerung an die Antike reicht allerdings nicht aus, um den neuen Kurs abzustecken. Erst die Kodifizierung der Linearperspektive, verstanden als mathematisches Instrument zur Darstellung des Raums, wird zum Mittel der direkten Aneignung der Realität, sie gewinnt normativen Wert, als Leon Battista Alberti in seinem Traktat *De pictura* (1436) die korrekte perspektivische Konstruktion als wissenschaftliches und theoretisches Fundament künstlerischen Wirkens bestimmt.

Filippo Brunelleschi, Pazzi-Kapelle an Santa Croce, Florenz, 1430–ca. 1444
In der Pazzi-Kapelle, einer lichten Meditation über den Zentralgrundriss, erfährt die Rolle des geometrischen Moduls, eines kubischen überkuppelten Raums, seitlich um zwei tonnengewölbte Flügel erweitert, eine Betonung durch Gesimse, durch einen horizontalen Fries und durch Lisenen aus *pietra serena*, die auf dem hell verputzten Grund die Schnittstellen der Ebenen und die perspektivische Projektion der regelmäßigen geometrischen Körper markieren, die diesen Raum bilden.

Giuliano da Sangallo, Villa Medici, Poggio a Caiano, nach 1480
Die Wiederbelebung des klassischen Ideals der Beziehung zwischen Menschen und Natur war ausschlaggebend für eine neue Art des Landlebens der gebildeten Aristokratie. In Poggio a Caiano schuf Giuliano da Sangallo den neuen Typ der Renaissancevilla. Mit der programmatischen Verwendung von Elementen der klassischen Architektur und mit den strukturellen und planimetrischen Lösungen nimmt er die Entwicklung der cinquecentesken Villa und insbesondere – siebzig Jahre vor Palladio – die Adaption der klassischen Tempelfassade für ein profanes Gebäude voraus.

Michelozzo, Bibliothek des Klosters San Marco, Florenz, 1442–1444
In die Konstruktion des Dominikanerklosters San Marco in Florenz fließen Elemente der neuen humanistischen Orientierung ein, mit denen Michelozzo den traditionellen Formen der monastischen Architektur Würde verleiht. In der Bibliothek, Vorbild für viele spätere Bibliotheksbauten, gelingt dem Architekten ein vollkommenes Gleichgewicht, mit harmonischen Proportionen und klaren Strukturen, deren Einfachheit durch den nackten Putz unterstrichen und durch die bescheiden vorgetragenen klassischen Zitate sowie die dekorativen Elemente veredelt wird.

Filippo Brunelleschi, Kuppel von Santa Maria del Fiore, Florenz

1418–1438

1435 widmet Leon Battista Alberti die italienische Version seines Traktats *De pictura* dem »Pippo architetto« und spricht von dem »so großen Bauwerk«, das, noch über die Himmel hinausragend, »seinen Schatten über alle toskanischen Völker breiten« könne. Dieser Passus ist die erste begeisterte Erwähnung der Kuppel von Santa Maria del Fiore, die Filippo Brunelleschi als abschließende Aufgabe der mehr als hundert Jahre zuvor eingerichteten Dombaustelle entwarf. Die Kuppel, die sich über dem im 14. Jahrhundert von Arnolfo di Cambio erbauten Tambour erheben sollte, ist ein überzeugendes Beispiel der technischen Genialität dieses Architekten. Die großen demografischen und ökonomischen Krisen des 14. Jahrhunderts hatten die spezialisierten Bauleute in alle Winde zerstreut, und es gab keine Zimmerleute mehr, die jene hölzernen Gerüste errichten konnten, die allein imstande gewesen wären, eine so große Kuppel während der Bauarbeiten zu tragen. Allerdings hatte Brunelleschi sich eingehend mit der Kuppel des römischen Pantheons beschäftigt, deren Dimensionen nahezu die gleichen waren wie die der für Florenz bestimmten Kuppel; die Analyse legte es nahe, dass man die Florentiner Kuppel aufrichten konnte, ohne Lehrbögen einzusetzen. Anstatt also auf die mittelalterlichen Techniken zurückzugreifen, erdachte der Architekt eine Lösung, die auf seine Beschäftigung mit antiken Bauwerken zurückging: eine Kuppel, errichtet mit Hilfe von fliegenden Gerüsten. Darüber hinaus wandte er eine besondere Technik der Anordnung der Steine an, die im Fischgrätmuster den Wänden Solidität geben, ohne sie zu belasten, und es ermöglichen, die Lasten auszugleichen, ohne dass weitere Stützen nötig sind. Dieser Notwendigkeit der »Eigenstützung« entspricht auch die doppelte Kalotte, deren Aufgabe es ist, die enormen Schubkräfte um die Hälfte zu verringern. Damit sind alle Kräfte, alle Probleme der Verteilung der Gewichte und der Lasten des enormen Bauwerks in seinem Inneren gelöst, exakt so wie in den antiken Gebäuden und vor allem im Pantheon. Dennoch handelt es sich hier weder um eine wörtliche Imitation der antiken Formen noch – soweit es die Übernahme des gotischen Spitzbogens und der Rippen angeht – um Ehrfurcht vor den von Arnolfo gewählten Formen.

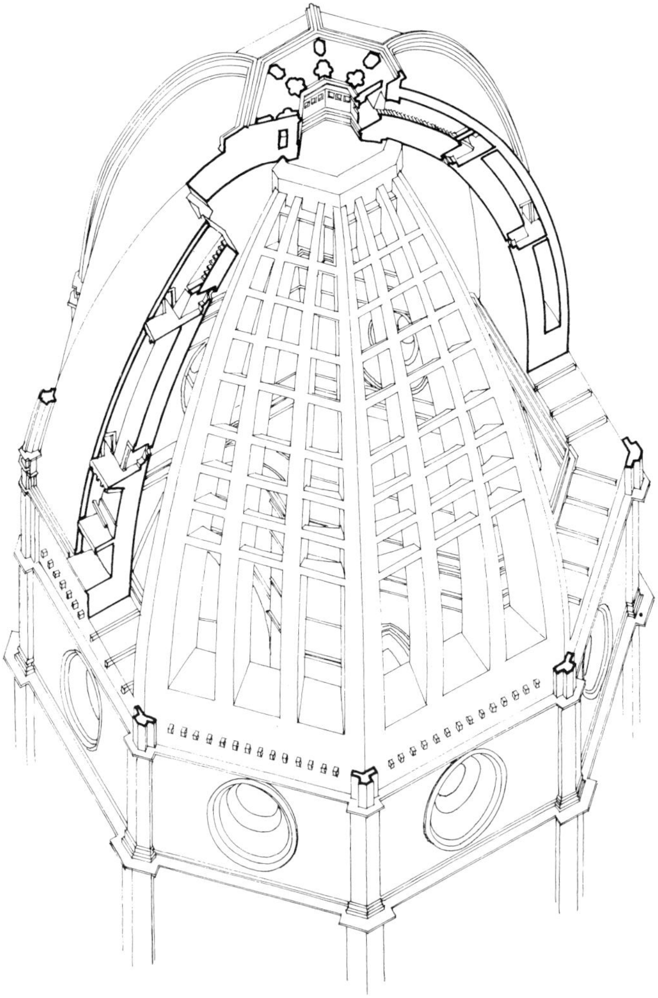

Brunelleschi erfand nicht nur eine Form, mit der sich ein in einer anderen Epoche konzipiertes Bauwerk vollenden ließ; er bewirkte auch eine tief greifende Veränderung der räumlichen Werte: die roten ziegelsteinernen Kugelsegmente, eingespannt zwischen die oben zusammenlaufenden Marmorrippen, erscheinen wie gebläht. Die Kuppel scheint nicht auf dem darunter liegenden Mauerwerk zu lasten; sie wird zum koordinierenden Element der Volumina des Baus wie auch des städtischen Raums, Symbol des Bürgerstolzes, aber auch des neuen Selbstverständnisses der Stadt Florenz als Kapitale eines größeren Territoriums. Kernpunkt des gesamten Systems von Bauteilen und proportionalen Beziehungen ist die prächtige Laterne, die, konzipiert wie ein achteckiger Tempietto, das Licht ins Innere leitet, die Spannung der Rippen sammelt und abschließt, Fluchtpunkt aller Sichtlinien des Gebäudes und der Stadt.

Filippo Brunelleschi

1377–1446

Architektur als intellektuelle Praxis

Brunelleschis Interesse an der Architektur war von Anfang an geprägt von der Freude am Experiment, diese wiederum genährt von der Beschäftigung mit den Formen und technischen Lösungen der antiken Architektur, die er bei seinen Aufenthalten in Rom studierte, und mit der mittelalterlichen toskanischen Tradition – zugleich auch von theoretischen Überlegungen zur Perspektive. Von Anfang an ist Filippos Bautätigkeit gekennzeichnet von der neuen Rolle des Architekten, der mit seinem Entwurf alle Elemente eines Gebäudes bereitstellt und so die komplexe Organisation der mittelalterlichen Baustelle radikal umkrempelt. Mit ihm entsteht eine neue Architektur, die als intellektuelle Praxis verstanden wird; der Entwurf gilt als eigene, persönliche Leistung. Die Tätigkeit des Architekten besteht im Erdenken architektonischer Formen von harmonischen Proportionen sowohl der einzelnen Elemente, aus denen diese Formen sich zusammensetzen, als auch des Verhältnisses zum Menschen und zum städtischen Umfeld. Die Wiederbelebung der Antike als bestimmend für das »Architektur-Machen« – gleich, ob es sich dabei um die Normen von Harmonie und Proportion handelt oder um die Verwendung »antiker« Details – ist gut belegt in den beiden Florentiner Basiliken San Lorenzo und Santo Spirito, in denen der Architekt sich mit der Problematik der Vitruvschen Säulen- und Architravordnung auseinandersetzt. In gleicher Weise entwirft er seine Kapitelle: er zitiert die berühmtesten der erhaltenen römischen Beispiele, die er möglicherweise bei seinem Aufenthalt in Rom genau aufgezeichnet hat, und bevorzugt die Marmorwände, die schon in der romanischen Baukunst Tusziens anzutreffen sind. Parallel dazu stellt er Überlegungen zum Zentralgrundriss an, den er in programmatischer Form schon in der Alten Sakristei von San Lorenzo, in der Pazzi-Kapelle an Santa Croce und im unausgeführten Entwurf für Santa Maria degli Angeli erprobt hat.

San Lorenzo, Florenz, 1419–1460
Den klaren, einheitlichen Raum von San Lorenzo organisiert Brunelleschi in strenger Anwendung der Gesetze der Geometrie: Ein kalkuliertes Spiel der Proportionen verbindet alle architektonischen Elemente, von der rhythmischen Folge der Arkaden bis zur Abstufung des Lichtes. Die scheinbar abfallende Sequenz der Arkaden, der eine Verkleinerung der Zwischenräume entspricht, erfolgt im Einklang mit den von Alberti verkündeten perspektivischen Grundsätzen der »Sehpyramide«.

Santo Spirito, Florenz, 1436
Verglichen mit San Lorenzo haben wir es in Santo Spirito mit einer stärkeren Akzentuierung der plastischen Werte zu tun. Hier ist der Raum durch ein stringenteres Verhältnis zwischen der Kolonnade und den halbkreisförmigen Kapellen gegliedert, gemäß einem kurvigen Verlauf der Kapellenwände, der den Blick ständig wieder zur zentralen Achse des Hauptschiffs zurückkehren lässt. Das Licht kommt den Intentionen des Architekten insofern entgegen, als es die Zone unter der Kuppel akzentuiert und deren zentrierende Rolle gegenüber den übrigen Partien der Kirche hervorhebt, wenn auch im Kontext eines harmonischen und einheitlichen Raums.

gegenüberliegende Seite
Spedale degli Innocenti, Florenz, Portikus, 1419–1439
Das Verhältnis zwischen Gebäude und städtischem Raum wird von Brunelleschi mit exemplarischer Klarheit im Portikus des Spedale degli Innocenti, des Findelhauses von Florenz, bedacht und umgesetzt; er ist als verbindendes Element zwischen dem eigentlichen Gebäude und der Piazza konzipiert. Die antike Tradition der von Portiken umgebenen Plätze und die mittelalterliche Tradition der Loggien finden sich hier in der Sequenz der neun luftigen Bögen, die mit geometrischer Klarheit in die Fassade geschnitten sind und Zugang zu ebenso vielen kubischen Jochen mit Kreuzrippengewölben gewähren.

Leon Battista Alberti

1406–1472

Ein Humanist und Verehrer der Antike

Geboren und aufgewachsen im Norden Italiens, hat Leon Battista Alberti eine ganz andere Prägung erfahren als Brunelleschi. Alberti kam erst 1428 nach Florenz, wohin ihm sein Ruf als Humanist vorauseilte, und schloss dort Freundschaft mit Brunelleschi, Donatello und Masaccio. Von Anfang an hatten die Lektüre Vitruvs und die Ruinen des antiken Roms, die er mit eigenen Augen gesehen hatte, sein Interesse an der Architektur gefördert. Von 1450 an war Alberti mit der Niederschrift seines Werkes *De re aedificatoria* befasst, das nach dem Vorbild des Vitruvschen Textes, als dessen moderne Interpretation es gelten kann, ganz der Architektur gewidmet ist. In diesem Werk bekräftigt er entschieden die neue Würde des Bauens als einer in den Rang der freien Künste erhobenen Tätigkeit und etabliert ein neues theoretisch-historisches Kunstverständnis. Von nun an müssen alle seine Gebäude die Grundsätze der klassischen Architektur mit den Erkenntnissen aus dem direkten Studium der römischen Ruinen versöhnen – letztere stimmen häufig keineswegs mit diesen Grundsätzen überein –, und dieser Synthese bedient er sich, um der Baukunst der Renaissance ganz neue Formen zu geben. Vor allem macht er sich die Vitruvsche Proportionslehre zu eigen: Ein Bauwerk muss auf Symmetrie beruhen, und es muss messbar im Sinne der unmittelbaren Wahrnehmung seines einheitlichen Grundmaßes, eines Moduls, sein, nach dem sich die Teile in Übereinstimmung mit dem Gesamtbild zusammenfügen.

Palazzo Ruccelai, Florenz, Fassade, 1446–1451
Der neue Typ des herrschaftlichen Wohnbaus, wie er sich in Florenz in Anlehnung an den von Michelozzo mit dem Palazzo Medici (1444–1459) geschaffenen Prototyp herausbildete, fand eine gelungene Umsetzung im Palazzo Rucellai, mit dem Alberti die soeben in seinem Architekturtraktat niedergelegten Grundsätze in Stein realisierte. Der Palazzo Ruccelai ist mit der Superposition der antiken Ordnungen, mit den prächtigen Fenster- und Türbekrönungen und mit dem Zitat des *opus reticulatum* in dem Band oberhalb des Sokkels ein programmatisches Zeugnis »klassischen« Bauens und geometrischer Strenge.

Sant'Andrea, Mantua, Fassade, ca. 1470
Gemeint als Denkübung zum Thema der Anpassung eines klassischen Tympanons an die Erfordernisse eines traditionellen christlichen Kirchengebäudes, kombiniert die Fassade von Sant'Andrea dieses Element mit dem Motiv des Triumphbogens. Hier wird die Bereitschaft zu neuen architektonischen Konzeptionen erkennbar: weg von einem Verständnis der Antike als Regel und Autorität, hin zu einer Auffassung, die in der Antike eine unerschöpfliche Quelle der Anregung zu freien, autonomen Schöpfungen erkennt.

Heilig-Grab-Tempietto, San Pancrazio, Florenz, 1467
Das höchst originelle Monument vereint strenge, programmatisch klassische Zitate – kannelierte Lisenen schließen die einzelnen Marmorspiegel ein, der Architrav trägt eine Inschrift in Kapitalbuchstaben –, die die klaren Volumina definieren, mit den freien Erfindungen der intarsienverzierten Scheiben und der Lilien von Florenz, transformiert zu einer »Flammenkrone«, die sich von den Bekrönungen venezianischer Palazzi herleitet und die Aufgabe hat, zwischen dem kompakten Heiligtum und dem umgebenden Kapellenraum zu vermitteln.

Tempio Malatesta, Rimini, ca. 1450
Im Zuge seiner genialen Umgestaltung der Grabkirche der Familie Malatesta verpackt Alberti das ursprüngliche Gebäude in einem prächtigen klassischen Marmortempel: An der Fassade übernimmt er die Vitruvsche Ordnung vom Triumphbogen des Augustus, ebenfalls in Rimini, während er die Seite mit einer Folge von Arkaden versieht, die an römische Aquädukte erinnert. Eine Medaille des Matteo de' Pasti besagt, dass der ursprüngliche Plan auch eine große halbkugelförmige Kuppel in der Art der Kuppel des Pantheons einschloss, die wahrscheinlich den monumentalen Charakter des Bauwerks hervorheben sollte.

Die Renaissancestadt

1454–1492

Der italienische Polyzentrismus

Das komplexe Geschichts- und Menschenbild der Renaissance begünstigt die Entstehung eines neuen Stadtideals. Patristische Vorstellungen wie die Gottesstadt des Augustinus und klassische wie die Stadt Vitruvs gehen in die Definition einer geordneten, funktionalen Stadt als Ausdruck des harmonischen Zusammenlebens der Gemeinschaft ein. Nichts könnte weiter von der Realität entfernt sein, doch handelt es sich um ein bestechendes Ideal, das rasch Eingang in die künstlerische Praxis findet, die zunehmend die eigene Geschichte in Bauten und urbanen Umfeldern, verstanden als Protagonisten, inszeniert. Die ausgeprägte Tendenz zum Polyzentrismus und die ungebrochene Vitalität lokaler Traditionen machen das Italien des Quattrocento derart variantenreich, dass man von ebenso vielen »Renaissancen« sprechen müsste, wie es Zentren ihrer Entfaltung gab. Die neuen Modelle haben ihre Wurzeln zwar in Florenz, aber jede Stadt und jeder Hof interpretieren sie entsprechend den eigenen Erfordernissen. Der Entwurf der Renaissancestadt geht von ihrer neuen Rolle als Kapitale eines größeren Territoriums aus und sucht die Übereinstimmung von politischem Programm und seiner Verwirklichung. Behandelt wird diese Stadtplanung im Architekturtraktat Albertis und von Theoretikern wie Filarete und Francesco di Giorgio Martini, die sich des Themas »Idealstadt« annehmen, einer ex novo nach den Prinzipien von Rationalität, Proportion und Symmetrie geplanten Stadt. In das dichte mittelalterliche Häuser- und Straßennetz fügen sich, vor allem auf Initiative privater Bauherren, neue Typen wie der herrschaftliche Palazzo ein, und es öffnen sich neue Räume, Straßen und Plätze.

Bernardo Rossellino, Grundriss der Piazza und Dom, Pienza, 1459–1462

Bei seiner Umgestaltung der alten Piazza in Pienza hielt Rossellino eine strenge Perspektive ein. Die Trapezform, die Übertragung der »Sehpyramide« Albertis auf den Grundriss, bewirkt eine visuelle Erweiterung der Piazza, die Domfassade wirkt als Bühnenfond, die Landschaft als Hintergrundgemälde. Rossellinos Entwurf für Pienza sollte nicht nur als monumentale Inszenierung des symbolischen Zentrums der Piazza aufgefasst werden, sondern auch als urbanistischer Plan.

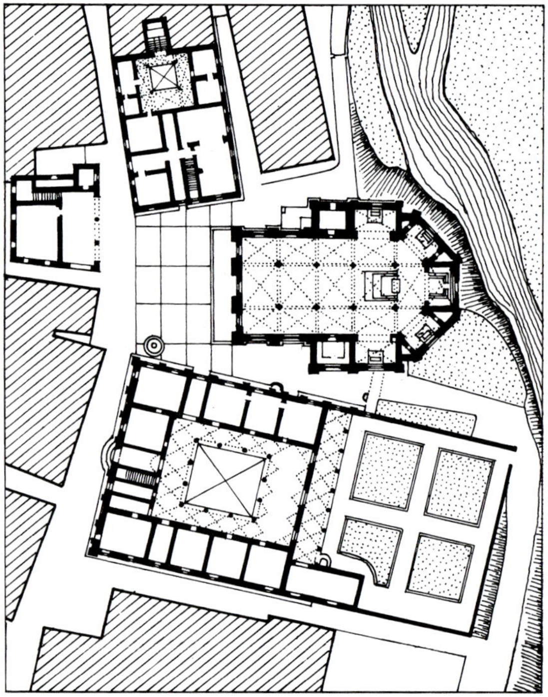

Luciano Laurana, Herzogspalast, Urbino, ab 1460
Das unter der Bezeichnung *La città ideale* bekannte Tafelbild mit dem abstrakten mathematischen Raum der Piazza, den programmatischen Verweisen auf die Antike und der genauen Geometrie des Tempels ist ein Werk aus Urbino, das sowohl auf die Theorien Albertis als auch auf die kristallklare Bilderwelt des Piero della Francesca verweist. Im Umkreis dieser Einflüsse reifen die architektonischen Lösungen des Palazzo Ducale, der Residenz Federicos da Montefeltro: Laurana gestaltet ein imposantes Ensemble mit einem Ehrenhof, einen regelmäßigen, symmetrischen Kern mit Ausdehnung nach allen Seiten hin, ein Ensemble aus Unregelmäßigkeiten, Ausnahmen, Asymmetrien von einer Originalität, die im Panorama der Architektur des Quattrocento einzigartig ist.

Filarete, Sforzinda, 1460–1464
Zur Einführung des Gedankenguts der Renaissance in die lombardische Kunst trugen Meister bei, die von Francesco Sforza nach Mailand berufen wurden. Im Plan des Ospedale Maggiore, einer Anlage auf rechteckigem Grundriss mit zentraler Kapelle, um die sich die übrigen Baukörper symmetrisch ordnen, kommen die Ideen zur Ausführung, die Filarete in seinem *Trattato di architettura* zum Thema der Idealstadt ausbreitet. Diese Stadt, zu Ehren des Herzogs »Sforzinda« genannt, ist sternförmig konzipiert mit einem auf das Zentrum ausgerichteten radialen Straßennetz. Die von Filarete erdachten Gebäude entwickeln auf modernen Strukturen, basierend auf der Wiederholung einfacher geometrischer Formen, einen üppigen Dekor, der die strukturellen Elemente und das Spiel der Volumina überrollt.

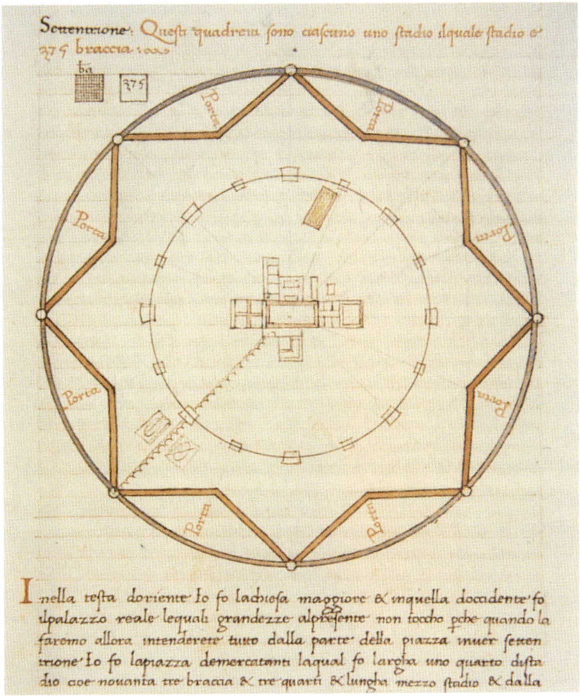

Donato Bramante

1444–1514

Architektur und Experiment
Die Entwicklungsstränge, die von Florenz und Urbino ausgingen, fanden in Mailand zusammen, der Stadt des Ludovico il Moro, die am Ende des Quattrocento Donato Bramante und Leonardo da Vinci Aufenthalt bot. In der Lombardei schuf Bramante eine Reihe von Bauten, die erkennen lassen, dass er mit elementaren Themen experimentierte, etwa mit dem Verhältnis von Figur und Raum und mit dem Zentralgrundriss – Experimente, die Etappen des Wegs zum Einheitsraum und der Überwindung der perspektivischen Vorstellungen der Florentiner markieren. In San Satiro, dem ersten Beispiel für die Anwendung illusionistischer Ausdrucksmittel auf ein Gebäude, führt diese Vorstellung eines Einheitsraums Bramante dazu, so etwas wie ein Gleichgewicht zwischen dem realen und dem illusionistischen Raum herzustellen, sich die Perspektive zunutze zu machen, um einen Raum zu erfinden, den es nicht gibt. Nach dem Sturz Ludovicos im Jahre 1499 geht Bramante nach Rom; die Begegnung mit Papst Julius II. (1503) markiert den Beginn einer Periode großer Bauvorhaben, angefangen mit der Umgestaltung des Bereichs zwischen den vatikanischen Bauten und der Sommerresidenz Innozenz' VIII. auf dem Belvederehügel. Bramantes Idee der Einteilung des Geländes in drei Stufen, die durch Treppen miteinander verbunden sind, und des bühnenmäßigen Abschlusses in Form einer monumentalen Exedra, das Ganze nach dem Vorbild der römischen Gärten und Kaiservillen, erweist sich als eine geniale Lösung, innovativ und beispielgebend für die nachfolgenden Architekten. Gleichzeitig wird Bramante zur Umgestaltung der Petersbasilika herangezogen; seine »infiniti disegni« kreisen um die päpstliche Idee eines großartigen Gebäudes auf Zentralgrundriss mit halbkugelförmiger Kuppel. Vor diesem Hintergrund zielen alle Arbeiten Bramantes von 1505 bis zu seinem Tod letztlich auf die Peterskirche – vom Problem des Zusammenhangs zwischen Bauwerk und Umfeld bis zur Planung urbaner Räume.

Tribuna der Kirche Santa Maria delle Grazie, Mailand, ab 1492
Als Mailänder Beispiel für das Experimentieren mit dem Zentralgrundriss zeichnet sich die Tribuna von Santa Maria delle Grazie durch ihre monumentale Konzeption aus. Klar erkennbar sind am Außenbau der Zusammenhang zwischen den Volumina und ihre Unterordnung unter die Kuppel. Bramante gibt eine Neuinterpretation padanischer Elemente aus frühchristlicher und mittelalterlicher Zeit in der Verschmelzung mit den quattrocentesken Formen der Sacrestia Vecchia in Florenz und der Cappella Portinari in Mailand.

San Pietro in Montorio, Tempietto, Rom, ab 1502
Die unmittelbare Anlehnung an die antiken Vorbilder und das Streben nach Monumentalität zeigen sich ganz deutlich am Tempietto von San Pietro in Montorio, einer auf Wunsch des spanischen Königs am mutmaßlichen Schauplatz der Kreuzigung des heiligen Petrus errichteten Gedächtnisstätte. Obwohl ohne komplettierenden Hof, präsentiert sich der Tempietto mit großer kommunikativer Kraft als Angelpunkt des Umfeldes; die Unerbittlichkeit, mit der Bramante auf den wiederkehrenden geometrischen Elementen von Ring und Zylinder besteht, verweist auf seine Absicht, etwas zu erschaffen, das als Modell Gültigkeit hat für die formale Indienstnahme der Säule als Urform wie für die Idee der historischen Synthese von dem christlichen Rom der Renaissance und dem Rom der Antike.

gegenüberliegende Seite
Kreuzgang der Kirche Santa Maria della Pace, Rom, 1500–1504
Grundlegend im Werk des Architekten ist der Kreuzgang von Santa Maria della Pace mit seinen eindeutigen Bezügen zu den lombardischen Kreuzgängen. In der dichten Struktur dieses Raumes, in der Einfachheit der metrischen Zusammenhänge und im Spiel von Licht und Schatten ist aber auch eine direktere Anlehnung an antike Vorbilder zu erkennen und eine größere Entschlossenheit, dem Bau ungeachtet der bescheidenen Dimensionen Monumentalität zu verleihen.

Die Vorherrschaft Roms

1500–1527

Die Hochrenaissance in der Stadt der Päpste

Die Jahre der Vorherrschaft Roms waren geprägt von zwei Mäzenen, den Päpsten Julius II. della Rovere (1503–1513) und Leo X. Medici (1513–1521). Die kulturelle Überlegenheit Roms und die außergewöhnliche Qualität der künstlerischen Produktion dieser Periode gehören zu einem besonderen historischen Moment: Das päpstliche Rom nimmt die durch den Fall der wichtigsten Zentren der Halbinsel sozusagen heimatlos gewordenen Künstler auf, und die künstlerischen Lösungen streben nach Überwindung der lokalen Varianten des Quattrocento zugunsten einer einheitlichen Formensprache. Was auf diesem Gebiet gelingt, die Herausbildung einer »italienischen« Kunst, gelingt auf der politischen Ebene nicht, eine Bestätigung der herausragenden Rolle der bildenden Künste für die Kultur der Renaissance. Das politische Programm Julius' II., die Wiederherstellung der alten Größe des Kirchenstaats mit dem Papst als *imperator* im klassischen Sinn, schlägt sich in den sichtbaren Formen der *restauratio urbis* nieder, zu deren Durchführung die größten Talente der Zeit berufen werden: Bramante, Michelangelo, Raffael, die Sangalli, Peruzzi. Der Nachfolger des Rovere-Papstes, Leo X., betreibt dagegen eine Politik der Förderung der Künste, die im Wesentlichen von seinen persönlichen Interessen wie auch von den Interessen der medicifreundlichen kulturellen Kreise ausgeht. Der bevorzugte Künstler und unbestrittene Protagonist seines Pontifikats ist Raffael, dessen Überlegungen zur Architektur auf eine stärkere Beachtung der Antike zielen, wie sie auch durch archäologische Funde angeregt wird. Raffael setzt sich für die neuerliche Bestätigung des historischen Bildes der Stadt als *caput mundi* der Christenheit ein, die im Wege einer großen archäologischen und architektonischen Kampagne unter Einsatz modernster Mittel betrieben werden soll.

Die römische Renaissancearchitektur läuft in zwei Strängen aus: einerseits eine malerische, naturalistische Architekturauffassung, hinter der Raffael steht und die ihre prunkvolle Interpretation durch Pirro Ligorio erfährt, andererseits das zunehmende Engagement Michelangelos für die päpstlichen Bauten und damit eine immer subjektivere Interpretation der Strukturen und der nun dynamisierten Ordnungen.

Bramante, Entwurf für die Basilika San Pietro, 1505–1506
Kein anderes Bauwerk kann den Gedanken der Zentralität und Universalität der Kirche repräsentieren. Den Anregungen, die von den antiken Bauwerken ausgehen, und den Überlegungen zu den Raumqualitäten regelmäßiger geometrischer Körper fügt Bramante ein symbolisches und liturgisches Programm hinzu; es beweist, dass die Beschäftigung der Renaissancekünstler mit dem Zentralgrundriss nicht nur eine ästhetische Vorliebe ist, sondern das Resultat theoretischer und formaler Überlegungen.

Pirro Ligorio, Casino Pius' IV., 1558–1562
Realisiert für Papst Pius IV. als Rückzugsort in den vatikanischen Gärten, gründet das Casino auf dem humanistischen Ideal der glücklichen Verbindung von Mensch und Natur. Die Anlage folgt mit Treppen, Nymphäen, Höfen und Vestibülen der Topografie des Hügels; der üppige plastische Schmuck bewirkt ein chromatisches Vibrieren der Oberflächen.

rechts
Antonio da Sangallo d. J., Palazzo Farnese, Vestibül, ab 1517
Der Palazzo Farnese ist sichtbarer Ausdruck der Macht des Hauses Farnese in Rom und zugleich der beste Beweis dafür, dass die Absichten des Bauherrn verstanden wurden. Die reife Kunst des Antonio da Sangallo zeigt sich in der originellen Interpretation der Florentiner Auffassung vom Palazzo als einem geschlossenen und homogenen Block.

Kirchen auf Zentralgrundriss

15. – 16. Jahrhundert

Die Materialisierung der kosmischen Symbolik
Die Kunst der italienischen Renaissance als ganze durchzieht ein spekulatives Interesse an der idealen Form des Sakralbaus auf Zentralgrundriss. Höhepunkt der Suche nach räumlicher Synthese, zugleich auch die augenfälligste Übersetzung der kosmischen Symbolik des Himmelsgewölbes und der um die Erde, sprich um den Menschen als Mittelpunkt des Universums, rotierenden Welten in rationale Formen. Eine kosmische Bedeutung, entlehnt der antiken Welt, dank derer die Renaissancearchitekten die Verbindung von Klassizität und Christentum schaffen.
Die Beschäftigung mit dem Zentralgrundriss beginnt bereits um die Mitte des 15. Jahrhunderts mit Brunelleschi und setzt sich mit Michelozzos Tribuna in der Santissima Annunziata in Florenz fort. Von Alberti in seinem Architekturtraktat behandelt, wird der Zentralgrundriss mit ihm zum Idealmodell des Kirchentempels. In der zweiten Hälfte des Jahrhunderts gibt es keinen Architekten, der sich nicht an diesem Gegenstand versucht hätte, von Filarete bis Francesco di Giorgio Martini, die ihn in ihren Traktaten behandeln, über Giuliano da Sangallo, der sich eingehend mit antiken Bauten befasst und das Thema auch in eigenen Entwürfen erprobt, bis zu Leonardo und dessen sphärischem Raum. Das Gleiche gilt für die Maler. Aber es sind vor allem die Schöpfungen Bramantes in Rom, genährt von Eindrücken der Antike, in denen das gesamte 16. Jahrhundert seine Vorbilder erkennt. Schon am Beginn des Jahrhunderts ist eine regelrechte Begeisterung für den Zentralgrundriss zu verzeichnen, von den vielfältigen lombardischen Versionen bis zu den eher antikisierenden Interpretationen in Zentralitalien, unter denen San Biagio in Montepulciano und Santa Maria della Consolazione in Todi herausragen.

Antonio da Sangallo d. Ä., San Biagio, Montepulciano, 1518–1545
Antonio da Sangallo überführt hier den Rationalismus der Wehr- und Verteidigungsarchitektur des 15. Jahrhunderts in bramanteske Formen. In der Einführung der die Kuppel flankierenden Campanili und im griechischen Kreuz des Grundrisses wird der enge Zusammenhang mit St. Peter erkennbar.

Santa Maria della Consolazione, Todi, ab 1504
Harmonie und Monumentalität, klare räumliche Ordnung, perfekter Schwung der Kuppel: Hinter dem Vierkonchenbau von Santa Maria della Consolazione verbirgt sich ein symbolisches Programm, das das Pfingstthema beschwört. Neu ist die kontinuierliche Modulation des Umrisses, die den großen Atem des Innenraums spüren lässt, der durch die Konchen konzentriert und erweitert zugleich wird.

gegenüberliegende Seite
Giuliano da Sangallo, Santa Maria delle Carceri, Prato, ab 1485
Dass Giuliano da Sangallo für Neuerungen aufgeschlossen war, zeigt sich an der höchst eleganten, harmonischen Kirche Santa Maria delle Carceri, deren Grundriss die Form eines griechischen Kreuzes konstantinischer Prägung hat. Kämpfergesims, Kuppel und Gewölbe, alle nach Prototypen Albertis und Brunelleschis, lassen die Absicht erkennen, die Stichworte der spätantiken Formensprache in moderne Lösungen zu überführen.

Raffael und seine Schule

ca. 1514–1550

Die römische Villa

Unter dem Pontifikat Leos X. ist Raffael nach dem Tod Bramantes (1513) und der Rückkehr Michelangelos nach Florenz (1514) der sensibelste Interpret des künstlerischen Klimas in Rom. Sein Interesse an der Antike nimmt Gestalt an; es wird durch die archäologischen Entdeckungen weiter angeregt. Der Wandschmuck römischer Gebäude und die Ruinen der Domus aurea inspirieren ihn zu ornamentalen Motiven in Stuck und Freskomalerei, konzipiert in engem Zusammenhang mit der Architektur. Raffaels Weg beginnt in der toskanischen Tradition des Quattrocento: Sant' Eligio degli Orefici (1513) ist bramantesk in den Formen, ganz und gar raffaelesk sind dagegen die extreme Klarheit und Einfachheit des Grundrisses, eines griechischen Kreuzes, die subtile Gestaltung der Details und das luftig-diffuse Licht des Innenraums. Die Cappella Chigi in Santa Maria del Popolo (ca. 1515) markiert einen letzten Schritt mit der stringenten, harmonischen Kontinuität von Architektur und einem Dekor, der der Klarheit und Kraft des Plans keinen Abbruch tut. Auf dem Weg hin zur Villa Madama und den vatikanischen Loggien gibt Raffael parallel zu seiner Malerei die leichte, klare Handschrift auf, um sich monumentaler und feierlicher zu äußern.

oben
Baldassarre Peruzzi, Villa Chigi (La Farnesina), Rom, 1509–1511
Peruzzi verbindet die quattrocenteske Struktur des städtischen Palazzo mit einer Neuerung, an der das veränderte Verhältnis zur Natur ablesbar wird: Die Gartenfassade stellt mit der ebenerdigen Loggia eine Verbindung zwischen dem Innen- und Außenbereich her. Die Linearität der leichten Profile sienesischer Provenienz verschmilzt mit der neuen Bühnenwirkung und der geglückten Integration von Architektur und Malereidekor.

gegenüberliegende Seite
Raffael (Raffaello Sanzio), Villa Madama, Rom, ab 1517
Keineswegs in Unkenntnis dessen, was Peruzzi in der Farnesina geschaffen hat, interpretiert Raffael in seiner Villa Madama die wiedergewonnene römische Villa strenger, ihm gelingt die harmonische Verbindung von Architektur und »klassischem« Dekor, von Gebäude und Natur.

Jacopo Vignola, Villa Giulia, Rom, 1550–1555
Um die Mitte des 16. Jahrhunderts wird Vignola zum Repräsentanten der römischen Kultur und der Politik der Familie Farnese. Ein Gegner des michelangelesken Antidogmatismus wie auch des archäologischen Klassizismus Pirro Ligorios, stößt er eine Synthese der Formen an, die sich auf Bramante, mehr noch auf Alberti beruft.

Die »maniera moderna«

ca. 1520–1600

Die Diaspora der Raffael-Schüler

Raffael stirbt 1520, 1527 wird Rom geplündert: es ist ein dunkles Jahrzehnt, durchzogen von Gewaltakten, Hungersnöten und Epidemien. Der Kreis der Künstler, die im Schatten des großen Meisters heranwuchsen, fällt auseinander, und die »maniera moderna« verläuft sich in alle Richtungen, wird interpretiert und in mancher Hinsicht auch widerrufen. Der Manierismus erweist sich als ganz der Kultur der Renaissance zugehörig, als eine Variante, die auf die Dialektik von Subjektivem und Objektivem und auf das Verhältnis zwischen Individuum und Realität zielt. Qualifizierendes Element der Architektur ist die ständige Spannung zwischen Klassizismus und Antiklassizismus, Rationalismus und Irrationalismus, Tradition und Antikonformismus, Naturalismus und extremem Intellektualismus. Deformation der Proportionsregeln, ausgeprägter Individualismus, gefühlige und gekünstelte Formen, unnatürliche Schauplätze: Alle diese Versuchungen treffen in den reformierten Gegenden Europas, in Flandern und Deutschland, auf großen Zuspruch, wo der vitruvianische Akademismus eher Protest in Form eines verkrampften Bemühens um Varietät und Abweichung auslöst.

Giulio Romano, Palazzo del Te, Mantua, 1527–1534
Mit dem Palazzo del Te, einem für das neue kulturelle Klima repräsentativen Ort, Schauplatz der Liebhabereien und Liebschaften des Federico II. Gonzaga, schuf Giulio Romano einen szenischen Organismus mit der verblüffenden Dialektik von Irrationalität der Natur und Rationalität des schöpferischen Menschen. Die ständigen Anspielungen auf die Instabilität der Strukturen, die möglichen Variationen der Schemata verkünden die Freiheit von der klassischen Regel, die noch immer so vital ist, dass sie sich ständig von neuem erfinden lässt.

Baldassarre Peruzzi, Palazzo Massimo alle Colonne, Rom, 1532–1536
Mit der Fassade, die sich in leichter Biegung dem Straßenverlauf anpasst, beweist Peruzzi eine besondere Sensibilität für das Verhältnis von Architektur und umgebendem Raum. Die Freiheit, mit der er sich antike und moderne Vorbilder zunutze macht, kommt hier in der gelungenen Verbindung des strengen antikisierenden Portikus mit bramantesken Schemata zum Ausdruck. Der Einsatz des Streiflichts, das den Portikussäulen Gestalt gibt, die Quader des einfachen Bossenwerks nachzeichnet und die Fensterrahmen hervortreten lässt, zeigt ihn als erfahrenen Szenografen.

Giorgio Vasari, Palazzo degli Uffizi, Florenz, ab 1560
Im Rahmen der Maßnahmen, die im 16. Jahrhundert das Gesicht der Medici-Stadt umgestalten, erarbeitet Vasari ein komplexes Programm, das auf die szenografische Verbindung von Palazzo Vecchio und Palazzo Pitti zielt. Die beiden eleganten, parallel zueinander stehenden Palazzi der Uffizien lassen eine lange, schmale Piazza zwischen sich entstehen, die auf der einen Seite mit einer großen und großartigen, auf den Arno orientierten Serliana abschließt, auf der anderen Seite mit einem »Bühnenbild«, das die Piazza della Signoria zum Hintergrund hat.

Michelangelo Buonarroti

1475–1564

Vom Neoplatonismus zu Anspannung und Beunruhigung

Aufgewachsen am Hof Lorenzos de' Medici und zutiefst geprägt vom neoplatonischen Denken, war Michelangelo von Anfang an Erbe und Fortführer der toskanischen Tradition des Quattrocento. Seine intensive Tätigkeit während der Florentiner Jahre (1515–1534) ist auch insofern von besonderer Bedeutung, als sie teilhat an der Dialektik von »klassischer« und »manieristischer« Richtung. Im Werdegang des Künstlers sind in diesen Jahren die ersten realisierten Bauten zu verzeichnen wie die Biblioteca Laurenziana oder die Neue Sakristei an San Lorenzo (ab 1520), sehr wichtige Arbeiten nicht so sehr deshalb, weil sie einen Prototyp repräsentieren, ein neues Modell, sondern weil sich in ihnen der Wille manifestiert, die klassische Ordnung abzuwandeln, sich eine neue Auffassung Bahn bricht, die den Raum nicht mehr als geschlossen und definiert versteht, sondern als dynamisch und plastisch, den Betrachter auf der emotionalen Ebene einbeziehend. 1534 nach Rom zurückgekehrt, in die problematische Atmosphäre der Gegenreformation, schließt er sich dem humanistischen Kreis der Intellektuellen um Vittoria Colonna an, den die später enttäuschte Hoffnung verbindet, einen Dialog zwischen Protestanten und Katholiken offen halten zu können. Die Gegenreformation bedeutet für Michelangelo den Beginn einer Periode großer Unsicherheit, die er in eine immer dramatischere, einsamere Suche verwandelt. Es sind die Jahre seines Jüngsten Gerichts, aber auch die Jahre, in denen seine Bautätigkeit vorrangig wird, im Kontext der unter dem Pontifikat Pauls III. Farnese eingeleiteten urbanistischen Maßnahmen mit dem Ziel, Rom wieder als politische und moralische Kapitale der Christenheit zu bestätigen. Er tritt mit einer Reihe symbolträchtiger Projekte auf den Plan, etwa mit der Gestaltung des Kapitols (ab 1537) und mit der Petersbasilika (ab 1546).

Piazza del Campidoglio, Rom, ab 1537

Die monumentale Umgestaltung des Kapitols, des symbolträchtigen Ortes, der seit der Antike Sitz der zivilen Verwaltung gewesen ist, markiert eine radikale Wende im Städtebau des 16. Jahrhunderts. Im Projekt Michelangelos liegt der Akzent auf der dynamischen Erweiterung des Raums, wie sie durch das Auseinanderstreben der beiden seitlichen Palazzi an dem Punkt zustande kommt, an dem die Piazza sich, mit dem bühnenwirksamen Hintergrund des Senatorenpalastes und vermittelt durch eine majestätische Treppe, der Stadt zuwendet. Diese Erweiterung wird betont durch das Sternmotiv des Pflasters in einem Oval, in dessen Zentrum sich das Reiterstandbild des Marc Aurel erhebt.

Kuppel von St. Peter, Vatikanstadt, ab 1546
Michelangelo führt die Baustelle von St. Peter zurück zu Bramantes ursprünglicher Idee eines Zentralbaus. Dabei konzentriert er seine Aufmerksamkeit auf die Kuppel als abschließendes, koordinierendes Element des Bauwerks insgesamt. Von dem hohen Tambour, durch dessen Fenster das Licht fällt, das den enormen Luftraum definiert, gehen die Schubkräfte der Kalotte aus, zusammengehalten in der Laterne. Die klare Geometrie Brunelleschis – Michelangelo hat sie sehr wohl vor Augen, erarbeitet sie in der Übernahme der doppelten Kalotte ja ein weiteres Mal – verwandelt sich in eine plastische, dynamische Spannung, die alle

Kleiner Vorsaal der Biblioteca Laurenziana, Florenz, ab 1523
Im Vestibül der Biblioteca Laurenziana stellt Michelangelo die Grundprinzipien der Architektur seiner Zeit auf den Kopf, indem er das Verhältnis der tragenden zu den getragenen Teilen umkehrt. Die eng gestellten funktionalen Elemente und hervortretenden Bauglieder bewirken in dem kleinen Gehäuse des »ricetto« eine dynamische Spannung, die sich in der Treppe niederschlägt: die geschwungenen Stufen scheinen in Art einer Kaskade »herabzustürzen«, die von seitlichen Balustraden mit Mühe gebändigt wird; diese öffnen sich im unteren Abschnitt auf zwei seitliche Treppenläufe ohne begleitende Balustraden.

Jacopo Vignola

Der Palazzo Farnese in Caprarola

1550–1559

Im Rom des späten Cinquecento entstehen die »modernsten« Projekte im kulturellen Umkreis des Hauses Farnese, in dem die neuen antimanieristischen Strömungen der Kunst der Gegenreformation und die jüngsten gelehrten Manifestationen des Manierismus nebeneinander existieren.

Die Familie Farnese drückt dem Land Latium den Stempel ihrer neofeudalen Macht unauslöschlich auf, als sie zunächst dem Antonio da Sangallo, später dem Vignola die Organisation ihrer riesigen Besitztümer anvertraut. In Caprarola ist diese Macht noch heute ablesbar an den beeindruckenden Formen der aristokratischen Residenz, mehr noch am Verhältnis zwischen dem dominierenden Bauwerk und der mittelalterlichen Ansiedlung. Der alte *borgo* ist in zwei Teile zerschnitten durch eine Straßenachse, die die Häuser wie an einer perspektivischen Sichtachse aufreiht und an deren Ende eine bühnenähnliche Folge von Terrassen und Rampen dorthin führt, wo sich die kastellartige Villa erhebt. Die Lage und das Pentagon des Grundrisses gehen auf Entwürfe des Antonio da Sangallo und des Baldassarre Peruzzi aus der ersten Hälfte des 16. Jahrhunderts zurück. Aber erst mit Vignola und dem Bauherrn Alessandro Farnese nehmen die Umgestaltung des mittelalterlichen Ortes und die Planung des Gebäudes als Sommerresidenz des Farnese-Hofs Gestalt an. Das Aristokratische findet im Palazzo von Caprarola ein Manifest und Symbol, sei es im Verhältnis des Bauwerks zum Außenraum – zu seinen Füßen die Ortschaft, dahinter die Symmetrie des *giardino all'italiana* mit Brunnen und Kiosken –, sei es in der komplizierten heraldischen, mythologischen Wandmalerei, die unter der Regie der Brüder Zuccari ausgeführt wurde und die Ruhmestaten des Hauses Farnese preist.

Vignolas Auseinandersetzung mit dem bramantesken Modell des Hofs ist auch in der Spiraltreppe fassbar, deren fließende Entwicklung mit der genialen Lösung eines luftigen, von einer Kuppel bedeckten Raums abschließt: Erfindungsgabe, technisches Können und Virtuosität, die ohne Übersteigerungen oder Verzerrungen das reife Repertoire des Architekten kennzeichnen, die Quellen, aus denen er schöpft, und ihre perfekte Assimilation. Die Fünfeckform von Vorläuferbauten aus dem Festungswesen regt Vignola an zur Erfindung einer von Eckquadern, Lisenen und horizontalen Linien gegliederten, strengen und feierlichen Außenansicht und zu einer Binnengestaltung rund um einen zentralen kreisförmigen Hof mit festlichem Groteskenschmuck.

Renaissancearchitektur im Veneto und in Venedig 16. Jahrhundert

Das Erbe Bramantes und Raffaels und die Lichtführung

Die Verbreitung der *maniera romana* im Veneto ist mit den Namen Giovanni Maria Falconetto, Michele Sanmicheli, Jacopo Sansovino und Sebastiano Serlio verbunden; sie alle kommen aus Rom und haben ihre künstlerische Bildung in dem von Raffael bestimmten architektonischen Umkreis erfahren. In Padua entwirft Falconetto im Dienst des Alvise Cornaro, des gelehrten Patriziers und Kenners der Traktate Vitruvs und Albertis, 1524 eine Loggia und ein Odeon, in denen er Elemente der bramantesk-raffaelesken Tradition mit den Anliegen der venezianischen Malerei verbindet. Sanmicheli ist in Verona im Festungsbau tätig und mit einer Reihe raffinierter, origineller formaler Experimente in die Stadtgestaltung einbezogen; an mehreren Adelspalästen modifiziert er die bramantesken Proportionsverhältnisse, indem er einzelne Elemente in ihrer Farb- und Lichtwirkung betont.

Die stadtvenezianische Architektur ist beherrscht von den Künstlerpersönlichkeiten Serlios und Sansovinos. Der Peruzzi-Schüler Serlio ist weniger durch seine Bauten bekannt als durch seinen berühmten *Trattato di architettura*, das erste Lehrbuch, das eher von der bildlichen Darstellung ausgeht als von der Beschreibung. Die sehr umfangreiche Sammlung architektonischer Typen, vom einzelnen Element bis zur urbanen Situation, liefert ein unerschöpfliches Repertoire, das auf Recherche, Forschung, Experiment und Variation aufbaut, die sozusagen das Substrat der manieristischen Kultur bilden. Sansovino beginnt seine fruchtbare Tätigkeit in Venedig mit einer Reihe von Baumaßnahmen, die die Ordnung der Stadt entscheidend prägen sollten. Dazu zählt die Gestaltung des Areals rund um San Marco, wobei er seine Auffassung vom römischen Klassizismus und venezianischen *pittoricismo*, der Anliegen auch der venezianischen Malerei, erkennen lässt; dazu zählt der Palazzo Corner (ab 1537), eine der gelungensten Interpretationen des Erbes von Bramante, Raffael und Peruzzi, der er zur Steigerung der Plastizität und Betonung der Helldunkeleffekte michelangeleske Elemente hinzufügt.

Mauro Codussi, San Zaccaria, Venedig, 1483
Es bedurfte eines begnadeten Architekten mit profunder Kenntnis der toskanischen, speziell albertianischen Tradition, um die Renaissancearchitektur des Quattrocento in Venedig einzuführen, der Stadt mit einer so reichen spätgotischen Ausstattung. Für San Zaccaria entwirft Mauro Codussi eine lineare Fassade mit einem die obere Ordnung überfangenden halbkreisförmigen Tympanon und geschwungenen seitlichen Verbindungsstücken. Dieses Schema verkörpert, hier in monumentaler Ausprägung, eine Lösung, die Alberti im Tempio Malatesta gefunden hat.

Michele Sanmicheli, Porta Pallio, Verona, 1533–1540
In den Stadttoren des neuen Mauergürtels um Verona laufen die beiden Interessenstränge Sanmichelis zusammen: hier gelangt er durch die Verbindung der funktionalen Vorgehensweisen des Militärbaumeisters mit dem erhabenen Ausdruck eigener architektonischer Vorstellungen zu einem Ergebnis von ernster Monumentalität, in einem Klassizismus, der sich im Spiel des Lichtes und in der Majestät der Form zeigt.

Jacopo Sansovino, Libreria Marciana, Venedig, ab 1537
Die Atmosphäre Venedigs, jenes unbeständige, vielfältig im Licht vibrierende, reflektierende wie transparente Medium, in dem die Grenzen zwischen den Gebäuden und dem Raum aufgehoben sind, findet einen sublimen Interpreten in Sansovino. In der Libreria Marciana, der Bibliothek an der Piazzetta San Marco, verwendet er ein plastisches System von Stützen römischer und bramantesker Provenienz sowie aus der Antike entlehnte dekorative Motive, aufgelöst in den malerischen Werten des Kontrastes zwischen den hell beleuchteten tragenden Teilen und den im Schatten liegenden Öffnungen. Der monumentale, symbolische Gehalt dieses Gebäudes wird nicht nur als großartige Einzellösung fassbar, sondern auch im Verhältnis zu den anderen Gebäuden, die den Raum bilden, das politische und religiöse Zentrum der Stadt, auch seinerseits monumental und symbolisch.

Andrea Palladio

1508–1580

Die antike Architektur als Modell

Das Pseudonym Palladio, das Andrea di Pietro della Gondola um 1540 annahm, verweist auf die »klassische« Ausrichtung, die das Werk dieses Künstlers von Anfang an kennzeichnet. Allerdings geht Palladio über die Rhetorik und den Akademismus eines pedantischen Verständnisses der Antike hinaus, wenn und soweit er die eigenen, häufig antiklassischen Entscheidungen mit dem Hinweis auf die Eigengültigkeit der Architektur rechtfertigt. Um 1570 gibt er seine *Quattro libri dell'architettura* in Druck, mit denen er sich zu Vitruv und zur antiken Architektur als Bezugspunkt bekennt. Während das monumentale Gesicht der Stadt Vicenza mit der Basilika, der Loggia del Capitanato (1571), dem Palazzo Chiericati (ab 1550), dem Teatro Olimpico so gut wie ganz vom Schaffen Palladios geprägt ist und der Meister seine Spur mit der erstaunlichen Anzahl an Villen auch in der Landschaft des Veneto hinterlassen hat, zeichnen sich seine Bauten in Venedig durch einen ganz besonderen Aspekt aus. Aus Neigung ein Architekt profaner Bauten, sieht er sich hier zum ersten Mal dem Thema des Sakralbaus konfrontiert: Im IV. Buch seines Traktats lässt er eine ganz renaissancehafte Vorliebe für den Zentralgrundriss erkennen, der perfekt geeignet sei, die »Einheit« und das »unendliche Sein« Gottes zu demonstrieren; und so sind San Giorgio Maggiore (1566) und der Redentore Meditation über die Kombination von Langhaus und Zentralanlage, beherrscht von einer Kuppel, die die Umgebung prägt.

Teatro Olimpico, Vicenza, ab 1580
In dem für die Accademia Olimpica konzipierten Theater, der ersten ortsfesten Spielstätte in Italien und zugleich dem letzten Zeugnis seines architektonischen Denkens, reflektiert Palladio über das Theater der Antike, über den Bühnenprospekt und über den Gedanken einer szenografischen, illusionistischen Architektur. Das genial gelöste Problem der Cavea, des Zuschauerraums, der über das Proszenium mit der *frons scenae* verbunden ist, setzt ein Modell, das für die folgende Theaterarchitektur kanonisch werden sollte.

Villa Barbaro, Maser, ca. 1555
Die Villen Palladios finden sich in der *terra ferma* zusammen und realisieren einen Gebäudetyp, der auf die doppelte Funktion von Landgut und repräsentativem Wohnbau zugeschnitten ist und das ästhetische mit dem funktionalen Anliegen verbindet. Die besondere Funktion wird erkennbar an den niedrigen Bogengängen, den so genannten Barchessen, die den zentralen Baukörper flankieren.

gegenüberliegende Seite, oben
Plan der Basilica, Vicenza, 1549
Im Projekt der Umgestaltung des alten Palazzo della Ragione in Vicenza steht die Basilica für eine neue Raumvorstellung, der zufolge Schema und Rhythmus des Ganzen in der Plastizität der Bauglieder und im Helldunkel zur Geltung kommen. Der Palazzo, Fixpunkt des aristokratischen Bildes der Stadt, ist von einem feierlichen antikisierenden Loggiengang umgeben, der mit seinen monumentalen Formen die unregelmäßige Form der Piazza aufwertet.

gegenüberliegende Seite
Kirche Il Redentore, Venedig, ab 1576
Durch die Koordination unterschiedlicher Raumzellen, die den unterschiedlichen symbolischen und funktionalen Erfordernissen entsprechen, gelingt es Palladio, einen vollendeten, ausgewogenen Organismus und einen neuen Hintergrund für die große Architektur Venedigs zu schaffen. Die Fassade wird dominiert von der Kuppel – als handle es sich um eine Kirche auf Zentralgrundriss – und von einem in der Fläche scheinperspektivisch angedeuteten Pronaos.

Andrea Palladio

Die Villa Rotonda in Vicenza

ab 1567

Das Thema der Villa, das der humanistischen Kultur lieb und wert ist, nimmt ohne endgültige Lösung einen großen Teil der Lebensleistung Palladios ein, der diesen Strang seiner Tätigkeit mit großer Freiheit verfolgt, auch was die programmatischen Verweise auf die Antike und das Vorbild Vitruv angeht.
Die berühmte Villa Almerico-Capra, bekannt als »La Rotonda«, gilt als Inbegriff der Architektur Palladios. Die Bezeichnung Rotonda erfasst in der Tat ihr Wesen. Sie soll, so die Idee, von allen Seiten bewundert werden, und die außergewöhnliche symmetrische Anlage mit der zentralen Kuppel und den vier mit einem Pronaos geschmückten Fassaden rechtfertigt ihre Lage auf einem Hügel: Ein Vorstadt-Palazzo also, den Palladio selbst als »belvedere« bezeichnete; der Standort als Schöpfer der architektonischen Form. Aber nicht nur das. Die Rotonda ist keine Landvilla, kein landwirtschaftliches Anwesen, sondern ein regelrechter Tempel des humanistischen otium, Ausdruck der gesellschaftlichen Stellung und der Ansprüche des Bauherrn, des Kanonikers Paolo Almerico. Hier lebt die Kenntnis der antiken heidnischen Sanktuarien, von denen Palladio sowohl die zentrierte Form als auch die sakralen Symbole übernimmt, den Pronaos und die Kuppel, um in einem profanen Gebäude den Rang des Bewohners gebührend deutlich zu machen. Im überkuppelten Mittelsaal nimmt das Renaissance-Ideal des Menschen als Mittelpunkt des Universums und Maß aller Dinge Gestalt an, während die Orientierung der Villa, deren vier Ecken exakt den Kardinalpunkten entsprechen, mit großer Wahrscheinlichkeit in Zusammenhang mit der kosmischen Symbolik gebracht werden muss, von der die gebildete Gesellschaft dieser Zeit durchdrungen war. Im Übrigen sollte nicht vergessen werden, dass die Kuppel anfangs oben offen gewesen sein muss und das Regenwasser wohl wie in einer Art *impluvium* in einer Vertiefung im Fußboden aufgefangen wurde. Der Stuck- und Freskendekor im Inneren ist das Ergebnis eines so einheitlichen Entwurfs, dass man versucht ist zu glauben, Palladio selbst habe an der Erfindung mitgewirkt.

Von der Villa hat sich kein eigenhändiger Entwurf Palladios erhalten, sondern nur ein Holzschnitt, der 1570 in den *Quattro libri dell'architettura* als Teil des Kapitels über die Stadthäuser veröffentlicht wurde. So ist zu vermuten, dass Palladio die Villa nicht als einen Ort der *villeggiatura* betrachtete, sondern als vollgültigen städtischen Palazzo. Der Grundriss zeigt das sehr einfache Schema des kubischen Prismas mit zentralem Rundsaal und vier Korridoren, die wie die Arme eines griechischen Kreuzes zu den sechssäuligen ionischen Pronaoi auf hohen Treppenanbauten hinführen. Der Aufriss weicht in einigen Punkten vom ausgeführten Bau ab, vor allem in der Kuppel, die nicht halbrund, sondern abgeflacht und von einem abgetreppten Dach (vielleicht einem Werk Scamozzis) bedeckt ist.

MARIVS CAPRA
GABRIELIS F

Die Architektur der Jesuiten

Das Instrument, mit dem die römische Kirche die umfassende Revision und Neudefinition ihrer doktrinären Grundsätze ins Werk setzt, ist das Konzil von Trient. Gewillt, die kritische Autonomie der Gläubigen in Fragen der Religion abzuwehren, etabliert es in mehreren Sitzungsperioden zwischen 1545 und 1563 eine nicht zu umgehende Kontrolle der kulturellen Äußerungen – im untrüglichen Bewusstsein der kommunikativen Macht der Künste als Mittel religiöser Propaganda. Ab etwa 1560 wird Rom zum Schauplatz einer gigantischen Anstrengung mit dem Ziel der Wiedererrichtung, Wiederherstellung und Verschönerung des künstlerischen Erbes der Kirche, hinter der die programmatische Rückkehr zum urkirchlichen Ideal der Einfachheit steht. Die Stadt ist der Ort, an dem alle kulturellen Facetten der Gegenreformation erdacht werden, die es sich zum Ziel gesetzt hat, die Schauplätze und Protagonisten des Glaubens erkennbar und verstehbar zu machen.
Parallel dazu entstehen neue religiöse Ordensgemeinschaften, die sich als Milizen der nunmehr reformierten Kirche verstehen und die kirchlichen Strukturen mit neuer Energie erfüllen. Die Gesellschaft Jesu, 1540 von Ignatius von Loyola gegründet und vom Farnese-Papst Paul III. approbiert, wird zu einem machtvollen Instrument der Glaubensverbreitung, so dass die Jesuiten bald auch Schlüsselpositionen innerhalb der kirchlichen Hierarchie besetzen. Diesem so straff organisierten Orden entsprechen ganz neue architektonische und bildnerische Lösungen, die in mehrfacher Hinsicht schon die Formen des Barocks vorwegnehmen. Mit Vignolas Chiesa del Gesù in Rom entsteht ein Prototyp, der in den Niederlassungen der Jesuiten in aller Welt unzählige Male wiederholt wird und die Vorstellung des Sakralbaus als Ort der Predigt fixiert, an dem das Prinzip der Unterscheidung zwischen Klerus und Gemeinde, zwischen liturgischer Handlung und gläubiger Verehrung deutlich werden muss.

Kirche des Jesuitenkonventes, Tepotzotlan (Mexiko), 1760–1762
In den amerikanischen Ländern kommt die starke missionarische Ausrichtung der Gesellschaft Jesu in Bauten zum Ausdruck, die, weit entfernt davon, sich über die Mentalität und die Traditionen der lokalen Bevölkerung hinwegzusetzen, im Allgemeinen auf die gewachsene künstlerische und architektonische Überlieferung eingehen. Die Fassade der Kirche in Tepotzotlan beweist in ihrem barocken Überschwang, dass der Orden seine Einstellung zur Kunst im Lauf der Jahrhunderte geändert und überdies erkannt hat, dass er mit seinen Bemühungen nur Erfolg haben kann, wenn er sich in Bezug auf die Formen flexibel, anpassungsfähig und kompromissbereit verhält.

Jacopo Vignola, Chiesa del Gesù, Rom, 1568–1571
Ein Musterbeispiel der posttridentinischen Kirche, verleiht Il Gesù den neuen funktionalen Erfordernissen und der neuen religiösen Orientierung eine Form. Der feierliche Rhythmus des großen tonnengewölbten Kirchenschiffs findet seinen Abschluss im Crescendo der riesigen und lichterfüllten Kuppel, das in Gestalt eines schwächer belichteten Jochs wirksam vorbereitet ist. Vignola schafft hier eine Synthese aus Albertis Lehren in Sant'Andrea, den Anregungen der antiken Baukunst und den von den Architekten der Renaissance angestellten Überlegungen zur Dominanz und zentrierenden Kraft der Kuppel, nun im humanistischen Sinne nicht als Symbol der kosmischen Ordnung verstanden, sondern als Symbol des Aufstiegs der Seele zu Gott.

Andrés Garcia de Quiñones, Jesuitenseminar, Salamanca, ca. 1760
Spanien, das Herkunftsland des Ignatius von Loyola, ist reich an jesuitischen Gründungen. Der Komplex der Clerecía, der sich aus Kirche, Seminar und Konvent zusammensetzt, bezeugt mit einer Bauzeit von anderthalb Jahrhunderten eindrucksvoll den Wandel der künstlerischen Absichten der Jesuiten: Die Kirche, ein Werk des Juan de Gómez de Mora, begonnen 1617, präsentiert ein Planungsschema, das noch dasjenige der Kirche Il Gesù in Rom ist, während der monumentale Kreuzgang des Kollegs »römische« Monumentalität mit dem spanischen Oberflächendekor verbindet.

Der manieristische italienische Garten 15.–16. Jahrhundert

Von der ausgewogenen Geometrie zur Natur als Bühne

In den *ville di delizia* des 15. und 16. Jahrhunderts, den Villen der Lebensfreude, bildet sich der »giardino all'italiana« heraus, ein harmonisch nach geometrischen Regeln angelegter Garten, der sich im Verlauf des 16. Jahrhunderts um freier, natürlicher gestaltete Räume mit Wasserspielen, Fontänen, Skulpturen und Grotten erweitert. Die Idee des Gartens findet ihren Ausdruck in einer mit der Villa verbundenen, einfachen und elementaren Umgebung, gegliedert von Pergolen, Hecken und Brunnen, charakterisiert von einer kunstlosen Anordnung und gestalterisch-formalen Zurückhaltung. Sehr bald allerdings machen sich die Symptome eines Bruchs bemerkbar. Schon Alberti verweist auf die Möglichkeit des »inganno«, der Täuschung, die die Reinheit der natürlichen Komposition stören könne, und Bernardo Ruccelai holt mit den raffinierten Techniken der *ars topiaria*, der Kunst des Zierschnitts, die erstaunlichsten Formen aus dem Pflanzenmaterial heraus. Diese Entwicklung ist untrennbar mit der Erweiterung der Bedeutung von *imitatio naturae* verbunden, verläuft parallel zur Ausbildung der Vorstellungen von Bühnenwirksamkeit und Spektakel. Im Cinquecento ist der Garten Schauplatz prunkvoller Festlichkeiten. Das gilt für Bramantes Belvederehof, aber auch für die Prospektfolge Ammannatis in der Villa Giulia und für die Gärten Vignolas in Caprarola.

Park der Villa Orsini, Bomarzo, das »schiefe Haus«, ab 1550

Im »Heiligen Hain« von Bomarzo lässt Vicino Orsini seinen literarischen Neigungen freien Lauf in einem fantastischen Ensemble von Felsskulpturen, mythologischen Figuren und klassischen Tempeln. Dieser heidnische Ort lässt es sich nicht nehmen, der geometrischen Ordnung der gleichzeitigen Gärten »all'italiana« das Irrationale und offensichtlich Zufällige eines von »Wundern« belebten Parks entgegenzusetzen; erkennbar ist das Anliegen einer ruhelosen Persönlichkeit, dem wohl ausgewogenen Verhältnis von Kunst und Natur einen Kontrast entgegenzusetzen.

Bernardo Buontalenti, Grotte in den Boboli-Gärten, Florenz, 1583–1588

Mit der großen Grotte bereichert Buontalenti die Boboli-Gärten, die zu den Prototypen des in Europa so erfolgreichen »giardino all'italiana« zählen, um eine bizarre, typisch manieristische Erfindung. Eine als Serliana ausgebildete Fassade, mit Statuen und Reliefs geschmückt, öffnet den Zugang zu den drei Innenräumen, die mit Muschelwerk, Stalaktiten, Stuck, Fresken und einem anmutigen Brunnen von Giambologna ausgestattet sind. Die Aufstellung der von Michelangelo für das Grabmal Julius' II. geschaffenen Sklaven (heute Kopien) in den Ecken lässt die Absicht erkennen, die Bedeutung der Skulpturen auf den Kopf zu stellen, sie in der künstlichen Natur der Grotte in nur noch dekorativer Funktion zu verwenden.

Jacopo Vignola, Villa Lante, Bagnaia, Wassertreppe, ab 1566
Mit dem Ensemble der Villa Lante, den Zwillingspavillons, dem Garten all'italiana mit Brunnen, Wasserspielen und Terrassen sowie dem angrenzenden großen Park, realisiert Vignola ein Modell für die italienische und französische Gartenkunst des ausgehenden 16. und 17. Jahrhunderts. Die Wassertreppe in Form der Scheren eines Taschenkrebses (*gambero*), des Wappentiers des Kardinals Gambara, zeigt die geniale Kombination von Wasser und Stein zu einer Art Initiationsweg.

Pirro Ligorio, Villa d'Este, Tivoli, Hundertbrunnenweg, ab 1550
Die Wechselbeziehung von Architektur und Natur kommt, ganz manieristisch, in den pittoresken Erfindungen der Brunnen und Fischbecken, der hydraulischen Orgel, den orgiastischen plastischen Schmuckformen, noch deutlicher in den szenisch gestalteten Terrassen zum Ausdruck, die Architektur und natürliche Landschaft in ein geordnetes Verhältnis zueinander bringen. Die nahe Hadriansvilla sprach den Antikenkenner Pirro Ligorio an, der hier einen neuen, antikonventionellen Klassizismus befolgte, reich an Erfindungen, wie zum Beispiel dem ovalen Grundriss auf der kürzeren Achse oder dem Einsatz der Dynamik des Wassers, das hier Protagonist ist.

Der internationale Manierismus in Frankreich
16. Jahrhundert

Die königlichen Residenzen

Das Ende des Hundertjährigen Krieges fällt in Frankreich mit einer Periode der Erneuerung der Architektur zusammen, die, obwohl noch an die mittelalterlichen Formen gebunden, sich an eine erste Aktualisierung des städtischen Wohnbaus, des »hôtel«, und des Kastells macht, das seine strengeren Elemente allmählich zugunsten eines höheren Wohnkomforts verliert. Dazu gesellen sich die Modelle der italienischen Künstler und Architekten, die dem Ruf der adligen Familien und des französischen Hofs, der seinen festen Aufenthaltsort im Tal der Loire hat, gefolgt sind. Blois, Chenonceau und das monumentale Chambord repräsentieren weitere Etappen jenes internationalen Laboratoriums der »maniera moderna«, in dem sich Architektur, Dekoration und Gartenkunst zusammenfinden. Erst nach 1528 verordnet Franz I., der in den italienischen Importen eine Möglichkeit sieht, den Repräsentationsbedürfnissen des Königshauses eine adäquate, klassische Form zu geben, dem Hof einen eindeutig »modernen« Schwenk; die Formen der Renaissance und des frühen Manierismus setzen sich nun mit der Reife ihrer Inhalte und formalen Ergebnisse durch. Die Umgestaltung des Schlosses Fontainebleau wird zum Brennpunkt der Verarbeitung und Verbreitung der Moderne, und die Ankunft zunächst Leonardos, später auch Rosso Fiorentinos, Vignolas, Primaticcios und Serlios – der Letztere ist ein aktiver Propagandist der unendlichen Möglichkeiten der Renaissance-Architektur – bedeutet eine manieristische Prägung, die bei den Franzosen mit ihren eklektischen und naturalistischen Vorlieben gut ankommt. Dass so viele Künstler in Fontainebleau tätig sind, schafft eine exemplarische Situation für die Akzeptanz der manieristischen Modelle, für die Anpassung und Umsetzung in neuen Formen. Mit dem unbekümmerten Aufpropfen manieristischer Elemente, etwa der Kolossalordnung auf streng symmetrische Anlagen, und der Kombination bramantesker Portiken mit Steildächern mündet die französische Architektur in eine nationale, von der »reinen Lehre« abweichende Interpretation des klassischen Stils.

Thomas Bohier, Château de Chenonceau, 1515–1523
Die höchst ungewöhnliche Lage von Chenonceau direkt über dem Fluss Cher und das Überleben kastellartiger Formen wie der Ecktürme und der Steildächer verleihen dem Bau den reizvollen Anblick eines gotischen Schlosses, auch wenn es gleichzeitig offene Höfe, ungeschützte Fenster und eine Freitreppe im italienischen Geschmack hinzugewinnt.

Philibert de l'Orme, Château d'Anet, 1545–1555
Mit Philibert de l'Orme erreicht die französische Architektur ihre volle Unabhängigkeit, auch wenn sich ihre Lehrzeit sozusagen in Italien abgespielt hat. Das Schloss Anet, fragmentarisch erhalten, zeigt eine architektonische Konzeption, die weder mit den Kompromissen Serlios noch mit der dekorativen Unbekümmertheit des gleichzeitigen Louvre von Lescot viel zu tun hat: Die Kapelle präsentiert sich sehr ausgewogen, mit elegantem Portikus mit Doppelsäulen, mit komplexen Formen der am römischen Venustempel orientierten Kuppel und mit der Laterne, die an lombardische Tiburi erinnert.

Château de Blois, Treppenturm, 1515–1524
Auch wenn das Schloss in Blois typisch italianisierende Elemente aufweist, Portiken, Säulen, Nischen, handelt es sich doch um eine hybride Konstruktion, an der gotische Vorstellungen überlebt haben. Die berühmte Spiraltreppe auf oktogonalem Grundriss, stilistisch heterogen und ein in vielen französischen Schlössern des 16. Jahrhunderts wiederkehrendes Element, geht wahrscheinlich auf Skizzen zurück, die Leonardo dreißig Jahre zuvor in Mailand angefertigt hat.

Château de Chambord, ab 1519
Begonnen als Jagdschloss für Franz I., wird Chambord schon bald zum augenfälligsten Beispiel für die Vermischung französischer und italienischer Elemente. Der Grundriss tendiert zu einer betonten Geometrisierung unter dem Einfluss der Ideen der Renaissance, während die mächtigen Rundtürme, nun mit elegantem, italianisierendem Dekor, von den alten mittelalterlichen Kastellen übernommen sind. Die märchenhafte Dachlandschaft mit ihrem Wald von Türmchen, Kaminen und Erkern ist eine Renaissance-Interpretation der gotischen Fiale.

Schloss Fontainebleau

ab 1528

Im Jahre 1528 beauftragte Franz I. den Architekten Gilles Le Breton mit der Umgestaltung des Jagdpavillons in Fontainebleau zu seiner repräsentativsten Residenz. Von Gilles Le Breton stammen die Porte Dorée und die lange Galerie, die den mittelalterlichen Donjon mit den Neubauten am Ende der Cour du Cheval Blanc verbindet, eine Galerie, die sich auf den Entwurf Bramantes für den Belvederehof bezieht, der in England schon einige Jahre zuvor in Hampton Court nachgeahmt worden war. Obwohl der Stil des Gilles Le Breton durch eine voraussehbare Mischung traditioneller und »moderner« Elemente geprägt ist, erscheinen sozusagen »manieristische« Lösungen noch recht zufällig. Erst mit dem Eintreffen Rosso Fiorentinos und Primaticcios ändern sich die Kriterien der dekorativen Künste in Frankreich grundlegend. Von jetzt an wird die »Baustelle«, in der Architektur, Dekor und Ausstattung im Einklang vorangebracht werden, zu einem der kreativsten, interessantesten Zentren des internationalen Manierismus. Die erste Phase der »Schule von Fontainebleau« ist im Grunde eine Episode der italienischen Kunstgeschichte, die nach Frankreich verpflanzt wurde: Rosso Fiorentino und Primaticcio, Schöpfer des superben Dekors der Galerie Franz' I., bereichern und erneuern das Formenrepertoire der römischen Schule und schaffen mit der Verschmelzung figürlicher und dekorativer Elemente ein Ensemble von neuer Harmonie. 1541 wird Sebastiano Serlio zum *architecte ordinaire* ernannt: eine symptomatische Entscheidung und zugleich das Ende der rhythmischen Regelmäßigkeit und Symmetrie der Palastfassaden. Andererseits weist das zentrale klassische Zitat an diesem Schloss, die Porte Dorée, übereinander geordnete Loggien mit weiten Pfeilerstellungen und eine eindeutig manieristische senkrechte Fensterfolge auf. In den 1560er Jahren wird die Aile de la Belle Cheminée in einem nunmehr ganz und gar französischen Renaissancestil fertig gestellt.

Die »maniera moderna« erreicht einen Höhepunkt im Werk des Rosso Fiorentino und des Primaticcio, die in der Galerie Franz' I. jeden architektonischen Ausdruck mit Stuck und Malerei überspielen. Zum ersten Mal nimmt der Stuckdekor, der so ausladend gehalten ist, dass er schon fast wie von der Wand abgelöst wirkt, eine solche Bedeutung an, dass er zu einem Hauptelement des dekorativen Apparats wird. Zweifelsohne sind die Vorläufer italienische Beispiele, von der Sala di Costantino im Vatikan bis zur Sala degli Stucchi im Palazzo del Te in Mantua, beide geschaffen von Giulio Romano; sie stehen möglicherweise in einem Zusammenhang mit dem Dekor der riesigen Kamine, die ab 1515 zum festen Bestandteil der neuen französischen Schlösser werden. In Fontainebleau jedenfalls ist das Resultat außerordentlich gelungen: die eleganten und hoch gewachsenen nackten Figuren, die Rollwerkformen der Rahmen, das Beschlagwerk repräsentieren den Höhepunkt der Erfindungsgabe und Vielfalt der manieristischen Kunst Italiens, die sozusagen mit einem Schlag über die Tradition der französischen Plastik hereinbrach.

Spanien

16. Jahrhundert

Der internationale Manierismus zwischen dem Platereskenstil und dem Einfluss Italiens
Das Spanien des späten 15. Jahrhunderts ist im Wesentlichen noch gotisch geprägt, und die Übernahme des Ideen- und Formenguts der Renaissance wird durch die späte Ausbreitung des Platereskenstils behindert. Im Rahmen noch mittelalterlicher Strukturen, zum Beispiel an der Fassade des Hospitals Santa Cruz in Toledo von Enrique Egas oder an der Fassade der Universität von Salamanca, werden Renaissancemotive ausschließlich unter dekorativem Aspekt interpretiert, ganz ähnlich dem Verständnis des islamischen und des gotischen Ornaments. Nur die Bauaufträge Karls V. und Philipps II., die beide enge Beziehungen zu Italien unterhalten, da sie das Königreich Neapel besitzen, erweisen sich als aufgeschlossen für die Anregungen der neuen klassizistischen Architektur. Eine Reihe von Bauwerken vom Anfang des 16. Jahrhunderts spiegeln dennoch die Vertrautheit der Architekten Lorenzo Vazquez, Enrique Egas, Diego de Siloe, Alonso Covarrubias und Rodrigo Gil de Hontañón mit der Kunst der italienischen Renaissance: So sind beispielsweise bramanteske Motive im Hof des Hospedal Real in Santiago de Compostela (1501) erkennbar. Festgeschrieben wird der Wechsel hin zu einem strengen, der Härte der religiösen Reform entsprechenden Klassizismus durch den Escorial, das Kloster-Schloss-Mausoleum Philipps II. Mit Philipp nimmt eine Epoche ihren Anfang, die gekennzeichnet ist von ausbleibenden politischen Erfolgen des Königreichs, auf der anderen Seite aber von der Heraufkunft des Goldenen Zeitalters der iberischen Kultur.

Pedro Machuca, Alhambra, Granada, Säulenhof Karls V., 1526–1568
Die Wiederaufnahme eines den Vorgaben des römischen Klassizismus folgenden Schemas, das mit geometrisch-einheitlichem Dekor einhergeht, ist evident im unvollendeten Palast Karls V. in der Alhambra. Der Plan des Pedro Machuca, in Italien an den Werken Bramantes und Raffaels geschult, sieht mit dem zweistöckigen Säulenportikus, der die orthodoxe dorische und ionische Ordnung aufgreift, vielleicht inspiriert vom bramantesken Palazzo Massimo, eine architektonische Lösung von großem Atem vor. Der Klassizismus am Hof Karls V. hatte im Spanien dieser Zeit angesichts der traditionellen spanischen Architektur eine gewaltige Wirkung.

Alcazar, Toledo, ab 1537
Der Entwurf des Alcazars stammt von Alonso Covarrubias; die Fassade hingegen ist ein Werk des Rodrigo Gil de Hontañón. Sie zeigt italienische Formen, angewandt in rein dekorativer Absicht an einem sparsam gegliederten Block von großen Dimensionen, als Ausdruck einer rückwärts gewandten Orientierung. Der Stil des Hofs unterscheidet sich von dem der Fassade und hat auffallende Ähnlichkeit mit dem des römischen Palazzo della Cancelleria. Er ist wahrscheinlich ein Werk des Nachfolgers von Covarrubias, Francisco de Villalpando, des Übersetzers von Serlio und Verfechters eines strenger klassischen Stils.

Lorenzo Vazquez, Palazzo Medinaceli, Cogolludo, 1492–1495
Das erste Beispiel nach unzweifelhaft italienischem Geschmack, der Palazzo Medinaceli, erbaut von Lorenzo Vazquez zwischen 1492 und 1495 für den Herzog Medinaceli, beruft sich mit seiner kompakten, blockartigen Form und dem Bossenwerk direkt auf quattrocenteske Prototypen, die an eine Ausbildung des Architekten in Italien denken lassen.

Juan B. de Toledo, Juan de Herrera

El Escorial

1559–1584

Das Bild Philipps II. von Spanien verbindet sich mit dem Bauvorhaben des Escorial, des riesengroßen Palastes aus grauem Granit vor den Toren Madrids. Gedacht als Sanktuarium, als Kloster, als Residenz und als Festung, wurde der von Juan Bautista de Toledo begonnene Komplex von dessen Gehilfen Juan de Herrera vollendet.

Im Werk des Juan de Herrera finden sich Einflüsse der Kunst Vignolas und Serlios, doch darf man darüber nicht vergessen, welche Rolle der König selbst in der Planungsphase spielte: Philipp nahm zahlreiche Änderungen an den Plänen vor. Der Grundriss zeigt die Bedeutung, die der Kirche innerhalb des Komplexes zugedacht ist, auch wenn sie erst in einer schon fortgeschrittenen Bauphase geplant wurde, umgeben von mehreren Höfen, die ein imposanter Block von 241 auf 161 Meter umschließt: Hier finden die Kolossalbauten der späten Kaiserzeit ein Echo, der Diokletianspalast in Spalato in der Rekonstruktion Palladios, und auch die Gitterstrukturen, die Filarete für das Ospedale Maggiore in Mailand erdachte. Errichtet zur Feier des Sieges über die Franzosen in der Schlacht von San Quentin am 10. August 1557, gibt der Bau im Grundriss einen Hinweis auf den Rost, auf dem der heilige Laurentius den Tod fand. Die Einheitlichkeit der planerischen Konzeption und der auf ein Minimum reduzierte Schmuck des Escorial entsprechen den Regeln der italienischen Schule vor dem Hintergrund der Strenge der religiösen Reform in Spanien. Der Bau des Escorial leitete eine neue Epoche der spanischen Architektur ein, die charakterisiert war von der Absage an die Spätgotik und den Platereskenstil zugunsten einer »römischen« Architektur, die im Einklang mit den Regeln Vitruvs steht und zugleich den Beginn des Absolutismus auf iberischem Boden bezeichnet: Die Entscheidung Philipps II., den königlichen Palast und die Habsburgergräber mit dem Konvent zusammenzulegen, steht für die Versöhnung der weltlichen mit der geistlichen Macht.

Die Kirche des Escorial hat erkennbar italienische Vorbilder, geht zweifellos auf die römische Peterskirche zurück. Das zeigen allein schon die Form der Pfeiler und das Vestibül, das Bezug nimmt auf den durch den Stich Sangallos überlieferten Entwurf. Daneben sind aber auch Einflüsse Alessis an der Außenfront, die derjenigen von Santa Maria di Carignano in Genua ähnelt, und Tibaldis, in der ungewöhnlichen Lösung des dem Klerus vorbehaltenen Seitenschiffs, wie es schon in San Fedele in Mailand auftaucht, zu erkennen.

Die Mischung der Vorbilder

Die Verbreitung der italienischen Errungenschaften nördlich der Alpen ging mit Verspätungen und Unsicherheiten einher. Die italienischen Modelle wurden nicht automatisch übernommen – eher lösten sie ungewöhnliche Mischungen aus. Mit der Umgestaltung der privaten Adelsresidenzen zu komfortableren, weniger militärisch wirkenden Wohnbauten ergaben sich allerdings Möglichkeiten für eine erste Aktualisierung, die nunmehr italienischen Architekten oder solchen, die sich in Italien gebildet hatten, anvertraut wurde: Giulio Romano war am »Italienischen Bau« der Landshuter Residenz Ludwigs von Bayern tätig (1536–1540), während die Fuggerkapelle in Augsburg (1509–1518), ungeachtet ihres spätgotischen Gewölbes, auf Ideen der venezianischen Architektur verweist und Modell für die »klassische« Ausbildung der deutschen Künstler war. Ein nationaler Renaissancestil, der nur sehr wenig mit den italienischen Vorbildern gemein hat, sich eher unmittelbar an der flämischen Architektur festmacht, fasst in Deutschland in der zweiten Hälfte des 16. Jahrhunderts Fuß. In dieser Zeit erscheinen allmählich die ersten deutschen Architekturtraktate, vom Werk des Hans Blum über die fünf Ordnungen (1550) bis zu den Alptraumfantasien des Wendel Dietterlin (1593): 203 Holzschnitte, in denen das Beschlagwerk eine große Rolle spielt.

Schloss Ambras, Innsbruck, »Spanischer Saal«, Ende 16. Jahrhundert
Im Einklang mit dem internationalen Stil nimmt das Schloss Ambras im Spanischen Saal den Charakter einer adligen Residenz der Spätrenaissance an.

Residenz, München, Antiquarium, 1569–1571
Das von jeher unerschütterlich katholische München bringt Formen hervor, die dem Geist der römischen Gegenreformation sehr nahe kommen. Das mit Groteskenmalerei geschmückte große Tonnengewölbe ist von ausgesprochen klassischer Form.

gegenüberliegende Seite
Schloss Heidelberg, 1556–1559
Kurfürst Ottheinrich unternahm große Anstrengungen, um die humanistische Kultur und die Kenntnis der antiken Baukunst in Deutschland einzuführen, die er möglicherweise durch den Traktat Serlios kannte. Dem mittelalterlichen Heidelberger Schloss wurde im 16. Jahrhundert ein »moderner« dreigeschossiger Flügel angefügt, der Ottheinrichsbau, dessen große Kreuzstockfenster mit Giebelaufsätzen verschiedener Art verziert wurden. (Anm. d. Ü.: abgebildet ist der spätere Friedrichsbau)

Zwischen Gotik und Renaissance

Die Niederlande lernten in Raffaels Kartons für die Wandteppiche des Vatikans, nach denen diese unter Aufsicht des Tommaso Vincidor in Brüssel geknüpft wurden, ein Musterbeispiel des Stils der Hochrenaissance kennen. Das gab den Anstoß dafür, dass der Hof und die gebildeten Schichten begannen, sich an italienischen Vorbildern zu orientieren: Zur Umgestaltung ihres Palastes in Mecheln holte Margarete von Österreich sich um 1530 wiederum Tommaso Vincidor, der, obwohl unfähig, in einem tatsächlich römischen Stil zu arbeiten, hier eines der wahrhaft klassischen Gebäude seiner Zeit errichtete. Der große Reichtum der flämischen Städte hatte zur Folge, dass viele öffentliche Auftraggeber sich auf die Formen des römischen Klassizismus besannen. Allerdings darf nicht vergessen werden, dass die Nachahmung der Formen häufig nicht mit dem Verständnis für deren Grundsätze einhergeht. Daher rührt die Aneignung nur der vordergründigen Aspekte der Vorbilder, die in Lösungen von überbordendem Dekor übersetzt werden. Der Übergang von der spätgotischen Üppigkeit zu einem nicht weniger üppigen Pseudoklassizismus erfolgte in Nordeuropa gewissermaßen en passant, ohne ein tatsächlich »klassisches« Zwischenstadium. Nicht ganz schuldlos daran war die rasche Verbreitung des Serlio-Traktats, der mit seiner Reduzierung der Renaissanceformen auf schlichte Diagramme für leichte Lesbarkeit und damit auch für leichte Reproduzierbarkeit sorgte. Ganz klein ist so zum Beispiel der Schritt zur Verbreitung des für den flämischen und deutschen Manierismus typischen Beschlagwerks.

Cornelis Floris de Vriendt, Rathaus, Antwerpen, 1561–1565

Die Entwicklung des Handels und der damit verbundene Reichtum begünstigten große öffentliche Aufträge. Mit dem Rathaus von Antwerpen entstand ein für den flämischen Frühklassizismus typisches Gebäude. Die Fassade, gotischen Vorgängern ähnlich, folgt einer wohl von Serlio abgeleiteten klassischen Ordnung: Die sparsame Verwendung von Schmuckelementen und das rustizierte Sockelgeschoss verleihen dem Gebäude Schlichtheit und Harmonie.

Maison du Saumon, Mecheln, 1530–1534
Die Maison du Saumon, das klassizistische Gildenhaus der Fischhändler, orientiert sich am Bau des Tommaso Vincidor, allerdings mit landschaftstypischen Elementen, vor allem dem für den Norden charakteristischen Steildach.

Lieven de Key, Fleischhalle, Haarlem, 1602–1603
Vom Ende des 16. Jahrhunderts an schlägt die holländische Architektur einen eigenen Weg ein: Rathäuser, Großmärkte und öffentliche Waagen sind jetzt häufig von einem klassischen Stil geprägt. Mit ihrer eleganten Farbgebung, die an die Backsteinarchitektur der baltischen Länder erinnert, und mit der Gestaltung der Dachschrägen scheint die Fleischhalle in Haarlem barocke Formen vorwegzunehmen.

Das Haus Tudor

Mit dem Beginn des 16. Jahrhunderts kam die englische Spätgotik an ihr Ende; nun tauchten allmählich, in Kombination mit oder als Alternative zu der englischen Tradition, klassizistische Motive und Formen auf. Dennoch verhält England sich den Renaissance-Anregungen gegenüber im Wesentlichen ablehnend, die »italianisierenden« Bauten sind nach der Reformation von 1530 verpönt. Referenzbauten werden solche der flämischen und französischen Renaissance, deren Motive in den Perpendicular Style einfließen und damit dem elisabethanischen, später jakobitischen Stil zur Entstehung verhelfen. Die politische Stabilität unter den Tudor bestimmt die Vorliebe für immer komfortablere, immer weniger auf Verteidigungszwecke ausgerichtete Bauten. Die Politik dieser Dynastie und die Einziehung des Kirchenbesitzes begünstigen den Aufstieg einer neuen Aristokratie, die erhebliche Mittel in neue, prächtige Wohnbauten investiert. Damit entsteht ein nationaler Stil, der den geistigen Grundlagen der klassischen Architektur nicht fremd ist, dessen Lösungen sich allerdings aus Quellen zweiter Hand herleiten, zum Beispiel denen des de Vries oder des Wendel Dietterlin, ungeachtet der Popularität Serlios. Der italienische Einfluss macht sich vor allem in der Übernahme von Schmuckformen bemerkbar.

Robert Smythson, Longleat Castle, 1568
Zu den bedeutendsten Schöpfungen der elisabethanischen Architektur und zugleich ihres wichtigsten Vertreters, John Smythson, gehört Longleat Castle in der Grafschaft Wiltshire. Was hier überrascht, sind die verhaltene Nüchternheit der Baumassen, die Luminosität und die Raffinesse der Details und das Verhältnis zwischen geschlossenen und geöffneten Partien – Elemente, die diesen Bau ganz radikal vom befestigten feudalen Wohnbau absetzen. Das typische englische *bow window* wird hier dazu eingesetzt, mit vertikalen Gliederungen den horizontalen Rhythmus des Gebälks auszugleichen und eine gitterartige Oberflächenstruktur zu erhalten.

Hampton Court, 1539–1540
Ursprünglich die prunkvolle Residenz des Kardinals Wolsey, ging der Palast von Hampton Court im Zuge der Gründung der Kirche von England in den Besitz des Königs, Heinrichs VIII., über, der seine Erweiterung veranlasste. Der Gesamtplan baut auf einer Reihe von Innenhöfen auf, die auf allen Seiten von Gebäuden umgeben sind, entsprechend dem traditionellen System, das auch den Colleges von Oxford und Cambridge zugrunde liegt.

Sutton Place, Guildford, ab ca. 1523
Gebaut auf Veranlassung von Sir Richard Weston, einem Kenner der französischen Architektur, hat Sutton Place einen zentralen Hof, einen großen corps de garde und, trotz seiner insgesamt traditionellen Gestalt, zwei absolut neue Elemente: das große Eingangstor im Zentrum der Fassade nach den Erfordernissen der Symmetrie und die lange Galerie, ein von Hampton Court abgeleitetes, später auch in Fontainebleau übernommenes Motiv.

Triumph des Barocks
17.–18. Jahrhundert

Prunk und Pracht der Königshäuser und des Vatikans

Gegen Ende des 16. Jahrhunderts entsteht ein Stil, der ein neues Natur- und Weltbild, eine neue Sicht auf die Beziehungen der Menschen und ein neues Verständnis von der Funktion der Kunst zum Ausdruck bringt. Die Barockarchitektur, deren Kapitale mit Gian Lorenzo Bernini und Francesco Borromini ein weiteres Mal das päpstliche Rom ist, stellt eine Welt der grandiosen, prunkvollen, eloquenten Repräsentation dar, eine Welt, die dazu eingesetzt wird, eine andere, konfliktreiche Realität zu verbergen. Die römische Kirche, die über die protestantische Häresie triumphiert, nützt das Mittel der künstlerischen Darstellung zur Verbreitung der katholischen Religion; in vergleichbarer Weise vertrauen die großen Monarchien den Künstlern die Aufgabe an, ihre Macht und ihr Prestige zu verherrlichen. Die Architektur setzt im ständigen Bemühen um überraschende, paradoxe Wirkungen bestimmte rhetorische Figuren ein – die Veränderung der klassischen Proportionen, die Übersteigerung und Erweiterung der Räume, die Dynamisierung der Formen. Parallel dazu wird die Interaktion der Künste untereinander in den Dienst vorzugsweise theatralischer, illusionistischer Wirkungen gestellt, die das Publikum zum Zuschauer und Akteur zugleich machen. Das neue galileische Weltbild vermittelt den Künsten eine beunruhigende Vorstellung des Unendlichen, die sich in der Inszenierung optischer Täuschungen und verblüffender Effekte, in der Erkundung der ungewissen Grenzen zwischen dem Wahren und dem Wahr-Scheinlichen äußert und verbirgt: Mimesis der schöpferischen Naturprozesse und Überführung des natürlich Gegebenen in das Künstliche bis hin zum realen Einsatz von Licht, Wasser und Feuer als Teil der künstlerischen Schöpfung. Der Palast und seine Fassade, konzipiert als Theaterkulisse, erhalten fundamentalen Wert, während die ländlichen Herrschaftssitze von Versailles bis Caserta zum emblematischen Bild des Absolutismus des 17. Jahrhunderts werden. Im Kirchenbau kommt wieder das basilikale Schema auf, häufig die Ellipse mit immer kühneren Raumkombinationen und mit der Kuppel als Fixpunkt des städtischen Raums. Gleichzeitig kommt es zu einer Neudefinition der Stadtanlagen, die nun mit neuen Verkehrsachsen und großen Plätzen zu Kapitalen werden.

Baldassarre Longhena, Santa Maria della Salute, Venedig, 1631–1687
Die Kuppel als perspektivischer Fluchtpunkt des städtischen Raums findet hier eine ihrer eindrucksvollsten Ausprägungen. Longhena entwickelt ein neues Modell für die wirkungsvolle Anordnung der Volumina des Außenbaues einer Kirche.

Francesco Borromini, Oratorio dei Filippini, Rom, Fassade, 1637–1650
Die Barockfassade, Vermittlerin zwischen Außen und Innen und Teil der urbanen Szene, ist ein neuralgischer Punkt innerhalb der Planung. Borromini entwirft einfache, strenge Formen, deren außerordentlich feine Struktur im Licht, das das Spiel der konvexen und konkaven Fassadenpartien unterstreicht, zu vibrieren scheint.

Gian Lorenzo Bernini, Baldachin des Petersdoms, Vatikanstadt, 1624
Bernini kombiniert im Baldachin die Idee des ursprünglichen, provisorischen Arrangements des Petersgrabs mit der Wiederaufnahme der konstantinischen *pergula*. Die Dimensionen entsprechen dem Bereich unterhalb der Michelangelo-Kuppel; der Baldachin wird so in seiner Dynamik und Transparenz zum zentralen Punkt des gesamten symbolischen Kirchenraums. Das Spiel von Schwarz und Gold vor dem Weißton der Pfeiler und die Verbindung von Architektur und Skulptur bezeugen die Überwindung der Grenze zwischen den Künsten zugunsten einer neuen Konzeption, in der sich natürliche, fantastische und architektonische Komponenten spektakulär vereinen.

gegenüberliegende Seite
Giuseppe Gricci, Porzellankabinett aus dem Palazzo Reale di Portici (Museo di Capodimonte, Neapel), 1757–1759
Im 18. Jahrhundert hat die Aristokratie nicht mehr das dringende Bedürfnis, ihre Macht in Form repräsentativer Bauwerke darzustellen; nun gestattet man sich, die privaten Seiten eines eleganten Lebens zu pflegen. Die Innenräume werden frei und fantasievoll ausgestattet. Die Asymmetrien des Rokokodekors finden Unterstützung im Chinoiseriedekor, der seinen Höhepunkt in Europa im 18. Jahrhundert erreicht; Räume, die ganz »im chinesischen Stil« ausgestattet sind, werden mit Porzellanen aus lokaler Produktion verziert.

Die Vorrangstellung Roms

17. Jahrhundert

Eine Kapitale von europäischer Bedeutung
Am Ende des 16. Jahrhunderts ist Rom die Hauptstadt des einzigen Staats von europäischem Rang auf italienischem Boden. Das Wissen um diese Rolle findet seinen Niederschlag im Projekt zur urbanistischen Umgestaltung, das, von Sixtus V. gefördert und Domenico Fontana anvertraut, die ideellen und realen Referenzpunkte der modernen Stadt abstecken soll. Das Jubeljahr 1600 feiert die Roma triumphans; der Geist der katholischen Restauration schafft die Grundlagen für eine neue Sicht des städtischen Raums, die auf der szenischen Präsenz von Straßen und Plätzen beruht, an denen Kirchen, Paläste, Brunnen und Monumente zu Orten der formalen Auszeichnung werden. Folge ist eine durchschlagende emotionale Wirkung, die Ausdruck einer Gesamtheit universaler Werte ist. Unangefochten das wichtigste Bauwerk, Konzentrationspunkt der symbolischen Werte, bleibt die Peterskirche; aber die Paläste der adligen Familien und ihre Fassaden sind im städtischen Kontext von vorrangigem Wert: Hier sei nur an den Palazzo Montecitorio erinnert, an dem Bernini im Auftrag der Familie Pamphili von 1650 bis 1655 tätig war und der Vorbild für die spätbarocke Architektur Österreichs und Zentraleuropas werden sollte. Ähnlich die Kirchen; exemplarisch ist die Fassade von Santa Susanna, zwischen 1595 und 1603 entworfen von Carlo Maderno, exakt platziert als urbanistischer Fluchtpunkt. Der Straßendreistrahl der Piazza del Popolo ist Prototyp für ein Grundanliegen der neuen barocken Stadt: Anlage radialer Verkehrsachsen, konvergierend oder divergierend in Bezug auf einen urbanen Fixpunkt, akzentuiert durch einen Obelisken und die 1662 errichteten Zwillingskirchen des Carlo Rainaldi, Paradebeispiele für Bauten, die als ordnende Elemente und monumentaler Zugang zur Stadt dienen. Die offenen und bewegten Räume des barocken Roms beleben sich mit Brunnen, die den Zusammenhang zwischen Bebauung und Natur vermitteln. Wieder einmal ist es Bernini, der absolut neue Typen und Themen findet: die Liebe zum Wasser, zu seiner Bewegtheit, Transparenz, zu den Geräuschen, die es hervorbringt, und vor allem den symbolischen Zusammenhang von Wasser und Leben, übersetzt in einige der hinreißendsten Schöpfungen der barocken Kunst.

Pietro da Cortona, Santa Maria della Pace, 1656–1657
Exemplarisch für die als autonomer Organismus behandelte Fassade, zeichnet sich die Kirche Santa Maria della Pace durch einen halbovalen, aus der Exedra hervortretenden Portikus aus, während sich die Bewegung, die durch die konvexe Form des oberen Teils angedeutet wird, dynamisch den Flügeln mitteilt, die eine kleine fächerförmige Piazza bilden. Santa Maria della Pace zeigt, wie die Architekten des 17. Jahrhunderts vorgingen, um den städtischen Raum durch den geschickten Einsatz der Baumassen und des Lichts zu gestalten und zu verändern.

Piazza Navona
Beispiel für das barocke Konzept des städtischen Raums, realisiert die Piazza Navona den Wunsch Innozenz' X. Pamphili, die Umgebung des Wohnsitzes seiner Familie würdig zu gestalten und zu organisieren. Berninis Flüssebrunnen (1648–1651) im Zentrum des ellipsenförmigen Platzes repräsentiert ein außergewöhnliches Beispiel der Synthese von Natur und Artefakt sowie die Übersteigerung von ephemerem Apparat und Festwerk ins Monumentale. Zur Ausgewogenheit der Komposition, wie sie durch die Aufstellung zweier weiterer Brunnen an den Brennpunkten der Ellipse zustande kommt, trägt auch Borrominis konkav-konvexe Fassade der Kirche Sant'Agnese in Agone (1653–1657) bei, die mit ihrem sehr hohen Tambour und den beiden Türmen einen Kontrast zur horizontalen Ausrichtung der Piazza bildet.

Carlo Maderno, Palazzo Barberini, ab 1625
Von Maderno in den Jahren des Pontifikats Urbans VIII. geplant, wurde der Palazzo Barberini zu Ende geführt von Bernini, dem Borromini zur Seite stand. Der H-förmige Grundriss verrät die Inspiration am Typ der Villa: Die Seitenflügel, die gegenüber dem in durchlichteten Loggien geöffneten Mittelbau vorspringen, verweisen auf die intendierte Wechselbeziehung von Gebäude und städtischem Raum, während der Garten an der Rückseite den städtischen Palazzo enger an die Natur binden soll.

Gian Lorenzo Bernini

1598–1680

Der Architekt der Päpste

Mit den Namen Urban VIII. und Bernini verbindet sich der Gedanke an eine ungewöhnlich lange Zeitspanne und bedeutende Aufgaben; diese Assoziation umschreibt das Optimum dessen, was der römische Barock zu leisten imstande war, um die katholische Kirche und den Triumph des Hauses Barberini zu feiern. Bei seinem ersten offiziellen Auftrag, dem Baldachin für St. Peter, enttäuscht der Architekt nicht: er erschafft einen Raum, verstanden als Schauplatz, und einen künstlerischen Synkretismus, der den Betrachter erstaunt und gefangen nimmt. Bernini lässt hier schon alle seine Fähigkeiten erkennen: die gedankliche Leichtigkeit, die Beherrschung der Techniken und der Materialien, eine nie ermüdende Vorstellungskraft, die profunde Kenntnis der historischen Quellen, der Geometrie und Perspektive.

Mit dem Tod Urbans VIII. im Jahr 1644, dem Innozenz X. aus dem Haus Pamphili auf den päpstlichen Thron folgt, kommt es im kulturellen Kurs der Kirche zu einem abrupten Wechsel. Bezeichnend dafür ist die Ablösung Berninis durch den moralischen Anliegen verpflichteten Rivalen Borromini. Doch der vorübergehende Ausschluss von den großen päpstlichen Aufträgen bedeutet keinen Stillstand der Tätigkeit Berninis, der gerade in diesen Jahren eine Reihe bedeutender Werke schafft, so die Cappella Cornaro und den Palazzo Montecitorio, der, auch wenn er sich am Vorbild des Palazzo Farnese orientiert, über die Konzeption des soliden geometrischen Blockes mit den neuen Effekten der seitlichen Ausbreitung hinausführt – diese Effekte sollten für Berninis spätere Bauten charakteristisch werden. Mit Alexander VII. Chigi setzt das päpstliche Mäzenatentum wieder ein; Bernini kehrt zurück an die Baustelle von St. Peter und steigert sich zur großartigen Schöpfung der Kolonnaden des Petersplatzes. In diesen Jahren entstehen die drei Kirchen, die, konzentriert auf das Thema des Zentralgrundrisses, sein reifes Werk kennzeichnen: San Tommaso di Villanova in Castelgandolfo (1658–1661), die Kirche der Assunta in Ariccia und Sant' Andrea al Quirinale. Sein internationaler Ruhm findet Bestätigung, als Ludwig XIV. ihn 1685 zur Teilnahme am Wettbewerb für die Erweiterung des Louvre auffordert. Doch wurde das grandiose Projekt nie realisiert.

Cappella Cornaro in Santa Maria della Vittoria, Rom, 1647–1652
In der Cappella Cornaro kommt Berninis Vorhaben, das natürliche Licht dienstbar zu machen, zur Reife; zugleich gelingt ihm hier mit endgültiger Sicherheit die Einheit von Architektur, Skulptur und Malerei. Die spektakuläre Figurengruppe der Verzückung der heiligen Therese, Zentrum der Kapelle, lässt sich nicht losgelöst von diesem Raum betrachten, der seinerseits das Schicksal der elastischen Verformung seiner Komponenten à la Borromini erfährt: dem übernatürlichen Geschehen, das sich am Altar vollzieht, sehen die in den seitlichen Logen wie im Theater sitzenden Mitglieder der Familie Cornaro zu.

Die Scala Regia im vatikanischen Palast, Città del Vaticano, 1663–1666
Bei der Scala Regia löst Bernini das Problem der Unregelmäßigkeit des Raums, indem er die Treppe in zwei Läufe teilt und den Absatz mit der Anordnung der Lichtquellen akzentuiert: Der illusionistische perspektivische Effekt verbirgt die reale Verkleinerung des Raums und der Säulenhöhe. Die Erfindung ist genial, vor allem im aufsteigenden Rhythmus der Säulen, auch wenn es an eindeutigen Bezügen zu Borrominis Galerie im Palazzo Spada nicht fehlt.

Kirche der Assunta, Ariccia, 1662–1664
Piazza und Kirche von Ariccia bilden eines der interessantesten und einheitlichsten städtebaulichen Ensembles des europäischen Barock. Die Kirche auf kreisförmigem Grundriss mit vorgelagertem Portikus findet ein Echo in der umgebenden zylindrischen Mauer, die in zwei in Portiken geöffneten Flügeln endet. Bernini bezieht sich mit diesem Bau deutlich auf das Pantheon und auf die Entwürfe, die um 1660 zu dessen Gestaltung einschließlich der Piazza davor entstanden.

Sant'Andrea al Quirinale, Rom, Fassade, 1658–1661
Mit der Fassade von Sant'Andrea al Quirinale nimmt Bernini die Fassadenlösung des Pietro da Cortona auf und stellt die Verbindung zwischen Gebäude und städtischem Umfeld mit einer Exedra und einem konvexen Pronaos her, die zum Betreten der Kirche einladen. Im Inneren erscheinen diese Elemente erneut in der Trennung der elliptischen Aula vom Bereich des Hochaltars, in dem der Architekt durch den geschickten Einsatz von Farbe und Licht verblüffende Wirkungen der Raumerweiterung erzielt.

Die Basilika St. Peter und die Piazza

Vatikanstadt

1504–1657

Die Geschichte der Petersbasilika kreist um die Debatten zur Frage von Zentralgrundriss und basilikalem Schema und um die Versuche, zu einer Synthese beider zu gelangen. Als Julius II. am Anfang des 16. Jahrhunderts beschließt, die Basilika umzugestalten, hat das von Bramante vorgesehene Zentralschema den Vorrang: ein griechisches Kreuz, das zum Vorbild aller späteren Lösungen wird. 1514 stülpt Raffael als Bramantes Nachfolger der in Teilen fertig gestellten Vierung einen longitudinalen Grundriss über, der, als Raffael 1520 stirbt, von Antonio da Sangallo d. J. übernommen wird. Dies macht deutlich, dass die Diskussion um die Gestalt der neuen Peterskirche noch stark von konservierenden Tendenzen geprägt ist, die entschieden das lateinische Kreuz bevorzugen. Ein Zwist, der allem Anschein nach damit gelöst war, dass Michelangelo 1547 auf der Gültigkeit des Zentralgrundrisses beharrte mit der Begründung, ein Abrücken von der ursprünglichen Idee Bramantes sei wie ein Abrücken von der Wahrheit. Sein Projekt für St. Peter enthält wiederum das griechische Kreuz, wobei er dessen räumliche Einheit und plastischen Gehalt mit der aufstrebenden Kraft der Bauglieder erweitert, die in der vertikalen Spannung der nach Michelangelos Tod von Giacomo della Porta vollendeten Kuppel zusammenlaufen und enden; damit findet die Debatte des 16. Jahrhunderts ihren Abschluss. Mit Domenico Fontana und Carlo Maderno als Verantwortlichen für die Kirche und mit Bernini als Gestalter des Vorplatzes beginnt im 17. Jahrhundert eine neue, abschließende Phase der Baugeschichte der Basilika. Madernos Bemühungen um eine Abschwächung der Diskrepanz zwischen der Konzeption Michelangelos und der der gegenreformatorischen Kirche, die hier einen Ort des Kultes sieht, münden in der Ausarbeitung des horizontalen Profils der Fassade – einzige Lösung, die es gestattet, die Kuppel zu bewundern. Die Kolossalordnung sucht den Rhythmus wieder aufleben zu lassen und das plastische Moment abzustufen, ohne dass es ihr gelingt, einer Struktur wiederzubeleben, die sich in die Tiefe entwickeln sollte, hier aber in die Fläche überführt ist.

Gian Lorenzo Bernini, Piazza San Pietro, 1657
Die ellipsenförmige Kolonnade, 1657 von Bernini entworfen, verbindet sich mit der Fassade der Basilika über eine kleinere Piazza, gebildet von zwei übereinstimmenden Flügeln, die dem von Maderno projektierten klassizistischen Entwurf zur größtmöglichen Wirkung verhelfen. Seinen Akzent erhält der große Platz durch den von Domenico Fontana für Sixtus V. errichteten Obelisken und zwei Brunnen an den Brennpunkten der Ellipse.
Berninis Lösung mit der vierfachen Säulenreihe rückt die symbolische Bedeutung der Piazza – die Umarmung der Stadt und der Welt durch die Kirche – unmittelbar vor Augen und verleiht dem Kirchenbau Feierlichkeit. Die Vielfalt der visuellen Eindrücke und die perspektivischen Wirkungen bringen das Verhältnis zwischen der großen Horizontale und der Kuppel Michelangelos ins Gleichgewicht, während der projektierte dritte Arm, der die Piazza wie eine Theaterkulisse geschlossen hätte, niemals realisiert wurde. Die Öffnung der Via della Conciliazione in der Zeit von 1936 bis 1950 hat Berninis Idee unwiderruflich modifiziert.

Carlo Maderno, Peterskirche, Innenraum, 1607
Die Planung zur Fertigstellung der Kirche sah die Anfügung eines längsgerichteten Baukörpers mit Schiffen an die Zentralanlage Michelangelos vor, gedacht als Zugang zur bestehenden Struktur und zum großen Kuppelraum.

FIDES TVA T TV ALIQVAND O
AELORVM TV ES PET
ERIT LIGATVM ET IN COELIS
FIDES
MVNDO

Francesco Borromini

1599–1667

Ein genialer Handwerker

Heiter und brillant ist der Bernini, der in der Aufbruchstimmung des neuen Jahrhunderts in Rom aufwuchs, seines Ausgangspunktes voll bewusst; in sich gekehrt, unversöhnlich, mit einem problematischen Verhältnis zu Kultur und Tradition, ist der Borromini, der seine Ausbildung als Steinmetz in der Mailänder Dombauhütte erhielt und um 1619 nach Rom kam. Borromini, der im reformatorischen Klima des borromäischen Mailand gelebt hatte, arbeitete im Schatten Madernos und Berninis – zu ihm stand er bekanntlich in Rivalität – und war zugleich fasziniert vom Werk Michelangelos, das für ihn mehr wegen der spirituellen Kraft als der formalen Lösungen ein nicht zu übertreffendes Vorbild war. Seine Bestätigung als Architekt fand Borromini außerhalb des päpstlichen Umfelds: 1634 wurde er vom Orden der Trinitarier mit dem Entwurf für San Carlo alle Quattro Fontane beauftragt, in dem das Revolutionäre seines Werkes gebieterisch zum Ausbruch kommt und mit dem er der Architektur eine neue Formenwelt aufnötigt. Borromini entwirft seine Bauten, indem er geometrische Einheiten oder Moduli entwickelt; Beweglichkeit und Komplexität der Ausführung ergeben sich aus der Konzeption des Gebäudes als organisches Ganzes, charakterisiert vom Spiel der Verdichtung und Ausdehnung der in eine räumliche Einheit überführten Kräfte. Er setzt zumeist bescheidene Materialien ein und wertet sie durch seine technische Meisterschaft und das Ethos seines Berufsverständnisses auf: der weiße Putz wird unzählige Male geglättet, der Stuck mit erstaunlicher Virtuosität geformt, die Backsteinwände zeigen eine sehr feine Struktur. Diese Neuerungen sorgten in Rom für Verwirrung, weckten aber auch großes Interesse: Die Palazzi Falconieri und Spada, das Oratorium der Philippiner, die Kirchen Sant'Agnese in Agone, Sant'Ivo alla Sapienza und Sant'Andrea delle Fratte, das Kollegium der Propaganda Fide und die Umgestaltung der Lateransbasilika beweisen, mit welch ungewöhnlicher Freiheit Borromini das traditionelle Repertoire von der Spätantike bis zu Michelangelo, die orientalischen Elemente und die Anregungen aus der Natur handhabt; dabei kommen alle Komponenten seines künstlerischen Werdegangs zum Tragen.

Ovale Treppe des Palazzo Barberini, Rom, 1632
Im Palazzo Barberini führt Borromini eine Reihe von Neuerungen ein, um die von Maderno und Bernini liegen gelassenen Probleme zu lösen. Auf ihn gehen die axiale Reihung der verschiedenen Gebäudeteile und vor allem die Verknüpfung des großen Vestibüls mit einer Treppe sowie die Verschmelzung dieses Vestibüls mit dem angrenzenden ovalen Raum zurück.

Perspektivische Galerie, Palazzo Spada, Rom, 1635
In der in ihrer Art einmaligen Galerie des Palazzo Spada arbeitet Borromini mit perspektivischer Verkleinerung: Mit der Kolonnade und dem kassettengeschmückten Tonnengewölbe, die eine reale Länge von 8,60 m haben, täuscht er eine Raumtiefe von 37 m vor. Diesen perspektivischen Illusionismus hat er mit großer Wahrscheinlichkeit vom Chor Bramantes in Santa Maria presso San Satiro in Mailand übernommen.

Sant'Andrea delle Fratte, Rom, Tiburio und Campanile, 1653–1656
Borrominis Interesse am dialektischen Verhältnis der im Inneren wirkenden Kräfte zu ihrer Ausdehnungstendenz und zu den außen wirkenden verdichtenden Kräften zeigt sich im unvollendeten Tiburio von Sant'Andrea delle Fratte, bei dem die traditionelle, statische, geschlossene Form in eine dynamisch ausstrahlende, organische Form übergeführt ist. Die genial revolutionären Lösungen der Außenbauten Borrominis wirken wie Regelübertretungen gegenüber den gewohnt beruhigenden Formen der römischen Kuppeln. Der Campanile ist ein urbaner Fixpunkt, dessen Anblick sich je nach dem Standpunkt des Betrachters verändert.

San Carlo alle Quattro Fontane, Rom, Kreuzgang, 1634
Die kompakte, an inneren Spannungen reiche Raumeinheit des winzigen Kreuzgangs ist einem außergewöhnlich freien Umgang mit der architektonischen »Ordnung« zu verdanken. Die traditionellen Elemente wie die Serliana, das Verhältnis von Säule und Pfeiler und der rechteckige Grundriss der Renaissancehöfe folgen hier einer Syntax, die das Konzept des Raums als ununterbrochenes, dynamisches Kontinuum erneuert: Hier sei nur auf den Ersatz des rechten Winkels durch die gewölbte Fläche und auf den ungewöhnlichen Rhythmus hingewiesen, dem sich die Sequenz der Serlianen fügt.

Francesco Borromini

Sant'Ivo alla Sapienza in Rom

1642–1662

Schon 1632 berufen, um die von Pirro Ligorio und Giacomo della Porta begonnenen Arbeiten zum Abschluss zu bringen, konnte Borromini nicht vor 1642 selbst Hand an die Kirche legen, die, 1650 im Mauerwerk so gut wie fertig, erst 1662 vollendet war.
Wie in San Carlino geht der Architekt auch hier vom Zentralgrundriss aus, greift dann allerdings ein geometrisches Schema auf – in der italienischen Bautradition ist es ungewöhnlich und wahrscheinlich von der spätantiken Architektur inspiriert –, das auf der Verschränkung zweier gleichseitiger Dreiecke basiert, die eine sechseckige Sternform mit gemischtlinigem Profil bilden. Konkave Enden statt der Spitzen an dem einen und konvexe Enden am anderen Dreieck bewirken ein komplexes, dynamisches Spiel von einander im ganzen Kirchenraum abwechselnden und begegnenden Elementen. Dennoch bewahrt der Raum seine Homogenität und Einheit dank der großen Lisenen der Umfassungswand, bekräftigt durch die klare Entwicklung des mächtigen Gesimses, des Auflagers der Kuppel, die den Baukörper der Kirche ohne vermittelnde Elemente schließt. Hier erscheint ebenfalls das Sternmotiv, kühn in die Höhe getrieben, bis es in der geometrischen Reinheit des Rings, über dem die Laterne sich erhebt, aufgeht und zur Ruhe kommt.
Am Außenbau konzentriert sich Borrominis Interesse auf die Kuppel unter einem hohen Tambour, die ihre Konvexität der Konkavität des Halbkreises entgegensetzt, der den in Portiken geöffneten Hof des 16. Jahrhunderts abschließt und den Verlauf der Kirchenfassade zu definieren hat. Sant'Ivo muss als Borrominis Hauptwerk angesehen werden, als derjenige Ort, an dem sein Stil mit dem Einsatz aller ihm zu Gebote stehenden formalen und technischen Mittel zu seinem Höhepunkt findet. Seine symbolische Struktur – sie verweist auf die Biene, das Wappentier der Familie Barberini – legt sich in einem vertikal-dynamischen Spiel von Expansion und Kontraktion, das nicht wenige Ähnlichkeiten mit gotischen Strukturen hat, über den umgebenden Raum. An Sant'Ivo wird deutlich, dass Borromini sich seine Anregungen eher aus der mittelalterlichen Kunst des Nordens geholt hat als aus der römischen Kunst seiner eigenen Zeit.

In Sant'Ivo vereinheitlicht Borromini das architektonische System mit Hilfe des gemischtlinigen Umrisses der Kuppelbasis, Spiegel des Grundrisses, der einem Kreis entspricht, während die dekorativen Motive eine kontinuierliche Höhenbeschleunigung der Bauglieder suggerieren. Die Segmente dieser außergewöhnlichen Erfindung sind von Licht durchdrungen, das den Weißton des Wandverputzes und Stuckdekors hervorhebt. Am Außenbau präsentiert sich das obere Ende der Kuppel getreppt und von Strebekonstruktionen bestimmt, die den Vertikalschwung der Laterne und der fantastischen spiraligen Bekrönung vorbereiten. Entlang dieser Spirale und weiter in Richtung des luftigen Metallkäfigs suchen die Energien des Bauwerks sich ihren Weg in den Himmel – ein Anblick, der im von den großen Rundkuppeln geprägten Panorama der Stadt verblüffend gewirkt haben muss.

Turin

Ende 16. – 17. Jahrhundert

Eine neue Kapitale zwischen Rom und Paris
Das Wachstum Turins im 17. Jahrhundert ist in der barocken Baukunst Italiens ein nahezu einmaliges Phänomen; es schafft mit dem Programmumfang, mit der Qualität der Bauten und dem Prestige der Architekten die Vorbedingungen für die große Architektur des 18. Jahrhunderts. Erweiterung und Umgestaltung, gefördert durch das Königshaus von Savoyen, machen die Absicht deutlich, Turin als Ort der Synthese der beiden großen kulturellen Zentren des späten 17. Jahrhunderts zu positionieren: Rom und Paris. Von Ascanio Vitozzi stammen die Entwürfe für die Piazza Castello und für die Öffnung der Via Nuova (1584), die dem städtischen Raum nach einem in Frankreich entwickelten Muster Homogenität in Gestalt von Reihen uniformer Fassaden verleihen sollen. Carlo di Castellamonte realisiert 1620 einen weiteren Entwicklungsplan, der dem Schachbrettmuster des alten Stadtkerns folgt in der Gestaltung des großen rechteckigen Areals der Piazza Reale, einer Anlage, die mit der 1673 unter seinem Sohn Amedeo erfolgten Erweiterung noch eine Aufwertung erfährt. Die Rationalität der Planung und die herausgehobene Rolle dieser Piazza verweisen auf transalpine Vorbilder, was sich auch mit der Orientierung der Savoyer am politischen Modell der französischen Monarchie erklärt. Regelmäßigkeit, Symmetrie und Dekor kennzeichnen das Turiner Baugeschehen dieser Zeit, das die symbolischen und repräsentativen Aspekte hervorhebt. In diesem Kontext kommt es zu den Kuppeln des Guarino Guarini – mit ihnen beschwört der Mathematiker-Architekt die Unendlichkeit des Raums – und zu zwei Schöpfungen, die geeignet sind, den städtischen Raum aufzuwerten: die trimphale Porta Po (1676, zerstört) als Eingangstor in die Stadt und der Palazzo Carignano. In Guarinis Werk zeigt sich in vielerlei Hinsicht die Kenntnis Borrominis, auch wenn er dazu neigt, die Einheit des Raums aufzubrechen, indem er ihn als Vereinigung unabhängiger Raumzellen komponiert (*ars combinatoria*), woraus sich ein ständiger Überraschungs-, ja beinahe Desorientierungseffekt ergibt. Ein ausgeprägter Sinn für Geometrie, ständige symbolische Anspielungen, Hinweise auf Bauten, die in Italien ungewöhnlich anmuten, verbinden sich mit dem mathematischem Denken, der strukturellen Strenge und dem soliden Fachwissen des Ingenieurs.

Guarino Guarini, Palazzo Carignano, 1679–1685
Guarini erneuert das traditionelle Palastschema, indem er einen großen elliptischen Raum auf der Längsachse einführt. Die Fassade, bewegt vom fließenden Spiel konkaver und konvexer Partien, präsentiert eine prachtvolle Oberfläche aus Ziegelsteinen, deren dekorative Details mit handwerklicher Meisterschaft ausgeführt sind.

Guarino Guarini, Dom, Cappella della Sindone, 1667–1690
Konzipiert von Amedeo di Castellamonte für die Aufbewahrung der kostbarsten Reliquie der Christenheit, des Grabtuchs Christi, wurde die Kapelle von Guarini umgestaltet. Er ersetzte das ursprüngliche Kreisschema durch ein Dreiecksschema, über dem sich, vermittelt durch Pendentifs, der Tambour der Kuppel erhebt. Darüber entwickelt sich die großartige Fantasie einer konischen Kuppel, deren dynamische Formen sich, um einen Mittelpunkt kreisend, nach oben schrauben.

Guarino Guarini, Kuppel von San Lorenzo, 1678–1679
Noch komplexer ist das oktogonale Schema von San Lorenzo. Hier tragen kühn frei stehende Säulen eine Kuppel, die von einem System sternförmig ineinander verflochtener Rippen gebildet wird und zu einer weiteren, kleineren Kuppel überleitet. Guarini ersetzt hier die Kalotte durch eine diaphane Kuppel, die auf gotische Kenntnisse zurückgeht und mit ihrer Lichtfülle den Eindruck eines unendlichen Raums hervorruft.

Die Erschaffung eines nationalen Stils

Im barocken Frankreich werden Stadtplanung und Architektur zur Metapher der absolutistischen Macht. Die Place des Vosges, der Invalidendom, die Fertigstellung des Louvre und die Erweiterung des Schlosses in Versailles sind nur einige der spektakulärsten Vorhaben dieser Epoche. Ihre Kohärenz, ihr ökonomischer und organisatorischer Aufwand und ihre künstlerische Qualität machen die französische Architektur innerhalb weniger Jahrzehnte zur führenden in Europa. Im Einklang mit der zentralistischen Staatsmacht werden Paris und der Hof zu Förderern einer Entwicklung, in der auch das private Palais sich am königlichen Vorbild orientiert. Die Architektur wird zum Ausdruck einer stark hierarchisierten Gesellschaft und orientiert sich ihrerseits in zwei Richtungen: hin zum Klassizismus, der für Repräsentationsbauten als am besten geeignet angesehen wird, und zum Rokoko, dem man die dekorativen Aufgaben zuweist.

Unter Ludwig XIV. verlagert sich die Aufmerksamkeit auf die Verschönerung des Stadtbildes, das stark von ideologischen und symbolischen Inhalten geprägt ist. Vorangetrieben wird diese Staatskunst durch die Gründung der Académie d'Architecture im Jahr 1671. Protagonisten dieser Zeit sind Salomon de Brosse, François Mansart und Louis Le Vau, die neue Vorstellungen für die ländlichen Residenzen entwickeln, bei denen die unterschiedlichen Lösungen stets von einer kompositionellen Strenge in Schach gehalten werden, die die Spannungen in so vielen Beispielen der zeitgenössischen Architektur negiert. Die Zurückweisung des Barocks, eine eher ideologisch bedingte Zurückweisung, wird daran deutlich, dass man auf das 1665 von Ludwig XIV. an Bernini vergebene Projekt der Fertigstellung des Louvre verzichtet: den dynamischen Fassaden des römischen Architekten wird eine strenge, von Louis Le Vau und Claude Perrault entworfene Kolonnade klassischer Prägung vorgezogen.

In der Sakralarchitektur gibt es keinen so innovativen Schub. Die Bemühungen um repräsentative und urbanistisch relevante Formen beschränken sich auf traditionelle Modelle. Nur sehr langsam bildet sich eine eigene Form der barocken französischen Kirche heraus, die ihre Vollendung in der starken und dominanten Raumgestalt der Kuppel findet.

Jules Hardouin Mansart, Invalidendom, Paris, 1675–1706
Von Ludwig XIV. in Auftrag gegeben, verkörpert diese Kirche eine perfekte Synthese von Monumentalität und Eleganz, von klassischen und barocken Elementen, wie sie für die offizielle Kunst Frankreichs typisch sind. Die imposante Kuppel, die sich an Michelangelos Kuppel von St. Peter orientiert, besitzt eine doppelte Kalotte, die im Inneren dank unsichtbarer Fenster für Raumeindrücke von höchster Qualität sorgt. Die starke Dynamik kulminiert in einer Laterne, der eine Art Fiale aufgesetzt ist: eine originelle Zusammenführung von klassischer Raumauffassung und gotischem Streben nach Vertikalität. Das Projekt Mansarts sah auch die Errichtung zweier als Viertelkreise geführter, Berninis Piazza San Pietro entlehnter Flügel vor, die nie ausgeführt wurden.

Louis Le Vau, Schloss Vaux-le-Vicomte, 1656–1661
Nach alter Art von Wassergräben umgeben, öffnet Vaux-le-Vicomte sich auf die prächtigen Gartenanlagen André Le Nôtres, die den Beginn des für den französischen Garten typischen Zusammenhangs von Architektur und Landschaft markieren. Das ganz ungewöhnlich Neue an Vaux-le-Vicomte sind, auch wenn sich sein Grundriss am Palazzo Barberini orientiert, die Situation »zwischen Hof und Garten« und die Verbindung zur umgebenden Landschaft. Die sukzessive Öffnung des Schlosses von den landwirtschaftlichen Gebäuden zum Ehrenhof und vom Vestibül zum großen Salon, der sich seinerseits zur Natur hin öffnet, wird in der Folge zum festen Bestandteil der Planung jeder Art von Repräsentationsbau.

Salomon de Brosse, Palais du Luxembourg, Paris, 1615–1624
Mit dem Palais du Luxembourg revolutioniert De Brosse den herkömmlichen Typ des herrschaftlichen Wohnbaus, indem er ein *corps-de-logis* mit Eckpavillons, seitlichen Baukörpern und einem niedrigeren Eingangsflügel plant, dessen Zentrum von einer Kuppel überwölbt ist. Die Gliederung der Baukörper ist klar und kräftig, die Dächer heben nach französischer Tradition die einzelnen Volumina hervor und vereinigen sie zugleich. Neu ist auch die Disposition im Inneren: Die Pavillons nehmen mit ihren Appartements die zukünftige Raumaufteilung im Sinne größerer Bequemlichkeit und Funktionalität schon vorweg.

Die Place Royale

17. Jahrhundert

Die neue Stadtplanung in Paris
Nach dem durch die Religionskriege verursachten Stillstand markiert die endgültige Übersiedlung des Hofs nach Paris auch die Wiederaufnahme der Bautätigkeit. Unter dem wachsamen Auge der Behörden und vor dem Hintergrund eines ausgeprägten Spekulationswesens wird die Transformation des städtischen Raums einer Reihe großer Bauvorhaben anvertraut, die singuläre neue Elemente präsentieren. Mit den urbanistischen Maßnahmen Heinrichs IV. beginnt die goldene Zeit der französischen Architektur, die sich an den schon im Rom Sixtus' V. befolgten Modellen orientiert: Die Aufmerksamkeit konzentriert sich auf die Organisation einer neuen, modernen Stadt als Abbild der Macht des Souveräns. Allerdings geht man in Paris nicht von einem allgemeinen urbanistischen Konzept aus, sondern von monumentalen Einzelbauwerken, die sich mit der Zeit zu einer systematischen Struktur verbinden.
Die Neudefinition der Stadt gründet auf zwei höchst originellen Organismen: auf der Place Royale (heute Place des Vosges) im Herzen des Wohnviertels der Hauptstadt, des Marais, und der Place Dauphine am Ende der Ile de la Cité. Die strenge Geometrie der Place Royale repräsentiert den Prototyp dieser urbanistischen Struktur. Die neuen Wohnbauten aus Stein und Ziegeln legen die Parameter des bürgerlichen Wohnens in der Stadt fest. Neu ist aber vor allem das per Dekret festgelegte einheitliche Fassadenschema, das einen Rahmen für den weiten öffentlichen Raum bereitstellt, der seinerseits nach funktionalen Grundsätzen gegliedert ist: Fußgängerverkehr, Geschäftsverkehr, Portiken und Gärten. Die individuelle Fassadengestaltung wird also ersetzt durch die barocke Tendenz zur einheitlichen Definition des Raums, dessen Mittelpunkt die Statue des Königs ist: eine Konzeption von großer perspektivischer Wirkung, entlehnt vom römischen Kapitol, wo der erste Monarch von Gottes Gnaden im Zentrum eines Raums steht, der den Mittelpunkt der Welt symbolisiert. Das gleiche Grundprinzip bestimmt die Place des Victoires (1682–1687), es setzt sich auch im übrigen Europa durch. Um 1610 repräsentiert die Place de France die erste sternförmige Anlage der barocken Stadtgestaltung – acht Straßenstrahlen laufen auf ein Tor zu.

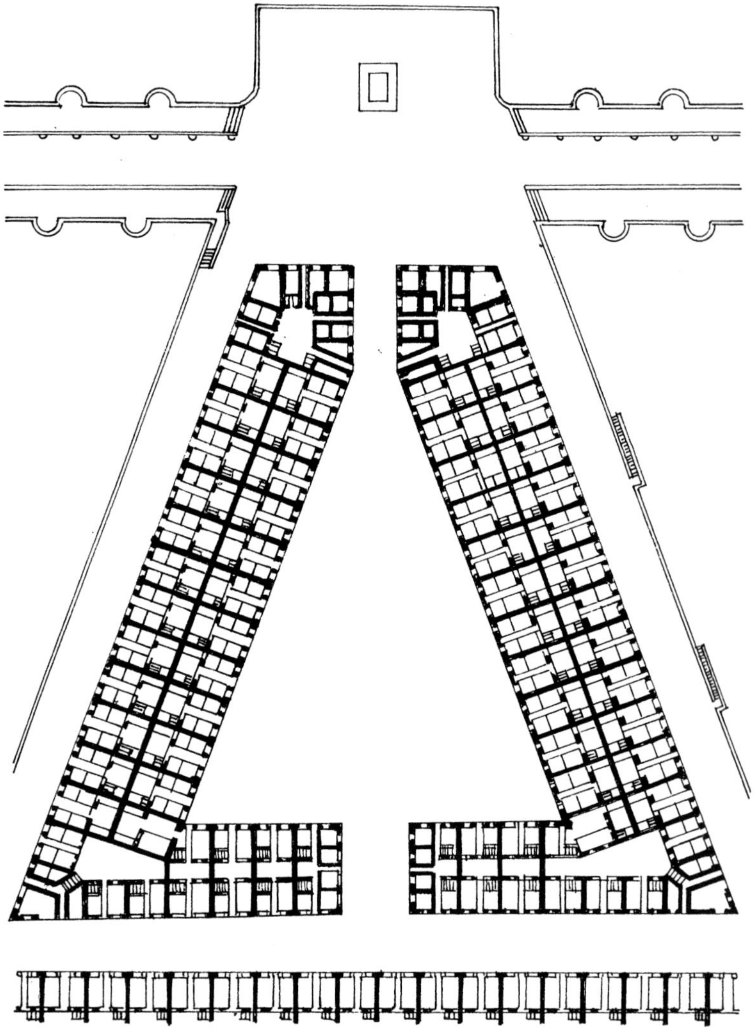

Place Dauphine, Paris, Grundriss, 1607
Die Place Dauphine auf der Ile de la Cité zeugt von einer fortgeschrittenen praktischen wie theoretischen Überlegung: Die Dreiecksanlage in strategischer Position wird zum Ausgangspunkt eines Straßensystems, das die ganze Stadt überziehen soll und zugleich die Funktion der Seine als Rückgrat der sich ausdehnenden Stadt verdeutlicht. An der Kreuzung der Querachse des Pont Neuf mit dem von der Achse des Platzes und den beiden zusammenlaufenden Gebäudezeilen gebildeten Dreistrahl wird die Statue Heinrichs IV. als perspektivischer Fixpunkt der gesamten Stadt aufgestellt.

Place Vendôme, Paris, 1689
Jules Hardouin Mansart, der offizielle Hofarchitekt, prägt wie kein anderer das Erscheinungsbild der französischen Architektur des späten 17. Jahrhunderts. In Anlehnung an die Tradition der Place Royale erschafft er zwei neue Brennpunkte in Paris: die runde Place des Victoires (1682–1687) und die Place Vendôme, an deren Peripherie ursprünglich königliche Institutionen ihren Platz finden sollten.

Place des Vosges, Paris, 1604–1612
Angelegt 1604 auf dem König gehörenden Grund, präsentiert die Place des Vosges sich in quadratischer Form, der die diskrete Eleganz der nur von zwei Zugangsstraßen unterbrochenen Randbebauung entspricht. Deren rhythmische Folge beleben die Materialien: der weiße Stein, der das architektonische Gerüst zeigt, der »Vorhang« aus Ziegelsteinen und die Dächer in Schiefer. An der Gliederung der Hausfassaden sind die Nutzungseinheiten ablesbar, im Erdgeschoss der Laden, in der Beletage die Wohnung, im Dachgeschoss die Räume für die Dienerschaft. Die symmetrische Anordnung des Pavillon du Roi an der Nord- und des Pavillon de la Reine an der Südseite verleiht dem Platz eine eindeutige Ausrichtung; für das Zentrum war die von Richelieu beauftragte Reiterstatue Ludwigs XIII. (1639) bestimmt.

Die Typologie des Wohnbaus in Frankreich

In Paris entsteht mit dem *hôtel particulier* ein neues aristokratisches Wohnmodell. Der Adel und das gehobene Bürgertum wetteifern in der Errichtung von Wohnbauten, die ungeachtet ihrer privaten Bestimmung immer einen öffentlichen Charakter annehmen. Im Gegensatz zum italienischen Palazzo, der in der geschlossenen Straßenfront steht, verbindet sich das *hôtel particulier* über einen halboffenen, von zwei niedrigen Flügeln mit Wirtschaftsräumen umgebenen Hof, die *cour d'honneur*, mit seinem städtischen Umfeld, wobei der Wohntrakt parallel zur Straße, aber entfernt von ihr steht.

Das *hôtel particulier* wurde übernommen von den Landschlössern und ist gefiltert durch diverse vorausgegangene Formen wie das Hôtel de Cluny oder die Grande Ferrare, die Residenz des Kardinals von Ferrara, die, 1546 von Serlio entworfen, die Form des herrschaftlichen Wohnens in der Stadt für mehr als ein Jahrhundert festlegte. Es erweist sich mit seiner Anpassung an die Unregelmäßigkeit der zu bebauenden Areale als besonders flexibel und ermöglicht Architekten wie Mansart, Le Vau und Le Pautre das Experimentieren mit Grundrissen, in denen Korridore und Vorräume allmählich eliminiert werden zugunsten der Verschachtelung unterschiedlicher Räume. Am Ende dieser Entwicklung stehen die theatralischen Enfiladen. In der Regel entfällt jetzt die Achse zwischen Hofseite und Garten, was häufig durch die Verdoppelung des Innenhofs kompensiert wird. Die repräsentativen Aufgaben sind vor allem dem Vestibül und dem Treppenhaus zugedacht, die auf den übrigen Wohnbereich vorbereiten.

Parallel zu dem stetig steigenden Wohnstandard in den Häusern und besonders in den *hôtels particuliers* manifestiert sich im Lauf des 17. Jahrhunderts ein steigendes Interesse an Räumen, die speziellen Zwecken zu dienen haben.

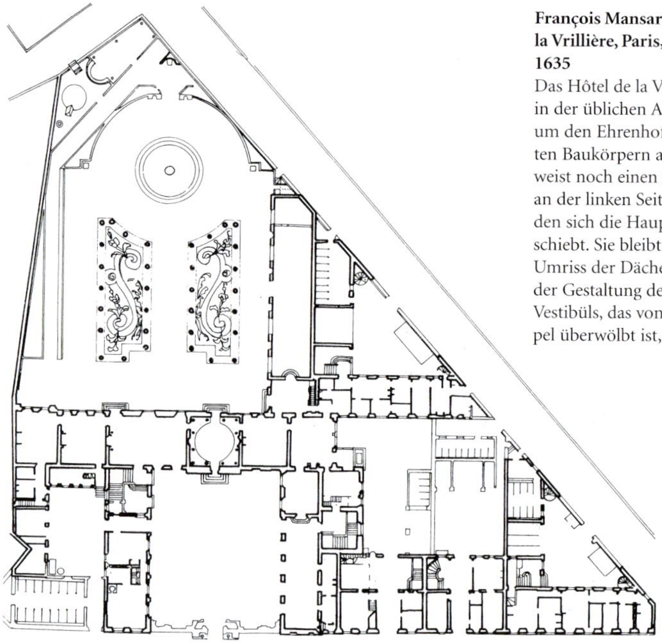

François Mansart, Hôtel de la Vrillière, Paris, Grundriss, 1635

Das Hôtel de la Vrillière, zwar in der üblichen Art mit drei um den Ehrenhof angeordneten Baukörpern angelegt, weist noch einen zweiten Hof an der linken Seite auf, durch den sich die Hauptachse verschiebt. Sie bleibt aber am Umriss der Dächer und an der Gestaltung des prächtigen Vestibüls, das von einer Kuppel überwölbt ist, erkennbar.

Antoine Le Pautre, Hôtel de Beauvais, Paris, 1652–1655
Le Pautre nutzt hier ein unregelmäßig geformtes Areal geschickt aus: Er betont die Achse von der Entrada in den Hof dadurch, dass die seitlichen Mauern, mit einer Kolossalordnung versehen, in einer Ädikula zusammenlaufen. Zugleich wird das Hofareal mit seinen unterschiedlich gerichteten Fronten von einem stark vorspringenden Gesims von großer plastischer Qualität und Dynamik umschrieben.

gegenüberliegende Seite
Louis Le Vau, Hôtel Lambert, Paris, 1640–1644
Der Bau, für Nicolas Lambert auf der Ile de la Cité errichtet, passt das gewohnte Schema geschickt einem Grundstück von nicht allzu großer Tiefenausdehnung an. Ein dorisches Gebälk, das den gesamten Hofbereich einfasst, signalisiert Kontinuität, ein Eindruck, der von den abgerundeten Ecken der Fassade verstärkt wird. Le Vau konzipiert hier eine höchst innovative Anordnung, um der geringen Grundstückstiefe zu entsprechen, er ordnet den Garten zu Seiten des Ehrenhofs an statt auf der Achse Portal-Hof-Wohnbau. Im Dekor der Fassade verbinden sich französische Eleganz und römische Monumentalität: Dominierendes Motiv ist die Kopfseite mit der Treppe und den frei stehenden dorischen Säulen im Erdgeschoss. Die Gartenfassade präsentiert eine verblüffende Erfindung: die Fenstertür, die zum charakteristischen Element des französischen Palais werden sollte.

Louis Le Vau und Jules H. Mansart

Schloss Versailles

1661 – 1698

Als Ausdruck des Absolutismus des 17. Jahrhunderts und unumgängliches Vorbild für alle europäischen Höfe bis zum Ende des 18. Jahrhunderts repräsentiert Versailles, begonnen 1661 rund um ein Jagdschloss Ludwigs XIII., den Willen zur Selbstverherrlichung und den Geschmack der Epoche Ludwigs XIV. Zugleich bildet es den Höhepunkt des europäischen Schlossbaus in Größe, Prachtentfaltung und Modernität der Konstruktion, aber auch im Hinblick auf die Inszenierung absolutistischer Macht.

Mit der Leitung des Unternehmens wird Louis Le Veau betraut. Auf ihn gehen der Mittelteil des Palastes, die beiden Flügel des Hofs, die *cour d'honneur*, die die von Paris herführenden Straßen aufnimmt, die Gartenfassade und das unübliche flache Dach »all'italiana« zurück, Letzteres vielleicht in Anlehnung an Berninis Entwurf für den Louvre. Mit der Berufung des gleichen Architekten, der schon am revolutionären Schloss Vaux-le-Vicomte tätig gewesen ist, will man die enge Verbundenheit mit der Natur und das Konzept »entre cour et jardin« (»zwischen Hof und Garten«) hervorheben, das seinen Niederschlag hier in dem axialen System und in der Gestaltung des Parks findet.

Die Verlegung des Hofs und des gesamten Regierungsapparats in das Schloss Versailles (1667) setzt eine gigantische Umplanung in Gang, mit der Mansart betraut wird, der den Komplex durch Einfügung des großen Eingangshofs und der beiden langen Flügel im Norden und Süden des Hauptbaus vergrößert. Auf ihn geht ferner die Schließung der gartenseitigen Fassade mit der Einrichtung der berühmten Spiegelgalerie in der Beletage zurück, die, obwohl typologisch von Fontainebleau und englischen Lösungen beeinflusst, in Bezug auf ihre Monumentalität alles übersteigt, was bis dahin gebaut worden ist. Der Gigantismus von Versailles bestätigt das architektonische Thema der »Größe an sich«, ein simples System der Wiederholung, rhythmisiert durch die großen Fenster, das die Grundüberzeugungen des Barocks zum Ausdruck bringt und den inneren, symbolischen Fixpunkt des gesamten Gebäudes im Bett des Souveräns erkennt.

Von fundamentaler Bedeutung für die Planung des Schlosses ist der enge Bezug zum Park, der wie das Schloss selbst dem Zeremoniell und den Repräsentationsbedürfnissen des Königs dient. Für den Zeitvertreib der Angehörigen des Hofs bestimmt, bildet er die natürliche Kulisse für zahllose Feste mit dem für die Barockkunst typischen engen Zusammenhang von Fest und Bauwerk, Vergänglichem und Nichtvergänglichem. Das Schloss ist von Anfang an als Fixpunkt eines urbanistischen Systems und der Neuplanung der Landschaft konzipiert. In diesem Sinne ist seit 1662 André Le Nôtre tätig, der Erfinder des Französischen Gartens. Der Park von Versailles bewahrt die Symmetrie des italienischen Gartens, bedient sich aber eines Netzes axialer Wege, die, scheinbar ins Unendliche führend, gegliedert sind von *rond-points*, Pavillons, Baumarchitekturen, plötzlichen Verbreiterungen, Treppen, Terrassen, Wasserspiegeln und monumentalen Brunnen, die die Raumwahrnehmung und den Eindruck des Wunderbaren verstärken.

Die endlos lange Spiegelgalerie, zwischen 1678 und 1684 von Mansart entworfen, erhält ihre Lichtfülle von den großen Fenstertüren, denen auf der gegenüberliegenden Seite ebenso viele Spiegel antworten. Den Spiegeln, die die Wandmalerei vollständig ersetzt haben, kommt die äußerst wichtige, in ihrer Wirkung »spektakuläre« Funktion zu, das Licht zu reflektieren und zu multiplizieren. Der Dekor, die Deckengemälde mit der Apotheose des Königs, der vielfarbige Marmor, die vergoldeten Bronzen, stammt in seiner Zusammenstellung von Charles Le Brun, der hier den Höhepunkt der Ausdrucksmöglichkeiten der französischen Barockkunst erreicht.

Der englische Klassizismus

17. Jahrhundert

Inigo Jones und Christopher Wren

In England setzt sich um 1620 eine ausgesprochen klassizistische Formensprache durch. Inigo Jones, Kenner der italienischen Architektur, errichtet Bauten, die von einer für das Idealbild der Klassik typischen Regelmäßigkeit, Symmetrie und Einfachheit geprägt sind und sich dem Charakter der vielschichtigen, pluralistischen englischen Gesellschaft gut anpassen. Mit dem Hof als Auftraggeber filtert er die palladianischen Themen durch die Erinnerung an den französischen Klassizismus und interpretiert sie im Blick auf eine »neutrale« Architektur, die die antiken Ordnungen und ihre räumliche Verbindung im Sinne einer Sprache von immerwährender Gültigkeit einsetzt. Der Bürgerkrieg und der große Londoner Brand des Jahres 1666 bedeuten das Ende der englischen Architektur des 17. Jahrhunderts. Christopher Wrens Plan für den Wiederaufbau der Stadt sieht perspektivische Achsen und Fixpunkte in Gestalt von Plätzen vor. Der ab 1670 einsetzende Wiederaufbau von 51 Kirchen der City markiert eine wichtige Etappe in der Geschichte der modernen englischen Architektur. Für Wren ergibt sich mit dieser Aufgabe die Möglichkeit, die diversen, klassischen, gotischen, barocken, Quellen flexibel, frei und bis an die Grenzen des Eklektizismus auszuschöpfen. In diesen Kirchen gelangt er zu Hypothesen, die dann ihre vollendete Umsetzung im Bau der St.-Pauls-Kathedrale finden.

Inigo Jones, Banqueting House in Whitehall, London, 1619–1622
Das Thema der römischen Basilika wird von Jones für das Banqueting House in monumentaler Auffassung herangezogen: Er konzipiert einen zweiachsigen und zweistöckigen Saal, der von zwei Reihen Säulen gegliedert wird. Zwischen den im Inneren verwendeten Ordnungen und dem Außenbau ergibt sich ein raffiniertes Spiel der Korrespondenzen: Doppelpilaster markieren die Ecken, die drei mittleren Joche sind durch Säulen akzentuiert. Diese harmonische Gliederung sitzt auf einer manieristisch wirkenden Rustika, die ihre kontrastierende Funktion allerdings eingebüßt hat.

Christopher Wren, Greenwich Hospital, London, ab 1695
Unter den von Wren entworfenen öffentlichen Gebäuden ragt Greenwich Hospital aufgrund seiner gelungenen Synthese von barocker Bühnenwirksamkeit und klassischer Nüchternheit heraus. Inigo Jones' Queen's House dient als Abschluss der langen perspektivischen Achse, die durch die Öffnung der breiten Straße zwischen den Kolonnaden und dem an der Themse gelegenen Garten entsteht.

Christoper Wren, St. Stephen Walbrook, London, 1672–1687
St. Stephen besitzt eine abgeflachte Kuppel über einem von Säulen gebildeten Oktogon, das in einen rechtwinkligen Baukörper eingestellt ist. Damit ergibt sich eine einfache, originelle Synthese aus Longitudinal-, Zentral- und Kreuzschema, die Murray als »architektonisches Äquivalent des anglikanischen Kompromisses zwischen calvinistischer Strenge und dem Glanz des barocken Rom« bezeichnet.

Inigo Jones, Queen's House, Greenwich, 1615–1635
Das erste interessante Gebäude von Inigo Jones ist ein kompakter Kubus, der sich mit dem rustizierten Erdgeschoss, der ionischen Ordnung der gartenseitigen Loggia und dem flachen Dach erkennbar an klassizistischen italienischen Vorbildern orientiert. Die hohen Fenster und die gelängten Proportionen muten dagegen nordisch an und bewirken eine verhaltene Spannung, an der auch eine gewisse Betonung der Hauptachse teilhat.

Christopher Wren

St. Paul's Cathedral, London

1675–1710

Die Paulus-Kathedrale, die als einziges Fragment des nach dem Brand von 1666 von Christopher Wren ausgearbeiteten Wiederaufbauplans überlebt hat, ist eine Synthese barocker Elemente – Fassadentürme, Nischen, Scheinperspektiven –, die in einen von der großen Kuppel beherrschten klassizistischen Kontext eingebunden sind. Analog zu seinen 1672 in St. Stephen Walbrook unternommenen Experimenten zielt Wren im ursprünglichen Entwurf, der 1673 datiert und in dem in der Kathedrale aufbewahrten Holzmodell großartig wiedergegeben ist, auf die monumentale Synthese eines zentralen Hauptraums – er ist von Michelangelos Entwurf für St. Peter in Rom abgeleitet –, auf den sich kleinere, längs der Diagonalen angeordnete überkuppelte Raumeinheiten öffnen, in Übereinstimmung mit dem barocken Anliegen des integrierten Raums. Doch während Michelangelos Plan geschlossen und zentripetal war, stellt Wren mit Hilfe konkaver Mauern einen aktiven Bezug zwischen der Raum-Masse und dem äußeren Umfeld her und führt mit dem überkuppelten Vestibül und dem klassischen Portikus eine Längsachse ein. Das Projekt wurde allerdings vom Londoner Klerus nicht akzeptiert: die 1675 vorgeschlagene endgültige Lösung ist eine Kombination aus kreuzförmigem Longitudinalschema und einem zentralen Bereich mit einer Kuppel, die wie in St. Stephen auf einem Ring von Arkaden sitzt.
Mit der Monumentalität sowohl des Innenraums als auch des Außenbaus ist die Kathedrale eine der bedeutendsten Schöpfungen der englischen Barockarchitektur, ein Bau, der in der erkennbaren Absicht, mit St. Peter zu rivalisieren, interessante neue Lösungen vorstellt. Das Genie Wrens bringt alle formalen und strukturellen Elemente von der Gesamterscheinung bis zu den kleinsten Details in einem fließenden, harmonischen Entwurf unter, der im Panorama des Himmels über London seinen Auftritt hat.

Die Fassade erhält ihr Gewicht durch eine doppelte Loggia mit Zwillingssäulen und gipfelt in einem klassizistischen dreieckigen Tympanon; die harmonische Abstimmung mit den beiden seitlichen Türmen ergibt sich aus einer barocken Überschneidung, anschaulich gemacht durch die Pilasterpaare. Die Bekrönung der Türme durch die an Borromini erinnernden Aufbauten hat allerdings einen falschen Klang. Die großartige klassische Kuppel, erkennbar von Palladio beeinflusst, repräsentiert die Ideale der englischen Architektur dieser Zeit; die den Tambour umgebende Kolonnade mit ihren starken Helldunkelwerten ist allerdings ganz und gar barock. Die außergewöhnliche Weite des Mittelschiffs und der Seitenschiffe löst sich dank der geschickten Führung des Lichts, das üppig durch die Fenster des Tambours einfällt und die Raumeinheiten neu komponiert, in der Vierung auf.

Sizilien an der Peripherie des Barocks

1693–ca. 1800

Das Erdbeben von 1693

Das Erdbeben, das am Ende des 17. Jahrhunderts große Teile des Südostens von Sizilien zerstörte, traf eine Region ins Herz, die mit wirtschaftlichen Schwierigkeiten und infolge der Krise der spanischen Herrschaft mit einer sich ständig verschlechternden politischen Situation konfrontiert war. Die verantwortlichen adligen Familien Siziliens und die spanische Regierung machten sich als erstes an den Wiederaufbau, der sich in einen Urbanisierungsprozess einfügte, der schon in der zweiten Hälfte des 16. Jahrhunderts begonnen und soeben seinen Höhepunkt erreicht hatte. Die Pläne zur urbanistischen Neugestaltung der Städte sahen im Allgemeinen ein offenes, flexibles Schema vor, in dem die zentrale Piazza mit den Repräsentationsbauten Kirche und Adelspalast in keinem Fall fehlte. Das Schicksal der nach 1693 wieder aufgebauten sizilianischen Städte von Catania bis Ragusa, von Noto bis Modica bot die Chance zur Entwicklung autonomer, im Panorama des europäischen Barocks ganz eigener, individueller architektonischer Formen. Eine »provinzielle« Angelegenheit, deren Bedeutung nicht allein in der außergewöhnlichen Qualität der Details liegt, sondern auch im geschlossenen Vorgehen, in der Homogenität der Maßnahmen, in der Verbreitung der Motive und schließlich auch im Wert für das jeweilige Umfeld. Die Anregungen und Vorbilder sind römische, von den extravaganten Erfindungen Borrominis bis zur akademischen Formensprache Domenico Fontanas; sie werden aber ohne System, mit großer Freiheit genutzt als Repertoire, dem Motive entnommen werden, die sich nach Belieben zusammensetzen lassen. Charakteristisch sind das Interesse an Schaueffekten, das sich in der Bedeutung von Fassaden, Plätzen, Treppen und Höfen äußert, und die Freude an der häufig überreichen Dekoration mit Skulpturen im Außen- sowie Fresken und Stuck im Innenbereich.

Rosario Gagliardi, San Giorgio, Modica, 1738
Über einer spektakulären Treppe baut sich die Kirche San Giorgio auf, einer der Höhepunkte des sizilianischen Barocks, im städtischen Umfeld beeindruckend mit ihrer prächtigen Fassade. Auch wenn die hier verwendeten Lösungen die gleichen sind wie in Ragusa, erscheint die plastische Wirkung schwächer, nahezu in Auflösung begriffen.

Rosario Gagliardi, San Giorgio, Ragusa Ibla, 1746–1766
Gagliardi, ein herausragender Vertreter des sizilianischen Barocks, errichtet mit San Giorgio einen Bau, dessen Bedeutung in der harmonischen Synthese von konvexem Fassadenschwung und prägenden Dekorelementen besteht. Die vertikale Führungslinie wird von drei Gruppen frei übereinander stehender Säulen betont, die eine dynamische Bewegung in Richtung des Zentrums bewirken und im Glockengeschoss kulminieren – eine Art Turmfassade, die aus der nordischen Baukunst entlehnt ist, ungewöhnlich in Italien, aber mit einer langen Tradition in Sizilien.

Der apulische Barock

In der Zeit zwischen dem Ende des 16. und dem Beginn des 18. Jahrhunderts schmückt Lecce sich mit einer Vielzahl von sakralen und profanen Gebäuden, deren wiederkehrende qualifizierende Elemente in der dekorativen Überfülle und in der Neuinterpretation lokaler Traditionen liegen: nicht Transformationen, die bei der Substanz der architektonischen Struktur ansetzen, sondern eine Art der Oberflächenbehandlung, des Überziehens der traditionellen Formen mit einer Fülle plastischer Elemente. Die Kirche Santa Croce ist Beispiel für diesen Stil, der spätantike und mittelalterliche Elemente verwendet, der im 17. Jahrhundert beeinflusst wird von Entwicklungen in den Zentren, die Handelsbeziehungen mit Apulien unterhalten, und der von ferne an die unabhängigeren, kapriziöseren Entwicklungen des spanischen Barock erinnert.

Dom, Noto, ab 1693
Die neue Stadt Noto, acht Kilometer von der ursprünglichen Siedlung entfernt und im Wesentlichen das Werk von Rosario Gagliardi und Vincenzo Sinatra, zeichnet sich durch die Freiheit der architektonischen Lösungen und deren gelungene Anpassung an die Umgebung aus – Faktoren, die ein Ensemble von bemerkenswerter Bühnenwirkung hervorbringen, zugleich aber die sozialen Unterschiede und die Hierarchisierung der Gesellschaft stärker hervortreten lassen. In der Unterstadt, in der die Macht und die Institutionen ihren Sitz haben, entstehen als monumentale Kernpunkte die wichtigsten Gebäude, darunter der prächtige Dom am oberen Endpunkt einer eindrucksvollen Treppe.

Spanien

17.–18. Jahrhundert

Architektur von überschwänglicher Dekorationsfreude
Der strenge Klassizismus des Escorial, der Geist der Gegenreformation und die Zentralisierung der Staatsmacht bilden den Hintergrund für die Architektur der iberischen Halbinsel im gesamten 17. Jahrhundert. Diese Architektur ist gekennzeichnet vom fortschreitenden Verzicht auf die klassische Harmonie zugunsten einer stärkeren Hierarchisierung der Einzelelemente, die sich in der plastischen Durcharbeitung der Wände, in der Verwendung unterschiedlicher, kontrastierender Materialien und im betonten Dekor der Fassaden zeigt. Dessen ungeachtet entstehen fernab vom spanischen Hof hier und da Bauten, die bezeugen, dass die barocke Architektur auch in Spanien angekommen ist. In Granada nimmt der klassische Formenkanon im 18. Jahrhundert dekorative Elemente auf; Protagonist dieser Entwicklung ist Francisco de Hurtado Izquierdo. Um 1720 weicht das heterogene Bild, das die spanischen Städte bieten, der Kunst des bourbonischen Hofs, die sich im Wesentlichen am italienischen und französischen Klassizismus orientiert und anfangs von einer Gruppe italienischer Architekten von Giovan Battista Sacchetti bis zu Filippo Juvarra vertreten wird. Rasch entwickelt sich allerdings eine eigene Tradition des Barocks, charakterisiert durch den prunkvollen plastischen Dekor der Wände und bezeichnet nach den Hauptvertretern dieser Kunst, den Brüdern Churriguera, als »Churriguerismus«.

José Benito de Churriguera, Kathedrale von Santiago de Compostela, 1738–1749
Das spektakuläre, expressive Moment der spanischen Architektur, die Betonung der Ausdruckskraft der sakralen Kunst und ihrer besonders volkstümlichen Aspekte – das alles zeigt sich im überreichen Fassadenschmuck der alten Kathedrale von Santiago de Compostela, die insoweit zu den gelungensten Schöpfungen der Barockkunst überhaupt zählt.

Santiago Bonavia und Francisco Sabatini, Palacio Real, Aranjuez, 1748 und 1771
Die Umgestaltung überlagert das ursprüngliche Projekt des Juan de Herrera, der einen Vierflügelbau mit betonter Westfassade und Ecktürmen konzipiert hatte. Die Rückkehr zur Architektur des 17. Jahrhunderts mitten im 18. Jahrhundert ist Teil einer veränderten Legitimationsstrategie der Bourbonen, die gegenüber der Vorgängergeneration mit Nachdruck die dynastische Tradition Spaniens betonen.

Francisco Hurtado Izquierdo, Sakristei des Kartäuserklosters, Granada, 1732–1745
Zu Unrecht als Inbild des Niedergangs Spaniens angesehen, zeichnet sich der begrenzte Raum der Sakristei durch die verschwenderische Stuckverzierung der strukturellen Elemente aus, die als solche dennoch klar erkennbar bleiben. Die an klassischen Vorbildern ausgerichteten Schmuckmotive, Teile von Kapitellen, Rahmen, Voluten, Kandelaber und die »Schweinsohren«, bedecken die Mauervorsprünge in der deutlichen Absicht, ein unwirkliches Spiel von Licht und Dekor zu erschaffen, in dem die Rhetorik des Barocks sich, ähnlich der Kunst des Rokokos, in eine Sprache vergänglicher, flüchtiger Elemente verwandelt.

Narciso de Tomé, Kathedrale, Toledo, »El Transparente«, 1721–1732
Mit dem »Transparente« hat Tomé das vielleicht spektakulärste Werk des spanischen Barock überhaupt geschaffen, ein perfektes Gesamtkunstwerk, das den *camarín*, das traditionelle Tabernakelgehäuse, in eine plastisch-architektonische Struktur verwandelt, eine Art Retabel, in dem Architektur, Skulptur und Malerei, überhöht noch durch das von oben herabregnende Licht, eine vollendete theatralische Verbindung eingehen.

Portugal

1640–1755

Von der minimalistischen Ästhetik zum Pharaonentraum des João V.

Ab 1530 ist in Portugal in radikaler Abkehr vom dekorativen Reichtum des manuelinischen Stils eine minimalistische Ästhetik zu beobachten, die ihre Wurzeln in der Militärarchitektur hat, dem alten Statussymbol einer der größten Kolonialmächte Europas.

Als Philipp II. von Spanien 1580 die portugiesische Krone annahm, hatte sich auf lusitanischem Boden bereits eine ganz eigene und ursprüngliche manieristische Architektur entwickelt. Auf dieses Substrat, das wegen seiner Kargheit als *arquitectura chcã* (nüchterne Architektur) bezeichnet wurde, legte sich zu Beginn des 17. Jahrhunderts der Einfluss der Traktate von De Vries und Wendel Dietterlin, die eine dauerhafte Wende hin zu den Formen des flämischen Barocks bewirkten. Mit der Wiedereinsetzung der portugiesischen Königsherrschaft 1640 stellen Hof und Adel ihre wiedergewonnene Macht mit Bauten dar, die in Bild- und Bühnenhaftigkeit dem Repräsentationsgedanken des Barocks vollkommen entsprechen; Beispiel ist der großartige Palácio Fronteira in Benfica (ab 1667), in dem die Verwendung der traditionellen Azulejos eine seltene Qualität erreicht.

Unter der Regierung Joãos V., zu Beginn des 18. Jahrhunderts, wird Rom zu einem Vorbild, an dem sich die portugiesische Architektur insgesamt misst in dem schon beinahe grotesken Bestreben, ein zweites Rom am Ufer des Tajo zu errichten. Ein Beispiel der wahnhaften Selbstverherrlichungsbestrebungen des Königs, die das Land in den Bankrott führen sollten, ist das Kloster von Mafra (ab 1717): eine pharaonische Anlage, erdacht von dem deutschen Architekten Johann Friedrich Ludwig und niemals bewohnt. Der Tod Joãos V. und das verheerende Erdbeben von 1755, das rund zwei Drittel Lissabons dem Erdboden gleichmachte, hatten einen jähen Umschwung in der Baupolitik zur Folge. Mit der Notwendigkeit des Wiederaufbaus waren die Prämissen für eine vollständige Erneuerung und für die Verwirklichung von Projekten gegeben, die die Stadtplanung des 19. Jahrhunderts vorwegzunehmen scheinen.

Palácio Real, Queluz, ab 1747
Mateus Vicente erbaute dieses Juwel der portugiesischen Barockarchitektur, eine elegante Dreiflügelanlage mit weitem Ehrenhof, und stattete das Innere nach französischem Vorbild reich mit Rocaillen, Teppichen und Gemälden aus. Auch die Gärten, ab 1758 von Jean-Baptiste Robillon nach Plänen Le Nôtres gestaltet, verraten den verfeinerten Geschmack des Ancien Régime.

Kirche Bom Jesus do Monte, Braga, 1784–1811
Außerhalb Lissabons entstanden autonome architektonische Schulen, darunter die von Braga, einem bedeutenden Zentrum des portugiesischen Spätbarocks, das diese Stellung dem Erzbischof Moura Teles verdankt: Er ließ nicht nur seine private Residenz erweitern, sondern auch Brunnen, Plätze und Klöster errichten. Auf einem Hügel erbaut, ist die Kirche Bom Jesus zugleich ein Sacro Monte: der Kreuzweg, der zu ihr hinaufführt, ist eine außergewöhnliche Mischung von christlichen, antiken und heidnischen Motiven und folgt einem zickzackförmigen Treppenaufgang.

rechts
Nicola Nasoni, André Soares, Wallfahrtskirche Nossa Senhora dos Remédios, Lamego, 1750–1761
In Nordportugal begründete der Sieneser Maler Nicola Nasoni eine stark auf malerische Aspekte zielende architektonische Schule, deren Schmuckformen an Theaterdekorationen oder an Ausstattungselemente feierlicher Zeremonien denken lassen; ein Stil, der den Spuren des italienischen Rokokos folgt.

Das Zusammentreffen heterogener Kulturen

Unter der spanischen Herrschaft haben sich in Lateinamerika zwischen dem frühen 16. und dem frühen 17. Jahrhundert stilistische Grundlagen entwickelt, auf denen aufbauend sich um 1650 barocke Formen zu behaupten beginnen, nicht ohne Bereicherung durch lokale Traditionen. Einerseits sieht es so aus, als habe man im Lauf des 16. Jahrhunderts die Traktate Vignolas und Serlios rezipiert und als habe eine Anpassung an den Baustil der religiösen Orden im Sinne der Schaffung einer einheitlichen Sprache stattgefunden; andererseits sind aber die Ähnlichkeiten mit der spanischen und portugiesischen Mutterarchitektur oft nur oberflächlicher Art. Die Architekten der Neuen Welt lassen mit der Anpassung der konstruktiven Techniken an die geografischen Bedingungen häufig eine Erfindungsgabe erkennen, die außerhalb des Üblichen liegt; zugleich bedingen die besonderen klimatischen Verhältnisse andere Raumkonzeptionen, und die ständige Erdbebengefahr erfordert andere statische Berechnungen. Aus dem Zusammentreffen heterogener Kulturen entstehen manchmal besonders innovative Lösungen: Die mexikanischen »atrien« nehmen einen traditionellen Typus auf, der den Erfordernissen der Heidenbekehrung entgegenkommt. Diese »offenen Kapellen« sind ebenso verblüffend wie funktional – eine pragmatische Konzession an die mit der Natur verbundene Lebensweise der Indios. Zudem übernehmen die reichen Stuckdekore in Mexiko die Übertreibungen des spanischen »Churriguerismus«; man nutzt also die künstlerischen Inhalte der barocken Formensprache voll aus. In den ursprünglicheren Gebieten im karibischen Raum und in Zentralamerika geht die Kolonialarchitektur kleinere Kompromisse ein, sie verpflanzt Formen hierher, die eng mit dem Mutterland verbunden sind. In ihrem Bestreben, die Eingeborenen zu beeindrucken und zur Konversion zu bewegen, wird die katholische Kirche zum Motor der Eroberung; die Architektur und ihre Rhetorik liefern die Instrumente: Kathedralen, Parochial-, Ordens- und Wallfahrtskirchen werden so zu sichtbaren Zeichen für das Funktionieren des Kolonialsystems, die profane Architektur ist auf den zweiten Platz verwiesen.

Mexiko, Santo Domingo a San Cristóbal de las Casas, ca. 1700
Die mexikanischen Kirchen sind häufig Varianten des barocken spanischen Kanons. Die Fassade wird zu einer Schauwand mit einem reichen figürlichen und ornamentalen Programm, das in seinem Aufbau an ein Altarretabel erinnert (im Gegensatz zu den zentralamerikanischen Kirchen mit ihrer stärker akzentuierten plastischen Gliederung), in einer Formensprache, die den manieristischen Traktaten entstammt, in der aber auch lokale Pflanzen- und Tiermotive nicht fehlen.

Guatemala, Kirche des Convento de La Merced, Antigua, 1552
Volumina und Farben bringen eine dynamische Harmonie von größter Lebendigkeit hervor; die Fassade der Kirche des Convento de La Merced vereint eine ornamentreiche Komposition mit einer ganz besonders lebendigen Ausdrucksfreude: der Mittelteil der Fassade unterstützt ein Schmuckprogramm, dessen klassisch anmutende Themen sich mit wahrhaft barocker Fülle über die Flächen verteilen.

gegenüberliegende Seite, unten
Brasilien, Wallfahrtskirche Bom Jesus de Matosinhos, Congonhas do Campo, 1757–Anfang 19. Jahrhundert
Die portugiesische Besiedlung Brasiliens beschränkte sich auf den Küstenstreifen des Landes. Portugiesische Vorbilder wie die typischen Fassaden mit zwei Glockentürmen wurden hier ohne nennenswerte Konzessionen an die lokale Tradition eingeführt. Die Wallfahrtskirche Bom Jesus ist eine reduzierte Version der gleichnamigen Kirche in Braga.

Filippo Juvarra

1678–1736

Ein sizilianischer Architekt am Hof von Savoyen
Die Entwicklung der italienischen Architektur hin zum Spätbarock und zum Rokoko verweist deutlich auf ihre borrominianische Herkunft, die sich in weichen, liebenswürdigen Formen, aber ohne dekorative Exzesse äußert. Der große Architekt dieser Zeit ist Filippo Juvarra, der aus seiner Heimat Sizilien über Rom und die Schule des Carlo Fontana nach Turin an den Hof der Savoyer kommt. Ihm gelingt es, die Grenzen der befestigten Stadt zu sprengen und ihre Dimensionen mit zwei neuen Symbolen der Macht nach außen zu projizieren: mit dem religiösen Pantheon der Savoyer auf dem Superga-Hügel und mit dem profanen Jagdschloss Stupinigi. Im Spannungsfeld zwischen den städtebaulichen Maßnahmen und der Freiheit, die ihm bei den großen außerstädtischen Baumaßnahmen zugestanden wird, kann sich die ganze Flexibilität und Fülle seiner Formensprache entfalten. Diese findet zwischen der Renaissancetradition und den antiken Vorbildern, zwischen den großen Beispielen des 17. Jahrhunderts und den zeitgenössischen Schöpfungen wie den Abteikirchen auf deutschem Boden in jedem Fall den bestgeeigneten Ausdruck. Juvarras lebhaftes Interesse gilt während seiner gesamten Laufbahn als Architekt vor allem den Entwicklungen nördlich der Alpen. Seine Reisen durch Europa, von Lissabon nach London, von Paris nach Spanien, wo er den königlichen Palast in Madrid entwirft und schließlich auch stirbt, bezeugen seine Vorrangstellung im internationalen Baugeschehen der ersten Hälfte des 18. Jahrhunderts.

Galleria di Diana, Venaria Reale, 1714–1729
Der diaphane, überlängte Raum der Galerie, akzentuiert durch das Weiß der Wandverkleidung, bezeugt Juvarras Interesse am Licht für ein elegantes Spiel mit der Bühnenwirkung des Raums.

Jagdschloss Stupinigi, ab 1729
Unweit Turins, am Ende einer Straße gelegen, deren perspektivischen Zielpunkt es bildet, besetzt das Jagdschloss Stupinigi mit seiner offenen, ins Unendliche ausgreifenden Gliederung, mit den bühnenhaften Aspekten und mit der Leichtigkeit und Lebhaftigkeit seiner Strukturen seinen Platz in der Landschaft. In Stupinigi werden Charakteristika der Kunst Juvarras erkennbar: der geschlossene, aber bewegte Raum und die Bühnenwirkung der perspektivischen Verkürzungen, die den Bau mit der Natur verbinden.

gegenüberliegende Seite
Basilika La Superga, ab 1715
An der Superga zeigen sich die Themen, die Juvarra interessierten: der Zentralgrundriss, die betonte Vertikalität des Zentralraums und der Kuppel, das Verhältnis zwischen dem Baukörper und dem antikisierenden Pronaos, die Fassade mit den beiden seitlichen Türmen, die die an Michelangelo erinnernde Kuppel flankieren. Die neue Richtung ist nicht so sehr durch neue Elemente charakterisiert als vielmehr durch den ungezwungenen Rhythmus der Raumeinheiten und die Fügung der einzelnen Teile, die den Eindruck eines dynamischen Vorrückens der architektonischen Strukturen vermitteln.

RONNY
FABRY
DANY

Der österreichische Spätbarock
18. Jahrhundert

Die Erschaffung einer »Staatskunst«
Die große Zeit des österreichischen Spätbarocks beginnt erst nach 1683, dem Jahr des Siegs über die Türken und der endgültigen Bestätigung der habsburgischen Herrschaft. In dem Bestreben, die eigene Rolle als europäische Macht zu konsolidieren, entwickelt Österreich eine »Staatskunst« in ideologischer Analogie zur Staatskunst im Frankreich Ludwigs XIV. Ausdruck dafür ist die Planung eines Wiener Versailles, des Schlosses Schönbrunn, das Fischer von Erlach um 1695 entwirft: eine monumentale Residenz, Ausdruck der Monarchie von Gottes Gnaden. In diesem Entwurf stecken nicht nur die unendlichen Variationsmöglichkeiten, die dem Architekten zur Verfügung stehen, seine Idee einer »historischen Architektur«, hier werden auch die Grundlagen für einen ganz und gar deutschen Mittelweg zwischen den Extremen des italienischen Hochbarocks und des französischen Klassizismus gelegt. Dass das Schloss in dieser Form nicht errichtet wurde, erweist allerdings die Unfähigkeit der habsburgischen Architektur, die eigenen Ideale zu verwirklichen, und der zwischen 1744 und 1749 durch Nikolaus Pacassi vorgenommene Ausbau mit seiner Tendenz zur Reduzierung der barocken Rhetorik und Dynamik auf elementare, rein geometrische Beziehungen markiert den Verlust ihrer Überzeugungskraft. Erhalten blieb die große rhetorische Geste dagegen in der Sakralarchitektur: Die Idee der Fixierung des »heiligen Ortes« hatte für sie eine großartige Blüte zur Folge, insbesondere in den großen Klöstern. Gleichzeitig vollzieht sich in Wien eine architektonische und urbanistische Entwicklung, die geprägt ist vom Bau zahlreicher Palais mit Gärten, die sich ringförmig um die alte Stadt legen, ohne diese in ihrer Anlage zu beeinträchtigen, und deren perspektivisches Zentrum der mittelalterliche Stephansdom bleibt.

Matthias Steinl, Stiftskirche, Zwettl, 1722–1727
Die einzigartige Fassade der Stiftskirche in Zwettl wird von einem ungewöhnlich hohen Turm beherrscht (90 m), den eine barocke Haube bekrönt. Steinls Gespür für plastische Gliederung kommt hier an einer neutralen, gewellten Fläche mit positiv-negativen Formen und vertikalen Verbindungselementen zum Ausdruck. Die Front aus Werksteinen schmücken Figuren, Vasen und Obelisken, die sich in die architektonische Struktur einfügen und ein Bild von großer Wirkung erschaffen.

Hippolytus Guarinoni, Servitenkirche, Volders, 1620–1654
Guarinoni, Arzt und Gelehrter, konzipiert eine dem heiligen Karl Borromäus geweihte Kirche, die den Gedanken der göttlichen Trinität in architektonischen Formen zum Ausdruck bringt: eine Zentralanlage, umgeben von drei Kapellen, ein Grundrissschema, das sich in der Konfiguration des Glockenturms wiederholt. Die rot-weißen Schmuckfelder des Außenbaus scheinen die Homogenität des Bauwerks zu gefährden.

Schloss Schönbrunn, Gloriette, fertig gestellt 1775
Auf einer Anhöhe mit Blick auf das Schloss erhebt sich wie eine transparente Kulisse die Gloriette, ein luftiges Gebäude, das zu Ehren des Siegs der Österreicher über die Preußen in der Schlacht von Kolin (1757) errichtet wurde. Der Pavillon am Ende der Zentralachse durch den Garten ist mit den großen Fenstertüren des Mittelbaus und den beiden als Portiken ausgebildeten Seitenflügeln, die man über eine szenische Treppenanlage erreicht, noch ganz barock.

Johann Michael Prunner, Trinitätskirche, Stadl-Paura bei Lambach, 1717–1724
Das ungewöhnliche Zentralschema, ein Dreieck mit gebogenen Seiten, von dem die drei eckigen Türme aufsteigen, setzt sich aus Raumzellen zusammen, die die Trinität symbolisieren sollen. Ein elegantes verkröpftes Gesims, das um die ganze Kirche herumläuft, verleiht dem Bau Dynamik und stellt zugleich eine Verbindung zwischen den Türmen und dem zentralen Baukörper her.

Johann Bernhard Fischer von Erlach

1656–1723

Die Verherrlichung der österreichischen Macht
Johann Bernhard Fischer von Erlach bringt die moralischen und formalen Anliegen der Kunst des 17. Jahrhunderts zur Vollendung, um dann entschieden den Weg zu den Entwicklungen des folgenden Jahrhunderts einzuschlagen. Mit ihm und seiner im *Entwurf einer historischen Architektur* vorgenommenen Synthese, der ersten umfangreichen Geschichte der Architektur in Bildern, übernimmt Österreich die führende Rolle im deutschen Spätbarock. Die historische Sensibilität verleiht allen Bauten Fischer von Erlachs große Offenheit und eine Themenvielfalt, deren gemeinsamer Nenner eine »römische« Monumentalität ist, die er seiner Ausbildung im Umkreis Berninis verdankt. Grundlegendes Thema seiner Bestrebungen ist angesichts der Synthese von Zentralisierung und Ausweitung das barocke Motiv par excellence: das von einer Kuppel bekrönte Oval. Der Krieg mit Frankreich führt zu Gedanken über die Möglichkeiten der architektonischen Darstellung von Glanz und Größe des Reiches und die Verherrlichung Österreichs in seiner Rolle als Gegenmacht; er will eine »historische Architektur« begründen, in der alle vorausgegangenen Überlegungen sich in einer neuen und ursprünglichen Einheit zusammenfinden. Vor diesem Hintergrund entsteht das grandiose Projekt Schloss Schönbrunn; mit ihm soll demonstriert werden, dass die vordringliche Aufgabe des zentraleuropäischen Spätbarocks die Errichtung des Fürstenschlosses ist, das Fischer von Erlach in der Folge in zahlreichen Entwürfen für kleinere Paläste, Villen und Jagdschlösser durchspielt. Seine Kunst ist hier in der Sensibilität der Fassadengliederungen mit ihren feinen rhythmischen Abstufungen, in der plastischen Dynamik der Portale und Fenster, aber auch im Bemühen, selbst unter beengten Verhältnissen den Innentreppen zu größtmöglicher Raumwirkung zu verhelfen, nicht zu übertreffen.
Unter seinen Sakralbauten ragen die Dreifaltigkeitskirche und die Kollegienkirche in Salzburg sowie die Karlskirche in Wien heraus, die ihre Signifikanz aus dem Verzicht auf das herkömmliche Longitudinalschema zugunsten eines einfachen und geschlossenen Zentralraumes auf ovalem Grundriss beziehen, den eine Atmosphäre strenger Klarheit kennzeichnet.

Stadtpalais des Prinzen Eugen, Wien, Treppenhaus, ab 1696
Erbaut im Kontext der Neugestaltung Wiens, ist das Stadtpalais des Prinzen Eugen im Eingangsbereich noch vom grandiosen und erhabenen Stil des Spätbarocks geprägt. Im monumentalen Treppenhaus weicht die Verbeugung vor der Größe dann aber einer bewusst nüchterneren Sprache: Hier drückt sich in brillanten plastischen und räumlichen Erfindungen und unter Anspielung auf den Bauherrn der Gedanke des Fortschreitens von den herkuleischen zu den apollinischen Gefilden aus.

Karlskirche, Wien, Außenbau, 1715–1737
Das ungewöhnlich beeindruckende äußere Erscheinungsbild der Kirche, die von Karl VI. in Erfüllung eines im Pestjahr 1713 geleisteten Gelübdes in Auftrag gegeben wurde, ergibt sich aus der Dreiheit von kolonnadengeschmücktem Pronaos, Kuppel und triumphalen Säulen klassisch-römischer Tradition. Das Oval, aus dem das gesamte Bauwerk sich entwickelt, ist der Kern der Komposition; schwer vorstellbar ist die dynamische Windung der Innenräume jenseits der linearen Fassade. Diese Konzeption sprengt die Grenzen der lokalen Tradition, um die politischen Ambitionen des Hauses Habsburg zu symbolisieren.

Kollegienkirche, Salzburg, ab 1696, geweiht 1707
Vom Salzburger Erzbischof mit der Neugestaltung des Erscheinungsbildes der Stadt als »Rom des Nordens« beauftragt, konzentrierte Fischer von Erlach seine Bemühungen auf das in ästhetischer wie funktionaler Hinsicht harmonische Verhältnis zwischen den neu errichteten Gebäuden und dem Bestand der Stadt und auf die Einfügung der Häuserfronten in den urbanen Kontext. Die Fassade der Kollegienkirche gestaltet er in deutlichem Kontrast zu den seitlichen Türmen, indem er sie, konvex gewölbt, hervortreten lässt. Das gelungene Verhältnis der markanten Kirchenfront zum kleinen Platz lässt einen der monumentalsten Platzräume der Epoche entstehen.

Johann Lukas von Hildebrandt

Das Obere Belvedere in Wien

1721–1722

Fischer von Erlach verkörpert das »Kaiserliche« der österreichischen Staatskunst. Johann Lukas von Hildebrandt hingegen lässt, auch wenn er sich das Prinzip seines Rivalen, die historische Synthese der Architektur zu eigen gemacht hat, als Schöpfer der vollkommensten Gartenpalais des österreichischen Spätbarocks bereits die Raffinesse und Sensibilität des Rokokos erkennen. Seine Palastarchitektur gipfelt im Schloss Belvedere, der vorstädtischen Sommerresidenz des Prinzen Eugen von Savoyen. Der Komplex besteht aus zwei separaten Gebäuden, dem Unteren Belvedere (1714–1716) und dem größeren Oberen Belvedere, die von einem schon um 1700 vorgegebenen französischen Garten verbunden sind. Das Obere Belvedere ist ein höchst einfallsreicher Organismus, in dem die unendliche Perspektive des Barockgartens in einen geschlossenen, wenn auch mit Parterre und Boskett ausgestatteten Bereich überführt ist; gleichzeitig aber ist mit der erhöhten Lage des Gebäudes dessen Herrschaft über den umgebenden Raum hergestellt. Das Gebäude zeigt die ungewöhnliche, monumentale Folge von Baukörpern unterschiedlicher Höhe – ein einmaliges Phänomen in der Architektur des 18. Jahrhunderts. Dem erhöhten Mittelpavillon mit dem Marmorsaal sind die Treppenanlage und ein Vestibül mit einem bewegten Segmentgiebel vorgelagert. Die beiden Seitenflügel enden in achteckigen überkuppelten Pavillons. Hildebrandt befolgt hier ein neues, Konzept: die Flügel haben geringere Höhe als die Eckpavillons, hinter dem Mittelbau erhebt sich der Saal als Bekrönung des ganzen Gebäudes. Die Auf-und-Ab-Bewegung der Dächer wie auch das Vor- und Zurücktreten der Baukörper erhalten Dynamik und Einheit durch das Dekorsystem, dessen Klammer das Untergeschoss ist, unterstrichen von dem plastischen Gesims, das auch die Eckpavillons einbezieht.

Im Oberen Belvedere vereint Hildebrandt alle Tendenzen der Epoche in einer höchst originellen Synthese: Die Zusammenfügung unterschiedlicher Bauvolumina und die Teile der Fassaden definieren eine bewegte Oberfläche, in der Einzelformen auftauchen, wieder verschwinden und sich verändern.

In keinem anderen Werk Hildebrandts kommt sein Gefühl für den Raum und für die Gliederung der Raumeinheiten so deutlich zum Ausdruck wie in der Fassade des Oberen Belvedere. Allerdings lässt ein Kunstgriff zwei unterschiedliche Wahrnehmungen dieses großartigen Versuchs einer Integration von Architektur und Natur zu: Die Komplexität der Volumina, in denen sich das Belvedere darstellt, lässt sich nur in der Achse des Eingangs erfassen, doch kann man sich nur von der Seite her dem Gebäude nähern, den direkten axialen Zugang verweigert der große Wasserspiegel.

Aufbauend auf dem exakten proportionalen Verhältnis zwischen dem Gesamtraum und der räumlichen Einheit des Treppenhauses gelangt Hildebrandt zu der eleganten Lösung einer »sich schlängelnden« Raumsequenz zwischen Sala terrena, Entrada und Marmorsaal. Der Charakter der Sala terrena wird von den kräftigen Atlantenfiguren des Lorenzo Mattielli bestimmt, die das baldachinartige Gewölbe tragen.

Jacob Prandtauer

Das Stift Melk

1702–1738

Das hoch über der Donau gelegene Benediktinerstift Melk, zwischen 1702 und 1738 in grandiosen, leichten, in die natürliche Umgebung eingebundenen spätbarocken Formen umgestaltet, ist sicher einer der monumentalsten und prunkvollsten Gruppenbauten in ganz Österreich. Herrschaftliche Appartements, große Treppenhäuser und prächtige Innenräume standen nicht allein den Adelspalästen zu, sondern auch den großen Abteien, von denen aus die mit Ländereien und politischem Einfluss ausgestatteten Fürstäbte versuchten, mit dem Kaiserhof in Wien zu rivalisieren.
Der Schöpfer dieses Meisterwerks, in dem man unschwer den Einfluss Borrominis und Guarinis ausmachen kann, ist Jacob Prandtauer. Er setzt den Komplex auf eine in Ost-West-Richtung verlaufende Achse, die sich vom Eingang über das Atrium in den Prälatenhof zieht, den Chor und das Mittelschiff der Kirche durchläuft und im hoch über der Donau gelegenen Hof zum Abschluss kommt. Die geschwungene Form des abschließenden Bauteils, die dem felsigen Untergrund folgt, bewirkt eine Durchdringung von Architektur und Natur, eine fraglos vom Architekten gewollte Übereinstimmung von natürlicher und architektonischer Bewegung, eine regelrechte – unzugängliche – Civitas Dei. Die dynamische Progression des gesamten Bauwerks auf den Fluss hin ist mit der unglaublichen Länge des Mittelflügels in einem Spiel von Architektur und Landschaft, das immer wieder andere Perspektiven erschließt, inszeniert.
Mit seiner großartigen Lage und seinen ungewöhnlichen Dimensionen war das Stift Melk für Prandtauer eine Gelegenheit, sich nicht nur mit der plastischen und dynamischen Dimension von Architektur auseinanderzusetzen, sondern auch Erfahrungen mit der Planung eines hochkomplizierten Ensembles aus verschiedenen Gebäuden zu sammeln, die in ein homogenes, der Topografie folgendes Gebilde zu überführen waren.

Bühnenwirkung bestimmt wie die Außenansicht auch das Kircheninnere, in dem die Struktur der tragenden Teile, der Pfeiler, der kannelierten Pilaster, der verzierten Archivolten, einer filigranen Arbeit ähnlich, und der Stuckdekor dank dem Licht, das durch die großen Fenster des Schiffs und den Tambour der Kuppel reichlich einfällt, plastisch hervortreten. Dem Blick vom Fluss her kommen die wichtigsten Teile des Ganzen gewissermaßen entgegen: die großartige halbkreisförmige Aussichtsterrasse und der vage an Palladio erinnernde Altan, die beiden Seitenflügel mit Marmorsaal und Bibliothek, die superbe, von den beiden Glockentürmen gefasste Kirchenfassade, die hohe Kuppel und die unvorstellbare Längenausdehnung der Klosterbereiche. Deutlich werden die gedrängte Betonung der Bauvolumina, die symbolische Zentralität der Kirche und die durch das Gelb und Weiß am Außenbau sich ergebenden Helldunkelwirkungen, die sich im Wasser spiegeln.

Der deutsche Spätbarock

18. Jahrhundert

Das Verschmelzen von gebauter und gemalter Architektur

Der Dreißigjährige Krieg (1618–1648) bedeutete eine jähe Unterbrechung der Annäherung Deutschlands an die architektonischen Entwicklungen in Italien und Frankreich, und so lassen sich barocke Einflüsse nicht vor dem Beginn des 18. Jahrhunderts feststellen: Erst jetzt verfügen private und kirchliche Bauherren über die finanziellen Ressourcen, um eine Bautätigkeit im Dienst der absolutistischen Herrschaft und der Gegenreformation auf den Weg zu bringen. Allerdings ist die Architektur auf deutschem Territorium im 18. Jahrhundert – die politische Macht verteilt sich auf eine Vielzahl mehr oder weniger großer Herrschaftsbereiche –, nicht homogen, sondern von »regionalen Schulen« geprägt, die sich im allgemeinen durch einen prunkvollen Rokokostil auszeichnen. So können Schwaben, Bayern, Franken, Dresden und Potsdam als Zentren der spätbarocken Baukunst betrachtet werden. Eine Besonderheit des deutschen Spätbarocks ist die illusionistische Verbindung von gebauter und gemalter Architektur. Das gilt für die Kirchengewölbe, aber auch für die herrlichen Deckenfresken, die das Herzstück der Schlösser schmücken, das Vestibül und die Prunktreppe. Parallel dazu ist, vor allem in den gleichzeitigen Kirchenbauten, eine verschwenderische Dynamik zu beobachten, ein bewegtes Spiel von Säulen und Pfeilern, die in die Höhe streben. Die vielfältigen architektonischen Strukturen repräsentieren zusammen mit komplexen und »synkopischen« Grundrissen vielleicht den originellsten Aspekt des deutschen Rokokos. Hier sei nur an die glanzvolle kleine Kirche des heiligen Johann Nepomuk in München (1733–1746) mit ihren bewegten Brüstungen und gedrehten Säulen erinnert, in der die Brüder Asam den römischen Barock, verstärkt durch virtuosen Dekor und raffinierte Lichtführung, inszenieren. Ein Bauwerk, das seine Grandiosität dem theatralischen Gleichgewicht von Architektur, Malerei und Skulptur verdankt.

Matthäus Daniel Pöppelmann und Balthasar Permoser, Zwingerpavillon, Dresden, 1709–1732
Von August dem Starken als Festraum in Auftrag gegeben, präsentiert sich der Zwinger, Symbol des Dresdner Baugeschehens, mit einer ganz und gar eigenen Architektur von Pavillons, Flügelportiken und bühnenartigen Treppenanlagen. Pöppelmann errichtet eine dynamische, stark strukturierte Anlage, die mit dem Chiaroscuro der geschlossenen und geöffneten Partien spielt und in der Skulptur und Architektur eine untrennbare Verbindung im Dienst der Zelebration der Macht eingehen.

Johann Michael Fischer, Abteikirche Ottobeuren, 1748–1766
Ein Meisterwerk des oberschwäbischen Rokokos, zeigt die Kirche der Benediktinerabtei Ottobeuren eine gelungene Verbindung von architektonischer Struktur und Dekor, durch die sich die Raumwahrnehmung verändert. Den Außenbau charakterisieren nüchternere Formen mit verkröpften Profilen unterschiedlicher Art – ein Kennzeichen der bayrischen Architektur ist gerade die Nichtübereinstimmung von Innen- und Außenbau.

François de Cuvilliés, Jagdschloss Amalienburg, Nymphenburg, 1734–1739
Das Lustschlösschen Amalienburg, ein einfacher Rechteckbau mit herausschwingendem Mittelsaal, ist ein Juwel des Rokokos. Im großen Saal löst Cuvilliés die architektonische Struktur in einem raffinierten Spiel von Ornamenten, Perlmuttglanz, Spiegeln und subtilen Farbtönen auf.

Dominikus Zimmermann, Wallfahrtskirche Wies, ab 1744–1754
Zimmermann verziert seinen ovalen Kirchenraum mit Doppelpilastern in ungewöhnlichem Formzusammenhang und stattet ihn mit einem langen Chor aus, um die Wirkung der sakralen Perspektive zu steigern. Der reiche Dekor aus Stuckrocaillen entmaterialisiert die Architektur, löst den Raum in Licht und Farbe auf.

Balthasar Neumann

1687–1753

Die unendliche Vielfalt der Raumkombinationen
Die starke Persönlichkeit Balthasar Neumanns, der, als wohl genialster Architekt des europäischen Rokokos überhaupt, im Kirchen- wie im Profanbau tätig war, prägte die Architektur des Spätbarocks in Deutschland und zumal in Franken in ganz besonderer, einmaliger Weise. Mit dem glücklichen Zusammentreffen des noch jungen Architekten mit dem Haus Schönborn begann eine fruchtbare Periode, die von der Errichtung großartiger Bauten und von einer brillanten Künstlerkarriere bestimmt ist. Der Auftrag zur urbanistischen Gestaltung der Stadt Würzburg und zur Errichtung des Residenzschlosses, an dem Neumann mit namhaften Architekten wie Johann Dientzenhofer und Johann Lukas von Hildebrandt zusammenarbeiten konnte, leitete eine entscheidende Veränderung seiner architektonischen Konzeption ein, die nun auf der überzeugenden Synthese der Wiener Architektur und der neuen Anregungen des französischen Klassizismus beruht. Grundlegend für Neumanns Schaffen ist die Absage an den Gedanken der Fantasie als eines Ziels in sich selbst: Seine Bauten beruhen immer auf einer Kombination von geschickter Anordnung der einzelnen Elemente und Sensibilität für die plastischen Formen und räumlichen Fügungen, selbst in den immer neuen Kombinationen von Grund- und Aufrissen, die aus den verschiedensten Quellen schöpfen.
Auf dem Gebiet der Sakralarchitektur, der seine Tätigkeit in späteren Jahren gilt, kombiniert Neumann das basilikale Grundrissschema auf geniale Weise mit dem Zentralraumschema. In Vierzehnheiligen, seinem Meisterwerk, fügt er in einem lichterfüllten, scheinbar unendlichen Raum ein zweiachsiges System und das traditionelle lateinische Kreuz zusammen und führt so alle Grundkonzepte der barocken Sakralarchitektur zu einer einzigartigen Synthese. Gleichzeitig gilt sein Interesse der doppelten Begrenzung des Innenraums, durch die sich das strukturelle Gerüst sauber von der als neutrale Fläche behandelten Außenwand abhebt.

Wallfahrtskirche Neresheim, 1745–1792
In der Wallfahrtskirche Neresheim entwickelt Neumann sein Konzept der Durchdringung von Längs- und Zentralraum, das Spätbarock und Frühklassizismus vereint. Der Grundriss ist bestimmt von einer Folge quer liegender überkuppelter Ovalräume, die sich dynamisch mit einem von vier frei stehenden Säulenpaaren gebildeten »Rundtempel« verbinden. Diese Säulenpaare bewirken eine Trennung von den seitlichen Räumen, verschleifen gleichzeitig die Teile und verwandeln die Basilika in einen Saal.

Wallfahrtskirche Vierzehnheiligen, 1743–1773
Neumann erreicht hier in der Verbindung eines komplexen Ensembles ovaler Decken- und Grundrissformen mit einem hinreißenden Dekor die perfekte Synthese der Rokokoarchitektur. Er hebt die Grenzen der traditionellen Ikonologie des Sakralraums auf, um die Vierung in einem überkuppelten lichterfüllten Raum aufzulösen.

Residenz, Würzburg, Treppenhaus, 1737
In der bischöflichen Residenz in Würzburg verwirklicht Neumann sein »Lichttheater«: eine dreiläufige, frei im Raum geführte theatralische Treppenanlage, beherrscht von Tiepolos grandiosem Deckenfresko. Sie bestimmt die Struktur des Raums und seine Wahrnehmung: Der Raum und die Deckenfresken öffnen sich sukzessive in einer »architektonischen Inszenierung« dieses speziellen Ortes.

Schloss Augustusburg, Brühl, Treppenhaus, 1741–1744
Viele deutsche Residenzschlösser des 18. Jahrhunderts weisen einen Mittelbau mit bühnenhafter Treppenanlage auf, die sich als Ergebnis der Zusammenarbeit des Architekten mit Bildhauern und Malern durch starke Dynamik, Prunk und theatralische Großartigkeit auszeichnet. Das Vestibül in Brühl zeigt eine gelungene Verbindung dynamischer Kurven mit ihrem Gegengewicht in der ernsten Vertikalität der Doppelsäulen und der überraschenden Figurenpilaster.

Die Familie Dientzenhofer

Der böhmische Spätbarock zählt zu den fruchtbarsten und originellsten Abschnitten des 18. Jahrhunderts in Europa: die anfängliche Vorherrschaft des italienischen Geschmacks, die französischen Stilelemente und die Nähe Wiens bewirkten eine harmonische wie heterogene Verbindung von Formen, die in Europa einmalig ist. Prag wird zu einer der lebhaftesten, dynamischsten Städte des Kontinents; hier konzentriert sich das Baugeschehen auf Projekte wie Kirchenkuppeln, neue herrschaftliche Residenzen bis zu großen Komplexen wie dem Loreto-Heiligtum.

Das Gesicht der Stadt und ihrer Umgebung wird geprägt von einer Familie von Architekten, den Dientzenhofer, die sich durch ihr Festhalten an den geschwungenen Linien und den aus Raumzellen zusammengesetzten komplexen Grundrissen guarinesker Herkunft auszeichnet. Ihnen ist die letzte große Blüte der barocken Sakralarchitektur um das Jahr 1700 zu verdanken.

St. Nikolaus auf der Prager Kleinseite und die Margaretenkirche in Břevnov, großartige Schöpfungen Christoph Dientzenhofers, weisen formale Ähnlichkeiten auf, die sich aus der Anwendung von Prinzipien Borrominis und Guarinis ergeben, etwa der Reihung von Räumen oder des großen geschwungenen Giebels auf Säulen oder Pilastern, auch als »Dientzenhofermotiv« bekannt. Die Kirchen Dientzenhofers bestehen aus Raumzellen, die einander in expandierenden oder zusammenziehenden Schwüngen durchdringen – die so genannte synkopische Durchdringung –, kombiniert mit dem zentraleuropäischen Motiv der Wandpfeiler, in denen sich das Streben nach intensiver plastischer und räumlicher Integration zeigt, während die Außenmauern in der Regel als neutrale Flächen behandelt sind. Der Raum wird als »offenes« System verstanden, dem sich im Sinne einer kontinuierlichen Spannung nach Belieben weitere Raumzellen hinzufügen lassen.

Loreto-Heiligtum, Prag, ab 1721
Nach Plänen von Christoph Dientzenhofer wurde das Loreto-Heiligtum ab 1721 von dessen Sohn Kilian errichtet. Die Fassade, schon näher an den Formen des Rokokos, entwickelt sich vor allem in die Breite, sie zeigt schlichte Formen, unterstrichen durch die elegante Farbgebung an den Gesimsen, mit nur einer vagen Wellenbewegung in den beiden vorspringenden Seitenteilen und im verzierten Glockenturm.

Margaretenkirche, Břevnov, 1708–1721
Die beiden Achsen der kleinen Kirche von Břevnov sind am Außenbau in eine kontinuierliche Biegung übergeführt. Die Unterbrechung des Gebälks an der Südseite verweist auf die ungewöhnliche Anordnung der Eingänge und auf einen überzeugenden Zusammenhang: Innen und außen ist das gleiche Vor- und Zurücktreten der Volumina und deren oszillierende Bewegung zu beobachten.

links
St. Nikolaus auf der Kleinseite, Prag, 1703–1711
Gestaltet in Anlehnung an Formen, die Borromini an San Carlo alle Quattro Fontane verwendete, zeichnet sich die Kirche durch das Spiel geschwungener Linien und durch ihre monumentalen Ansichten aus. Die spektakuläre Kuppel auf ihrem hohen Tambour bildet gewissermaßen das Kennzeichen des Stadtviertels.

Johann Santini-Aichel

Gnadenkapelle St. Johann Nepomuk

bei Zdar 1719–1722

Die Kombination eines runden Zentralraums mit teils außen, teils innen eingestellten Ellipsen bestimmt den Charakter der zwischen 1719 und 1722 von Santini-Aichel erbauten Gnadenkapelle von St. Johann Nepomuk auf dem Grünen Berg bei Zdar in Mähren. Santini, dessen Vorfahren aus Italien nach Böhmen eingewandert waren, arbeitete in einem durchaus originellen Stil, der Frucht seiner umfassenden Ausbildung und seines bemerkenswerten Talents; dieser Stil mischt barocke Elemente wie die von Borromini übernommene Sternform mit gotischen Motiven.
Angeregt von Georg Dientzenhofers aus dem letzten Jahrzehnt des 17. Jahrhunderts stammender Wallfahrtskirche in Kappel, entwarf Santini hier einen komplizierten Grundriss mit fünf Ovalen, die, mit ebenso vielen dreieckigen Nischen abwechselnd, um einen kreisförmigen Zentralraum angelegt sind. Das so entstandene dynamische Schema tritt im Gesims der Kuppel deutlich in Erscheinung. Mit dem sternförmigen Grundriss und dem konvexen Ausschwingen des Außenbaus erinnert die Architektur an die Legende vom Martyrium des heiligen Johann Nepomuk: In dem Augenblick, in dem er in der Moldau den Tod fand, sollen sich fünf Sterne in Form eines Rings um sein Haupt gelegt haben. Die Zahl Fünf erscheint am Bau mit fünf Eingängen, fünf Kapellen und fünf Altären. Auf das Martyrium des Heiligen – er wurde von König Wenzel V. in den Tod geschickt, weil er ein Beichtgeheimnis von dessen Ehefrau Sophie nicht preisgeben wollte – verweisen auch die Fenster, deren ungewöhnliche, gelängte Form an eine Zunge erinnert.
Ganz eigentümlich im Spektrum des europäischen Spätbarocks ist der nostalgische, irrationale, gotisierende Charakter der Kapelle. Santinis Vorliebe für die alten Formen geht wahrscheinlich auf seine restauratorische Tätigkeit an gotischen Kirchen in Prag zurück, die von den Hussiten zerstört worden waren. Schon 1703 war er mit der Wiederherstellung more Gothico der großen Zisterzienserkirche von Sedlec beauftragt, mit der die monastische Tradition des Mittelalters wieder zum Leben erweckt werden sollte, und entwarf ein prächtiges, rein dekoratives Schema aus gekreuzten Rippen, das keinerlei konstruktive Funktion erfüllt.

Santinis Werk ist reich an Widersprüchen. Die Verwendung des Zentralschemas ohne Hinweis auf die konstituierenden zentripetalen und zentrifugalen Kräfte, das Nebeneinander der Volumina scheinen nahezu symbolisch für die Unerreichbarkeit des Himmels: die nicht durchbrochenen Mauern lassen die Räume verschlossen erscheinen. Vielleicht nahm Santini die Widersprüche seines Jahrhunderts in der eigenen Person wahr, den Bruch zwischen Denken und Fühlen, den Zerfall der auf den Menschen bezogenen Tradition Europas. Und vielleicht wählte er eben deshalb gotische Formen, unter diesen wiederum die besonders abstrakten mittelalterlichen wie das Spiel der irrationalen Linien, die weder Anfang noch Ende zu haben scheinen.

Das Zentralschema des Heiligtums wird unterstrichen durch den unglaublichen zehneckigen Portikus mit Spitzbogengewölbe, der es umgibt und in dem sich in Korrespondenz zur Zahl der Halbachsen zehn gotisierende Kapellchen öffnen. Im Inneren manifestiert sich der heterogene Charakter von Santinis Werk in der Behandlung der Oberflächen, die mit Stuck verziert sind, und in dem an Borromini erinnernden Weiß des Putzes, der ein gotisches Rippensystem überzieht. Die kluge Anordnung der Fenster sorgt für eine üppige Belichtung.

Von den Wunderkammern zu den Kulturtempeln

Ab der zweiten Hälfte des 16. Jahrhunderts entstanden in ganz Europa erstaunliche Sammlungen von Mirabilien. Das Modell einer Sammlung, so wie es 1565 von Samuel Quiccheberg in seiner *Metodologia del theatrum sapientiae* beschrieben wird, sieht die Einrichtung von Bibliotheken und Wunderkammern gemäß einem idealen enzyklopädischen Programm vor. Die Vorliebe für das Zusammentragen kostbarer Gegenstände, kurioser handwerklicher Objekte, natürlicher und künstlicher Gebilde, wissenschaftlicher Instrumente und magischer Apparate zeigt sich in den ersten barocken Bibliotheken, in denen die Zunahme wissenschaftlicher Kenntnis zusammengeht mit dem Interesse an besonders seltsamen Formen der Natur, in dem noch die Spekulationen der mittelalterlichen Alchimisten anklingen. Die intimen Kabinett-Bibliotheken, sehr ähnlich der »Wunderkammer«, sind noch das ganze 18. Jahrhundert hindurch keineswegs selten. Für alle mag das Beispiel der kleinen Bibliothek Friedrichs des Großen in Schloss Sanssouci in Potsdam stehen, eines rein privaten Raums von der Art des *studiolo* eines Humanisten. Daneben wurden im Lauf des 18. Jahrhunderts an den einflussreichsten Höfen Europas große Bibliotheken eingerichtet, in der Regel große, hohe, reich freskierte Räume, deren Wände bis zur Decke mit Büchern vollgestellt waren. Die Bibliothek der Habsburger zum Beispiel wird in einem großartigen Saal aufbewahrt, den Fischer von Erlach entwarf und der mit Fresken von Daniel Gran geschmückt ist, die Karl VI. feiern, der symbolisch im Porträt als Beschützer der Künste und der Wissenschaften erscheint. Aber nicht nur Fürsten und Kaiser hatten Bibliotheken. Im Gefolge einer tausendjährigen Tradition der Bewahrung von Wissen nahmen die Klosterbibliotheken im Lauf des Barocks jene Monumentalität an, die ihre profanen Schwestern bereits auszeichnete.

Stiftsbibliothek Melk, 1702–1736
Die Stiftsbibliothek Melk präsentiert ihre barocke Pracht mit intarsiengeschmückten und vergoldeten Regalen und dem in den Jahren 1731 und 1732 von Paul Troger geschaffenen Deckenfresko, einer allegorischen Darstellung des Glaubens, dem weltlichen Wissen überlegen.

Bibliothek der Abtei Metten, 1722–1729
Das Deckenfresko, der Stuckdekor von Franz Joseph Holzinger und die intarsiengeschmückten, vergoldeten Bücherschränke machen diesen Raum zu einem der schönsten Barockinterieurs in Europa.

Bibliothek des Jesuitenkollegs Clementinum, Prag, 1721–1727
»Gott ist in einem der Buchstaben auf einer der Seiten eines der vierhunderttausend Bände des Clementinums«, schrieb Jorge Luis Borges mit Bezug auf die Tschechische Nationalbibliothek, das Symbol der Prager Altstadt.

linke Seite, rechts
Hofbibliothek, Wien, 1721–1735
Der Außenbau der Hofbibliothek Fischers von Erlach ist in einem authentischen französischen Klassizismus gehalten. Das Innere hingegen, ein großartiges überkuppeltes Oval, von dem zwei Flügel einer beeindruckenden, von Doppelsäulen strukturierten Galerie ausgehen, präsentiert sich als ein von feinsten, lebendigen Lichtwerten erfüllter Raum, der in seiner Klarheit und Durchsichtigkeit zu den großartigsten Interieurs seiner Zeit zählt.

Bartolomeo Francesco Rastrelli

1700–1771

Sankt Petersburg

Am Beginn des 18. Jahrhunderts gründete Zar Peter der Große Sankt Petersburg, Vorposten eines Russlands, das dabei war, sich nach Europa zu öffnen. Rasch setzte sich in der Stadt »westlicher« Geschmack durch, importiert von Baumeistern aus Italien und verschiedenen anderen westeuropäischen Ländern. Unter ihnen war auch Bartolomeo Rastrelli (ca. 1700–1771), der spätere Protagonist der von Zarin Elisabeth gewünschten städtebaulichen Erneuerung, Erbauer von Kirchen, kaiserlichen Palais und Palästen, die sich durch einen ganz eigenen spätbarocken Stil von hybriden, dabei brillanten Formen auszeichnen. Dieser Stil vermischt sich mit der lokalen Tradition und führt so zu Varianten, in die ein reicher Formen- und Erfahrungsschatz eingeht. Rastrelli, Italiener von Herkunft, in Frankreich aufgewachsen, aber schon im Alter von 16 Jahren nach Russland gekommen, kann mit Recht als Russe gesehen werden; sein Stil wird zum Stil der russischen Architektur des mittleren 18. Jahrhunderts. Als Hofarchitekt plant er die bedeutendsten Gebäude der Stadt und der Umgebung in einem Geist, hinter dem auch im längst nicht mehr ganz jungen 18. Jahrhundert der Wunsch steht, die Staatsmacht zu verherrlichen. Während also im übrigen Europa das Ende einer Epoche eingeläutet wird, ist das Russland der Jahrhundertmitte noch immer auf deren Höhepunkt, seine Baukunst ist noch immer wahrhaft »barock«.

Rastrellis grandiose Schöpfungen bewegen sich als subtile Manifestationen geometrischer Gesetze entlang sehr präziser Achsen, charakterisiert von einem einheitlichen Stil, der alles, vom kleinsten Detail bis zur Gesamtplanung des Gebäudes erfasst. Die strenge Hierarchie der Raumeinheiten und die obsessive Wiederholung architektonischer Elemente werden allerdings begleitet von einem ständigen Variieren der Profile dieser Elemente. In seinem ersten reifen Werk, dem Stroganoff-Palast (1750–1754), präzisiert Rastrelli seinen Stil in einer Kolossalordnung mit stark plastischen vorgelegten Säulen über einem rustizierten Sockel, zusammen mit geschweiften Giebeln, wie sie auch an den alten russischen Kirchen erscheinen.

Auferstehungskloster, Smolny (1744–1757)
Mit der Kirche des Klosters Smolny entwirft Rastrelli sein Meisterwerk, einen Bau auf Zentralgrundriss mit hoher Kuppel, die von vier Türmen flankiert wird – die gelungenste Synthese zwischen einer traditionellen russischen Kirche und den typischen Motiven der Barockarchitektur. Auf Wunsch von Zarin Elisabeth verwendet er in der Gliederung der fünf Kuppeln und im Typ der Zwiebel rein russische Elemente.

Katharinenpalast, Zarskoje Sjelo, 1752–1756
Am Katharinenpalast von Zarskoje Sjelo multipliziert Rastrelli ad infinitum und mit festlicher Wirkung, wenn auch etwas exzessiv, die Motive, die er am Stroganoff-Palast verwendet hat. Das lange, dicht gegliederte Gebäude zeigt vorspringende Teile und Mauerpartien im Wechsel, zu verstehen als Skelett, verbunden von der nicht endenden Folge kolossaler Säulen. Das Barocke ist abgemildert durch Renaissancezitate von außerordentlich dekorativer Wirkung, betont von der starken Farbigkeit.

Winterpalast, Sankt Petersburg, 1753–1762
Die Gliederung der vier Fassaden des großen Blocks mit Innenhof wirkt wie eine Variation über das Thema, das wiederum vom Stroganoff-Palast übernommen ist. Zur Newa hin dominieren kolossale Säulen, während die anderen Fassaden alternierend plastisch vorspringende und eher neutrale Partien zeigen. Die plastischen Elemente haben rein dekorative Funktion, ein prunkvolles, aber inkonsequentes Spiel, das den Niedergang der großen Paläste der absolutistischen Monarchien anzeigt.

Militärarchitektur
17.–18. Jahrhundert

Die Militärgeografie des barocken Europa
Die Umgestaltung der Städte erfolgte im 17. Jahrhundert gewöhnlich innerhalb eines fortifikatorischen Systems, das sich in seiner Form und seinem Typus immer weiter veränderte. Die zunehmende Bedeutung der Artillerie hatte zur Folge, dass die Bastionen niedriger und breiter wurden und dass man Gräben anlegte, die ein weiteres Element des allmählichen Übergangs von der Stadt zum Umland bilden.
Für die barocken Staaten waren die Militärbauten, vor allem die Befestigungsanlagen, einer der größten Haushaltsposten, und die Militärgeografie des modernen Europas stellt sich auch als Funktion ihrer jeweiligen Zahlungsfähigkeit dar. Die großen Lasten im Gefolge der nahezu ununterbrochenen Kriege zwischen den jungen Mächten Europas veranlassten viele Städte, sich vorsorglich mit Befestigungen zu versehen. Die Kunst der Festungsplanung, anfangs ein Monopol der Italiener, breitete sich infolge der Konflikte nach Norden aus.
Die Angriffskriege Ludwigs XIV. gegen die Habsburger in den Niederlanden und am Rhein gaben ab 1667 Veranlassung zur Realisierung eines groß angelegten fortifikatorischen Programms entlang der Nord- und Ostgrenzen Frankreichs. Die führende Stellung Frankreichs in der Militärarchitektur verdankt sich ebenso sehr der Ausgabefreudigkeit seines Souveräns wie dem Genie des bedeutendsten französischen Festungsbaumeisters, Sébastian Le Prestre de Vauban, der unter pragmatischer Nichtbeachtung der akademischen Regeln eine Reihe revolutionärer und ingeniöser Befestigungen und neuer Städte entwarf. Vauban fand zu einem mühelosen Kompromiss zwischen der stumpfwinkligen italienischen Bastion des 16. und der spitzwinkligen niederländischen des 17. Jahrhunderts und führte im Gebiet der Alpen und der Pyrenäen die geschlossene, mit Türmen versehene Bastion ein.

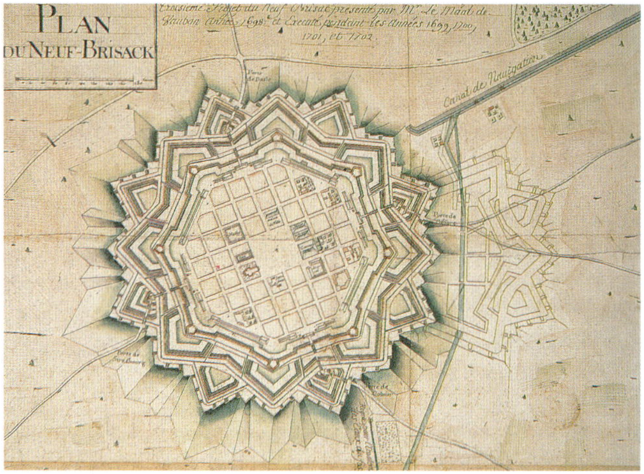

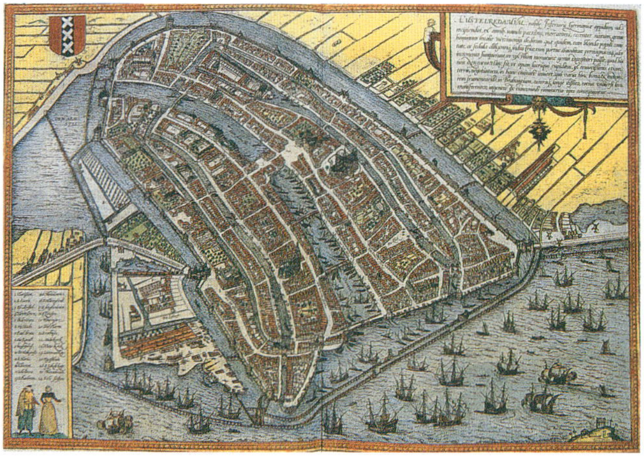

oben
Sébastien Le Prestre de Vauban, Plan von Neuf-Brisach, 1698–1705; Paris, Direction de l'Architecture et du Patrimoine, Ministère de la Culture
Neuf-Brisach (Neu-Breisach) hat einen regelmäßigen Achteckgrundriss, vielleicht entlehnt von den venetischen Städten des 16. Jahrhunderts, Nicosia und Palmanova, mit einem orthogonalen Straßennetz. Hier entwarf Vauban eine befestigte »Idealstadt« mit monumentalen Eingangstoren, in der Bastion, Eskarpe und tiefe Gräben vereinigt sind.

Georg Braun, Plan von Amsterdam, Stich aus Civitates orbis terrarum, 1582; Genua, Museo Navale
Die Niederlande, häufig mit ihrer Verteidigung befasst, waren ein Experimentierfeld insofern, als sich hier eine beachtliche ingenieurtechnische Tradition entwickelte, repräsentiert durch den Architekten Menno van Coehoorn. Er gab dem nordeuropäischen Befestigungswesen der Wassergräben, niedrig profilierten Böschungen und gemauerten, mit Erde bedeckten Backsteinbastionen dicht über der Wasserfläche eine Systematik.

gegenüberliegende Seite
Festung St. Peter und Paul, Sankt Petersburg, ab 1703
Auf Veranlassung Peters des Großen wurde die auf einer Insel in der Newa gelegene Festung, die der Kontrolle des Zugangs ins Baltikum diente, von Domenico Trizzini bis 1718 zu einer der großartigsten Befestigungsanlagen Europas umgestaltet. Ihre aus Backstein gemauerten Bastionen, entlehnt von holländischen und schwedischen Beispielen, umschließen eine regelrechte Zitadelle: das schnellste und am wenigsten kostspielige Mittel, die Stadt zu schützen.

Luigi Vanvitelli

Das Schloss in Caserta

1751–1773

Neben Juvarra ist Luigi Vanvitelli der zweite große Interpret des Spätbarocks in Italien; ihm vertraute Karl III. aus dem Haus Bourbon 1751 die Umsetzung seines ehrgeizigsten Plans überhaupt an, des imposanten Königspalastes in Caserta. Der Bau gehört in den Kontext der spätbarocken italienischen Architektur, die bereits Erfahrungen aufgenommen hat, die in Frankreich mit dem Louvre und mit Versailles und in Spanien mit dem Escorial gewonnen worden waren. Vanvitellis Architektur zeichnet sich durch makellose Symmetrie und durch das Bemühen um geometrische Strenge in der Anordnung der einzelnen Elemente aus. Das Schloss präsentiert sich als riesiger rechteckiger Block, der im Inneren entlang seiner Längsachse, die sich in den Garten hinein fortsetzt, von einer Galerie, dem »gran portico«, durchzogen wird. Durch einen Querflügel entstehen vier symmetrische Höfe; das Oktogon des Vestibüls am Kreuzungspunkt beider Achsen ist der zentripetale Punkt, auf den die gesamte Planung des Gebäudes zuführt; es schließt an die Tradition der theaterhaften Formen des 18. Jahrhunderts an. Die freie Sicht in verschiedene Richtungen und die Anlage der Höfe auf diagonalen Achsen nehmen Bezug auf die »maniera per angolo« der Bibiena, einer aus der Emilia stammenden Familie von Spezialisten der Theaterarchitektur und Bühnenbildnerei. Im Vestibül nimmt die große Ehrentreppe ihren Anfang, in der sich der Einfluss der Treppenanlagen des 17. Jahrhunderts zeigt. Vanvitelli, mit römischen Erfahrungen von der Baustelle der Peterskirche bis zum Werk Borrominis ein wacher Kenner der antiken wie auch der barocken Tradition, überwindet in Caserta die spätbarocke Sprache zugunsten einer nüchternen, strengen Bauauffassung. Seine Fähigkeit, liebenswürdige Eleganz mit Monumentalität zu vereinen, ermöglichte es ihm, mit dem Schloss und dem Park einen Komplex von großer Feierlichkeit und zugleich faszinierender Vielfalt und Anmut zu erschaffen.

In das regelmäßige geometrische Ordnungsschema des Bauwerks fügen sich Schöpfungen von künstlerischem Gewicht: die Kapelle, die derjenigen von Versailles sehr ähnlich ist, das Tribunal, das Observatorium und vor allem das Theater.
Mit Neapel über eine in der Achse von Schloss und Park verlaufende gerade Straße verbunden, ist Caserta nicht nur gedacht als Aufenthaltsort des Hofs, sondern auch als dezentraler Platz für die Verwaltungs- und Regierungsgeschäfte des Königreichs. Die Gestaltung des Umfeldes verweist deutlich auf die ursprüngliche Absicht, diesen Ort zum Mittelpunkt einer neuen urbanen und territorialen Einheit zu machen. Die lange, quasi ins Unendliche gerichtete Sichtachse der Großen Kaskade schneidet den Hügel und durchquert den Park in einer höchst originellen Gliederung der Ebenen.

Der formale Garten

17.–18. Jahrhundert

Der französische Garten
In der Epoche des Barocks setzt sich der so genannte französische Garten durch, ein architektonischer Garten, der die Landschaft in ein ausgewogenes und kontrolliertes Kunstwerk verwandelt, Ausdruck der totalen Beherrschung der Natur. Seine Voraussetzungen liegen in der Umwandlung des italienischen Gartens des Cinquecento in ein erweitertes System von Raumeinheiten, Wegen und Sichtachsen, beweglichen Wasserspiegeln und langen Perspektiven. Zu den Bezugspunkten im 17. und 18. Jahrhundert gehört der Belvederehof im Vatikan, in dem die zentrale Bedeutung der Architektur als Medium der Gartengestaltung eine ihrer gelungensten Interpretationen findet. In der Regierungszeit Heinrichs IV. und seiner Gemahlin Caterina de' Medici setzt die Verbreitung der italienischen Vorbilder in Frankreich mit besonderer Intensität ein; aber erst unter Ludwig XIV. wandelt sich der französische Garten mit den prächtigen Anlagen von Vaux-le-Vicomte und mit den Tuilerien in Paris zu einem beeindruckenden Kunstwerk.
Diese Wunderwerke sind André le Nôtre zu verdanken, der schon in Vaux (1656) die verschiedenen formalen Elemente des Gartens auf eine Longitudinalachse bezog, die den Palast durchquert und, über Terrassen hangabwärts fallend, sich im Unendlichen verliert: ein Garten, konzipiert mit Blick auf perspektivische Fernwirkung, die durch die Broderieparterres noch akzentuiert wird. In Vaux experimentiert Le Nôtre mit allen Gartenformen Europas, wobei er Motive wie den Kanal, das Becken, die Treppenanlage und die Rampe übernimmt und sie in absolut neuer Weise miteinander kombiniert – Motive, die in ganz Europa zum üblichen Formenschatz des formalen Gartens werden sollten.

André le Nôtre, Park des Schlosses von Versailles, ab 1661
Geplant entlang einer perspektivischen Achse, die sich jenseits des Hügels im Unendlichen verliert, sollte der Park von Versailles nicht nur als Refugium und Ort der Zerstreuung dienen, sondern zugleich eine neue Organisation des Raums als Symbol der neuen Staatsordnung sein. Die Anordnung und der ikonografische Plan des Parks verdeutlichen die königliche Ordnung in der Welt: eine Trasse in Etappen, die den Spiegelsaal quert, aus dem Schloss herausführt und sich, vermittelt durch ein Wasserparterre, entlang der zentralen Achse über das Apollobecken – Symbol der Harmonie der Welt – im Kanal fortsetzt, um sich am Horizont zu verlieren. Die Welt erscheint damit als ein geordneter Raum, erfüllt von Sonne und Licht.

La Granja, Segovia, Anfang 18. Jahrhundert
La Granja, in den San Ildefonso-Bergen in der Sierra de Guadarama nach dem Vorbild von Versailles angelegt, ist aufgrund der topografischen Gegebenheiten von bescheideneren Dimensionen, gleicht diesen Umstand aber durch spektakuläre Brunnen und Wasserspiele aus. Die perspektivische Ansicht als symbolische Form der Weltordnung verwandelt sich hier in ein begrenztes Panorama innerhalb eines geschlossenen Raums.

Jean-Baptiste Le Blond, Garten des Schlosses Peterhof, Sankt Petersburg, 1723
Die Vorstellung einer absoluten barocken Landschaft wurde im 18. Jahrhundert unter durchaus symbolischem Vorzeichen von der aufsteigenden neuen Macht des zaristischen Russland übernommen. Der Garten von Schloss Peterhof verbindet das kleine Versailles über einen Kanal mit dem Baltischen Meer und folgt einer zentralen Längsachse, die von prächtigen Wasserspielen und Kaskaden mit monumentalen Brunnen belebt ist.

Garten des Schlosses Herrenhausen, Hannover, Ende 17. Jahrhundert
Der Barockgarten in Deutschland hält sich an das Vorbild des formalen französischen Gartens und verbindet die Ornamentik der aus Flecht- und Spiralmustern bestehenden Parterres mit dem Typ des Wasserparterres. Der Garten von Herrenhausen ist wie üblich angelegt entlang der perspektivischen Zentralachse, die, vom Schloss ausgehend, in einem runden Becken endet. Er hat allerdings auch Elemente holländischer Herkunft, den Kanal, der das ganze Areal umgibt, oder den Obstgarten, die zum Bezugspunkt speziell des norddeutschen Gartens werden sollten. Das Labyrinth allerdings verweist zurück auf den italienischen Garten des Quattrocento.

Veränderungen der Stadtgestalt

17.–18. Jahrhundert

Stadtplanung in den europäischen Kapitalen

Die Konsolidierung großer zentralistischer Nationalstaaten, die neuen Regierungs- und Repräsentationsaufgaben der Städte, die Zunahme der Bevölkerung und die Ausbreitung des Verkehrs machten eine Neudefinition der Stadt unter formalen, dimensionalen und funktionalen Gesichtspunkten erforderlich: Sie nimmt nun, in der Epoche des Barocks, eine regelmäßige Netzstruktur aus großen, leicht zu befahrenden Verkehrsachsen an, die eine Reihe zentraler Orte, Stadttore, Kirchen, Paläste, unter Einbeziehung der Fassaden der monumentalen Gebäude miteinander verbinden. Ein frühes Beispiel einer so verstandenen Veränderung ist das Rom des ausgehenden 16. Jahrhunderts unter dem Pontifikat Sixtus' V.: Hier legt Domenico Fontana die geraden Trassen an, die die sieben wichtigsten römischen Basiliken miteinander verbinden – in der erklärten Absicht, den zentrumsfernen, rückständigen Bezirken der Stadt zur Entwicklung zu verhelfen, und in der symbolischen Absicht, eine wirkliche »Heilige Stadt« zu erschaffen.

In den großen Städten Europas erarbeiten die berühmtesten Architekten ihrer Zeit neue Pläne zur Stadtgestaltung: Le Vau und Mansart verwandeln Paris in eine moderne Kapitale, deren alte Befestigung jetzt einem System konzentrischer Boulevards weicht, das von radialen Straßen durchquert wird; die drei aufeinander folgenden Kampagnen zur Erweiterung Turins verpassen der Stadt ein orthogonales Gitter, das vom antiken römischen *castrum* entlehnt ist; der Londoner Brand des Jahres 1666 ist Anlass für eine Neuplanung der Stadt; die Wiener Altstadt erlebt eine Blüte des Palastbaus; Zar Peter der Große lässt 1703 seine Hauptstadt Sankt Petersburg ex novo erbauen.

Die Architekten sind auf unterschiedliche Weise bemüht, »Verwunderung« auszulösen: Sie geben ihren Bauten theatralische Fassaden, und eine Vielzahl von Brunnenanlagen verbinden architektonische, plastische und natürliche Elemente, um Überraschungseffekte zu erzielen. Der neuen Kapitale und der barocken höfischen Zeremonie entspricht eine idealistische Konzeption der Stadt, die sich schon bei Vitruv findet und sich nun, mit dem Stempel des Absolutismus versehen, im Typ der Platzanlage reproduziert, dem Ort der Apotheose des Königs.

Francesco De Sanctis, Treppe von Santa Trinità dei Monti (»Spanische Treppe«), Rom, 1723–1726
Aus dem Geist der »kapriziösen« Erfindungen Borrominis, der auch im Rokoko noch virulent ist, geht eine der faszinierendsten urbanistischen Schöpfungen in Rom hervor, die in der überraschenden Vielfalt der Ansichten einen sicheren Sinn für bühnenwirksame Mittel erkennen lässt: die triumphale Treppe der Piazza di Spagna. Das komplexe Spiel der an- und absteigenden Rhythmen in ihrem vollkommenen dynamischen Gleichgewicht wird dominiert von der Achse der Kirche Santa Trinità dei Monti und von dem Obelisken, der den Brennpunkt der perspektivischen Sichtlinien markiert.

Juan Gómez de Mora, Plaza Mayor, Madrid, fertig gestellt 1619
Die Plaza Mayor im Herzen Madrids diente als Schauplatz für zeremonielle Anlässe. Ihr Typus – für den Verkehr geschlossen, rechteckig, umgeben von Gebäuden gleicher Höhe – folgt dem französischen Vorbild der Place des Vosges; zugleich ist sie das erste große Unternehmen des Profanbaus im Spanien des 17. Jahrhunderts.

Jules Hardouin Mansart, Les Invalides, Grundriss, Paris, 1675–1706
Angelegt in Verlängerung der Zentralachse des Hôtel des Invalides, des Hospitals für die Kriegsversehrten, trägt die Kirche Mansarts ihren Teil zur städtischen Raumbildung bei, während die vertikale Gliederung ihre Rolle als perspektivischer Blickpunkt veranschaulicht. Die geplanten, aber nie ausgeführten Viertelkreisflügel, entlehnt von Berninis Entwurf für den Petersplatz, sollten die Kirche untrennbar mit dem davor liegenden Platz verbinden.

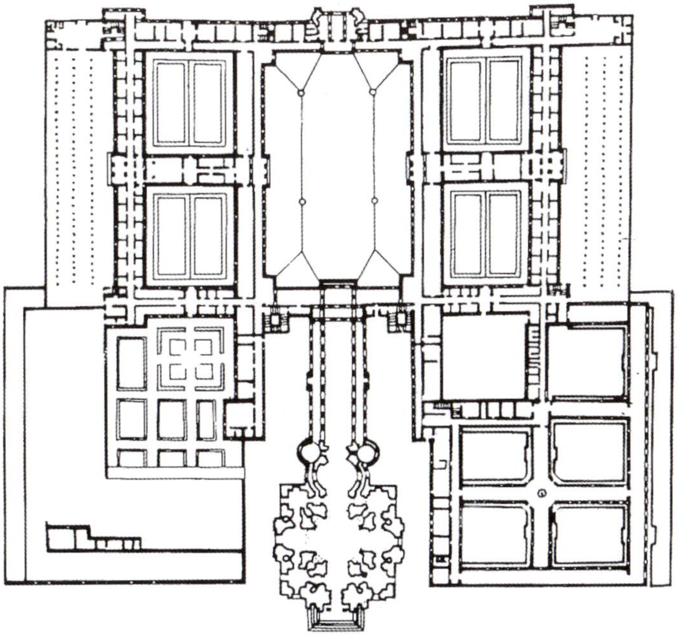

Der Palladianismus in England

ca. 1700–1750

Die Landsitze

Im Gegensatz zum Stil der Gegenreformation wie auch zu den perspektivischen, axialen Bezügen der »offiziellen« französischen Architektur bleibt die englische der ersten Hälfte des 18. Jahrhunderts im Wesentlichen dem klassischen Stil verbunden. Adlige und Bürger sind unter den ersten, die sich von der Rhetorik des Barocks ab- und nüchterneren, diskreteren Formen zuwenden, die Würde und Dekor verbinden. Bezugsmodell dieser Bemühungen ist wiederum die Architektur Palladios, die mit ihrer strengen Symmetrie, ihrer Einfachheit und Großartigkeit das Medium der Annäherung an die klassischen Prototypen ist.

Die englischen Landsitze, die *country houses*, in denen der Großteil der englischen Aristokratie residiert, präsentieren sich mithin als geometrisch definierte Baukörper von im Allgemeinen rechteckiger Form mit kurzen Seitenflügeln und nüchterner Außengestaltung. Den Fassaden ist ein Portikus nach dem Vorbild desjenigen der klassischen Tempel vorgelagert, während im Nobelgeschoss häufig ein Serliana-Fenster erscheint. Daneben fehlt es nicht an Elementen der lokalen Tradition, wie zum Beispiel vortretenden *bow windows*, die, schon im späten Mittelalter nachweisbar, von der Mitte des 18. Jahrhunderts an zum festen Bestandteil englischer Landhäuser werden.

Richard Boyle Count of Burlington, William Kent, Lancelot »Capability« Brown und John Wood d. J. sind die ersten Vertreter dieser Periode der englischen Architektur, die in der bewussten Rückbesinnung auf die Antike die Quelle einer bodenständigen, absolut ursprünglichen Architektur zu sehen meinen. Mit den Werken William Chambers' und Robert Adams weitet sich das architektonische Vokabular im Sinne einer neuen, freieren Auslegung der Vergangenheit, die jetzt auch griechische und etruskische Anregungen einbezieht. Im Wiederanknüpfen an die Klassik, wie es sich im England der ersten Hälfte des 18. Jahrhunderts beobachten lässt, kündigt sich zugleich die definitive Überwindung des Barocks an.

Richard Burlington und William Kent, Chiswick House, London, ca. 1725
Das Haus im neopalladianischen Stil, steinernes Symbol des neuen »aufgeklärten« Menschen, tritt der »natürlichen« Welt des Gartens gegenüber. Lord Burlington liefert hier ein Beispiel für die Zerlegung und Wiederzusammenfügung von Elementen, die aus verschiedenen Quellen geschöpft sind, deren eigentliche Inspirationsquelle aber die Villa Rotonda in Vicenza bleibt.

Richard Burlington und William Kent, Holkham Hall, Norfolk, Vestibül, ca. 1734
Durchaus weise ordnen Burlington und Kent im Grundriss und am Außenbau die Volumina und Flächen um den Portikus und Mitteltrakt. Im Vestibül, einem der spektakulärsten Innenräume des 18. Jahrhunderts, fügen sie der von der »sala vitruviana« Palladios bestimmten Grundgestalt eine große Apsis an, die von den römischen Thermen angeregt ist. Der blasse Farbton des Alabasters und der Mäanderfries mit den »vitruvianischen« Voluten bewirken einen rundum klassischen Effekt in einem Raum, der noch den dramatischen Charakter barocker Auffassung erkennen lässt.

Robert Adam, Kenwood House, London, Bibliothek, 1767
Robert Adam pfropft dem Palladianismus eine bewusstere Imitation der klassischen griechischen Ordnungen auf. Die Kombination aus Nischen, Apsiden und Säulenstellungen mit pastellfarbenen Wänden und Decken, weißem Stuck und Gold wird zum Kennzeichen des Adam-Stils. Seine Vorbilder nimmt er aus Herkulaneum und Pompeji und der Groteskenmalerei der Renaissance: Malerei im pompejanischen Stil überzieht die Wohnräume und wird zu einer regelrechten Mode in England. Die Adamschen Interieurs kommen den Wünschen der englischen Kundschaft nach Bequemlichkeit, Intimität und nüchterner Eleganz entgegen.

John Wood d. J., Royal Crescent, Bath, 1767–1774
Mit dem Klassizismus entsteht eine nationale Kunst, die in den großen Rundplätzen und den *crescents* ihre urbanistische Form erhält. In der freien Komposition des *crescent*, in der die Architektur die Spekulationsinteressen des städtischen Bauunternehmertums sublimiert, nimmt John Wood die barocke Tendenz zur szenischen Integration von Gebäude und Natur in klassizistischen Formen auf.

»Gothic Revival«

ca. 1750–1850

Der Stil des »Castellated Gothic«

In der zweiten Hälfte des 18. Jahrhunderts breitet sich in England die frühromantische Begeisterung für das Mittelalter und die mittelalterliche Kunst als Ausdruck des Genius der Nation aus, eine Reaktion auf die Institutionalisierung des Palladianismus durch Inigo Jones und auf den barocken Klassizismus Christopher Wrens. Es kommt zu einer stark ideologisch eingefärbten, weil nun auch mit religiösen und sozialen Argumenten befrachteten Neubewertung dieser Epoche. Parallel dazu bereitet sich mit der Absage an die klassische Gleichsetzung von Schönheit mit Harmonie und Ausgewogenheit, wie sie 1757 von Edmund Burke in *A Philosophical Enquiry into the Origin of our Ideas of the Sublime and the Beautiful* postuliert wurde, eine Ästhetik des Sentiments vor, die das Schöne vom Erhabenen, verstanden als unbestimmt und beunruhigend, unterscheidet. Diese Sichtweise hat im Verein mit dem Konzept des »Pittoresken« zur Folge, dass die Aufmerksamkeit jetzt von allem angezogen wird, was anders, grob, überraschend, ja selbst dekadent ist; das Ideal der Symmetrie wird aufgegeben zugunsten des Asymmetrischen und Unregelmäßigen; hier hat auch die Ruinenbegeisterung ihren Ort. Vor diesem Hintergrund läutet die asymmetrische Anlage von Strawberry Hill das so genannte Castellated Gothic ein, die Idee des Landsitzes als mittelalterliches Kastell, das sich in sein Umfeld, nach Möglichkeit über einem steilen Abhang, einfügt: Diese ausgesprochen visionäre Strömung erlangt infolge der Assoziation des Pittoresken mit dem Erhabenen rasch große Popularität. In den Jahren von 1810 bis 1820 treten diese Stein gewordenen gotischen Verstiegenheiten allmählich hinter dem Anliegen zurück, die mittelalterlichen Formen in struktureller Hinsicht korrekter zu imitieren. Der Stil des Gothic Revival wird so, aus dem Kontext der ländlichen Residenzen heraustretend, zum Konkurrenten des klassizistischen Stils. Er erobert sich, weil als christlich schlechthin angesehen, rasch den Sektor der kirchlichen Bautätigkeit, wobei er sich unmittelbar auf den spätgotischen Perpendicular Style beruft.

James Wyatt, Fonthill Abbey, 1795–1807
Wie ein Kloster für den exzentrischen William Beckford erbaut, hat Fonthill Abbey einen ungewöhnlichen kreuzförmigen Grundriss und eine mehr als 100 m lange Galerie, deren einer Teil ruinös, der andere bewohnbar ist. Wyatt hat hier einer fast wahnhaften Vision von riesigen Dimensionen zum Ausdruck verholfen, das Baumaterial allerdings war nicht angemessen: Der gigantische, 84 m hohe Vierungsturm stürzte in einer Nacht des Jahres 1825 ein und zerstörte den größten Teil dieser romantischen Fantasie.

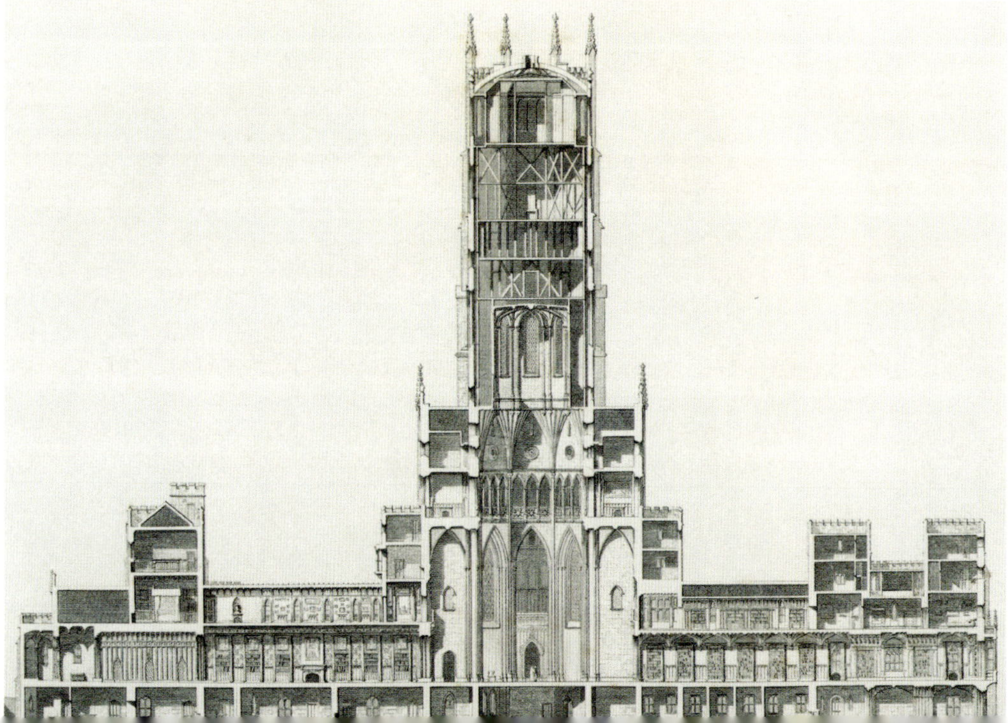

Horace Walpole, Strawberry Hill, Twickenham, Bibliothek, 1748–ca. 1777
Mit dem Entwurf seines Landsitzes Strawberry Hill führt der Literat Horace Walpole einen heterogenen Stil ein, ein gotisch gewandetes Rokoko in einem ausgesprochen pittoresken Ambiente. Die ohne historische Sorgfalt ausgeführten architektonischen Strukturen stehen eher im Dienst einer szenografischen Schöpfung, deren Zweck es ist, die Vorstellungskraft zu wecken und nachhaltig dazu anzuregen, Bilder ferner Zeiten erstehen zu lassen.

William Butterfield, All Saints' Church, Margaret Street, London, 1849–1859
Zwischen 1850 und 1870 erlebt die Neugotik noch einmal eine unerwartete Blüte, die sich durch eine extreme Vielfalt an Lösungen für den Einsatz der Geometrie, das Spiel mit Farben und die Verwendung naturalistischer Formen auszeichnet. Mit seiner originellen Formensprache erklärt Butterfield diese reformierte Neogotik zum Programm: eine Architektur der Vielfalt an Farbe und Strukturen, eklektisch in ihrem Rückgriff auf die wuchtigen Formen der italienischen und spanischen Architektur des 13. Jahrhunderts.

Charles Barry, Augustus Welby Pugin

Houses of Parliament, London

1836–1868

Am 16. Oktober 1834 verwüstete ein Brand den alten Palast von Westminster. Mit seiner Wiederherstellung bot sich die Gelegenheit, einen symbolhaften Bau zu erstellen, der das neue Interesse an der Gotik mit einem nationalen Stil verbinden würde, wie er sich für Sakral- und wichtige Profanbauten eignete. Und tatsächlich wertete die Entscheidung für den neugotischen Stil mit ihren ideologischen und moralischen Implikationen die Regierungs- und Verwaltungsgebäude in ihrem repräsentativen Charakter auf.

Vor dem Hintergrund des romantisch-sentimentalen und »literarischen« Geistes einer immer stärker nationalistisch geprägten Epoche verlangten die Wettbewerbsbedingungen ausdrücklich die Realisierung eines »gotischen und elisabethanischen« Gebäudes im Einklang mit den mittelalterlichen Wurzeln des englischen parlamentarischen Systems. Dennoch blieb der gewaltige Bau Charles Barrys mit seiner, ungeachtet der von Pugin im strengen Perpendicular Style hinzugefügten Details, im Wesentlichen klassizistischen Ausrichtung ein Einzelphänomen, ohne Einfluss auf die nachfolgende Architektur, obwohl hier zum ersten Mal das Neugotische für einen bedeutenden öffentlichen Auftrag als adäquater Stil angesehen wurde: Der Perpendicular Style der Houses of Parliament wurde zum Symbol der politischen Struktur Englands. Gegenüber dem Visionären und Fantastischen so vieler neugotischer Bauten in England interpretieren Barry und Pugin die mittelalterliche Architektur sehr gewissenhaft. Die lange Fassade, orthogonal gegliedert von einem Raster im Perpendicular Style, wird von polygonalen Ecktürmchen belebt; die ausgesprochene Horizontalität wird gemildert durch die rhythmische Folge der Strebepfeiler. Die Außenverkleidung in Stein und Ziegelmauerwerk verbirgt die zeitgemäßen bautechnischen Mittel wie die feuerresistenten eisernen Stützen und Träger, die von der Industriearchitektur übernommen sind. Das ganze Gebäude ist verkleidet mit einem komplexen gotisierenden Dekor, der sich harmonisch und gleichmäßig in die Struktur einfügt. Der Außenbau genügt, abgesehen von den spätgotischen Einzelformen, der klassizistischen wie auch der pittoresken Theorie: die Homogenität des Grundrisses und die Gliederung der Baumassen sind im Hinblick auf die Front zur Themse und auf die nahe mittelalterliche Kathedrale von Westminster konzipiert.

Die Gestaltung der Innenräume, vom House of Lords und House of Commons bis zu weniger öffentlichen Bereichen wie der Bibliothek, ist charakterisiert durch eine nahezu leidenschaftliche Aufmerksamkeit für das Detail. Pugins Stil vereint gotische Formen und Ornamente, um die Großartigkeit und das Zeremonielle des Parlaments zu betonen. Die feinen Materialien, die Ausstattung der Räume, die Einrichtungsgegenstände lassen alte kunsthandwerkliche Traditionen wieder aufleben und ermutigen zugleich zum Experimentieren mit neuen Techniken, die typisch sind für den viktorianischen Geschmack.

Die »wiederentdeckte« Natur

Im Gegensatz zur strengen Geometrie und gesuchten Raffinesse des formalen französischen Gartens geht es im englischen Garten darum, die Empfänglichkeit für das Unregelmäßige und die Vielfalt der Natur zu steigern. Die Begeisterung für eine üppige, ungezähmte Natur, bereichert um szenische Elemente, und für die suggestive Wirkung des Zerstörten führt zur Mode der Ruinen, die eigens in Parks und Gärten errichtet werden: Ästhetik des Pittoresken. Die neue Landschaftsauffassung fasst dank des genialen, originellen William Kent schon in der ersten Hälfte des 18. Jahrhunderts Fuß – Kent entwirft zwischen 1730 und 1740 die Gärten von Chiswick, Stowe und Rousham, in denen die symbolische Geometrie und symmetrische Gliederung Le Nôtres endgültig aufgegeben werden. Die sanften Hügel der englischen Landschaft waren mit Sicherheit der Ausgangspunkt dieser Revolution, hinter der der Wunsch nach Rückkehr zu einer ursprünglichen Natur bei gleichzeitiger Eliminierung aller künstlichen Elemente der Barockzeit steht: Charles Bridgeman interpretiert das französische »ha!-ha!« als Ausdruck einer neuen Freiheit. Während die Architektur der Barockgärten das Prinzip der räumlichen Kontinuität vom Gebäude zum Garten befolgt und die Natur nach einem vorgegebenen Weltbild organisiert, vollzieht das neue Ideal des englischen Gartens eine klare Trennung zwischen Gebäude und Umfeld. Ein neuer symbolischer Zusammenhang wird dennoch geschaffen mit der Einführung der künstlichen Ruinen: Die Verbindung mit der Natur ist nur möglich über den »Tod« der Architektur.

William Kent, Park von Stowe, 18. Jahrhundert
Die neue Ästhetik des Erhabenen und Pittoresken erweitert die Möglichkeiten emotionaler Wirkung der Architektur in ihrem Verhältnis zum Umfeld. Das Gedankengebäude, das der Anlage des Landschaftsgartens zugrunde liegt, ist gut exemplifiziert in den 1748 geschaffenen »Elysischen Gefilden«, einem kleinen Tal, das mit allegorischen und patriotischen Bauwerken bestückt ist.

Lancelot Brown, Park von Blenheim, ca. 1764
Lancelot Brown revolutioniert die englische Gartenkunst: In seinen heiteren, ausgewogenen Schöpfungen sorgt die Natürlichkeit grasbewachsener Hänge und spiegelnden Wassers für eine Atmosphäre stiller Meditation. Die gebauten Elemente fungieren nicht ausschließlich als »Belvedere«, sondern haben einen sittlich-moralischen Gehalt.

Henry Flitcroft und Henry Hoare, Park von Stourhead, 1744–1756
Vielfach ist es die zeitgenössische englische Landschaftsmalerei, die den englischen Garten mit ihren Themen bereichert: Daher die künstlichen Ruinen, die Felsen, die Wasserfälle und die Pavillons mit ihren antikisierenden oder exotischen Formen. Das Pantheon am Seeufer gleicht dem Pantheon auf Claude Lorrains Gemälde »Aeneas auf Delos« in der Nationalgalerie in London.

Der nationale Klassizismus in Frankreich

Spätes 18. Jahrhundert

Der Stil all'antica

Im Jahre 1753 veröffentlichte Marc-Antoine Laugier seinen *Essai sur l'architecture*, mit dem er eine Rückkehr zu den Urformen des Bauens anmahnte: eine vom Rationalismus der Aufklärung bestimmte Forderung, die wiederum in Verbindung steht mit der klassizistischen Strömung, die sich in der französischen Kunst nie ganz unterdrücken ließ, nicht einmal in den Jahren der Régence und des Rokokos. In Frankreich markiert die Rückkehr zu eher klassischen Formen das Ende des Barocks im Namen eines einheitlichen Nationalstils, die Abkehr von der Regellosigkeit des Rokokos im Namen der »schönen Einfachheit« der Antike. Die erste Generation von Architekten, Pierre Contant d'Ivry und Jacques-Germain Soufflot, vertritt allerdings noch immer eine von Piranesi übernommene fantastische Auffassung von den römischen Ruinen, die sich häufig in einem ganz deutlichen Kontrast zwischen dekorativer Überfülle und nackten Wandflächen äußert.

Es war der Hofarchitekt Jacques-Ange Gabriel, der das Rokoko tätig umging, um sein Heil in der beruhigenden Solidität des guten Geschmacks, in Anmut und Dekor zu suchen. Sowohl seine städtebaulichen Maßnahmen (Place de la Concorde, 1753–1754) als auch seine architektonischen Arbeiten zielen auf die Wiederherstellung einer offiziellen und öffentlichen Architektur. Indem er die Ideologie des französischen Hofs den Positionen der aufgeklärten Philosophen annähert, legt Gabriel die offiziellen Regeln fest, in die sich erst anschließend antike Zitate einbringen lassen, die ihrerseits den Filter des Ingenieurwissens passieren müssen. Jedenfalls setzt sich der französische Klassizismus von den siebziger Jahren an überzeugender in jenen Gebäuden durch, deren Schemata, verglichen mit Palast und Kirche, weniger traditionell sind. Das gilt etwa für die öffentlichen Theater, die unabhängig sind vom höfischen Auftraggeber, zum Beispiel das Grand Théâtre in Bordeaux, projektiert von Victor Louis, dessen schöne Innentreppe zum Vorbild für die der Pariser Oper werden sollte.

Jacques-Germain Soufflot, Pantheon (vormals Sainte-Geneviève), Paris, ab 1757
Sainte-Geneviève gilt als das Manifest der Ideen, die Laugier in Bezug auf die Sakralarchitektur formulierte: statt der stattlichen Arkaden auf Pfeilern vom Typ derer von Sankt Peter oder der Kirche Il Gesù in Rom schlanke, frei stehende Säulen und ein durchgehendes Gebälk, statt des Longitudinalschemas des tonnengewölbten Schiffs ein Zentralschema auf der Basis des griechischen Kreuzes mit Kuppel; eine meisterhafte technische Leistung dank der Verwendung von Strebepfeilern, Strebebögen und eisernen Ankern. Mit einer die Kenntnis der Gotik verratenden Struktur in einer klassizistischen Schale ist das außergewöhnliche Gebäude revolutionär und beruhigend zugleich, offen für die neuen Leistungen der Ingenieurskunst und die Modelle der Vergangenheit.

Jacques Gondoin, École de Chirurgie, Paris, 1769–1775
In strenger Anwendung der klassizistischen Formen übernimmt Gondoin für seine École de Chirurgie den Typus der Pariser Hôtels mit ihrem *corps-de-logis* hinter einem Ehrenhof. Andererseits bricht er mit dieser Tradition, indem er ein Peristyl auf Säulen mit durchgehendem Gebälk und Attika einführt. Der Eingang ist als Triumphbogen gestaltet.

Jacques-Ange Gabriel, Park von Versailles, Petit Trianon, 1762–1764
In einem »französischen« Park gelegen, in dem der Blick die Gesamtwirkung des Ensembles festhalten kann, zeichnet sich das für Madame de Pompadour erbaute Petit Trianon mit seinen klassisch-palladianischen Formen durch das vollkommene Gleichgewicht und die Klarheit der symmetrischen Hauptfassade aus; sie bildet ein geschlossenes, autonomes Rechteck. Die Gartenfront zeigt sich mit einem korinthischen Peristyl. In der Gesamtkonzeption hält sich das Gebäude eng an Palladios Villenauffassung, vermittelt durch den britischen Neopalladianismus.

Visionärer Klassizismus und utopische Architektur ca. 1750–1800

Étienne-Louis Boullée und Claude-Nicolas Ledoux

Die Entwürfe Étienne-Louis Boullées und Claude-Nicolas Ledoux' repräsentieren die Extremformen des französischen Klassizismus: einen Weg, der zu den Ursprüngen zurückführt, um sich der absoluten Formen, der Kugeln, Kuben, Zylinder, Pyramiden, zu vergewissern, deren Quelle, entsprechend den platonischen Vorstellungen, die Natur ist.

Boullée, weit eher Theoretiker als praktisch tätiger Architekt, schuf megalomane Projekte wie den utopischen Plan für eine Bibliothek (1783–1785), ein Monument des Wissens; in diesen Projekten nimmt er bereits bekannte Themenkreise erneut auf und hebt sie auf eine abstrakt-gigantische Ebene, die, auch wenn sie die Ausführung unmöglich macht, die Wirkung des Dargestellten steigert. Er entwirft ausschließlich öffentliche Gebäude, Monumente der Republik, errichtet im Namen der Vernunft unter Heranziehung der einfachen Formen der Geometrie der Körper.

Von Ledoux hingegen stammt das zum Teil ausgeführte Projekt der Salinenstadt Chaux in Arc-et-Senans, heute eines der meistbewunderten Denkmäler der Industriearchitektur. Hier nimmt Ledoux eine radikale Vereinfachung der Formen und des dekorativen Apparats vor, der auf wenige neogräzistische Zitate reduziert ist. Nach der Revolution steigert sich die grafische Struktur der letzten Werke Ledoux' noch in ihrem visionären Charakter, und damit gewinnen die Theorien und Utopien der Epoche Form in der so genannten Revolutionsarchitektur.

Es war schließlich Jean-Nicolas-Louis Durand, der die Visionen Boullées und Ledoux' durch die Reduzierung der fantastischen Rhetorik der Emotionen auf eine ökonomische und normative Typologie in die realisierende Planungspraxis überführte. Die platonische Einfachheit der Volumina wird bei Durand zum modularen Prototyp, auf den sich ein universales Konstruktionssystem gründen lässt, das er in seinem berühmten Kompendium *Précis de leçons d'architecture* (1802–1805) erläutert.

Claude-Nicolas Ledoux, Barrière de la Villette, Paris, 1785–1789
Die Pariser Zollstationen von Villette bis Monceau sind typische Beispiele für die formale Neubewertung der Zweckbauten, mit denen die Architekten in der Epoche der Aufklärung immer häufiger befasst waren. Unübersehbar monumental, werden sie mit viel Fantasie neu interpretiert in der Absicht, ihren Zweck anders auszulegen, nach Modalitäten, die an Piranesi nicht vorbeikommen.

gegenüberliegende Seite
Claude-Nicolas Ledoux, Die königlichen Salinen von Chaux, Arc-et-Senans, 1775–1779
Das Projekt einer Arbeiterstadt in der Saline von Arc-et-Senans, einer Idealstadt auf elliptischem Grundriss, in der sich die Ideen des Absolutismus – die Lage des Hauses des Direktors direkt im Zentrum – mit moralischen Utopien verbinden, wirkt wie eine Vorwegnahme der »Revolutionsarchitektur«. Obwohl die Anlage insgesamt eher traditionell ist, bedient Ledoux sich bei den einzelnen Gebäuden, den mit Stalaktiten und Stalagmiten verzierten Salzmagazinen, der Werkstatt in Form eines Schleifsteins mit konzentrischen Ringen, dem Haus des Direktors mit der Kolonnade aus Säulentrommeln und Blöcken, mit größter Freiheit des formalen Repertoires der Geschichte und der Fantasie, um eine ausgesprochen expressive Architektur zu erschaffen.

Étienne-Louis Boullée, Entwurf eines Kenotaphs für Newton, 1784; Paris, Bibliothèque Nationale
Der Erfinder der »Architektur der Schatten«, wie er sich selbst nennt, stellt sich das Kenotaph Newtons, des Entdeckers einer Ordnung im Unendlichen und mithin Helden der Neoklassik, als großen, lichtfunkelnden kosmischen Globus vor. Die durchlöcherte Kalotte filtert die Lichtstrahlen und erweckt im Inneren so, mit Hilfe der Natur und nicht mit Hilfe der malerischen Fiktion, den Eindruck eines gestirnten Himmels. Das Projekt wurde nie ausgeführt, bezeugt aber den Ehrgeiz der klassizistischen Architektur, sich an großartigen Aufgaben zu versuchen, die es wert sind, die Erinnerung an das Rom der Kaiserzeit heraufzubeschwören.

Der Klassizismus in Deutschland

1800–1850

Karl Friedrich Schinkel und Leo von Klenze

»Jede Hauptzeit hat ihren Stil hinterlassen in der Baukunst – warum wollen wir nicht versuchen, ob sich nicht auch für die unsrige ein Stil auffinden lässt?« Mit diesen Worten erklärte Karl Friedrich Schinkel, zurückgekehrt von einer Englandreise, seine Absicht, sich zum Träger eines neuen Nationalstils zu machen, einer architektonischen Kultur, die sich in einer ihr eigenen Weise mit einem Wortschatz und mit stilistischen Experimenten ausdrücken sollte, hinter denen gründliche Überlegungen standen.

In den öffentlichen Bauten, die er zwischen 1816 und 1822 in Berlin errichtete, bedient Schinkel sich eines strengen neogräzistischen Stils und in diesem Rahmen einer sorgfältigen Auswahl attischer Elemente, die er in ihren syntaktischen Bezügen variiert. Hinter den strengen Kolonnaden, denen übrigens häufig das kanonische Tympanon fehlt, verbergen sich kompositorische Freiheiten, die in vielen Fällen vor allem funktionalen Erfordernissen geschuldet sind: In den Grundrissen tauchen Variationen auf, deren Zweck es ist, den Charakter der Innenräume mit dem Umfeld des Gebäudes in Einklang zu bringen. Mit seiner Forderung nach einer Architektur, die der Einfügung des einzelnen Gebäudes in das städtische Gefüge mehr Aufmerksamkeit zuwenden und sich bewusst um ein durchdachtes, kontrolliertes Verhältnis zur Natur kümmern solle, zeigt Schinkel im Übrigen, allerdings ohne sich von den der Antike entlehnten stilistischen Codices zu befreien, in der synthetischen Überwindung der Gegensätze die Entwicklung auf, die das architektonische Planen in Zukunft nehmen wird.

So wie Schinkel der Stadt Berlin zu einer neuen Identität verhilft, wird Leo von Klenze dank seiner glücklichen Begegnung mit dem Bayernkönig Ludwig I. zum Protagonisten der Neugestaltung Münchens, bei der er strengen klassizistischen Formen folgt und das jeweilige Gebäude soweit wie möglich isoliert, um es so monumental wie möglich erscheinen zu lassen. Der Denkmalkult, diktiert vom nationalistischen Rausch im Gefolge der Befreiungskriege, gestattet es ihm parallel dazu, seiner Passion für die Antike ungehindert Ausdruck zu verleihen, und führt zu monumentalen Ehrenbauten: Den Großen der Nation ist die eindrucksvolle Walhalla der Deutschen gewidmet.

Leo von Klenze, Walhalla (bei Regensburg), 1830–1842
Als Symbol des Griechenlandbildes sowohl in seinen archäologischen als auch in seinen romantischen Facetten präsentiert die Walhalla mit ihren streng dorischen Formen das Ideal des deutschen Heldentempels: ein dorischer Peripteros, dem Parthenon nachgebildet, zu dem man über eine monumentale Außentreppe am Steilhang über der Donau aufsteigt. In der Vision des Tempels in einer zeitlosen Landschaft ist der Höhepunkt der klassizistischen Bewegung insgesamt erreicht.

Leo von Klenze, Propyläen, München, 1846–1850
Der Greek Revival und insbesondere das Thema der athenischen Propyläen, eingeführt bereits mit dem Brandenburger Tor von Carl Gottfried Langhans in Berlin, 1789 bis 1793, und als Symbol für die Identität von Griechen und Germanen aufgefasst, erfahren in Klenzes Münchner Propyläen eine triumphale, ganz eigenständige Darstellung.

Karl Friedrich Schinkel, Schloss Charlottenhof, Potsdam, 1826–1836
Der Anspruch, den Innenraum und seine Funktionen mit dem Außenbereich in Übereinstimmung zu bringen, zu einem harmonischen Verhältnis von Gebäude und Umgebung zu kommen, wird im Charlottenhof in Potsdam eingelöst. Das für den Prinzen Karl errichtete Lustschloss zeigt den vollkommenen Zusammenklang von niedrigem Baukörper »all'italiana« und dorischem Portikus, den Gartenanlagen, den Loggien, Kanälen und Pavillons – eine gefällige, durchdachte Verschmelzung von Natur und Architektur.

Klassizistische Architektur in den Vereinigten Staaten 1770–1850

Federal Style und Greek Revival
Im Jahr 1776 wird die Unabhängigkeitserklärung der Vereinigten Staaten unterzeichnet; der Stolz der jungen Nation äußert sich in einem klaren Stil ihrer Architektur, der seine Vorbedingungen in der Herausbildung des europäischen Klassizismus hat und in dem späteren Präsidenten Thomas Jefferson gewissermaßen seine Personalisierung findet, allerdings nicht als ideologischer Klassizismus: Jefferson, Kenner europäischer Geschichte und Kultur, scheint eher an Fragen der Definition des Bauorganismus und seiner technischen Realisierung interessiert; Verweise auf die ausgewogenen Verhältnisse, die Symmetrie, die vielfältige Gliederung der Säulen, Tympana und des Gebälks an seinem Hauses in Monticello kehren im amerikanischen Klassizismus immer wieder.
Die letzten beiden Jahrzehnte des 18. und die Anfänge des 19. Jahrhunderts sind in Amerika von zwei parallelen klassizistischen Strömungen geprägt. Da ist zum einen der Federal Style: Sequenzen heterogen geformter Räume, die, umschlossen von Rechtecken unterschiedlicher Proportionen, harmonisch gefügte Baukörper bilden; Vertreter dieser Strömung sind zum Beispiel Charles Bulfinch und William Thornton. Die zweite Strömung orientiert sich, angeregt durch bedeutende archäologische Funde zu Beginn des 19. Jahrhunderts, an den Werten, Ausdrucks- und Stilformen der griechischen Kultur; dieses Interesse erreicht seine stärkste Ausprägung um 1820.
Benjamin Henry Latrobe, einer der bedeutendsten Vertreter des Greek Revival, verbindet in seinen Werken archäologische Präzision mit stilistischer Reinheit: 1801 entwirft er das Gebäude der Bank of Pennsylvania in Philadelphia, einen strengen Bau in Tempelform mit ionischen Portiken, zentriert um einen überkuppelten Raum. In den Details lässt er seiner Fantasie allerdings freien Lauf; so ersetzt er zum Beispiel den kanonischen Akanthus des korinthischen Kapitells durch das heimische Tabakblatt oder den Maiskolben.

gegenüberliegende Seite
Thomas Jefferson, Parlamentsgebäude des Staates Virginia, Richmond, 1785–1796
Im Prototyp des öffentlichen Gebäudes seines Landes folgt Jefferson insofern den Vereinfachungen des französischen Klassizismus, als er die ursprüngliche korinthische durch die sachlichere ionische Ordnung ersetzt, was zugleich einen symbolischen Verweis auf den Geist der antiken Republiken bedeutet. Jefferson macht deutlich, welche architektonischen Zeichen die junge amerikanische Republik verwenden will: Er leitet den Idealtyp der neuen amerikanischen Architektur von der Maison Carrée in Nîmes ab.

Thomas Jefferson, Universität des Staates Virginia, Charlottesville, 1817–1826
Die Universität von Virginia gehört zu den allerersten Beispielen einer Campus-Universität, in der sich die Gebäude als ein System von Pavillons in die Landschaft einfügen. Das Vorbild der Universität Cambridge vor Augen, definiert Jefferson eine jahrhundertealte Bauaufgabe in neuer, überzeugender Weise und versteht es zudem, alle Motive der klassischen Architektur, von der Rotunde Palladios über das römische Pantheon bis zu den Diokletiansthermen, vorzutragen beziehungsweise zu zitieren.

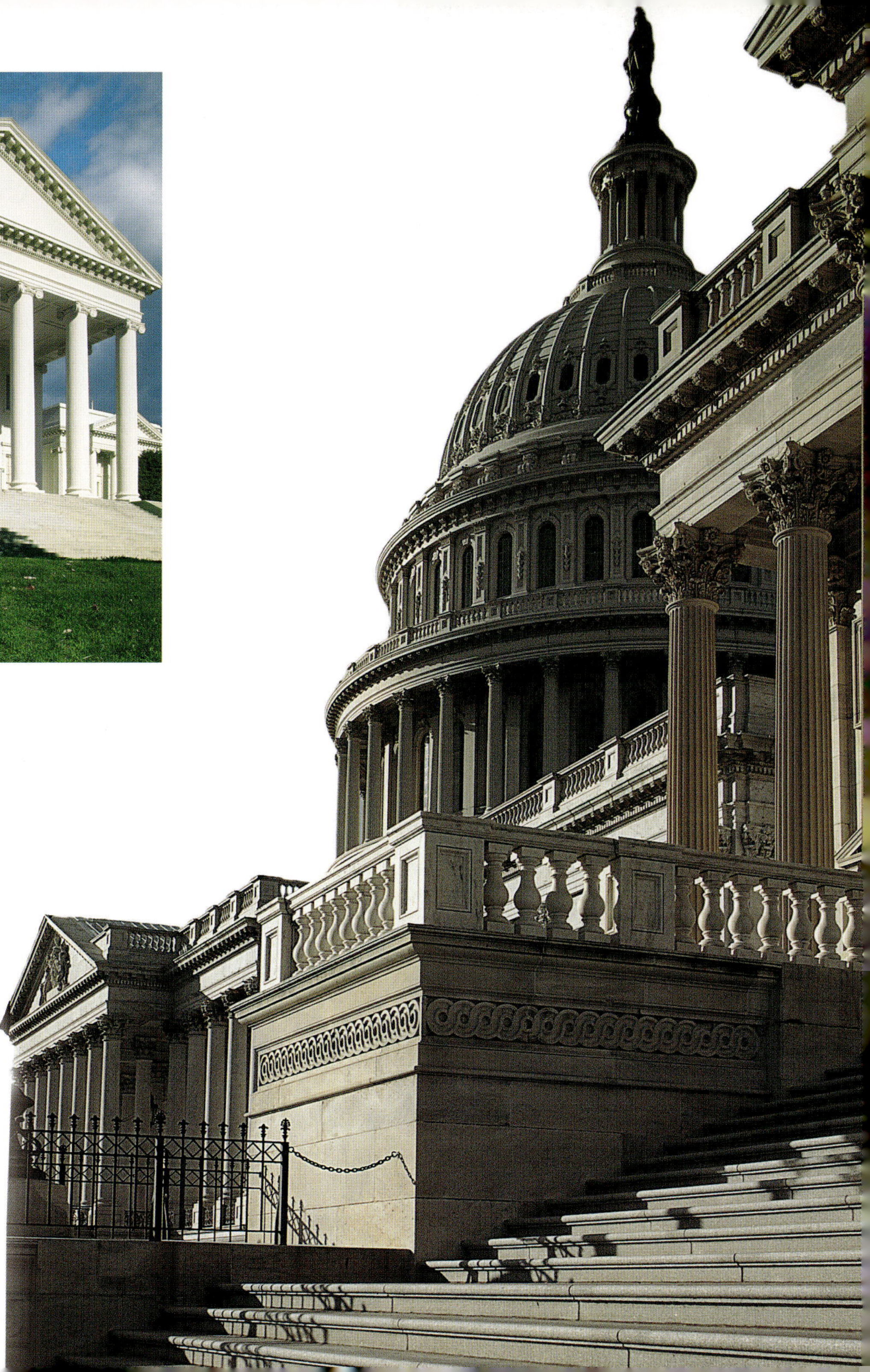

William Thornton, Benjamin Henry Latrobe, Charles Bulfinch, Kapitol, Washington D.C., 1792–1827
An der komplizierten Planungsgeschichte des Kapitols wird deutlich, dass zu dieser Zeit noch große Probleme mit der Realisierung eines anspruchsvollen öffentlichen Gebäudes verbunden waren. Das ursprüngliche Projekt Thorntons, das einen weitläufigen klassizistischen Bau mit ebensolchen Seitenflügeln und einer bekrönenden Kuppel vorsah, wurde zu einem späteren Zeitpunkt von Latrobe vor allem im Hinblick auf das Innere überarbeitet.

Thomas Jefferson

Monticello

1769–1809

Ab 1769 war Thomas Jefferson nach langem Aufenthalt als Gesandter in Paris, wo er auch in Kontakt mit der neuen französischen und englischen Baukunst kam, mit Planung und Bau seines eigenen Hauses Monticello in Virginia befasst. Monticello ist ein monumentales und elegantes Gebäude, abgeleitet vom Vorbild der in den englischen Landhäusern modifizierten Zentralbauten Palladios. Es fehlt allerdings nicht an einer noch eindeutiger klassischen Interpretation in Form der Erweiterung des Grundrisses in die Tiefe, gewonnen aus der Beschreibung der vitruvianischen Villa durch Plinius: So entstehen zwei große Räume auf der Mittelachse und eine doppelte Folge von Zimmern in den von polygonalen Apsiden geschlossenen Seitenflügeln. Der antikisierende weiße Portikus mit vier toskanischen Säulen hebt sich klar von dem roten Ziegelmauerwerk des Baukörpers ab. Eine Kuppel auf oktogonalem Tambour markiert das Zentrum der Villa, den geräumigen Mittelsaal, der sein Licht von den Rundfenstern des Tambours erhält. Jefferson verbindet das Ästhetische mit dem zeitgenössisch Funktionalen, indem er eine Vielzahl technischer Neuerungen einführt, zum Beispiel Klappbetten und einen Speiseaufzug. Ausgehend von einem klassischen Stil, den er kräftig uminterpretiert, erschafft Jefferson ein Werk, das die Sinne des Betrachters mit seiner Eleganz, mehr noch mit der Art seiner Einfügung in die Landschaft ganz unmittelbar anspricht. Erbaut auf einem Hügel und mit einem hohen Sockel versehen, fügt das Haus sich in seine natürliche Umgebung ein. Die ausgewogenen Proportionen, die Symmetrie, die Gliederung und Gestaltung der Säulen, Tympana und Gebälkpartien, die durch das Rot und Weiß der Materialien vorteilhaft unterstrichen werden, sollten zu einem Referenzpunkt für den amerikanischen Klassizismus insgesamt werden.

In der langen Planungsgeschichte der Villa in Monticello, die 1771 ihren Anfang nimmt, bringt Jefferson einen Grundriss aus Robert Morris' *Select Architecture* von 1755 mit einer Fassade, die er den *Quattro libri* Palladios entnommen hat, in Übereinstimmung. Die Arbeiten an diesem mit großer Sorgfalt entworfenen Haus zogen sich von 1771 bis 1782 hin; in den Jahren zwischen 1793 und 1809 wurde die noch immer unfertige Villa auf ein einziges Geschoss reduziert.

Der Klassizismus in Italien

ca. 1750–1850

Das Land der »tausend Klassizismen«

Die Periode des italienischen Klassizismus ist von wenig einheitlichem Charakter, was in der politischen Parzellierung, im Fehlen eines Zentralstaats und in den dominierenden Einflüssen des Auslands seine Erklärung findet. Dennoch ist es Italien, woher der Klassizismus in ganz Europa seine Inspiration bezieht: Die Werke der griechischen und römischen Klassik, verstanden im Sinne einer idealen Rückkehr zu einer Epoche, die nach Winckelmann und Mengs die glückliche Zeit des Zusammengehens von Schöpfergeist und Vernunft war, machen die italienische Halbinsel zum Ziel der Grand Tour, der Bildungsreise der jungen Adligen, die nicht zu trennen ist von der Kenntnis Roms und der archäologischen Ausgrabungen in Herkulaneum und Pompeji.

Auch in einem nicht sonderlich fruchtbaren Umfeld, in dem die französische Kunst sogar einen erheblichen Einfluss im Sinn einer paradoxen Rückwärtsbewegung ausübt, sind es wieder einmal Rom und die römischen Monumente, die das Vorbild für die neue Architektur abgeben. Der vom Pantheon abgeleitete Rundbau wird mit neuem Sinngehalt in der Sakralwie in der Profanarchitektur eingesetzt; erinnert sei an Canovas profan feierlichen Tempel in Possagno (1819 bis 1830) oder an die Kirche San Francesco di Paola in Neapel von Pietro Bianchi (1817–1831). Ähnliches gilt für die Villa in der palladianischen Tradition und für die wieder entdeckten Triumphbögen, die jetzt den napoleonischen Festen und Feierlichkeiten zu dienen haben wie der Mailänder Arco della Pace von Luigi Cagnola (1807–1838).

Keine »Staatsarchitektur« also; vom Venedig des Gian Antonio Selva, vom Rom der Piranesi, Marchionni, Stern und Valadier, vom »borgo teresiano« in Triest bis zum zunächst österreichischen, mit Piermarini und Pollack, und später, mit den großartigen städtebaulichen Maßnahmen Cagnolas und Canoncias, napoleonischen Mailand: Italien ist das Land der tausend Klassizismen, so wie es tausend künstlerische Zentren besitzt.

Giovanni Battista Piranesi, Santa Maria del Priorato, Rom, ab 1764
Im einzigen architektonischen Werk Piranesis kommt seine vielschichtige Wahrnehmung der Stadt Rom zum Ausdruck. Der üppige Dekor der Umfassungsmauer und der Kirche, anscheinend eher beiläufig zusammengestellt aus teils kaiserzeitlichen, teils christlichen Motiven, legt sich über eine Fassade, die mit ihren klaren geometrischen Formen und den ruhigen Hintergrundflächen in nunmehr klassizistischer Sprache auf die Überwindung des spätbarocken Geschmacks verweist.

Giuseppe Piermarini, Villa Reale, Monza, 1777–1780
Die ab 1771 ständige Anwesenheit des österreichischen Hofs in Mailand veranlasste die städtischen Adelsfamilien zur Renovierung ihrer Residenzen. Protagonist dieser klassizistischen Periode ist Piermarini, der Erbauer zahlreicher Paläste, in denen sich die Vorliebe für einfache Formen, klare Oberflächen und nüchternen Dekor mit der Präferenz für schlichte horizontale und vertikale Bänder anstelle der traditionellen architektonischen Ordnungen verbindet. Die Sommerresidenz Erzherzog Ferdinands erscheint mit den Verweisen auf Versailles und Caserta eher wie ein Königspalast als eine vorstädtische Villa: Der U-förmige Grundriss mit den beiden vorgeschobenen Baukörpern vereinigt den Typ der Villa des 18. Jahrhunderts mit dem des Stadtpalastes.

Giuseppe Valadier, Casina Valadier, Rom, 1816–1817
Valadiers ungewöhnlich freier Umgang mit der klassizistischen Formensprache wird von der auf dem Pincio gelegenen Casina bezeugt, einem kleinen Gebäude, das eine ironische Zusammenstellung klassischer Zitate zeigt.

Raffaele Stern, Der Neue Flügel des Museo Chiaramonti, Vatikanstadt, 1817–1822
Die Rückkehr der von Napoleon konfiszierten Kunstwerke nach Italien ließ das Interesse an den römischen Museen und an der Bewahrung des künstlerischen Erbes wieder aufleben. In Rom wird der Übergang von der traditionellen Sammeltätigkeit in der Art der Villa Albani zu einer »modernen«, »aufgeklärten« musealen Organisation anschaulich am Neuen Flügel des Museums Chiaramonti, einem langen klassizistischen Anbau von feierlichen, ernsten und strengen Linien, dessen reicher Marmor- und Mosaikenschmuck einen prächtigen Rahmen für die antiken Statuen bildet. Der Erweiterungsbau der Vatikanischen Museen steht für den Hegemonieanspruch der Päpste auf kulturellem und altertumskundlichem Gebiet, er ist eines der besten Beispiele der europäischen Museumsarchitektur.

Die klassizistische Stadt

1800–1850

Das Erstarken des bürgerlichen Elements

Die klassizistischen Städte in Europa wandeln ihr Gesicht im Dienst einer politischen Strategie. Auf die barocke Konzeption der Stadt, der es eher um Einzelobjekte, um szenische Wirkungen und um die Einfügung in den urbanen Kontext zu tun war, folgt jetzt die Idee der Stadt als eines von nüchternen Gebäuden charakterisierten Organismus, der ein homogenes Bild vermitteln kann. Die Architektur passt die Bautätigkeit Begriffen eines neuen, anderen Verhältnisses von Nutzen und Schönheit an und verändert ihre Themen. Die Möglichkeiten werden durch zwei exemplarische Projekte vom Anfang des 19. Jahrhunderts repräsentiert: Auf der einen Seite, in Sankt Petersburg, der Verzicht auf die traditionellen byzantinisch-russischen Formen zugunsten eines von Carlo Rossi ausgearbeiteten Programms, das vorsieht, die großen öffentlichen Gebäude innerhalb eines gegliederten Systems von Plätzen miteinander zu koordinieren; auf der anderen Seite, in London, die Umgestaltung von Regent's Street und Regent's Park durch John Nash, der damit jener Fassadenpolitik nachkommt, die schon die berühmten *squares* von Bloomsbury kennzeichnete. Es darf auch nicht vergessen werden, dass Robert und James Adam schon 1767 das Adelphi am Ufer der Themse in London (heute nicht mehr vorhanden) planten, eine einheitliche Wohnanlage, nüchtern und so gut wie frei von dekorativen Elementen.

Auch in Italien denkt man daran, ein neues Bild der Stadt zu entwerfen, von den von Giovanni Antonio Antolini, Luigi Canonica und Luigi Cagnola für Mailand formulierten Plänen bis zu den neuen Trassen für Neapel von Enrico Alvino und zur Umgestaltung der im 17. Jahrhundert angelegten Piazza del Popolo in Rom durch Giuseppe Valadier; jenseits des Atlantiks legt die junge amerikanische Nation ihre neue Kapitale nach den Plänen von Pierre-Charles l'Enfant als V-förmiges Schema mit Kapitol und Weißem Haus als perspektivischen Brennpunkten an.

Giuseppe Valadier, Piazza del Popolo, Rom, 1813–1820
Bei der Neugestaltung der Piazza del Popolo zeigte Valadier auch angesichts der höchst sensiblen Situation im historischen Stadtgefüge keinerlei Hemmungen, Zerstörungen und Abrisse großen Stils vorzunehmen. Der ellipsenförmige Platz löst das Problem des Anschlusses zwischen der barocken Stadt und dem später durch ein geschicktes Arrangement von Arkaden und Loggien ersetzten Rampensystem, das auf den Pincio hinaufführt.
Der Straßendreistrahl des 17. Jahrhunderts wird durch die Einführung einer Querachse verändert, die, definiert von großen Exedren auf beiden Seiten, dem Zweck dient, den Platz harmonisch mit dem Hügel auf der einen und dem Tiber auf der anderen Seite zu verbinden.

Carlo Iwanowitsch Rossi, Rossi-Straße, Sankt Petersburg, 1828–1834
Der Siegeszug des Klassizismus in Russland kommt in bedeutenden städtischen Komplexen zum Ausdruck, er steht für die Macht des Zaren Alexander I. Im urbanistischen Konzept Carlo Rossis, ab 1816 Chefarchitekt von Sankt Petersburg, findet die Idee von Monumentalität und Größe ihre gelungene Umsetzung im Komplex des Alexandrinskij-Theaters und in der Rossi-Straße: die Flucht der Arkaden und der Kolonnade knüpft an die Idee des kaiserlichen Roms an und führt auf die rückseitige Fassade des Theaters zu.

John Nash, Regent's Street und Regent's Park, London, 1812–1830
Die regelmäßige Grundrissgestaltung und die Uniformität machen aus der klassizistischen Umgestaltung eines ganzen Londoner Wohnviertels nach einem Schema, das die harmonische Verbindung von Straßen und Gärten vorsieht, einen exemplarischen Fall der urbanistischen Planung des frühen 19. Jahrhunderts: ein Programm, das ein »kontrolliertes« Design vorschreibt, in dem aber auch die geschwungenen Formen des *crescent*, die Unterbrechungen in Form von Straßenverbreiterungen und Plätzen, sogar regelrechte Dörfchen und über den Park verstreute Villen ihren Platz haben.

Exotische Bauten

ca. 1750 – 1850

Orientalische Einflüsse

Parallel zur sehr frühen Verbreitung der historistischen Neo-Stile zeigt sich in Europa die Tendenz, dekorative und strukturelle Elemente der orientalischen Kunst und Architektur zu übernehmen. In der Zeit zwischen der englischen Expansion in Indien in der ersten Hälfte des 18. Jahrhunderts und der Eroberung Algeriens durch Frankreich verwandelt sich die anfangs freundliche Neugier angesichts einer anderen Welt in ein präzises Interesse: von den Chinoiserien zur Begeisterung für die ägyptische Kunst, für indische Stilelemente, für die arabische Kunst.

Das Interesse an der chinesischen Kunst, das durch die Einfuhr kostbarer Lacke und Porzellane geweckt worden war, beschränkte sich im frühen 18. Jahrhundert im Wesentlichen auf Dekoratives; ein abendländisch gefärbter Ferner Osten, oberflächlich den europäischen Modellen appliziert, der seine Entfaltung zunächst in der Produktion orientalisch inspirierter Gegenstände findet, dann, typisch für das Rokoko, in der Einrichtung kleiner »chinesischer« Kabinette, in denen Ausstattungsgegenstände und Wandschmuck höchst raffinierte Lösungen hervorbringen, und schließlich in dem fast identischen Nachbau wie der Pagode in Kew Gardens oder dem Chinesischen Teehaus im Park von Sanssouci. Diese Mode lässt um 1770 allmählich nach, setzt sich aber in epigonaler Form in den folgenden Jahren noch fort, so in Marvuglias Palazzina cinese in Palermo aus dem Jahr 1799. Gleichzeitig verbreitet sich infolge der militärischen und wissenschaftlichen Expedition des Jahres 1769 nach Ägypten und des napoleonischen Feldzugs von 1798 der ägyptische Stil in ganz Europa; auch hier wächst sich die anfängliche Freude an diversen Geräten und Gegenständen zur monumentalen Stadtmöblierung aus: die Gärten schmücken sich mit Pylonen und Obelisken, die Friedhöfe mit Grabstätten in Pyramidenform. Die Plätze Europas werden zunehmend mit *souvenirs d'Orient* ausgestattet, mit Zeichen des Triumphs über die Eroberungen exotischer Länder, häufig in einem Eklektizismus, der auf einer Vermengung der archäologischen Bezüge beruht. So entstehen heterogene Bauten, zum Beispiel der Royal Pavilion in Brighton, in dem asiatische Elemente sich mit klassizistischen vermischen.

William Chambers, Pagode in Kew Gardens, London, 1757–1762

England zeigt Interesse an den orientalischen Modellen, um mit ihrer Hilfe die geometrischen Gartenformen französischer und italienischer Prägung ersetzen zu können. Der Landschaftsgarten füllt sich also mit »Teehäusern«, Pagoden und Brückchen neben den klassizistischen oder gotisierenden Versatzstücken. In diesem Kontext ist die Pagode von Kew Gardens Verstoß und Anregung zugleich – sie setzt in Architektur um, was Chambers in *Design for Chinese Buildings, Furniture, Dresses, Machines and Utensils* postuliert, einem Repertoire orientalischer Stilelemente, das auf Zeichnungen beruht, die er während einer Chinareise anfertigte.

Venanzio Marvuglia, Palazzina cinese im Parco della Favorita, Palermo, 1799–1802
Marvuglia führt die Mode der Chinoiserie, die für die Rokokunst der ersten Hälfte des 18. Jahrhunderts typisch war, in epigonaler Weise bis ins 19. Jahrhundert hinein fort; er verquickt klassische und exotische Elemente in origineller, freier Interpretation miteinander.

Johann Peter Benckert und Johann Gottlieb Heymüller, Chinesisches Teehaus im Park des Schlosses Sanssouci, Potsdam, 1754
Der Park von Potsdam, den intellektuellen Interessen des Preußenkönigs Friedrich II. gewidmet, bleibt auf dem Laufenden im Hinblick auf die Neuheiten der Epoche, hier im Hinblick auf die Mode orientalisierender Bauten. Umgestaltet zu einem romantischen Landschaftsgarten, enthält er Zierbauten wie das Teehaus, ein kurioses Gebäude, das mit vergoldeten Statuen chinesischer Würdenträger und Mandarine geschmückt ist.

John Nash

Der Royal Pavilion in Brighton

1815–1823

Im größeren Zusammenhang der exotisch-historisierenden Strömungen ist für den Erfolg eines »neoindischen« Stils die englische Expansion in Indien bestimmend; gelungenstes Beispiel ist der Royal Pavilion. Erbaut für die Lustbarkeiten des Prinzregenten, des zukünftigen Königs George IV., kann er als ein Schlusskapitel der Architektur des Ancien Régime gesehen werden. Die Umgestaltung des von Humphrey Repton und James Wyatt in palladianischen Formen errichteten Vorgängerbaus zu einem »flamboyanten« Gebäude eklektisch-fantastischer Art, typisch für den »pittoresken« englischen Stil, stammt von John Nash, der einen entfesselten Dekorativismus mit den modernsten technischen Neuerungen seiner Epoche verbindet. Der Hauptsalon ist von einem Ring gusseiserner Stützen umgeben, der die orientalisierende Kuppel trägt, ohne dass der originale Innenraum in seinem Bestand gestört würde. In der gleichen Art kommt Gusseisen auf Sicht für eine Reihe von Verzierungen zum Einsatz, so an der höchst originellen Bambustreppe und an den Säulen in Form von Palmen. Der Mogul-Stil des Außenbaus und die Chinoiserien der Innenräume überziehen das Gebäude vollständig, das, obwohl in seiner Konzeption als »Lustschloss« durchaus abendländisch, den exotischen Anregungen, wie sie durch die Werke der romantischen Dichtung soeben Mode geworden sind, breiten Raum einräumt. Die opulente Traumwelt des Royal Pavilion ist allerdings nur möglich geworden dank geschickt verborgener Materialien und Installationen: Eisen für die Konstruktion, Gasbeleuchtung für die großen Kronleuchter, eine frühe Art von Zement für die Außenverkleidung. Fantasie und Können, wie sie hier am Werk waren, sind von außergewöhnlicher Qualität: die immer neuen, überraschenden Variationen, vom gotischen Türmchen, den indischen Zwiebelkuppeln, den Außenansichten der klassizistischen Front, der Pagode über dem Musikraum bis hin zu den Minaretten, ermöglichen fließende Übergänge von der Architektur in die Landschaft und vielfältige pittoreske Ansichten, die über die zugrunde liegende Symmetrie des Gebäudes hinwegtäuschen.

Im Musikzimmer erreicht die entfesselte Fantasie Nashs ihren Höhepunkt: die Kronleuchter in Gestalt von Lotosblüten, die eine goldschimmernde Kuppel von der Form einer Muschelschale beleuchten, der untere Fries aus hinterleuchteten Glasplättchen, die fliegenden Drachen, die die seidenen Wandbespannungen halten, die goldenen Kugeln und ineinander verflochtenen Schlangen auf den Rahmen, die die gemalten chinesischen Szenen auf den Wandpaneelen umgeben – das alles trägt zu dem feierlich-raffinierten Ambiente bei.

Eklektizismus

ca. 1830–1920

Stilistische Entwicklungen und die urbane Ästhetik
Mit der Normierung der Typen und der Reduzierung der Formen bewegt sich der Klassizismus in Richtung einer radikalen Säkularisierung der Architektur, verliert zugleich aber die Fähigkeit, eine neue architektonische Sprache zu erfinden. Um diesem Mangel abzuhelfen, greift man nun, auch in der Absicht, den kompositorischen Kanon des vitruvschen Lehrwerkes und der Traktate der Renaissancetheoretiker zu überwinden, auf einen breiteren Fächer historischer Zitate und auf die Vermischung verschiedenster Stilformen der Vergangenheit zurück. Mit Beginn der zweiten Hälfte des 18. Jahrhunderts breitet sich allmählich die Vorstellung von einer vielgestaltigen, reich facettierten Vergangenheit aus, der mit der bloßen Imitation einiger weniger Modelle nicht zu entsprechen ist. In England ruft eine nie ganz verschwundene Vorliebe für mittelalterliche Formen eine »vorzeitige« neogotische Architektur und eine Poetik des »Pittoresken« ins Leben, Ausgangspunkte für die dann in ganz Europa aufkommende Vorstellung vom jeweils eigenen, historisch gewachsenen architektonischen Nationalerbe. Mit der Austauschbarkeit der dekorativen Formen ergeben sich überdies zwei grundsätzliche Wege des eklektischen Vorgehens: zum einen die Neuinterpretation eines der vielen Modelle, wie sie von der Vergangenheit vorgehalten werden, zum anderen die Mischung aus allen möglichen heterogenen Elementen. Neben dem Neoklassizistischen und dem Neogotischen breiten sich nun das Neoromanische, das Neobyzantinische, das Neoägyptische, die Neorenaissance und alle unter diesen überhaupt möglichen Zwischenformen aus. Die Motive, die hinter der jeweiligen Stilwahl stehen, sind teils politischer, teils religiöser und teils gesellschaftspolitischer Art. Alle diese Codices bauen aber auf einem rein rhetorischen Fundament auf, sie sind also anfällig für Manipulationen jeder Art. Mit der Integration des Neoklassizistischen, des Neogotischen, des Exotischen und des Utopischen eignet die neue Epoche sich das historisch gewachsene Erbe in seiner Gesamtheit an, nimmt ihm damit seine Zusammenhänge und reduziert es auf die reine Form.

Imre Steindl, Parlamentsgebäude, Budapest, 1882–1902
Das Symbol der ungarischen Nation orientiert sich unmittelbar am Londoner Parlamentsgebäude: Es präsentiert eine monumentale neogotische Fassade und folgt einer Grundrissgestaltung, die die barocken Konventionen beachtet. Die imposante Kuppel, innen mit Rippen versehen und neogotisch verziert, bildet den gedanklichen und perspektivischen Fixpunkt des ganzen Gebäudes.

Christian Jank, Schloss Neuschwanstein, Bayern, 1869–1886
Die Schlösser Ludwigs II. verkörpern eine legendäre, mythische Gotik und den klassischen Stil des Louis Quatorze als Ausdruck der Monarchie – und der Abwendung von der eigenen Zeit. Das auf einem Burgfelsen im Allgäu gelegene Schloss Neuschwanstein – nach Plänen des Hoftheatermalers Christian Jank für die Außengestaltung und die Ausstattung in Anlehnung an das Werk Richard Wagners – steht für die leidenschaftliche Bewunderung, die Ludwig II. Wagners Musik entgegenbrachte, und ruft die märchenhafte Vorstellung vom Schloss als dem Ort fantastischer Bilder par excellence hevor.

Paul Abadie, Sacre Coeur, Paris, 1874–1919
Hin und wieder scheinen Form und Programm übereinzustimmen. In der Kirche Sacre Coeur auf dem Montmartre, von dem man die ganze Stadt Paris überblickt, verbindet Abadie, angesehener Vertreter des Eklektizismus und Urheber von stilgerechten Restaurierungen, byzantinische Schemata mit romanischen Formen, die an die Kuppelkirche Saint-Front in Périgueux erinnern.

Städteplanung in der zweiten Hälfte des 19. Jahrhunderts
ab 1850

Die Expansion der Städte

Die Industriestadt des 19. Jahrhunderts, wie sie von Baudelaire in den *Blumen des Bösen* beschrieben wird, vielgestaltig und undurchsichtig, verbirgt hinter einem nach außen hin großartigen Bild eine zugleich erstaunliche wie abstoßende Realität, in der sich alle Unausgewogenheiten eines maßlosen Wachstums zu erkennen geben. Entstanden im Zeichen der erheblichen Veränderungen durch die industrielle und technologische Entwicklung, dehnt diese Stadt sich über ihren historischen Kern hinaus in ein gestaltloses Vorstadtareal aus und wird schließlich zur Metropole; der massenhafte Zustrom der ländlichen Bevölkerung auf der Suche nach Arbeit macht ein System von Unterkunftsmöglichkeiten, Versorgungs- und Transportleistungen innerhalb dieses Areals erforderlich. Was jetzt gebraucht wird, ist ein Ordnungsinstrument zur Regelung der neuen Hierarchien der Werte, der Funktionen und des Stadtbildes. Planungen zur Landesentwicklung und die neue Disziplin der Urbanistik organisieren die Expansion in der Form von Regulierungs- oder Bebauungsplänen, die das Aussehen der großen Städte Europas verändern. Die Lösungen, die um die Mitte des 19. Jahrhunderts, ohne Abkehr von den bühnenmäßigen barocken Perspektiven, gefunden werden, gehorchen den Kriterien Gesundheit und Funktionalität, während die neuen städtischen Verkehrswege, die elektrischen Bahnen über und unter der Erde, Modelle einer linearen Entwicklung der Stadt rechtfertigen und einen Kranz von Wohnvorstädten rund um das historische Zentrum ermöglichen. Paris, Barcelona und Wien gehören zu den ersten, die Stadtentwicklungspläne aufstellen, an denen sich die Kompliziertheit von Eingriffen in den Organismus Stadt gut ablesen lässt und die, wenn auch mit unterschiedlichen Modalitäten, eine planimetrische Vorstellung von Standort und Funktion der Gebäude teilen. In Gestalt der Bebauungspläne erfasst diese ordnende Funktion die ganze Stadt und weist dem einzelnen Gebäude die Aufgabe zu, sich an der Qualifizierung seines Umfeldes zu beteiligen. Innerhalb eines abstrakten Bildes stellen die Monumente sich als ebenso viele Verweise auf die verschiedenen historischen Epochen dar und konstituieren sich zu einer Art von imaginärem Museum.

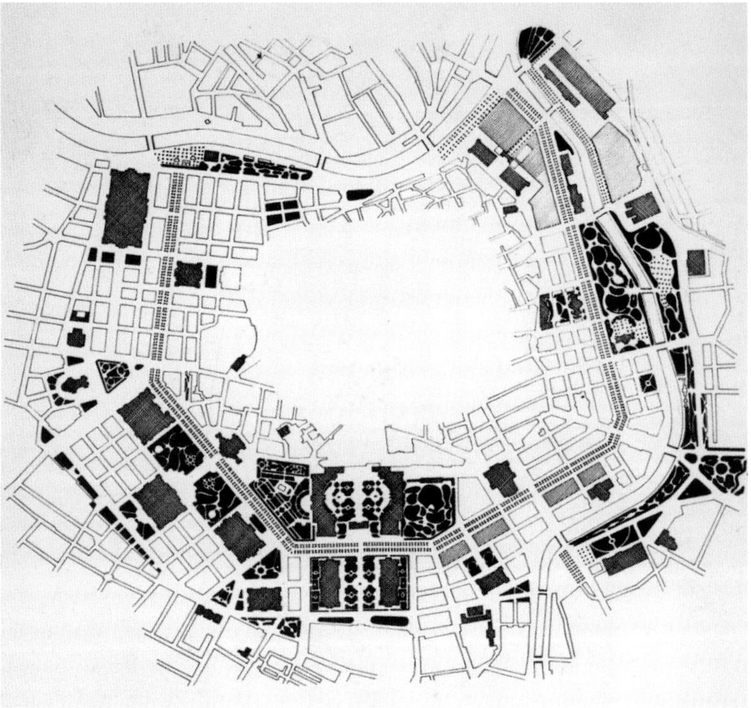

Christian Friedrich Ludwig Förster, Ring-Planung, Wien, 1859–1872
Wien ist vielleicht diejenige Stadt, die mehr als jede andere ihre monozentrische Stadtgestalt mit Ring- und Radialstraßen, hierarchisch gegliedert, bewahrt hat – eine Stadtgestalt, in der das Paradigma der Aggregation und der Repräsentation in einem adäquaten Maßstab neu durchdacht ist. Die Integration des alten Kerns in die moderne Stadt findet in der Anlage des Rings eine interessante Lösung, die es gestattet, das neue Straßensystem einzufügen, ohne die gewachsene Ordnung zu zerstören. Der Ring, an dem öffentliche Gebäude, Denkmäler, Plätze und Grünanlagen aufeinander folgen – der alte Befestigungsring –, wird zum monumentalen Zentrum der Repräsentanz der neuen Institutionen und der neuen zivilen und kulturellen Funktionen. Ein radiales Straßennetz gibt von hier aus den neuen Quartieren Struktur.

George Eugène Haussmann, Planung für Paris, 1853–1869
Haussmann, unter Napoleon III. von 1853 bis 1869 Präfekt des Département Seine, entwirft eine moderne Stadt mit breiten Boulevards und in *rond-points*, sternförmigen Plätzen, sich kreuzenden Avenuen, um Sichtachsen zu schaffen und suggestive perspektivische Ansichten zu ermöglichen. Ziel seiner Maßnahmen ist es, der Stadt ein modernes Aussehen zu geben, die monumentalen Anlagen zur Geltung zu bringen und die Qualität der Bebauung und des Verkehrs zu verbessern. Als Erfinder der *ville lumière* geltend, gestaltet Haussmann eine angemessene, sichere, bürgerliche Stadt, die gut ausgestattet ist mit Versorgungseinrichtungen, mit Gebäuden, die dem Gemeinschaftsleben dienen, und mit vielen grünen Bereichen – und aus deren historischem Zentrum das städtische Proletariat ausgeschlossen wird.

Ildefonso Cerdá, Plan von Barcelona, 1859
Zu den bedeutendsten urbanistischen Projekten des 19. Jahrhunderts gehört der von Cerdá entwickelte Bebauungsplan für Barcelona: Er sieht eine Expansion nach einem orthogonalen Schema vor, das ca. 22 Gebäudeblocks umfasst und den Barrio Gotico, den ältesten Kern der Stadt, einschließt. Das Ganze wird von zwei großen diagonalen Arterien durchzogen. Der Plan ist abgebildet in dem 1867 erschienenen Band *Teoria general de la urbanización*.

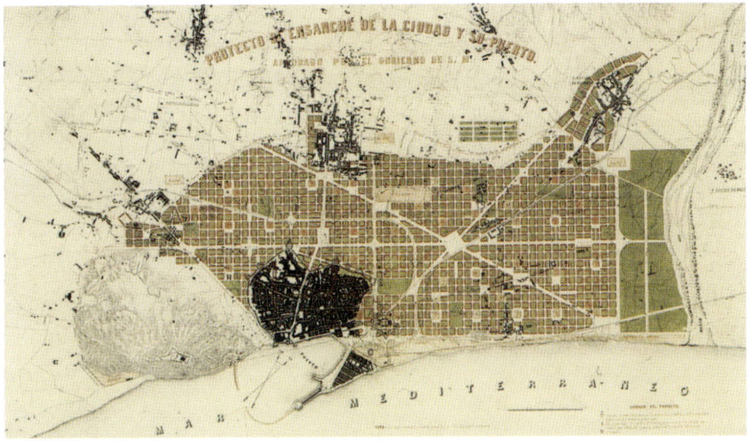

Von der Werkssiedlung zur Gartenstadt

1850–1918

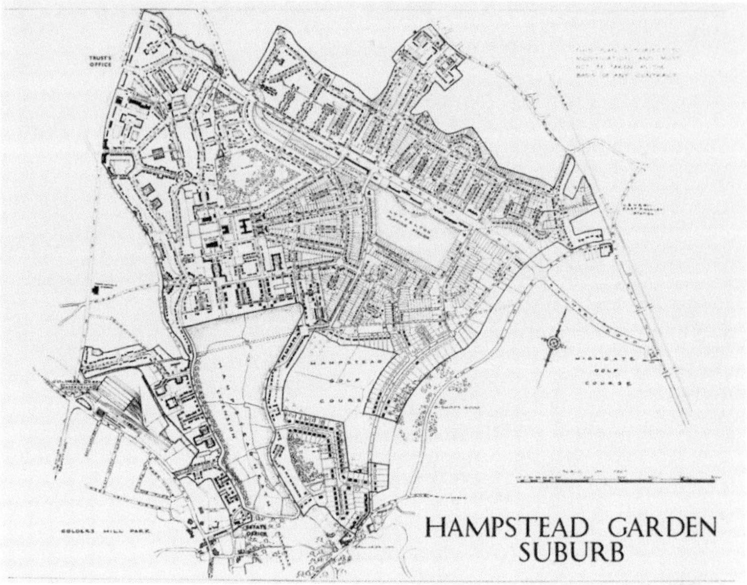

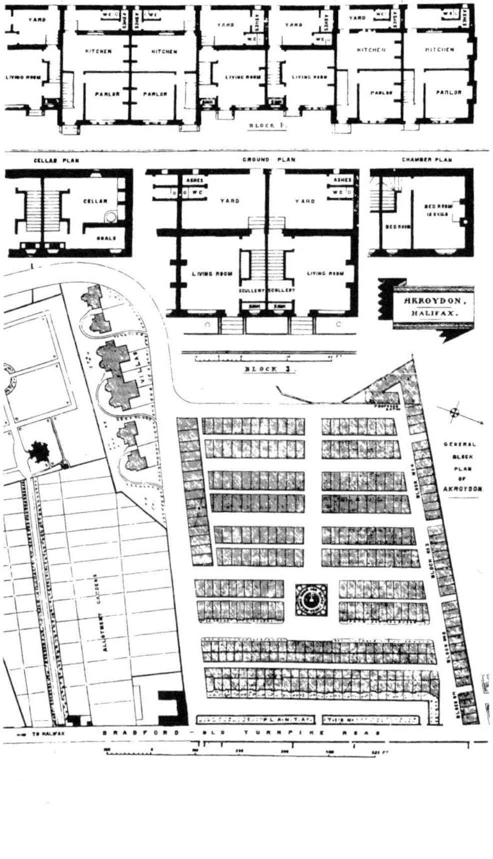

Raymond Unwin und Barry Parker, Planimetrie von Hampstead, London, 1905
Die Gartenstadt verfolgt die Idee des »ausgewogenen Territoriums«: Die Metropole, Quelle der Ängste für das bürgerliche Gemüt des 19. Jahrhunderts, spaltet sich auf in kleine Einheiten von annehmbaren Dimensionen, ohne dass damit die zugrunde liegende Struktur des urbanen Wirtschaftens geleugnet würde.

George Gilbert Scott und William Henry Crossland, Planimetrie von Akroydon, 1861–1863
Die ersten Arbeitersiedlungen gründen auf der paternalistischen Idee des Zusammenhangs von Stadt und Arbeit, die eine Fürsorgepolitik begünstigt, die ihr Ziel in der Eliminierung sozialer Konflikte sieht. Gotisierende Formen sollen die Einfügung in das ländliche Umfeld erleichtern und zeigen, dass die Industrie eben nicht zur Anonymisierung und Dehumanisierung der Peripherien führt; auch sind die Behausungen komfortabler.

Wohnformen in der zweiten Hälfte des 19. Jahrhunderts

Das Bevölkerungswachstum in England infolge der industriellen Entwicklung und die damit verbundene Verstädterung auch des Umkreises von London sorgten in den Arbeitervierteln für Unruhe aufgrund der von Engels angeprangerten und schon bei Dickens beschriebenen miserablen Lebensbedingungen. Die Fachleute, Gesetzgeber und Intellektuellen waren zum Nachdenken über eine neue Ordnung der Metropole und ihrer Peripherien gezwungen.

Die beengten Wohnverhältnisse und die wachsende Nachfrage nach billigem Wohnraum für die arbeitende Klasse führten dazu, dass zum ersten Mal überhaupt über Wohnformen nachgedacht wurde. Auf im Wesentlichen zwei Wegen versuchte man, die Probleme zu lösen: einer war das stark ideologisch geprägte Wohnangebot philanthropischer Einrichtungen in Gestalt großer Gebäude mit vielen Wohneinheiten und integrierten öffentlichen Versorgungsleistungen; der andere, vor allem in England, Deutschland und Frankreich beschrittene, war die Anlage von Werkssiedlungen, mit denen private Unternehmer ihren Betriebsangehörigen Wohnraum zur Verfügung stellten und die oft in groben Zügen das Vorbild der bürgerlichen Behausung reproduzierten, allerdings drastisch reduziert. In den 1840er Jahren entstanden die ersten dieser *company towns* als einzelne Experimente, die dann weite Verbreitung fanden und schließlich insoweit verbessert wurden, als man am Ende des Jahrhunderts begann, sie mit Grünanlagen zu umgeben und mit Sozialeinrichtungen auszustatten.

Die Idee einer urbanen Form, mit der die Integration von Besiedlung und Landschaft gelingt, führte weiter zum Konzept der Gartenstadt, einer qualitätvollen Form des gemeinschaftlichen Wohnens mit gemeinschaftlich genutzten Grünanlagen und einem gehobenen Versorgungsniveau, wie es von Ebenezer Howard in seinem Buch *Gartenstädte in Sicht* (1898; 1907) entwickelt wurde. Howard diskutiert darin den neuen Gedanken der Erweiterung der Stadt in Form von Satellitenstädten, mit dem der Kontrast von Stadt und ländlichem Raum überwunden werden soll. Diese Theorien wurden zu Beginn des 20. Jahrhunderts von Raymond Unwin und Barry Parker präzisiert.

Arbeiterdorf Crespi d'Adda (Bergamo), 1878
Übernommen von englischen Vorläufern, von denen auch das formale Schema stammt, präsentiert sich das Arbeiterdorf Crespi d'Adda mit seinen verschiedenen Haustypen – Ein- und Zweifamilienhäuser, jedes mit einem kleinen Nutzgarten – und seiner Grundrissplanung eindeutig als urbanistische Schöpfung: Zwei senkrecht zueinander verlaufende Straßen schneiden sich am Eingang zur Fabrik; dieser Punkt wird zusätzlich hervorgehoben durch einen hohen Schornstein, der als geometrischer und symbolischer Bezugspunkt der ganzen Anlage fungiert. Der sichtbare Kontrast zwischen dem bescheidenen Dekor der Arbeiterhäuser und dem ostentativen Luxus der Fabrikantenvilla verweist auf die hierarchischen Verhältnisse in dieser Kommune. Das Besondere an Crespi d'Adda ist, dass es von Anfang an als Ort eines idealen Lebens konzipiert wurde, als Modell einer in sich geordneten, funktionalen und produktiven industriellen Gemeinschaft, durchaus vereinbar mit der paternalistischen Denkweise des 19. Jahrhunderts, in der sich Utopie und Philanthropie mit ökonomischen Notwendigkeiten verbinden.

Neue Materialien und neue städtische Bauaufgaben
19. Jahrhundert

Eisen und Glas: Die Anfänge des Ingenieurbaus
Die Perfektionierung der Baumaterialien und Bautechniken, die Eisenproduktion und die Herstellung von Stahllegierungen im industriellen Maßstab, wie sie um die Wende des 18. zum 19. Jahrhundert in England betrieben wurde, gestatteten das Experimentieren mit ganz neuen formalen Lösungen. Die stilistische Vielfalt der Architektur des 19. Jahrhunderts, in der sich klassische Formen, archäologische Zitate und Verweise auf historische Vorbilder finden, das ästhetische Potential der neuen Materialien und die technischen Möglichkeiten – all das bildet ein reiches, differenziertes Repertoire für die vielfältigen Planungsaufgaben im Zusammenhang mit der Neudefinition von Raumeinheiten und architektonischen Typen als Antwort auf die Bedürfnisse der neuen Gesellschaft. Gewächshäuser, Ausstellungspavillons und große Warenhäuser führen die vielfältigen Einsatzmöglichkeiten des Metallbaus vor, sie sind auch Vorreiter in der Verwendung großer Glasflächen. Mit den Bahnhöfen müssen zwei verschiedene, einander ergänzende Aufgaben gelöst werden: das Bahnhofsgebäude selbst, in dem historische Verweise und typologische Reflexionen zusammenfinden, und die großen, spektakulären Überdachungen.
Mit der Verlagerung der Aufmerksamkeit vom repräsentativen auf den konstruktiven Sektor tritt nun der Ingenieur auf den Plan. Das ist eine Zäsur, von der die gesamte Baupraxis des 19. Jahrhunderts bestimmt wird. Die Ingenieurtechnik, deren Anliegen die konstruktive Präzision ist, macht aus dem architektonischen Entwurf, gewissermaßen durch Umzeichnung des Gebäudes zum Skelettbau, eine Vorlage, mit der sich die größtmögliche Materialersparnis erreichen lässt. Nun geht es nicht mehr um die klassischen Ordnungen, sondern um die Ausdrucksmöglichkeiten der diversen »Sprachen«, womit sich zugleich die Überwindung der historistischen Modelle ankündigt.

Henri Labrouste, Bibliothèque Nationale, Paris, 1858–1868
Das Interesse an gotischen Gestaltungselementen in Kombination mit den neuen Materialien und Techniken äußert sich hier in funktionalen, antiakademischen Formen. Die von dünnen gusseisernen Säulchen getragene Eindeckung ist eine Synthese von Ingenieurskunst und Architektur.

Joseph Paxton, Kristallpalast, London, 1850
Der Kristallpalast ist das erste Beispiel einer neuen Bauaufgabe und dank der Verwendung industriell vorgefertigter Elemente und spezieller technischer Verfahren ein ausgesprochen funktionales Gebäude.

Passagen

Eine neue Erscheinung im Stadtbild, die sich die neuen Materialien Eisen und Glas zunutze macht, ist die Passage, ein überdachter Fußgängerbereich, auf den sich die Geschäfte öffnen. Diese Galerien mit großen Glasdächern in Metallrahmen kommen in den ersten Jahrzehnten des 19. Jahrhunderts in Paris auf. Sie verändern die Regeln, die bis dahin für den dem Warenangebot zur Verfügung stehenden Raum galten: für den rollenden Verkehr nicht zugelassen und zudem Tag und Nacht beleuchtet, bieten sie einen Komfort, der den der großen Warenhäuser vorwegnimmt, und erreichen zum Teil monumentale Ausmaße wie die Galleria Vittorio Emanuele I in Mailand (1865–1867) und die Galleria Umberto I in Neapel (1887–1890).

Gustave Eiffel, Eiffelturm in Paris, 1899
Für die Pariser Weltausstellung ließ der Ingenieur Gustave Eiffel 1899 einen aufs Äußerste verschlankten Turm als Symbol des neuen industriellen Zeitalters montieren, eine Eisenkonstruktion, die die Ausdrucksmöglichkeiten dieses neuen Baumaterials vorführen sollte. Dieser Zielpunkt einer großartigen Karriere als Architekt und Metallbauingenieur rechtfertigt mit seiner Konstruktion die Überwindung traditioneller Schemata und die drastische Zunahme der Gebäudehöhe.

Ingenieurbau im Dienst der Gemeinschaft

Innerhalb der Ingenieurbaukunst gehört der Brückenbau zu den Bereichen, die dank der technischen und materiellen Neuerungen des 19. Jahrhunderts eine besonders signifikante Entwicklung genommen haben. Archetyp einer großen Familie von Brücken, die vom Ende des 18. Jahrhunderts an die Landschaft und das Transportsystem radikal verändern und den hohen Stand der Ingenieurskunst bezeugen, ist die 1779 nach Plänen von Abraham Darby und John Wilkinson ganz aus Gusseisen erbaute Coalbrookdale-Brücke über den englischen Fluss Severn. 1801 lässt James Finlay ein System der Versteifung der Fahrbahn für Hängebrücken patentieren: ein konstruktives Mittel von fundamentaler Bedeutung, das mit der Einführung von eisernen Gliederketten weiterentwickelt wird. Mit dieser Technik bauen die Engländer in der ersten Hälfte des Jahrhunderts zahlreiche Brücken, von der Union Bridge in Tweed bis zur Clifton Bridge unweit von Bristol.

Eine weitere Verbesserung des Hängesystems erreichen Josiah White und Erskine Hazard mit der Brücke über den Schuylkill River in Pennsylvania (1816) und die Brüder Seguin mit der Rhone-Brücke bei Tournon-Tain (1825); für beide Brücken werden zum ersten Mal Drahtseile anstelle der Ketten eingesetzt. Eine bedeutende technische Verbesserung gelingt schließlich dem Erbauer der Eisenbahnbrücken über den Niagara (1855) und über den Ohio bei Cincinnati (1867) sowie der Brooklyn-Brücke in New York (1869–1883), Johann August Röbling, mit der Einführung von gedrehten Metallkabeln, die ihren Vorgängern konstruktiv überlegen sind. Gleichzeitig tritt der Stahl an die Stelle des Eisens, die Planer richten ihre Bemühungen nun darauf, die Konstruktion insgesamt leichter zu machen und bei geringerem Materialaufwand dennoch eine hohe Widerstandskraft und Elastizität zu garantieren. In diesem Sinn lässt Gustave Eiffel in Frankreich die ersten auf Rohrpfeilern ruhenden Viadukte mit parabolischem Längsschnitt errichten, so die Brücken über den Douro (1878) und über den Truyère bei Garabit (1884), Quintessenz von Wirtschaftlichkeit und Eleganz.

Sir Benjamin Baker, Forth Bridge, Edinburgh, 1882–1889
Die Brücke aus drei gigantischen Einheiten auf Pylonen hat eine Gesamtlänge von ca. 2500 m. Wie so viele visionäre Bauwerke dieser Epoche erlangte sie große Popularität. Unter den wenigen Kritikern, die in diesem Bau einen markanten Eingriff in die Umwelt beklagten, war paradoxerweise auch William Morris, einer der Väter der Moderne.

John Wolfe Barry und Horace Jones, Tower-Brücke, London, 1886–1894
Gegen Ende des 19. Jahrhunderts kam der Typ der beweglichen Brücken auf: Barry und Jones konstruierten die Tower-Brücke in London, um das Problem des Warenverkehrs zu lösen. Die mittlere Eisenkonstruktion kann hochgeklappt werden, um den Schiffsverkehr auf der Themse zu ermöglichen.

gegenüberliegende Seite
Jules Röthlisberger, Brücke von Paderno d'Adda, 1887–1889
Die Brücke von Paderno d'Adda, konstruiert von dem Schweizer Ingenieur Röthlisberger, der bereits zahlreiche Alpenviadukte errichtet hatte, ist eine kühne Eisenkonstruktion, ihrerseits inspiriert von den Bogenbrücken Gustave Eiffels. Sie besteht aus einer geraden Balkenkonstruktion über einem parabolischen Bogen und hat eine Spannweite von 150 m.

Jugendstil

1890–1914

oben
Otto Wagner, Majolikahaus, Wien, 1898–1899
Das Haus mit Mietwohnungen an der Wienzeile ist eine erste Bestätigung des Gedankens, dass jeder Mensch das Recht auf eine würdige Behausung hat. Die aufwendige Jugendstilfassade ist ganz mit farbigen Majolikaplatten nach Entwürfen von Klimt verkleidet; die floralen Motive bringen das Bestreben, Architektur und Dekor zu kombinieren, gelungen zum Ausdruck. Kein Stockwerk genießt Vorzug, jede Wohnung hat den gleichen Anteil am Fassadenschmuck.

unten
Ödön Lechner, Geologisches Institut, Budapest, 1898–1899
Das harmonische Spiel der Farben und Lichter ist prächtiger Ausdruck des ungarischen Jugendstils. Das fantasievolle Dach beherrscht mit seinen blauen Keramikziegeln und den spitzen Türmchen, die sich an den indischen Tempeln orientieren, den Stadtteil Pest. Der gelbe Putz der mit blauer Zsolnay-Keramik verzierten Mauern kontrastiert mit den Gesimsen und Ziegeln.

rechts
Hector Guimard, Metrostation, Paris, 1900–1901
Guimard gestaltet um 1900 die Eingänge zu den Metrostationen in Paris, womit er den floralen Dekor aus den Innenräumen in den Stadtraum holt. Er verwendet Eisen und emaillierten Stahl, um Beschriftungen, Geländer und Masten in organischen Formen zu modellieren, von denen geschmiedete Lampen in Blumenform ausgehen.

Die Kraftlinie

Zwar äußern sich Theoretiker wie John Ruskin und Künstler wie William Morris noch in der zweiten Hälfte des 19. Jahrhunderts negativ über den im Gefolge der industriellen Revolution entstandenen gesellschaftlichen, kulturellen und künstlerischen Bruch und machen sich zu Fürsprechern einer Bewegung zur Wiederbelebung des Kunsthandwerks und der Kleinkunst – der Arts-and-Crafts-Bewegung. Doch ist es am Ende des Jahrhunderts nicht mehr möglich, sich der Auseinandersetzung mit der Kultur der Moderne und mit der Serienproduktion zu entziehen. Bis zum Ersten Weltkrieg ist die Suche nach dem Neuen das Anliegen einer breiten Erneuerungsbewegung in ganz Europa, die im Wesentlichen die gleichen Formen und theoretischen Grundsätze hat.

Das positivistische Vertrauen in den Fortschritt der modernen industriellen Zivilisation einerseits und die Ablehnung aller eklektizistischen Elemente andererseits bringen eine Formensprache hervor, die reich ist an tier- und pflanzenmorphologischen Verweisen, die sich als dynamische und dekorative, bewegliche und fließende Zeichen darstellen. Diese neue Formensprache, die nach Henry van de Velde auf der »Kraftlinie« basiert, bestätigt ein elementares Konzept der modernen Theorien: das Nützliche muss sich mit dem Schönen, mit Form und Ornament, identifizieren.

Alldem liegt das Streben nach dem »Gesamtkunstwerk« zugrunde, nach einer einheitlichen Planung, die kein Element vernachlässigt, um eine harmonische Gesamtwirkung zu erreichen. Das bezieht sich auf das schlüssige Verhältnis von Außen und Innen sowie von Innenraum und Ausstattung, aber auch auf Entwurf und Gestaltung von Objekten des täglichen Bedarfs und von Einrichtungsgegenständen.

Horta und van de Velde in Belgien, Guimard in Frankreich, Mackintosh in Schottland, Gaudí in Spanien, Wagner, Olbrich und Hoffmann in Österreich, Basile in Italien nutzen die neuen Techniken und industriell hergestellten Materialien im Sinne einer modernen, weitgehend internationalen Sprache, die überall verstanden wird, auch wenn sie nicht frei ist von Verweisen auf gewachsene lokale Traditionen von der Gotik bis zum Rokoko, von der keltischen bis zur maurischen Kunst.

METROPOLITAIN

Brüssel

1892–1910

Victor Horta und der belgische Art nouveau
1892 entwarf und erbaute der belgische Architekt Victor Horta das Haus Tassel in Brüssel mit einer ungewöhnlich schönen Innentreppe, getragen von schwungvoll-eleganten Eisenstützen. Auf diesen ersten Auftrag folgten weitere Aufgaben, bei denen Hortas Formensprache, die stark von den Schriften Viollet-le-Ducs und von der neuen Ingenieurskunst beeinflusst war, die durchgehende, fließende, elegant geschwungene Linie der frei sichtbaren Eisenkonstruktion betont; diese Sprache erobert nach und nach alle architektonischen Elemente.
Das geniale Haus Tassel fand so breite Zustimmung, dass sich das Gesicht der belgischen Hauptstadt innerhalb weniger Jahre veränderte: Privathäuser, Geschäftsbauten und öffentliche Gebäude. Unter diesen ist die Maison du Peuple, die 1895 in Auftrag gegeben wurde, eine Art programmatisches Manifest der belgischen Kunst insgesamt: lineare Metallstützen mit zugleich tragender und dekorativer Funktion, große Glasflächen, leichte und flexible Eisen-Stahl-Strukturen. Im Wege der Materialkombination wertet Horta im Übrigen die traditionell verborgenen Elemente künstlerisch auf: er kombiniert zum Beispiel Holz, Marmor und Eisen, weiche, harte und raue Materialien, zu einer scheinbar einzigen, fließenden und plastischen Substanz; ähnliches gilt für die Fußböden, für die von ihm selbst entworfenen Möbel und für seine außergewöhnlich gestalteten Geländer sowie für die Handläufe, die den Übergang von einem in den anderen Raum markieren.
Paul Hankar, zur gleichen Zeit tätig wie Horta, erbaute in Brüssel sein eigenes Haus und das des Malers Ciamberlani. Wie Horta beeinflusst von den Schriften Viollet-le-Ducs und erfüllt von den Ideen der Arts-and-Crafts-Bewegung, möchte er in erster Linie die bildenden Künste und das Kunsthandwerk zu einer dekorativen Synthese bringen; dabei entwickelt er einen sehr persönlichen Stil, in dem die Verwendung des Schmiedeeisens eine große Rolle spielt. Für den belgischen Jugendstil bedeutete sein früher Tod den Verlust einer sprudelnden Inspirationsquelle.

Paul Hankar, Haus Hankar, 1893
Die Fassade des Hauses Hankar ist ein Widerhall der italienischen Renaissancearchitektur und zusammen mit dem neoquattrocentesken Haus Ciamberlani ein höchst origineller Beleg für die Kunst des hochkultivierten Architekten und leidenschaftlichen Archäologen.

Paul Cauchie, Haus Cauchie, Fenster, 1905
Die Fassade des Hauses Cauchie ist ein rares und äußerst gelungenes Beispiel für »Kunst am Bau«. Das Jugendstilfresko umgibt ein ungewöhnliches, durch die Einfügung weiterer ornamentaler Details abgewandeltes Thermenfenster.

Victor Horta, Hôtel Tassel, 1892
Im Hôtel Tassel lässt Horta provokativ eine Reihe von eisernen Säulchen unverkleidet; biegsam, als wären es pflanzliche Halme, steigen sie nach oben und öffnen sich dort in Trieben und Schnörkeln. Das pflanzenähnliche Motiv zeigt sich erneut im Muster des Fußbodenmosaiks, im Freskenschmuck, in den in Bronze oder Eisen ausgeführten ornamentalen Details der Konsolen und des Treppengeländers. Die Verwendung der geschwungenen und vibrierenden Linie in dekorativer wie auch in struktureller Bedeutung ist ein Wesensmerkmal des Jugendstils.

gegenüberliegende Seite
Victor Horta, Haus van Eetvelde, 1895–1897
Das zentrale Oktogon im Haus van Eetvelde besteht aus dünnen gusseisernen Stützen, die das gläserne Dach tragen. Das Licht, das üppig durch dieses Dach einfällt, verleiht dem reichen Dekor je nach Einfallswinkel etwas Fließendes. Die Ausgewogenheit in der Verwendung von Glas und Eisen markiert in Hortas Kunst einen Wandel hin zu größerer Leichtigkeit und Transparenz, selbst in dieser statisch perfekten Gestaltung.

Die Wiener Sezession

1897–1914

»Der Zeit ihre Kunst, der Kunst ihre Freiheit«
Das Motto über dem Eingang von Olbrichs Wiener Sezessionsgebäude nimmt in emblematischer Weise das Programm der Wiener Sezession auf, einer Bewegung, die 1897 von einer Gruppe von Künstlern, darunter die Architekten Joseph Maria Olbrich, Josef Hoffmann und Otto Wagner, gegründet wurde in der Absicht, der offiziellen akademischen Kunst eine der Entwicklung der modernen Gesellschaft angemessene Architektur und Kunst entgegenzusetzen. Gemeinsame Ziele waren die Loslösung von jeglicher historisierender Revival-Bewegung und das Streben nach dem »Gesamtkunstwerk«.
Das architektonische Schaffen der Wiener Sezessionisten zielt auf die Eindämmung der Opulenz und des dekorativen Organizismus zugunsten strengerer Schemata – kubischer Blöcke, geometrischer Ornamente. Wagner führt in seiner Veröffentlichung *Moderne Architektur* von 1895 eine neue Konzeption des künstlerischen Schaffens ein, die vom Nachdenken über den Begriff des »Stils« ausgeht. Für Wagner ist der Stil eng an die konstruktive Form gebunden und muss als dem Fortschritt gewissermaßen innewohnend angesehen werden; daraus ergibt sich die Zurückweisung renaissancehafter und barocker Ornamente zugunsten eines Dekors, der imstande ist, das architektonische Thema ablesbar zu machen. Die Gebäudehülle ist also nicht der zu überziehende nackte Baukörper, sondern Ausdruck von dessen Anordnung und Organisation.
Die Werke Wagners, Olbrichs und Hoffmanns geben der Stadt ein neues Aussehen, vor allem was die Wohnhäuser betrifft, ein Gebiet, auf dem sie ihre Modernität beweisen können. Olbrich drückt 1899 der Darmstädter Künstlerkolonie den Stempel seines Stils auf und führt 1897 mit dem Ausstellungspavillon der Sezessionisten eine originelle architektonische Form ein. Hoffmann gründet 1903 zusammen mit Kolo Moser die Wiener Werkstätten, eine Vereinigung, deren Ziel und Zweck die Produktion von Einrichtungsgegenständen und Objekten der Kunst ist, inspiriert am Werk Morris'; auch legt er auf der Hohen Warte in Wien eine Villenkolonie an, in der er mit der Verbindung von Architektur und Kunsthandwerk experimentiert.

Joseph Maria Olbrich, Sezessionsgebäude, Wien, 1898
Das Wiener Sezessionsgebäude baut auf einem quadratischen Modul auf, einem Block mit einem Atrium, das von einer Kuppel überwölbt wird, deren halbkugelförmige Schale, von Lorbeerblättern aus vergoldeter Bronze gebildet und entsprechend durchbrochen, von vier kleinen Türmen flankiert wird. Das Gebäude hat nüchterne, durchdachte Formen, daneben reichen Schmuck, der aus einer »Architektur-Malerei« eines der signifikantesten Momente des Übergangs von der Sensibilität des späten 19. Jahrhunderts zur modernen Bewegung macht.

Otto Wagner, Sankt Leopold am Steinhof, Wien, 1906
Als Befürworter einer nüchternen Architektur, beruhend auf den konstruktiven Prinzipien und der Verwendung der Materialien, baut Wagner die kleine Kirche des Psychiatrischen Krankenhauses Steinhof in Anlehnung an das Vorbild des Sezessionsgebäudes. Ganz ähnlich ist die Ansicht mit dem quadratischen Modul und der großen, von vier Türmchen flankierten Kuppel. Anders dagegen ist die Abkehr von den dekorativen Formen der Sezessionisten zugunsten eines nüchterneren, gemesseneren Eindrucks: Das Gebäude ist mit Marmorbändern verkleidet, die mit großen sichtbar belassenen Nägeln befestigt sind, was seine Eleganz noch betont.

gegenüberliegende Seite
Otto Wagner, Villa Wagner II, Wien, 1913
Die Blockform, Symmetrie und der nüchterne Umgang mit dem Dekor, streng funktional in der Definition der räumlichen Anlage, bringt eine »klassizistische« Architektur hervor: die Villa Wagner II, die einen Kontrapunkt gegenüber der eher überladenen Villa Wagner I daneben setzt. Der Architekt lockert die Zusammenhänge mit dem Sezessionsstil zugunsten klarerer Formen, kubischer Blöcke, die durch den blauen geometrischen Schmuck betont werden, und metallischer Beschläge – eine Art Vorwegnahme der protorationalistischen Formen, die später Hoffmann im Palais Stoclet in Brüssel verwenden sollte.

Josef Hoffmann

Palais Stoclet in Brüssel

1905–1914

Im Palais Stoclet erreicht Hoffmann den Gipfel an Einfachheit und geometrischer Abstraktion: Deutlich ist die Tendenz zur Verwendung elementarer, wenn auch durch diskrete dekorative Elemente belebter Formen. Aus den Vorplanungen wird deutlich, dass er zunächst vorhatte, ein Gebäude von eindeutiger Symmetrie zu errichten, das sein Zentrum in einem großen *bow window* der Fassade haben sollte: Damit hätte sich eine überzeugende Interaktion der durchweg regelmäßig angeordneten, nach dem quadratisch-kubischen Modul gebauten Teile ergeben, einem Modul, das Hoffmann eben wegen der »Richtungslosigkeit« wählte, die es unmöglich macht, auch nur die geringste dynamische Wirkung zu entwickeln.

Am Rand des eigentlichen Stadtgebiets von Brüssel gelegen, will das Palais Stoclet die Vorteile seiner Lage in Zentrumsnähe mit allen Privilegien des ländlichen Lebens verbinden. Die lange Straßenfassade erschließt sich dem von der Stadt Herkommenden nicht sofort in ihrer ganzen Ausdehnung. Die Vertikalität der Westfassade kontrastiert mit der horizontalen Tendenz des vorspringenden Gebäudeteils, der den Eingangsbereich aufnimmt und die Rolle des polygonalen *bow window* reduziert. Kontinuität entsteht durch die vergoldeten Metallprofile an den Rändern der Fassaden; das lineare Element, das diese Profile beisteuern, hat nichts mit den »Kraftlinien« im Werk Hortas zu tun. Für die optische Wirkung ist das von großer Bedeutung; im Palais Stoclet kündigt sich eine neue, dekonstruktivistische Raumauffassung an, die später die De-Stijl-Bewegung und die Tätigkeit Mies van der Rohes in Barcelona bestimmen sollte: die Flächen sind als definierte Einheiten aufgefasst, die, obwohl gerahmt, doch ihre Individualität bewahren, ohne dass die Plastizität der Volumina dort, wo die Öffnungen eingeschnitten sind, betont würde. Mit seinem aufwendigen Programm, mit seinem Charakter als Domizil eines Industriemagnaten und mit gewissen – raren – dekorativen Konzessionen spiegelt dieses Gebäude noch alte Ansprüche. Mit seiner ganz neuen räumlichen Zusammensetzung, seiner stilistischen Strenge und der Kohärenz aller seiner Teile geht es zugleich auf viele Forderungen der neuen Architektur ein und ist Übergang von der Sezession zum Protorationalismus.

Vom Beginn des Jahrhunderts an lässt Josef Hoffmann eine ausgesprochene Neigung zur extremen Geometrisierung seiner Formensprache erkennen, eine Neigung, die er nach Gründung der Wiener Werkstätten, mit der er seine Tätigkeit auf alle Zweige des Kunsthandwerks ausdehnt, noch deutlicher zeigt. Er befasst sich jetzt mit dem Entwurf moderner, eleganter und stilisierter Einrichtungsgegenstände, nicht ornamental, sondern funktional, einfach konstruiert, gut proportioniert und miteinander verbunden durch den moderaten Gebrauch des Quadrats als Schmuckelement. Seinen eigenen Worten zufolge war er »am Quadrat an sich und an der Verwendung von Schwarz und Weiß« deshalb besonders interessiert, »weil diese klaren Elemente niemals in früheren Stilen erschienen sind«.

Paris

1890–1910

»Die Natur ist der größte Baumeister«
Hector Guimard
In Frankreich ist *l'art nouveau*, der Jugendstil, von anderer Art als in Belgien und Österreich; der Akademismus und die ingenieurtechnische Tradition stehen einer Übernahme der neuen künstlerischen Tendenzen entgegen, die eher als dekorativer Stil denn als Architektur akzeptiert werden. Das »autarke« Frankreich öffnet sich der internationalen Architektur anlässlich der Weltausstellungen; war diejenige von 1889 noch vom Triumph des Funktionalismus gekennzeichnet, so feiert die Ausstellung des Jahres 1900 das neue Dezennium mit einem nie zuvor betriebenen Aufwand, so auch mit einer geradezu barocken Zeremonialarchitektur, die mit ihren bizarren Formen und ihrem fantastisch-illusorischen Dekor das eigene historische Erbe nicht verhehlt.
Adrien Bérnard, Präsident der Métrogesellschaft, vertraut die Gestaltung der Eingänge zu den Métrostationen einem »neuen Künstler« an, Hector Guimard, dem ersten Interpreten der floralen Schaffenslinie Victor Hortas, dem in seinen fantastischen Eisenkonstruktionen die Versöhnung von Architektur und Natur und von Dekoration und Funktionalität gelingt. Guimard, ebenso wie Horta beeinflusst von den Theorien Viollet-le-Ducs, sieht im Eisen das Material der Zukunft. Allerdings – hier liegt der Unterschied zu den Bauingenieuren seiner Generation – nimmt das Eisen bei Guimard lange und gewundene Formen an, die, statisch durchaus effektiv, den Linien der Natur entstammen und ausnahmslos jede Art von Symmetrie und Parallelität meiden.
Im Anschluss an eine Reise, die ihn 1894 nach Schottland und Belgien führt, macht Guimard sich die Anregungen der englischen Landhausbewegung zu eigen, nach deren Überzeugung jedes Haus allein kraft seiner Schönheit und Harmonie den Rang eines Kunstwerks erlangen kann. Guimard gibt sich nicht mit der reinen, einfachen Architektur zufrieden, er will nach seinen eigenen Worten zum *architecte d'art* werden, zu einem Experten in den Techniken aller Künste: Essenz und Abschluss eines Gebäudes ist die »Dekoration«.

Jules Aimé Lavirotte, Mehrfamilienhaus in der Avenue Rapp, 1900–1901
Architektur und Dekor gehen eine schon überreiche, quasi »barocke« Verbindung auch in Lavirottes Mehrfamilienhaus an der Avenue Rapp ein, in dem der Architekt einen regelrechten Symbolismus in Stein erfindet. Diese architektonische Skulptur mit den gekonnt einbezogenen Keramikfliesen zeichnet sich im Übrigen durch die deutliche Zurschaustellung der sexuellen Vorstellungswelt aus: Der obsessive Fetischismus dieses Architekten kehrt in provozierender Weise an verschiedenen Stellen des Hauses wieder.

Hector Guimard, Castel Béranger, Hauptansicht, eigenhändige Zeichnung, aus *Le Castel Béranger,* 1894–1898
Nachdem er Hortas Hôtel Tassel gesehen hatte, änderte Guimard seinen ursprünglich historisierenden Entwurf für das Castel Béranger, eine aus 36 Appartements bestehende Wohnanlage, ab; er gab ihm mit vor- und zurückspringenden Partien eine eher dynamische Wirkung. Bereichert wird das Ganze durch das höchst originelle Nebeneinander der Materialien Schmiedeeisen, Ziegelmauerwerk, Stein und Keramik, während ein raffiniert-naturalistischer Dekor als Triumph der Pflanzenmorphologie die einzelnen Elemente unterstreicht.

gegenüberliegende Seite
Frantz Jourdain, Warenhaus La Samaritaine, 1902–1905
Das Gebäude des Warenhauses La Samaritaine scheint den offenen Kontrast vorführen zu wollen: Die Fassade, noch immer von großer Aktualität, verrät ihr konstruktives System in den sichtbaren belassenen konstruktiven Elementen. Zugleich fehlt es nicht an diskreten dekorativdynamischen Akzenten, etwa im konvexen Profil der Balkons.

Le Castel Béranger Pl. 2

1

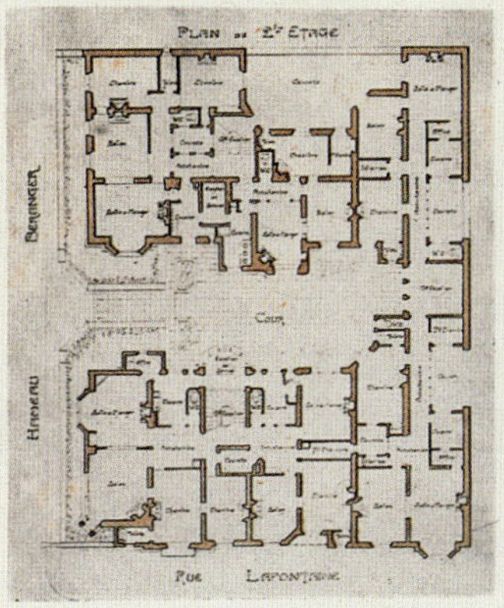

2

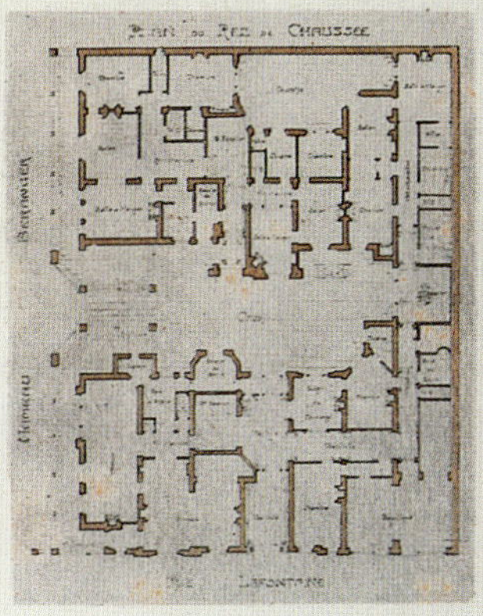

3

Charles Rennie Mackintosh

1868 – 1928

Glasgow

Eines der bedeutendsten Zentren des europäischen Jugendstils ist Glasgow mit dem Werk des schottischen Architekten Charles Rennie Mackintosh, der einerseits in der Tradition der Arts-and-Crafts-Bewegung steht, andererseits einen höchst originellen Beitrag zum neuen Stil mit der Planung (1897) der Glasgow School of Art leistet, eines strengen, kompakten Gebäudes mit geschlossenen Komponenten im Sinne der »gestörten Symmetrie«, des bewussten Arbeitens mit asymmetrischen Elementen.

Die Kennzeichen seiner strengen, einfachen Architektur kehren in Mackintoshs Innenausstattungen wieder, bei denen er auf Farbe und dekorative Manierismen verzichtet zugunsten der klaren Sprache seiner weiß und schwarz lackierten Stühle und Schränke, der eindeutig japanisch inspirierten Gitterformen und orthogonal gegeneinander gesetzten Zierleisten. Im Gebäude der Schule, in den Wohnhäusern Windyhill und Hill House sowie bei den 1900 im Wiener Sezessionsgebäude und 1902 in Turin gezeigten Möbeln gelangt er zu einer Version des Jugendstils, die sich in ihrer fortschreitenden Reduzierung der fließend-geschmeidigen auf geometrische Formen vom belgischen *art nouveau* unterscheidet.

Während der gemalte Wandschmuck, die Gläser und die eher untergeordneten architektonischen Details noch von einer Linearität bestimmt sind, die ihren dekorativen Charakter erkennen lässt, überwiegt bei den Möbeln wie bei der Architektur das Interesse an den Flächen und Volumina und an ihrer geometrischen Einpassung. Der Binnenbereich von Mackintoshs Architektur und die darin enthaltenen Objekte gehören der Sphäre der Linie, der Farbe und der Ästhetik des Rasters an, während der volumetrisch strenge Außenbereich von klar gefügten Flächen, von der Geometrie der steinernen Bänder und vom farblich einheitlichen Putz beherrscht wird. Ein straffes und konsequentes Erscheinungsbild spiegelt allein in seiner volumetrischen Differenzierung den Reichtum und die Vielfalt des Inneren – das Ganze eine Synthese von organisch und abstrakt.

Kunstschule Glasgow, Bibliothek, 1896–1899, 1907
Der Umgang mit dem natürlichen Licht gehört zu den Kennzeichen der »Modernität« dieses Gebäudes: Der Bibliotheksraum lebt von der Spannung zwischen Innen und Außen, bei der das Licht eine entscheidende Rolle spielt. Mackintosh setzt die traditionellen englischen *bow windows* als Lichtverteiler ein, wobei er sie teils vertikal anordnet, teils umklappt, teils auch verdoppelt, um prismatische Formen zu gewinnen, die nicht Lichtflächen, sondern Lichtvolumina entstehen lassen. Die Architektur des von einer Galerie unterteilten Raums definiert sich über die Möbel und die Ausstattungsgegenstände, bis in die plastischen Strukturen der Regale hinein.

Hill House, Helensburgh, 1902–1905
Das von der englischen Landhausbewegung verkündete Ideal des einfachen Hauses, das dennoch als Kunstwerk erscheinen kann, und die Architektur der schottischen Herrensitze stehen als Inspirationsquellen hinter der Planung von Hill House: Ein funktionales Gebäude, charakterisiert durch kräftige rechteckige Volumina, die sich in ein von den klassischen Regeln befreites Anordnungsschema fügen. Hinter dem nüchtern-rustikalen grauen Außenputz verbirgt sich ein Inneres, das von Helldunkelkontrasten bestimmt ist. Zusammen mit dem Palais Stoclet als das Manifest des *art nouveau* angesehen, ist diese Villa mit ihrer volumetrischen Vielfalt, mit der Korrespondenz von Innen und Außen, mit der architektonisch wirkenden Raumausstattung und der überlegten Lichtführung das gelungene Ergebnis einer einheitlichen Planung.

Kunstschule Glasgow, Nordfassade, 1896–1899, 1907
Ein Manifest der Einfachheit, zusammengesetzt aus volumetrischen Blöcken, wartet die Glasgow School of Art nur in Form der Metallverzierungen der Fenster des obersten Geschosses mit Jugendstilelementen auf. Obwohl von strengem Aussehen, zeigt dieses Gebäude eine in sich sehr variierte Gestaltung: Die Nordfassade ist geradezu ein Repertoire von Überraschungen, die ihr eine extreme Dynamik verleihen. Die obligatorisch vom Betrachter einzunehmende Position, seitlich und mit Blickrichtung von unten nach oben, lässt vor allem die größere Tiefe der oberen Fenster – sie sind doppelt so hoch wie die übrigen – und die schwer wirkende plastische Behandlung der Fassade erkennen.

Barcelona

1880–1905

Gaudí und die Architektur als natürliches Phänomen
Barcelona gehörte zu den ersten Städten, die am Ende des 19. Jahrhunderts eine neue urbanistische Planung entwickelten und eine Bauordnung festlegten, die auf Vereinheitlichung der Haustypen hinauslief. Das bedeutete die Differenzierung der einzelnen Gebäude über den Dekor an Fassade, Portal, Treppe, also der Zone zwischen dem Straßenraum und dem privaten Lebensraum. In der katalanischen Stadt Barcelona manifestiert sich dies in Form eines Schmuckübermaßes, das in engem Zusammenhang mit der lokalen kunsthandwerklichen Tradition steht und häufig die strukturellen Teile einbezieht: Dann durchbrechen die tragenden Bauglieder die Grundstücksgrenzen mit Vorsprüngen, Rücksprüngen und Gesimsen, die sich nach der Logik lebender Organismen bewegen. Die Hervorbringungen des katalanischen Modernismo, der spanischen Sonderform des Jugendstils, wurzeln in der Tradition der spanischen Architektur. Besonders in der höchst individuellen, eklektischen Formensprache des Antoni Gaudí y Cornet fließen dekorative und konstruktive Elemente des Flamboyant-, des Plateresken- und des Mudéjarstils zusammen; Gaudí verwendet überdies Azulejos und Mosaiken in leuchtenden, ausgesprochen mediterranen Farben. Hinter seinem Talent stehen ein großes Können als Konstrukteur – Viollet-le-Duc ist seine erste Quelle –, ein ausgeprägter Sinn für historische Kontinuität, ein gutes Gespür für Materialien, für das Verhältnis von Natur und Artefakt sowie für konstruktive Grundsätze. Getreu dem Prinzip, dass Originalität in der Rückwendung zu den Ursprüngen besteht, holt Gaudí nicht nur vergangene Stile in die Gegenwart, Stile, die er mit literarischen Anregungen, mit Unterhaltsamem und mit Visionen vermischt, sondern auch das Konzept einer Felsarchitektur, wie sie in Reaktion auf Erschütterungen durch tektonische Vorgänge entstehen könnte. Seine Auffassung der kompositorischen Freiheiten des Eklektizismus führt Gaudí schließlich zur plastischen Deformation des Gebäudes selbst – es ist so gut wie unmöglich, zwischen den eigentlichen Strukturen und den Dekorformen aus Eisen, Zement und Keramik zu unterscheiden –, er nimmt damit expressionistische Überlegungen vorweg.

Antoni Gaudí, Park Güell, 1900–1914
Anfangs konzipiert als Gartenstadt nach englischem Vorbild, wurde der Park Güell später verändert, in seiner zum Meer hin abfallenden Geländeform aber erhalten. Die große zentrale Terrasse mit den farbigen Ton- und Glasscherbenmosaiken ist ein von Licht vibrierender Raum und zugleich ein in Schatten gehüllter Platz.

Luis Domènech i Montaner, Musikpalast, 1905–1908
Der Zuschauerraum ist, angefangen bei den Lichtern an den Wänden, in eine Überfülle dekorativer Details getaucht. Die surreale Atmosphäre wird durch die juwelenartigen farbigen Glasflächen und durch das strahlende Licht verstärkt, das von den Kandelabern auf den Säulenkapitellen ausgeht.

Antoni Gaudí, Haus Batlló, 1905–1907
Im Zuge der Umgestaltung des Hauses Batlló überzog Gaudí die vorgefundene Struktur mit einem Mosaik aus eingefärbten Glaspasten, dem er verschiedene Neigungswinkel gab, um die Reflexion des auftreffenden Lichts zu steuern. Die Sorgfalt, die er auf die ornamentalen Details des Äußeren, auf die Gitter der Balkons, auf die Fensterprofile, auf das Dach mit den farbigen glasierten Ziegeln und auf die Ausstattung der Innenräume, speziell auf die Materialien und Farben vom intensiven Blau bis zum Weiß, verwandte, ließ ein Gebäude von nahezu barocker Pracht entstehen. Gaudís Appartementhäuser halten sich zwar an das Gebot der maximalen Ausnutzung des Baugrundes, entsprechen in Anordnung und Verteilung der Räume aber einer Logik des Bildes, vergleichbar der Morphologie von Lebewesen.

gegenüberliegende Seite
Josep Puig i Cadafalch, Haus Ametller, 1898–1900
Beeinflusst von den beiden Großen der katalanischen Architektur, Gaudí und Domènech, schuf Cadafalch ein Werk von großer Ausgewogenheit, Eleganz und kosmopolitischer Ausstrahlung; es orientiert sich an der lokalen Tradition, am katalanischen Barock, an der Architektur der spanischen Frührenaissance und an der des Mittelalters. Das Ergebnis ist ein Stil, in dem Formen, Materialien und Farben harmonieren, mit vage eklektizistischen Fassaden, die monochrom behandelt sind, mit Schmuck an den dynamischen, flüchtigen Partien.

Die Sagrada Familia in Barcelona

ab 1882

Das Werk, das Gaudí sein ganzes Leben begleitete, in dem sich intellektuelle Triebfedern mit dem Ethos einer Religiosität verbanden, die mit der Zeit immer mystischer wurde, ist die Kirche der Sagrada Familia, die den äußersten Punkt der Interpretation des Gotischen durch den Jugendstil darstellt. Von der 1882 nach einem neugotischen Entwurf des Architekten Del Villar begonnenen, noch heute letztlich unvollendeten Kirche stand 1893 nur die Zone der Apsis. »Die gerade Linie ist die Linie der Menschen, die Kurve ist die Linie Gottes«, so Gaudí, der gegen Ende des 19. Jahrhunderts zum Propagandisten einer neuen mystischen-visionären Sakralarchitektur geworden war, die von einer Geometrie der parabolischen Kurven, Ellipsen und Hyperbeln bestimmt und getragen sein sollte. Sein eigener Plan sah ein komplexes symbolisches Programm vor, zum Ausdruck gebracht in einer überschwänglichen, fantastischen Architektursprache, die mit neuen, ineinander fließenden Strukturen und Dekoren arbeitete. Mit einem narrativen Verfahren, das bekannte Figuren, gelehrte Zitate und religiöse Symbole miteinander verbindet, gelingt dem Architekten ein Umbruch in Form von realistischen, zugleich anspielungsreichen Bildern, die, organisch aus der Architektur hervorkeimend, die geometrische Struktur der Fassadenteile und der Türme modifizieren und modellieren und die vertikalen Stützen in einen Wald von baumartigen Strukturen verwandeln. Die sehr ungewöhnliche Organisation von Kirchenschiff und Gewölben, konzipiert in Funktion des Lichtes und der Akustik, und die Gliederung des Portals mit dem Thema der Geburt Christi, auch die spiralförmigen Türme künden von Dynamik und Stabilität, Staunen und Ehrerbietung, Frömmigkeit und Naturliebe, alles von einem vagen Gefühl des Leidens durchzogen. Die Arbeiten gingen sehr langsam voran – Gaudí sah das Unfertige und Unvollkommene als eine Notwendigkeit an –, so dass beim Tod des Architekten 1928 erst ein einziger der vier Fronttürme stand; 1976 wurde das Portal der Passion fertig gestellt. Das Erbe Gaudís ist ein besonderes Kapitel für Barcelona: Konzeption und Bau dieses Tempels in der Art der großen mittelalterlichen Kathedralen wurden zu einer Verpflichtung für die Stadt.

Gaudí reagiert auf die bauhandwerkliche Praxis seiner Zeit mit einem neuen konstruktiven Repertoire, das in den Händen dieses Erfinders komplizierter statischer Strukturen zum Instrument des architektonischen Ausdrucks wird: ein ständiges Bemühen um die Kontinuität der Teile eines Organismus, der als natürlicher verstanden wird, unter konsequenter Vermeidung der geraden Linie und des Winkels zugunsten wellig bewegter Formen. Diese Suche führt ihn immer wieder zum Nachdenken über die konstruktive und statische Logik des Gebäudes, die er ständig an Modellen überprüft.

Der *stile Liberty* in Italien

ca. 1900–1910

Architektur und Redundanz

Der Anschluss an das Neue erfolgte in Italien spät und nur in einem relativ kleinen Kreis von Kunsthandwerkern, Designern, Möbelschreinern, Keramikern, die ihrerseits den Umkreis der Zeitschrift »Emporium« und der Gesellschaft Aemilia Ars bildeten. Die große Kunstgewerbeausstellung des Jahres 1902 in Turin brachte mit den »exotischen« Möbeln Carlo Bugattis, den schmiedeeisernen Arbeiten Alessandro Mazzucotellis, den bemalten Keramiken Galileo Chinis, den verzierten Gläsern Vittorio Zecchins und den gewebten Spitzen von Jesurum die endgültige Anerkennung des stile Liberty, des italienischen Jugendstils, und zugleich den Impuls, den neuen »Internationalen Stil« für die Architektur zu übernehmen. Die festlichen, vielfarbigen Ausstellungspavillons Raimondo D'Aroncos zeigten einerseits das Interesse an den neuen Eisen- und Glaskonstruktionen, kokettierten andererseits mit den stilistischen Lösungen Otto Wagners und Josef Maria Olbrichs.

In der Folge der Turiner Ausstellung, bei der unter anderem Architektur- und Raumausstattungsprojekte von Behrens, Olbrich und Horta gezeigt wurden, machte sich die italienische Jugendstilarchitektur mit Pietro Fenoglio, Giuseppe Sommaruga, Ernesto Basile und Giuseppe Brega energisch bemerkbar, mit Architekten, die zuvor Nutzbauten wie Hotels, Friedhöfe, Badeanstalten und Bahnhöfe errichtet hatten und sich nun dem privaten Wohnungsbau und damit dem reichen Bürger- und Unternehmertum zuwandten. Turin, Mailand und Palermo sind die Hauptzentren des neuen Stils, der ein im Wesentlichen urbanes Phänomen bleibt, vor allem in den Städten mit wirtschaftlichem Aufschwung. Auf die Struktur der Städte hat diese Entwicklung dennoch nur geringen Einfluss. Die Jugendstilformen beschränken sich, auch wenn sie ganze Straßenzüge oder Quartiere erfassen, häufig auf die Oberfläche: auf Gitter, farbige Keramiken oder Zementstuck an Gebäuden von ansonsten ganz traditionellen Formen. Städte mit einem sehr ausgeprägten Erscheinungsbild weisen den Liberty-Stil zurück, verbannen ihn an die Peripherie oder lassen ihn nur bei öffentlich zugänglichen Gebäuden zu. Dennoch etabliert er sich als der Stil, der die Erholungszentren und Badeorte prägt, also als Stil der Villen und großen Hotels, der Orte, die die glanzvolle, mondäne Lebensweise des Bürgertums für sich übernehmen und zum Ausdruck bringen.

Giuseppe Sommaruga, Palazzo Castiglioni, Mailand, 1900–1903
Angesichts der neuen Baumaterialien kommen viele »moderne« Architekten zu einer Neuinterpretation des barocken Erbes, das heißt sie führen einen opulenten Stil ein: Der pompöse, theatralische Palazzo Castiglioni, dekoriert mit provozierenden Statuen von Ernesto Bazzaro und mit Eisengittern von Alessandro Mazzucotelli, nimmt sich selbstbewusst und aggressiv seinen Platz zwischen den erhabenen klassizistischen Bauten des Corso Venezia in Mailand. Die explosive Plastizität der Rustika des Erdgeschosses, des Skulpturenschmucks, der voluminösen Gitter sorgte bei der Einweihung des Gebäudes für einen Skandal.

Ernesto Basile, Villa Igiea, Palermo, 1898–1903
Von Basile, einem aufmerksamen, frühen Interpreten des Stils der Sezessionisten, stammen einige der schönsten Villen in Palermo. Er zählt zu den einflussreichsten Vertretern des italienischen Jugendstils, der die gleiche Sorgfalt auf das Innere wie auf das Äußere seiner Gebäude verwendet. In der Villa Igiea ist der französische Einfluss in den weichen, eleganten Formen und in der perfekten Symbiose von Malerei und Dekor unverkennbar.

Giuseppe Brega,
Villa Ruggeri, Pesaro, 1902
Unter ihrer üppigen, hypertrophen und amorphen floralen Dekoration verbirgt die Fassade der Villa Ruggeri nicht das Fortbestehen der italienischen Tradition. Brega gestaltet die Fenster der Ostfassade in Form von Augen, ein vorspringendes Element erinnert an eine Nase, der Eingang lässt an einen Mund denken. Damit erschafft er eine Art vegetabilisches Porträt, das an die Gesichter Arcimboldos erinnert.

Prag und Budapest

ca. 1898–1918

Die zahlreichen Facetten der Sezession
Zu Beginn des 20. Jahrhunderts bricht die sezessionistische Revolution über die Stadt Prag herein. Allerdings äußert sich die polemische, kritische Haltung gegenüber dem Jugendstil in der tschechischen Kapitale nicht in so scharfen, hitzigen Tönen wie im übrigen Europa. Das liegt zum einen daran, dass die Sezession, ohnehin in traditionellen Bahnen agierend, von der böhmischen Stadt als Element der Öffnung und Modernität begriffen wird, und zum anderen daran, dass sie, auch wenn sie der österreichischen Sezession viel verdankt, doch zugleich die Loslösung von Wien und die kulturelle Autonomie bestätigt. Im ersten Jahrzehnt des 20. Jahrhunderts entstehen in Prag Hunderte von »extravaganten« Bauten: der Hauptbahnhof, Häuser, Bankgebäude, Schulen, Theater und vor allem das großartige Obetschni Dum werden in den Formen und im Einklang mit den ästhetischen Grundsätzen der Sezession errichtet, eine Architektur, die in der absoluten Endzeit der Bewegung noch eine Bereicherung durch die Revivalbemühungen der 1890er Jahre und den Kubismus der zweiten Dekade des neuen Jahrhunderts erfährt. Der Jugendstil in Prag trägt mehr als anderswo den offiziellen Charakter der neuen böhmischen Gesellschaft, mit einer Sprache, die repräsentatives Pathos und moderne Formen kompromisslos verbindet und der die staatliche Macht ihre Selbstdarstellung anvertraut. Josef Fanta entwickelt sich hin zu einem Monumentalismus, in dem die unbedingte Treue zu den sezessionistischen Formen letztlich zu einem persönlichen Eklektizismus gerät; Osvald Polívka und Antonín Balšánek hingegen gelangen, zwischen Anachronismen und neuen Ideen, zwischen Neobarock und Sezession, zum Obetschni Dum, das Ausdruck der vielen Facetten der offiziellen Prager Sezession ist.

Ödön Lechner, Kunstgewerbemuseum, Budapest, 1896
Auf der Woge des Jugendstils kommt in Ungarn, dominiert von Ödön Lechner, ein eklektischer, fantasievoller Baustil auf, der sein Anliegen in der größtmöglichen Lichtfülle sieht, bezogen auf die Gliederung der Binnenräume.

Josef Fanta, Wilson-Bahnhof, Prag, 1901–1909
Die reiche Erfahrung Fantas mit Neorenaissanceformen kommt im Mittelteil des Bahnhofsgebäudes zum Ausdruck, das sich allerdings in ein Kompositionsschema einfügt, das Anklänge an die zeitgenössische englische Architektur zeigt.

Antonín Balsánek und Osvald Polívka, Festhaus (Obetschni Dum), Prag, 1903–1911
Das grandiose Bauwerk folgt einem gemeinsamen, wenn auch stilistisch und räumlich zweigeteilten Plan – Balsánek war für den Außenbau zuständig, Polívka für das Innere. Eine ungewöhnliche vierhändige Planung, deren Geist den modernen Kriterien widerspricht. Als großartiges Beispiel der tschechischen Baukunst des frühen 20. Jahrhunderts reiht das Obetschni Dum ostentatives Auftreten, Ornament, vegetabilische Elemente und geometrische Zeichen im Bemühen um eine nicht zu verwirklichende Fusion von Natur und Kultur aneinander; der dekorative Reichtum und die Fülle der Erfindungen verblüffen auch in ihrer Unverbundenheit. Der Außenbau zeigt, dass ein Architekt wie Balsánek von seinem sicheren historistischen Fundament aus nur minimale Aktualisierungen seines dekorativen Wortschatzes vorzunehmen brauchte, um die Tradition in moderner Weise zu interpretieren.

Das »Licht« des Nordens auf dem Weg zu neuen Zielen

Hendrik Petrus Berlage ist wegen seines Einflusses auf die holländische Architektur und wegen seiner kulturellen Vermittlerrolle zwischen den Vereinigten Staaten und Europa eine Schlüsselfigur der »nordischen« Architektur der Jahrhundertwende. Er sieht die Aufgabe der Architektur in der politischen und kulturellen Weiterentwicklung der Gesellschaft, weshalb die neue architektonische Formensprache sich dem Leben und dem technischen Fortschritt anpassen muss; zu diesem gehört alles, was mit dem Bauen, den Baumaterialien und ihrer Verwendung zu tun hat. In Berlages Werk findet sich eine ausgesprochen materialbestimmte Architekturauffassung, aus der sich auch seine Ablehnung alles »Modischen« erklärt, das heißt aller dekorativen Tendenzen des Jugendstils. Die Verbindung zwischen der wachen Aufmerksamkeit für das Gelände und für eine Stadtplanung, die sich eng an die Architekturplanung hält, sowie der ethischen Botschaft Berlages sollte bestimmend werden für die Schöpfungen jener Gruppe von Architekten, die vom ersten Jahrzehnt des 20. Jahrhunderts bis in die unmittelbare Nachkriegszeit vorwiegend in Amsterdam tätig war und gewöhnlich als Schule von Amsterdam bezeichnet wird: Für ihre Mitglieder sind es vor allem die Materialien und die Mauer in ihrer konkreten Materialität, die das Aussehen der Stadt unauslöschlich prägen.

Jenseits der Ostsee wartet die finnische Architektur in der Gestalt Eliel Saarinens mit ebenso innovativen Schöpfungen auf. Am Beginn des 20. Jahrhunderts reicht die Tradition, wie sie sich unter der Ägide des Karelianismus herausgebildet hat – Verwendung der lokalen Materialien Granit und Holz – nicht mehr aus für die Anliegen der neuen Architektengeneration, die nun anfängt, sich der Arts-and-Crafts-Bewegung, der Darmstädter Künstlerkolonie und dem französischen und belgischen *art nouveau* zuzuwenden. Das Studio GLS, Gesellius, Lindgren & Saarinen, entwickelt eine organische, plastische, mit der Natur harmonierende Architektur, die ihren großartigen Ausdruck in dem leider zerstörten Landhaus von Suur-Merijoki fand, das, 1903 errichtet, eine Synthese aller zeitgenössischen Strömungen in Architektur, Malerei und Kunsthandwerk darstellte und das Stichwort lieferte für den Traum aller finnischen Architekten bis hin zu Alvar Aalto von einem »Gesamtkunstwerk«.

Eliel Saarinen, Hauptbahnhof, Helsinki, 1904–1914
Saarinen verfolgte die Idee des »Gesamtkunstwerks« nicht nur bei seinen Privathäusern, sondern auch im Rahmen seiner stadtplanerischen Tätigkeit; er sah die Stadt als einen einheitlichen, funktionalen Organismus. Das »konstruktivistische« Bahnhofsgebäude von Helsinki ist von einer Dekoration »bedeckt«, die immer weniger aus ihrem Kontext zu lösen ist, der seinerseits die strukturell interessanten Aspekte herausstellt: Die stilisierten menschlichen Figuren gehen eine makellose Verbindung mit den vertikalen Elementen ein und verschmelzen mit dem Gebäude.

Im großen Saal der Börse wird Berlages Interesse an den Materialien und an der Mauer in ihrer konkreten Dinglichkeit deutlich – ein Interesse nicht nur an den beträchtlichen Dimensionen, sondern auch an der Synthese der »Architektur der Mauer« mit den herausgearbeiteten dekorativen Elementen, die ihren ernsten, schweren Charakter betonen, im Zusammenklang mit einer Konzeption des Raums, die mit der Glas-Eisen-Konstruktion der Eindeckung die größtmögliche Leichtigkeit erreicht.

Hendrik Petrus Berlage, Börse, Amsterdam, 1896–1903
Berlage, stark beeinflusst von den Ideen Viollet-le-Ducs zum Primat der Konstruktion, schuf hier einen Block, dessen verschiedene Elemente in einem Spannungsverhältnis der Oberflächen zueinander klar, einfach und mit einer konstruktiven Solidität zusammengefügt sind, die in jedem Detail spürbar ist. Die Turmform steht für ein Höchstmaß an architektonischer Einfachheit und erscheint, verstanden als symbolische Geste, an vielen Jugendstilbauten; hier sei an den Turm des Bahnhofs von Helsinki erinnert, der schon sehr unmittelbar auf die amerikanischen Wolkenkratzer vorausweist.

Die Schule von Chicago

1870–1910

Der Wolkenkratzer

Ein Großbrand, dessen Ausdehnung durch die häufige Verwendung von Holz als Baumaterial begünstigt wurde, zerstörte 1871 einen großen Teil des administrativen Zentrums von Chicago und leitete damit eine revolutionäre Wende in der Geschichte der Architektur ein. Die mit dem Wiederaufbau befassten Architekten und Ingenieure, die »Schule von Chicago«, sahen sich mit einer Reihe spezifischer Probleme konfrontiert: mit dem Problem der Einfügung der neuen Gebäude in das vorhandene urbane Netz; mit der Notwendigkeit, die neuen Gebäude technisch zuverlässiger, vor allem feuersicher zu machen; und mit der Aufgabe, den für den Dienstleistungssektor konzipierten Gebäuden eine der jeweiligen Funktion adäquate Form zu geben.

Einer dieser Architekten, William Le Baron Jenney, Absolvent der Pariser École Centrale des Arts et Manufactures, schlug einen ganz neuen Gebäudetyp von hoher Nutzungsdichte vor – den Wolkenkratzer, dessen beträchtliche Höhenausdehnung, möglich gemacht durch die Erfindung des Fahrstuhls, eine exponentielle Vergrößerung der Ausnutzung des Grundstücks bedeutete. Technisch war die Errichtung eines solchen Gebäudes möglich, da man die tragende Struktur in Stahl ausführen konnte; die Außenflächen ließen sich im Blick auf die perspektivische Gesamterscheinung gestalten. Jenneys Schüler Daniel Hudson Burnham erarbeitete eine expressive Formensprache, die ganz neue Möglichkeiten der Gestaltung und Komposition der großen Fassadenflächen im »commercial style« erschloss. Mit diesem Ausdruck bezeichnete man eine Art zu bauen, die in eben jenen Jahren aufkam und an Büro- und Verwaltungsgebäuden, großen Warenhäusern und ähnlichen Bauten Anwendung fand. In der Debatte über ein Modell, anhand dessen sich der Typ des *commercial building* entwickeln lassen würde, taten sich vor allem die ebenfalls der Schule von Chicago angehörenden Architekten Dankmar Adler und Louis Sullivan hervor; innerhalb von zwölf Jahren errichteten sie zahlreiche Gebäude, bei denen neben die technisch-konstruktiven und die typologisch-gestalterischen Vorgaben die ständige Suche nach dekorativen Elementen, zugleich Bestandteilen einer neuen Formensprache, tritt.

Louis Sullivan, Warenhaus Schlesinger & Mayer, Chicago, 1899–1904
Industrielle Techniken und Strukturen aus Stahl ermöglichten Sullivan die Realisierung der ersten Wolkenkratzer, bei denen das konstruktive Skelett sichtbar blieb; dennoch verzichtete der Architekt nicht auf den Dekor, der die tragenden vertikalen Elemente, die Eingangsbereiche und die Profile der unteren Geschosse von ansonsten nüchternen, rationalen Gebäuden unterstreicht.

Dankmar Adler und Louis Sullivan, Guaranty Building, Buffalo City, 1895
Sullivan entwickelte eine Planungsweise, die zwischen drei verschiedenen Funktionen unterschied: das geräumige untere Zugangsgeschoss, das Attikageschoss als Abschluss des Gebäudes und schließlich eine nicht festgelegte Zahl von Büroebenen dazwischen.

Daniel Hudson Burnham und John Wellborn Root, Reliance Building, Chicago, 1890–1895
Im Rahmen des Bauprogramms der *commercial buildings* repräsentiert das Reliance Building den Zielpunkt der »strukturalistischen« Strömung der Schule von Chicago, an deren Spitze Jenney stand. Dennoch nehmen die beiden Architekten mit der feinen Komposition der durchfensterten Flächen ein weiteres Element planerischer Reflexion in ihre sorgfältige Modulation der Fassade auf.

Daniel Hudson Burnham, Flatiron Building, New York, 1902
Das Flatiron Building, 22 Stockwerke hoch, zeichnet sich durch eine ebenso originelle wie schlüssige Dreiecksform aus, die sich den eingrenzenden Dimensionen des Baugrundstücks anpasst.

Der Futurismus

1909–1916

Die neue Stadt

Am 20. Februar 1909 veröffentlichte der Schriftsteller Filippo Tommaso Marinetti im »Figaro« sein erstes futuristisches Manifest, in dem er die Grundsätze einer avantgardistischen Bewegung italienischer Intellektueller niederlegte, die alle Künste umfassen sollten. Eine zentrale Rolle im futuristischen Denken spielt die Bejahung der Moderne in Gestalt des Kultes der Industrialisierung, der Maschine, der Geschwindigkeit; abgelehnt werden dagegen die Museen, die Akademien und alles, was die Kultur von jeher ausmacht. Eines der wichtigsten Themen der Futuristen ist die moderne Metropole. Die ersten Maler dieser Bewegung, Boccioni und Severini, brachten das futuristische Ethos mit der Wahl ihrer Sujets zum Ausdruck, mit Eisenbahnen in Bewegung, Baustellen, städtischen Streiks. Von der gleichen gedanklichen Basis geht Antonio Sant'Elia aus, der 1914, wahrscheinlich in Zusammenarbeit mit Marinetti, sein *Manifesto dell'architettura futurista* veröffentlicht, zugleich eine Einführung in die Ausstellung seiner Entwürfe für die »neue Stadt«: monumentale Elektrizitätswerke, mehrgeschossige Bahnhöfe, futuristische Hochhäuser – Themen und Typen, die den neuen Materialien und den neuen konstruktiven Verfahren adäquat sind. In diesem in die Ausstellung einführenden Manifest wird die Absicht deutlich, mit dem Historismus und der traditionellen Stadt zu brechen: Die Stadt des 20. Jahrhunderts muss sein »wie eine immense tosende Baustelle – agil, mobil, dynamisch in allen ihren Teilen, und das futuristische Haus muss sein wie eine gigantische Maschine«. In der Nachfolge Sant'Elias schließen sich auch dessen Freund Mario Chiattone und wenig später der Architekt und Bühnenbildner Virgilio Marchi der futuristischen Architekturauffassung an. Auch wenn keines der architektonischen Projekte der Futuristen ausgeführt worden ist – Sant'Elia starb während des Ersten Weltkrieges, Marchi und Chiattone kehrten nach dem Krieg zu einem eher traditionellen Stil zurück –, hat der Futurismus in der Architektur doch fast die gesamte zwischen den beiden Weltkriegen aktive europäische und nordamerikanische Avantgarde beeinflusst.

Antonio Sant'Elia, Studie für die Neue Stadt, 1914
Dieser Entwurf, einer der bekanntesten von Sant'Elia, wurde zusammen mit dem *Manifesto dell'architettura futurista* veröffentlicht. Ein vielgeschossiges Gebäude aus Eisen und Beton setzt sich mittels horizontaler und vertikaler Komponenten in Beziehung zur umliegenden »ungestümen« Stadt. Die für Sant'Elias Architektur und für die von ihm imaginierte Stadt typischen Elemente lassen sich in dieser Komposition deutlich ausmachen: hohe geneigte Volumina, eiserne Brücken und Stege, Strebekonstruktionen, Aufzugstürme, Viadukte, Autostraßen.

Antonio Sant'Elia, Studie für ein Elektrizitätswerk, 1914
Ein Thema, das Sant'Elia immer wieder beschäftigt, ist das Elektrizitätswerk, Symbol des modernen Lebens am Anfang des Jahrhunderts und bewegende Kraft der neuen Stadt. Seine Infrastrukturen, »Kathedralen des Fortschritts«, erheben sich mit Türmen und Fialen als Bestätigung ihrer selbst und der modernen Zeit.

gegenüberliegende Seite, unten
Mario Chiattone, Projekt für einen Palast der Mode, 1914
In ihrer Typologie lassen sich die von Chiattone skizzierten Vorschläge – monumentale mehrgeschossige Gebäude – und die Realität seiner Stadt auf die Überlegungen Sant'Elias zurückführen.

Der Protorationalismus

Die Architektur in der Zeit zwischen den beiden Weltkriegen in Europa und den Vereinigten Staaten trägt in der Regel die Bezeichnung Klassische Moderne. Der Ausdruck bezieht sich auf die kollektiven Bemühungen einer Reihe von Architekten, die in diesen Jahren dabei waren, sich von den akademischen Stilrichtungen zu lösen, mit neuen Materialien und Techniken zu arbeiten und den unnützen, überflüssigen dekorativen Apparat zu eliminieren. Andere Bezeichnungen, die mehr oder weniger die gleiche Absicht zum Ausdruck bringen, wie »Rationalismus« und »Funktionalismus«, beziehen sich auf spezifische Tendenzen innerhalb einer übergreifenden gemeinsamen Orientierung.
In den ersten Jahren des 20. Jahrhunderts setzte sich die Verwendung von Eisen und Glas vor allem auf dem Sektor der Industriebauten zunehmend durch. Von besonderer Bedeutung ist in diesem Zusammenhang der Beitrag des Architekten Albert Kahn, der in dieser Zeit die Industriebauten der Ford Motor Company entwarf: Betonhallen mit großen Fensterflächen und ohne jede überflüssige Dekoration.
Erste Beispiele der Verwendung von Beton finden sich in eben diesen Jahren auch in Europa. Auguste Perret setzte das Material zum ersten Mal 1902 beim Bau eines Pariser Wohnhauses ein. Max Berg, Stadtbaurat in Breslau, erkundete mit seiner stützenlosen Eindeckung der Jahrhunderthalle, eines Versammlungsraumes, dessen Grundfläche dreimal so groß ist wie die der Peterskuppel in Rom, die erstaunlichen Möglichkeiten des Stahlbetons.
Zugleich mit den ersten Beispielen der Anwendung der neuen Materialien und Techniken in der Architektur entstand das Bedürfnis, über das Verhältnis von Industrialisierung und Qualität des Produkts nachzudenken. In dieser Absicht gründeten Künstler, Kunsthandwerker, Architekten und Industrielle den Deutschen Werkbund.

Auguste Perret, Haus in der rue Franklin, Paris, 1902–1903
Die tragende Struktur besteht aus einer gerüstartigen Eisenbetonkonstruktion. Das Konstruktionsskelett ermöglichte große Fensteröffnungen an der zum Teil eingezogenen Fassade. Durch diesen Rücksprung ließ sich die Fläche zur Belichtung der Innenräume vergrößern. Die Eisenbetonkonstruktion und die mit Marmor aus Faenza verkleideten Füllwände lassen sich an der Fassade leicht ablesen.

Der Deutsche Werkbund

1907 wurde in München der Deutsche Werkbund gegründet, ein Zusammenschluss von Künstlern, Industriellen, Handwerkern und Architekten, der sich die Verbesserung der ästhetischen Qualität der Gebrauchsgüter zum Ziel setzte, wobei Wert auf »materialgerechte Verarbeitung« gelegt wurde. In diesem Klima entwickelte sich die fruchtbare Zusammenarbeit zwischen dem Architekten Peter Behrens und Emil Rathenau, dem Gründer der AEG, eines der größten deutschen Industrieunternehmen. Ein für das Ansehen des Deutschen Werkbundes wichtiges Ereignis war die »Erste Deutsche Werkbundausstellung«, die 1914 in Köln stattfand und an der sich mehrere Architekten mit Vorschlägen für die Gestaltung von Industriebauten beteiligten. Unter den besonders innovativen Ausstellungsbauten ragt das von Bruno Taut entworfene Glashaus hervor, eine polygonale Konstruktion mit gläsernen Wänden, die auf einem kreisförmigen Betonsockel sitzt und von einer prismatischen gläsernen Kuppel überfangen wird.

Max Berg, Jahrhunderthalle, Breslau, 1911–1913
Der Einsatz von Beton ermöglichte die Eindeckung großer Flächen mit einem einzigen Spannfeld. Eine Kuppel von 65 m Durchmesser, bestehend aus 32 gebogenen und von vier konzentrischen Ringen zusammengehaltenen Rippenfeldern, wird von vier Bögen getragen. Das Bauwerk wird von oben über die Glasfenster natürlich belichtet. Der Sichtbeton nimmt ästhetische Tendenzen vorweg, wie sie sich vor allem in den Jahren nach dem Ersten Weltkrieg zeigten.

Peter Behrens

Die Turbinenfabrik der AEG in Berlin 1909

Von 1907 bis 1914 war Peter Behrens als künstlerischer Berater der AEG (der Allgemeinen Elektrizitätsgesellschaft) tätig und entwarf unter anderem die Industriebauten des Unternehmens. Die Turbinenfabrik, 1908/09 in Berlin errichtet, ist ein Musterbeispiel für die Architektur des frühen 20. Jahrhunderts: Dem Architekten gelang hier durch die Verbindung moderner Materialien und Techniken mit klassischen Proportionen und Symbolgehalten eine Fusion von Funktionalität und Eleganz.

Die AEG war 1883 gegründet worden, und ihre erste Fabrikanlage war 1896 im Norden Berlins entstanden. Diese bis zum Dienstantritt von Behrens in Betrieb befindliche Anlage bestand aus einer Anzahl traditioneller Gebäude aus Backstein und Eisen mit mittelalterlich inspiriertem dekorativem Beiwerk. Die ab 1907 in großem Maßstab betriebene Turbinenproduktion machte den Bau geeigneter Fertigungsstätten unumgänglich. Behrens erhielt den Auftrag, in Zusammenarbeit mit dem Ingenieur Karl Bernhard eine Montagehalle zu planen, in der die Teile während der Fertigung von Kränen hochgehoben und wieder abgeladen werden konnten, auch sollte sie den Zugang zu den Eisenbahnwaggons gewährleisten. Eine weitere wichtige Vorgabe war ein Maximum an natürlichem Licht. Neben dem Hauptbau war eine weitere, kleinere Halle vorgesehen, die als Lagerhaus oder für Nebenarbeiten dienen konnte. Behrens baute die große Halle in Form eines Quaders, 127 m lang und 35 m breit, mit einem gekrümmten Dach aus durchsichtigen polygonalen Dreigelenkbindern; daneben entstand eine kleinere Halle mit Flachdach.

Die Konstruktion aus Stahl und Glas gewinnt an der Hauptfassade Solidität dank den geschlossenen Ecken und dem mauerwerkartigen Giebel. Dieser Giebel, von polygonaler Form und mit dem Firmenemblem versehen, sitzt über einer großen Glaswand. Das Bild der Fassade erinnert an dasjenige des klassischen Tempels. Die Längsseiten leben vom regelmäßigen Rhythmus der vortretenden Stahlträger, die sich nach unten verjüngen. Die großen auf einem Betonsockel aufsitzenden Glaswände sind damit in Joche unterteilt. Die Stützen wiederum stehen auf verbolzten, ebenfalls auf einen Sockel gehobenen Stahlgelenken.

30

Adolf Loos

1870–1933

Der Feldzug gegen das Ornament

Adolf Loos gehört zu den Hauptvertretern der Architektur des frühen 20. Jahrhunderts in Wien und zu den bedeutendsten Vorläufern des modernen Bauens. Zunächst Mitglied der Wiener Sezession, löste er sich später von der Gruppe und wurde zu einem ihrer schärfsten Kritiker. Bevor er sich ganz dem Bauen verschrieb, arbeitete Loos für verschiedene Zeitschriften, in denen er Artikel über Kunst und Fragen der Kleidung veröffentlichte, die später gesammelt herausgegeben und in mehrere Sprachen übersetzt wurden. In offener Polemik gegenüber dem Eklektizismus des 19. Jahrhunderts und den dekorativen Auswüchsen des Jugendstils führt er einen heftigen Kampf gegen das Ornament, reduziert die Architektur auf ihre rein zweckmäßige Dimension und definiert damit eine solide konzeptuelle Basis, die sich in seinen Entwürfen konkretisiert. 1910 entstehen in Wien zwei seiner bedeutendsten Bauten, ein mehrgeschossiges Haus am Michaelerplatz und das Einfamilienhaus des Ehepaars Steiner, die neben anderen seine strenge Einstellung zum dekorativen Apparat insgesamt demonstrieren. Über die rigorose formale Vereinfachung seiner Bauten hinaus richtet Loos sein Augenmerk auf die Frage der korrekten Planung der Innenräume. Gemäß der Prämisse, dass jeder Raum im Blick auf seine Funktion und seine repräsentative Aufgabe zu dimensionieren sei, besteht das Innere der von Loos geplanten Wiener Wohnhäuser häufig aus Zimmern, die, auf unterschiedlichen Niveaus angeordnet und mit Treppen verbunden, einander durchdringen und damit fließende, offene Bereiche erschaffen. Zu den interessantesten Beispielen dieser als Raumplan bezeichneten Variation im Niveau der einzelnen Zimmer je nach ihrer Funktion zählen das Haus Scheu (1912 bis 1913) und das Haus Moller (1927–1928) in Wien und die Villa Müller in Prag (1928–1930).

Kärtner-Bar, Wien, 1908
Die Kärtner-Bar, besser bekannt als American Bar, gehört zu den elegantesten Schöpfungen von Adolf Loos. An ihrer Ausstattung ist eine Vielzahl von Materialien beteiligt: Messing, Marmor, Mahagoni, Spiegelglas.

Haus am Michaelerplatz, Wien, 1909–1911
Das Haus in der Wiener Altstadt, ein sehr einfaches Gebäude, von den Wienern sogar als »Speicher« bezeichnet, hat einen weißen Putz und als einzigen Schmuck die Verkleidung der unteren Zone mit grünem Cipollinomarmor. Die unterschiedliche Behandlung der Oberflächen verweist auf die unterschiedliche Zweckbestimmung im Gebäude: kommerzielle Nutzung in der unteren Zone, Wohnungen in den oberen Geschossen.

Haus Steiner, Wien, 1910
Das für Hugo und Lilly Steiner erbaute Haus ist eine der sprechendsten Schöpfungen von Adolf Loos: ein Baukörper ohne Ornament, charakterisiert durch die geschickte Anordnung der Öffnungen in der weißen Putzfassade. Die unterschiedlichen Fenstermaße entsprechen der unterschiedlichen Bestimmung der Räume.

Haus Moller, Wien, 1927–1928
Das für den Wiener Textilindustriellen Hans Moller konzipierte Haus steht in einem Wohngebiet am Hang. Die Straßenfassade ist geprägt von den auf der schlichten Oberfläche angeordneten Fenstern. Ihr vorspringender Teil korrespondiert mit der »Nische« im Inneren, die als Ort der Konversation im Bereich zwischen Außen und Innen gedacht ist.

Walter Gropius

1883 – 1969

Das Bauhaus
Gropius gilt neben Le Corbusier, Mies van der Rohe und Frank Lloyd Wright allgemein als ein Hauptvertreter der Klassischen Moderne. Seine große Leistung bestand in der Erkenntnis der Notwendigkeit und Bedeutung des Zusammengehens von Kunst und Technik, das dazu dienen sollte, dem Geist des 20. Jahrhunderts entsprechende Bauten und industrielle Erzeugnisse zu realisieren beziehungsweise zu produzieren. Dieses Vorhaben findet seine weitestmögliche Verwirklichung in der Gründung des Bauhauses mit Schule und Werkstätten in Weimar, 1925 nach Dessau transferiert, das einige der fruchtbarsten Talente der ersten Hälfte des 20. Jahrhunderts in ein gemeinsames Programm einzubinden verstand.
Das erste bedeutende Gebäude von Gropius ist das Faguswerk, 1911, ein quaderförmiger Bau mit Backsteinpfeilern, gekennzeichnet von großen Glasflächen, die als Außenwände in eine Eisenrahmenkonstruktion eingehängt sind.
Große transparente Flächen kennzeichnen auch das neue Gebäude des Bauhauses, das Gropius nach der Übersiedlung der Schule nach Dessau entwirft. Von ihm stammen darüber hinaus einige der Häuser der Bauhausmeister: kleine zweigeschossige Gebäude für eine oder zwei Familien, Typen, die 1927 in den Planungen für die Weißenhofsiedlung in Stuttgart erneut aufgenommen wurden. Gropius' Interesse am Thema des kostengünstigen Massenwohnungsbaus fand seinen Niederschlag in der Siedlung Dessau-Törten (1926–1928), in der er einige Wohneinheiten plante, die das Kriterium der Wirtschaftlichkeit dank der Verwendung vorfabrizierter Elemente erfüllten.
Nachdem er die Leitung der Schule an Hannes Meyer übergeben hatte, ging Gropius 1928 nach Berlin, wo er am Programm zur Neugestaltung der Stadt mitwirkte, das eine ganze Reihe von Architekten mit der Erstellung von Arbeitersiedlungen in räumlicher Nähe zu den großen Fabriken beschäftigte. Bald nach der Machtergreifung Hitlers, 1934, übersiedelte er nach England und von dort, einem Ruf an die Harvard University folgend, 1937 in die Vereinigten Staaten.

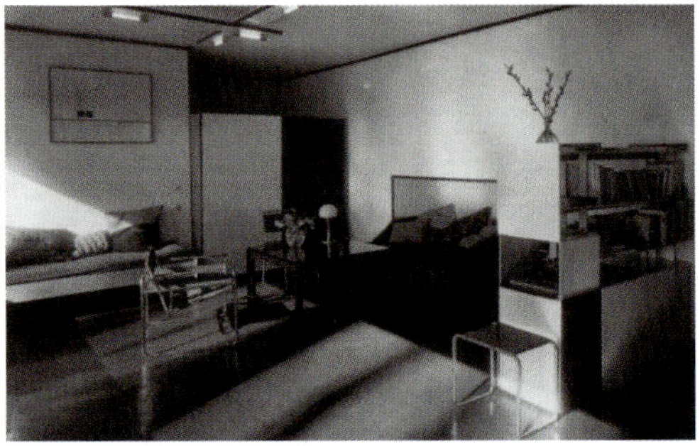

Meisterhäuser, Haus Moholy-Nagy, Dessau, 1926
Die Einrichtungsgegenstände wurden in den Werkstätten der Schule hergestellt und spiegeln eine Auffassung vom häuslichen Leben, die mit dem Bauhausideal von effizienter Funktionalität übereinstimmt. Die Verwendung gebogener Stahlrohre im Möbelbau war zum ersten Mal in der Werkstatt von Marcel Breuer erprobt worden.

Walter Gropius und Adolf Meyer, Faguswerk, Alfeld an der Leine, 1910
Die Bedeutung des Faguswerks liegt der Anwendung eines neuen konstruktiven Systems – eines innen liegenden Betonskeletts, das eine Fassadengestaltung in Form einer aufgeglasten dreigeschossigen Stahlrahmenkonstruktion ermöglicht, die sogar um die Ecken des Gebäudes geführt ist.

Das Bauhaus

1919 übernahm Walter Gropius die Leitung der bis dahin von Henry van de Velde geführten Kunstgewerbeschule in Weimar und zugleich die Leitung der Weimarer Hochschule für Bildende Kunst. Aus dem von ihm herbeigeführten Zusammenschluss beider Institutionen entstand das »Staatliche Bauhaus in Weimar«, allgemein als »Bauhaus« bekannt. Gropius baute das Lehrprogramm der Schule um in der Überzeugung, dass es für eine »Wiedervereinigung der Werkwelt mit den schöpferischen Künstlern« unerlässlich sei, die Ausbildung auf eine solide technische und künstlerische Basis zu stellen. Der Lehrplan umfasste die rein praktischen Fächer, die theoretischen Fächer und Lehrveranstaltungen aus allen Gebieten der Kunst und Naturwissenschaft. Die Studenten hatten die Möglichkeit, in den einschlägigen Werkstätten Dinge herzustellen, die dann häufig auch von der lokalen Industrie produziert wurden. Gropius war sich darüber im klaren, dass es sehr wichtig war, Künstler von Format zu seinen Mitarbeitern zu berufen. An der Schule lehrten neben anderen Paul Klee, Wassilij Kandinsky, Theo van Doesburg, Laszlo Moholy-Nagy, Johannes Itten. Das Bauhaus war damit nicht nur eine hervorragende Schule, sondern auch ein Zentrum der künstlerischen und intellektuellen Avantgarde, ein Katalysator für Ideen und Persönlichkeiten. 1924 siedelte die Schule aus politischen Gründen nach Dessau, später in das von Gropius entworfene Gebäude um. 1933, nach der durch die Gestapo erzwungenen Schließung, wurde das Bauhaus endgültig aufgelöst.

Bauhaus, Dessau, 1925–1926
Die Bedeutung des aus verschiedenen Teilen bestehenden Gebäudes liegt in seiner kompositorischen Klarheit und in den verwendeten Materialien. Jedem Baukörper entspricht eine andere Funktion, und jeder zeigt eine andere Folge von offenen, befensterten und geschlossenen, massiven und weiß verputzten Fassadenpartien. Der befensterte Bauteil, der die Werkstätten aufnahm, ist durch einen erhöht liegenden geschlossenen Verbindungsgang, an dem die Büros lagen, mit dem Teil verbunden, in dem sich die technische Schule befand. In den Unterrichtsräumen der Werkstätten ist die gegenüber der Fassade zurückgesetzte tragende Struktur klar zu erkennen; die Fassade, die keine tragende Funktion hat, kann durchgehend befenstert werden.

Le Corbusier

1887 – 1965

Die Wohnmaschine

Charles Edouard Jeanneret, seit 1920 unter dem Namen Le Corbusier bekannt, war in hohem Maß richtungweisend für die Architektur des 20. Jahrhunderts. Seinerseits beeinflusst von den bedeutendsten Architekten seiner Epoche, so von Behrens und Perret, bei denen er lernen konnte, fasziniert von den konstruktiven Möglichkeiten der neuen Materialien Eisen und Beton und inspiriert von der klassischen Baukunst, die er auf Reisen durch Italien, Griechenland und Kleinasien im Blick auf ihre unveränderlichen Gehalte studierte, fand Le Corbusier zu einer neuen Formensprache, in der sich die Notwendigkeiten und Wirkungen der Modernisierung konstruktiver Prozesse und das Festhalten an den klassischen Proportionen verbinden.

Le Corbusiers architektonisches Ideal erschließt sich aus seinem Textband *Vers une architecture* von 1923, einer der einflussreichsten architektonischen Schriften des 20. Jahrhunderts. Es handelt sich um eine Zusammenstellung von Artikeln, die er zu Anfang der 1920er Jahre verfasst hat und die seine Überlegungen dieser Zeit wiedergeben: die Begeisterung für die Strenge und Funktionalität des Ingenieurbaus (Silos, Schiffe, Dampfer, Flugzeuge), seine Ansichten über die Bedeutung der Serienproduktion und der neuen Materialien, die Aufforderung, von der kritiklosen Nachahmung der Stile der Vergangenheit abzurücken, die Entschlossenheit, an den klassischen Proportionen festzuhalten, um Schönheit hervorbringen und Emotionen wecken zu können. Ausgehend von der Beschäftigung mit Prototypen reproduzierbarer Serienwohnungen oder »Wohnmaschinen«, weißen kubischen Bauten auf »Pilotis« (Stützen), flach gedeckt und mit Fensterbändern, die an Industriebauten erinnern, bringt Le Corbusier ab der Mitte der 1920er Jahre seine Vorstellung von Architektur in den in Paris und Umgebung entstehenden Villen für eine elitäre Klientel zum Ausdruck. Zwei besonders signifikante Schöpfungen aus dieser Zeit sind die Villa Stein-de-Monzie in Garches (1926–1928) und die Villa Savoye in Poissy (1928–1931). Die Sprache, die er hier verwendet, wird 1927 anlässlich der Ausstellung in der Stuttgarter Weißenhofsiedlung in der Form von »fünf Punkten zu einer neuen Architektur« von ihm zusammengefasst und vorgestellt. Sie sollte sich nachhaltig auf die moderne Architektur eines großen Teils des 20. Jahrhunderts auswirken.

Haus der Weißenhofsiedlung, Stuttgart, 1927
Für die von Mies van der Rohe in Stuttgart organisierte Ausstellung projektiert Le Corbusier zusammen mit Pierre Jeanneret zwei Gebäude, in denen seine »fünf Punkte zu einer neuen Architektur« zum ersten Mal Anwendung finden. Die Abbildung zeigt das durchgehende horizontale Fensterband, die Pilotis, die das Haus vom Boden lösen, und den Dachgarten.

Villa Savoye, Poissy, 1928–1931
Die Villa, unlängst zum Nationaldenkmal erklärt, steht etwa 30 km von Paris entfernt in einer Waldlichtung. Als exemplarisches Beispiel einer rationalistischen Bauweise weist sie alle von Le Corbusier verkündeten Punkte einer neuen Architektur auf: die Pilotis (Betonstützen), die die Konstruktion vom Boden lösen; den »freien Grundriss« – das Innere hat keine tragenden Mauern, sondern nur Stützen; das rund um das Gebäude laufende Fensterband; die von ihrer Tragfunktion befreite Fassade; den Dachgarten. Was Le Corbusier als »promenade architecturale«, als architektonischen Spaziergang bezeichnete, findet seine Entsprechung hier in einer Innentreppe, die das Vestibül mit dem ersten Stock verbindet, und einer Rampe, die von der Terrasse dieses Geschosses auf den Dachgarten führt.

Ludwig Mies van der Rohe

1886–1969

Die Strenge der Moderne

Mies van der Rohe zählt wie Wright, Gropius und Le Corbusier zu den Großen der Architektur des 20. Jahrhunderts. Die Zusammenarbeit mit Behrens (1908–1912), in dessen Büro er mit Gropius und Le Corbusier zusammentrifft, und die Beschäftigung mit dem Werk Schinkels bilden die wichtigsten Anregungen für die Ausbildung einer persönlichen Formensprache, die auf der Kenntnis der Proportionen, auf der Strenge der Formen und der Übernahme neuer Techniken und Materialien fußt.

In den 1920er Jahren entwirft Mies zwei Hochhäuser aus Stahl und Glas (nicht ausgeführt), bei denen er mit den Ausdrucksmöglichkeiten der transparenten und reflektierenden Glasoberfläche experimentiert, und eine Reihe von Landhäusern aus Backstein und Beton. 1926 entsteht in Berlin das Denkmal für Karl Liebknecht und Rosa Luxemburg, ebenfalls aus Backstein; es wird in der Zeit des Nationalsozialismus zerstört.

In eben diesen Jahren wurde Mies van der Rohe Vizepräsident des Deutschen Werkbundes, für den er mehrere Ausstellungen organisierte, darunter auch die des Jahres 1927, »Die Wohnung« in Stuttgart. Im Zusammenhang mit dieser Ausstellung entstand die Weißenhofsiedlung, bei der die wichtigsten Exponenten der modernen Architektur mit ihren Werken vertreten waren. Der Beitrag von Mies van der Rohe bestand in einem in Skelettbauweise errichteten Appartementhaus.

Ebenfalls in dieser Zeit zeigt sich in seinem Schaffen die Tendenz zu einer auf einfachste Formen reduzierten Sprache, zu einer Betonung des Raums gegenüber der Materie und zur eingehenden Beschäftigung mit den konstituierenden Elementen von Architektur. Diese Haltung kommt sehr deutlich in den Meisterwerken der 1930er Jahre zum Ausdruck: im Deutschen Pavillon auf der Internationalen Ausstellung in Barcelona, 1929, im Haus Tugendhat in Brünn, 1930, und im Musterhaus für die Bauausstellung in Berlin, 1931. Von 1930 bis 1933 leitete Mies van der Rohe das Bauhaus. 1938 emigrierte er in die USA.

Projekt für ein Hochhaus an der Friedrichstraße, Berlin, 1921–1922
Von 1918 bis 1922 gehörte Mies van der Rohe der »Novembergruppe« an, einer Vereinigung von Künstlern, die dem Expressionismus nahe standen. In diesen Jahren experimentierte er anhand zweier nicht ausgeführter Entwürfe für sehr hohe Gebäude mit den Ausdrucksmöglichkeiten von Glas: für das Hochhaus auf spitzwinkligem Grundriss an der Berliner Friedrichstraße (links) und für ein Hochhaus auf gebogenem Grundriss.

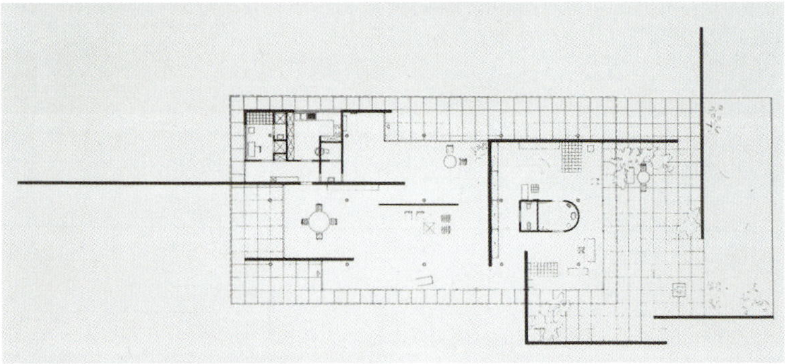

Musterhaus für die Bauausstellung, Berlin, Grundriss, 1931
Das Musterhaus, das nach der Ausstellung wieder demontiert wurde, übertrug die Kompositionsgrundsätze des Ausstellungspavillons von Barcelona auf ein Wohnhaus: Stützen im regelmäßigen Abstand, die das Dach tragen, und nicht tragende Wandscheiben, die das Innere unterteilen, ohne die Kontinuität zwischen den Räumen zu zerstören.

Wohnanlage in der Weißenhofsiedlung, Stuttgart, 1927
Alle Architekten, die zur Teilnahme an der Stuttgarter Ausstellung aufgefordert waren, mussten einen Prototyp aus dem Sektor des Wohnbaus präsentieren. Das von Mies van der Rohe entworfene Gebäude ist ein dreigeschossiger lang gestreckter Block mit 24 Wohnungen, charakterisiert durch das von den dünnen Stützen unterbrochene horizontale Fensterband. Die Stahlkonstruktion lässt ein Höchstmaß an Freiheit bei der Grundrissgestaltung der einzelnen Wohnungen zu.

Haus Tugendhat, Brünn, 1930
Das Haus liegt an einem Hang etwas außerhalb von Brünn (Brno), ein klarer, weißer Block, der sich zur talwärts gelegenen Stadt mit großen Terrassen und Fenstern öffnet. Die kreuzförmigen Stahlstützen bilden die tragende Struktur des Gebäudes, nicht tragende Wände unterteilen das Innere. Die finanziellen Möglichkeiten des Bauherrn ließen die Verwendung kostbarer Materialien zu: Onyx für die dünne Wand, die den Wohnraum unterteilt, Ebenholz für die geschwungene Wand, die den Essbereich abgrenzt. Die großen durchgehenden Fensterscheiben garantieren Belichtung und die Durchdringung von Innen und Außen. Eine elektrische Vorrichtung lässt die lange Fensterscheibe des Wohnraums im Fußboden verschwinden.

Ludwig Mies van der Rohe

Der Ausstellungspavillon in Barcelona 1929

Der Pavillon wurde anlässlich der Internationalen Ausstellung in Barcelona 1929 errichtet als temporäre Konstruktion, die Deutschland auf der Ausstellung repräsentierte; er sollte auch für offizielle Veranstaltungen und Anlässe wie das Zusammentreffen der deutschen Delegation mit dem spanischen Königspaar dienen. Ein Jahr später wurde er wie alle ephemeren Konstruktionen abgerissen und zwischen 1981 und 1986 nach den Originalentwürfen und den seinerzeit aufgenommenen Fotos rekonstruiert. Es handelt sich um einen Komplex rechteckiger Elemente, zweier Becken und zweier überdachter Konstruktionen, die auf einem Unterbau sitzen und durch klare proportionale und geometrische Beziehungen miteinander verbunden sind. So steht zum Beispiel das zugrunde liegende Modul von 1,09 x 1,09 m mit den Travertinplatten des Fußbodens in Verbindung; das größere Becken und die Umrisslinie des Hauptbaus sind Rechtecke, deren Proportionen den Regeln des Goldenen Schnitts entsprechen. Der Hauptbau besteht aus acht Stahlstützen auf kreuzförmigem Grundriss, die eine dünne, weit überstehende Deckplatte tragen. Der Innenraum entwickelt sich fließend und ist von unverbundenen Wänden begrenzt, die einander orthogonal oder parallel zugeordnet sind. Die Außenwände bestehen vollständig aus Glas.

Der Pavillon ist ein sehr abstrakter, symbolhafter Bau, der mit seiner Raumgliederung über orthogonale Flächen und gerade Linien an die Arbeiten der avantgardistischen De-Stijl-Gruppe erinnert. Die Konstruktion entspricht, wie der deutsche Generalkommissar Georg von Schnitzler es ausdrückte, dem Bild von Klarheit, Einfachheit und Ehrlichkeit, das die Weimarer Republik im Ausland präsentieren wollte.

Für seinen Ausstellungspavillon distanziert Mies van der Rohe sich vom Gedanken des ökonomischen Bauens; hier sind teure und seltene Materialien verarbeitet: kostbare Marmorsorten für die Trennwände, halbreflektierende Glasscheiben als »Außenwände«, nicht rostende Stahlstützen, Travertin für den Sockel. In einem der Becken ist die Skulptur der »Tänzerin« von Georg Kolbe aufgestellt, zugleich Fixpunkt und Anspielung auf die klassische Ordnung, nach der das Gebäude errichtet ist. Innen und Außen, Opakes und Transparentes wechseln einander harmonisch ab. Das Innere hat weder Türen noch Fenster, die Räume sind durch Trennwände markiert. Den Hauptraum definieren eine Trennwand aus Onyx, ein schwarzer Samtteppich und ein roter Vorhang – ein Verweis auf die spanischen Landesfarben. Die eigens für die Ausstellung entworfenen Möbel, vor allem der Sessel »Barcelona« aus Stahlrohr und weißem Leder, wurden zu berühmten, später in Serie produzierten Designerstücken.

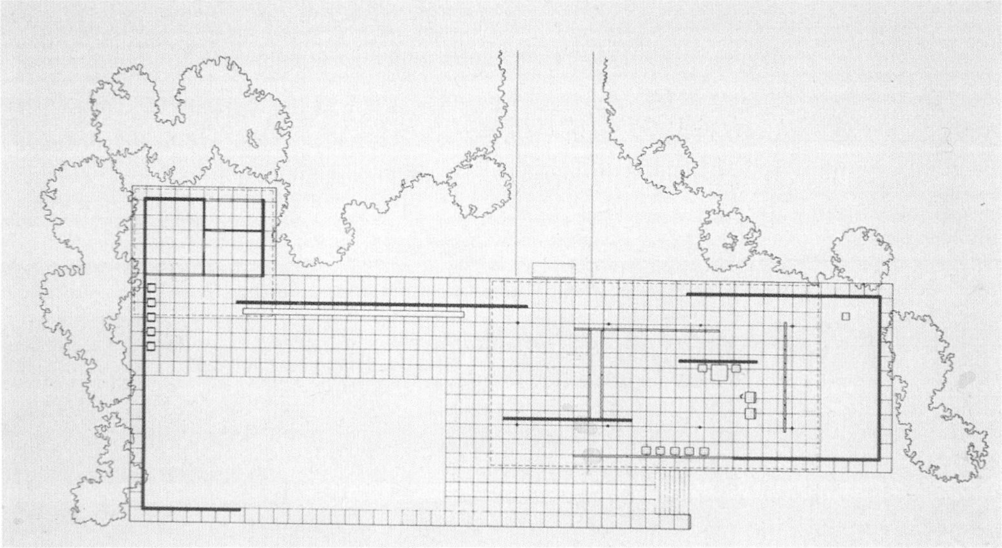

Der Grundriss zeigt die Einzelelemente, aus denen sich das Gebäude zusammensetzt: die überdeckten Bereiche, die Becken, die sieben »Mauern«, die transparenten Wände, die kreuzförmige Stützen. Sein rein in der Materie begründetes Wesen lässt es als quasi abstraktes Gebilde erscheinen.

Frank Lloyd Wright

1867–1959

Die Organische Architektur
Schon bei seiner Geburt war seine Mutter überzeugt, dass er einmal »der größte Architekt Amerikas« werden würde. Und in der Tat war Frank Lloyd Wright einer der fruchtbarsten und produktivsten Architekten des 20. Jahrhunderts: Als er im Alter von über 90 Jahren starb, hinterließ er mehr als 400 Projekte und ausgeführte Arbeiten, er hatte mit seinen Ideen wie mit seinen Bauten entscheidend, richtungweisend auf die nordamerikanische wie auf die europäische Architektur des 20. Jahrhunderts eingewirkt.
Der Name Frank Lloyd Wright ist mit dem Begriff der »organischen Architektur« verbunden. Dahinter steht ein Verständnis vom Bauen, das von der Reflexion über den harmonischen Zusammenhang der Teile mit dem Ganzen ausgeht, wie er sich im freien Raumfluss, im Bezug zum Umfeld und im Gebrauch natürlicher Materialien äußert. In den ersten Jahren seiner Tätigkeit befasste Wright sich mit dem Thema der Präriehäuser: Einfamilienhäuser auf ebenem Baugrund, entworfen vor allem für eine kultivierte, solvente Elite in den Vororten von Chicago, charakterisiert durch lange, horizontal betonte Elemente, mit großen, wenig geneigten, weit vorspringenden Dächern und belichtet von durchgehenden Fensterbändern. Ab 1910 veränderte sich Wrights Formensprache, in die nun ganz unterschiedliche Einflüsse eingingen, von der japanischen Kultur bis zur Tradition der Mayabauten, wie sie ganz deutlich an den in den 1920er Jahren errichteten, auf Schutz bedachten Häusern auf den Hügeln von Los Angeles erkennbar ist.
Bevor Wright 1936 das berühmte Haus über dem Wasserfall von Bear Run errichtete, wandte er sich städtebaulichen Überlegungen zu, die auf eine Alternative zur traditionellen amerikanischen Metropole zielten. Das Ergebnis, 1934 von Wright entwickelt, war Broadacre City, ein Siedlungsprojekt, dem der Gedanke zugrunde lag, dass jeder Familie eine Nutzfläche von einem halben Hektar zur Verfügung stehen müsse.
Ab 1925 tauchen in Wrights Projekten neue, archetypische Formen wie der Kreis oder die Spirale auf, die dann in den gefeierten Schöpfungen der Nachkriegszeit wieder aufgenommen werden.

Millard House, Pasadena, 1922–1923
Für dieses Haus arbeitete Wright mit einem neuen konstruktiven System, den textile blocks: Betonblöcken, dekoriert mit geometrischen Motiven und aneinandergefügt mit stählernen Verbindungsstücken. Das warme, trockene Klima Kaliforniens verlangte nach anderen Lösungen als die Präriehäuser in Illinois. Die kalifornischen Projekte haben immer etwas von einer Festung – stark geschützt von außen und mit einem schattigen Patio im Inneren, in dem das Wasser nicht fehlt.

Willis House, Highland Park, Illinois, 1901–1902
Das Haus Willis ist ein Beispiel für das Präriehaus. Die Gliederung der Massen in Blöcke mit vorspringenden Dächern folgt dem kreuzförmigen Schema des Grundrisses, der sich rund um den Kamin entwickelt, den Mittelpunkt des Hauses und des häuslichen Lebens. Große, durchgehende Fensterscheiben stellen einen Bezug des Wohnraums zur umgebenden Landschaft her.

Robie House, Chicago, 1906–1909
Der Bauherr Frederick Robie hatte den Wunsch geäußert, »seine Nachbarn sehen zu können, ohne selbst gesehen zu werden«, und sich zugleich am Anblick eines Parkgeländes in der Nähe erfreuen zu können. Der hohe Sockel, die langen, niedrigen Horizontalen und die vorspringenden Dächer verstärken das Gefühl, im Haus Robie Schutz, Sicherheit und »Zuflucht« zu finden.

Frank Lloyd Wright

Haus Kaufmann in Bear Run

1936–1937

1936 erhielt Wright vom Besitzer der Warenhauskette Kaufmann in Pittsburgh den Auftrag, ein Sommerhaus auf dem riesigen Grundstück der Familie im Staat Pennsylvania zu errichten. Das waldige Gelände wird von einem Wildbach durchquert, der sich seinen Weg durch das unebene Terrain und vorbei an großen Felsbrocken sucht. An diesem Flüsschen, auf einer großen Felsplatte, über die das Wasser seinen Weg nimmt, beschloss Wright, das hinzustellen, was zu einem Meisterwerk der Organischen Architektur werden sollte. Hauptmerkmal des Hauses ist seine Einbindung in die umgebende Landschaft; Vegetation, Wasser, Felsen sind alle miteinander Teil des häuslichen Ambientes. Rund um vier zentrale, gemauerte Stützen gliedern sich horizontale Ebenen, die sich in jede Richtung erstrecken und vorspringende Terrassen bilden, die an übereinander gestapelte Tabletts erinnern. Durchgehende Glasscheiben trennen den Innen- vom Außenbereich. Eine Betontreppe führt aus dem Wohnraum direkt ans Wasser. Vom Waldweg führt eine kleine Brücke bis an den Eingang des Hauses. Der Eingangsbereich öffnet sich unmittelbar auf den großen Wohnraum, der mit einer Terrasse hoch über dem Sturzbach und einer weiteren zum Berg hin die Hauptebene des Hauses fast vollständig einnimmt. Mittelpunkt dieses Raums ist, wie üblich bei den Innenräumen Wrights, der Kamin. Der Fußboden besteht aus unregelmäßigen Steinplatten, die Mauern sind mit Steinquadern verkleidet, die von Wright selbst entworfenen Möbel sind aus Nussbaumholz. Im oberen Geschoss liegen die Schlafräume: Sie alle haben Terrassen, von denen der Blick in unterschiedliche Richtungen geht. Die oberste Ebene, kleiner als die übrigen, beherbergt ein Studio und ein Schlafzimmer; auch diese Räume öffnen sich jeweils auf eine Terrasse.

Der um den Kamin herum organisierte Wohnraum ist das Herz des Hauses. Große Fenster stellen den Bezug zum Außenraum her. Die Natur ist auch im Inneren präsent: in den Steinplatten des Fußbodens, in den hölzernen Einrichtungsgegenständen, in den Wandverkleidungen aus Naturfasern. Natur und Artefakt verbinden sich zu einer organischen Konstruktion, jedem Material entspricht eine Funktion: Stein für die senkrechten Stützen; Beton für die horizontalen Flächen, Glas und rot bemalte Metallprofile definieren die Öffnungen. Nach Wrights Originalentwurf sollten die ockergelb gestrichenen Auskragungen mit Blattgold überzogen werden, um im Sonnenlicht zu schimmern oder sich im Wasser zu spiegeln.

Alvar Aalto

1898–1976

Zwischen Funktionalismus und Tradition

Bedeutung und Reiz der Architektur Alvar Aaltos liegen darin, dass er es verstand, die Formensprache des mitteleuropäischen Rationalismus mit der finnischen Bautradition zu verschmelzen. In den ab 1927 – in diesem Jahr begann er seine selbständige Tätigkeit – entworfenen Gebäuden verbindet er den abstrakten Charakter und die funktionale Strenge der modernen Architektur mit einer Tendenz zur organischen Bauweise, was sich im besonderen Interesse am Wohlbefinden der Bewohner niederschlägt: im geschickten Umgang mit dem Licht, im Einsatz natürlicher Materialien, in den Farben, im Bezug der Gebäude zur Natur und zur nordischen Landschaft mit ihrem Reichtum an Wäldern und Seen. Diese Tendenz wird deutlich an seinen wichtigsten Bauten, die alle auf finnischem Boden entstanden sind.

Mit der Bibliothek in Viipuri (1927–1935) konzipiert Aalto einen einheitlichen Organismus, der sich über mehrere Ebenen erstreckt: die einzelnen Zonen, Lesesäle, Ausleihschalter, Magazine, entwickeln sich kontinuierlich in der Horizontalen wie in der Vertikalen. Das Sanatorium in Paimio (1929–1933) ist ein sprechendes Beispiel für das Zusammenspiel von Architektur und Gesundheitsfürsorge. Der Komplex besteht aus drei Baukörpern, die miteinander einen einheitlichen Organismus bilden. Bauliche und technische Details aller Art sind darauf ausgerichtet, das Leben der Patienten angenehm zu gestalten: Die Belichtung ist so konzipiert, dass die Sonneneinstrahlung maximal ausgenutzt wird; Wände und Decken der Zimmer sind in Farben gestrichen, die Ruhe und Erholung begünstigen; die Räume sind schallisoliert. In der Villa Mairea (1938–1939) verbindet sich der Internationale Stil mit der lokalen Bautradition: weiße Kuben, Partien aus Holz und Stein und mit großen Öffnungen, die dem Bezug zwischen Innen- und Außenraum zugute kommen.

Villa Mairea, Noormarkku , 1938–1939
Die Villa wurde als Ferienhaus, das auch Gästen offen stehen sollte, für das Ehepaar Gullichsen erbaut. Durch den L-förmigen Grundriss entstehen eine Art Innenhof, ein geschützter, privater Bereich mit einem Schwimmbecken, und eine eher formale Front zur »öffentlichen« Seite hin. Die Anlage erinnert an die traditionellen finnischen Landhäuser mit den vor den Winterwinden geschützten Innenhöfen. Der Architekt kombiniert moderne Materialien wie Beton, weiß gestrichen, mit den traditionellen nordischen Stein und Holz, wobei Letzteres auch für die Verkleidungen und für die dünnen Stützen im Innenraum verwendet wird. Große Fenster stellen den Bezug zwischen dem Hausinneren und der finnischen Landschaft her.

Sanatorium Paimio, 1929–1933
Das Sanatorium fand aufgrund der durchdachten Kombination funktionaler Elemente mit Detaillösungen, die vor allem dem psychischen Wohlbefinden der Patienten dienen sollten, auch außerhalb Finnlands große Beachtung. Dank seiner Lage in einem waldigen Gelände hat man von allen für die Patienten bestimmten, im Blick auf eine optimale Sonneneinstrahlung nach Süden orientierten Bereichen einen Panoramablick. Kluge Entscheidungen bei der Planung der Innenräume und der Innenausstattung kommen dem ruhigen Charakter des Hauses noch weiter entgegen: das zarte Gelb des Fußbodens im Haupttreppenhaus und im Atrium lässt an Sonne und Wärme denken; spezielle Sanitärvorrichtungen und Armaturen reduzieren selbst das Geräusch des Wassers und die Störung, die es verursachen könnte, auf ein Minimum.

Bibliothek, Viipuri, 1927–1935
Die auf unterschiedlichen Ebenen angeordneten Räume befinden sich in einem kontinuierlichen Fluss. Die Lesebereiche erhalten ihr Licht über konische Oberlichter. Diese sind so eingestellt, dass die Sonnenstrahlen den Raum in einem Winkel erreichen, der verhindert, dass die Bücher Schaden nehmen und der Leser von abrupten Schwankungen der Beleuchtung behelligt wird.

Der Expressionismus

ca. 1910–1925

Die Ausdruckskraft des Materials

Auf dem Gebiet der darstellenden Künste und der Literatur wird der Ausdruck »Expressionismus« im Allgemeinen im Zusammenhang mit den avantgardistischen Strömungen verwendet, die sich in Deutschland zu Beginn des 20. Jahrhunderts entwickelten. Im Bereich der Architektur fasst der Ausdruck eine Reihe von Künstlern zusammen, die, zwischen 1910 und 1925 in den Niederlanden und in Deutschland tätig, sich durch eine Formensprache auszeichnen, die zwar in Opposition zum Eklektizismus des 19. Jahrhunderts steht, sich zugleich aber auch der rationalistisch-funktionalistischen Tendenz dieser Jahre widersetzt.

Manche Architekturhistoriker sind der Ansicht, dass die Wurzeln der expressionistischen Architektur im Deutschen Werkbund zu suchen seien. Einerseits hat die Industriearchitektur mit ihren einfachen, essentiellen Formen und mit der Verwendung neuer Materialien das Schaffen rationalistischer Architekten wie Gropius und Le Corbusier beeinflusst; andererseits begünstigten die ungewöhnlichen Dimensionen der Industriebauten aber auch eine »antirationale« Tendenz, die ihrerseits geschwungene oder sehr stark gegliederte Bauten von großer Expressivität hervorbrachte. Die expressionistische Sprache manifestierte sich auch in der Nachbildung von Formen, wie sie in der Natur vorkommen, Spiralen, Kurven, Kristallen, und in der Verwendung bestimmter Materialien wie Backstein oder Glas, deren expressives Ausdrucksvermögen sich an den Außenfassaden mit großer Wirkung einsetzen ließ.

Fritz Höger, Chilehaus, Hamburg, 1921–1924
Das Gebäude, auch als »Schiffsbug« bezeichnet, diente als Kontorhaus; seine Verkleidung besteht aus dunkelrotem Klinker. Über die Anspielung auf die Schiffsform hinaus bezieht es Inspirationen aus der Backsteinarchitektur der gotischen Kathedralen Norddeutschlands.

Johan Melchior van der Mey, Michel de Klerk, Pieter Kramer, Scheepvaarthuis, Amsterdam, 1912–1918
Die Struktur dieses Gebäudes, des Verwaltungssitzes mehrerer Amsterdamer Schifffahrtsgesellschaften, besteht aus Beton. Für die reiche, fantasievolle Fassade wurden unterschiedliche Materialien verwendet: Terrakotta, Backstein, Beton. Friese und Skulpturen beziehen sich auf die Schifffahrt und den Seehandel.

Hans Poelzig, Großes Schauspielhaus, Berlin, 1919
Der Theaterraum für 5000 Zuschauer, bedeckt von einer riesigen Kuppel mit stalaktitenartigen Pendentifs, lässt an das Innere einer Grotte denken.

Erich Mendelsohn, Einsteinturm, Potsdam, 1920–1924
Der Turm, gedacht als Observatorium und Forschungszentrum zum Thema der Einsteinschen Relativitätstheorie, präsentiert sich als bildhauerisch aufgefasster Körper, gleichsam das Ergebnis eines Lavastroms; das Mauerwerk wurde aber mit traditionellen Methoden ausgeführt und anschließend mit einem dicken Zementputz modelliert.

De Stijl

1917 – ca. 1930

Die holländische Avantgarde

Großen Einfluss auf die Entwicklung der modernen Architektur in Europa übte die De-Stijl-Gruppe aus, die im Umkreis der gleichnamigen Zeitschrift ab 1917 in Holland aktiv war. Zu ihren Mitgliedern zählten Künstler wie der Maler-Architekt Theo van Doesburg, der Maler Piet Mondrian und die Architekten Rietveld, Oud und van't Hoff. Die Hauptanliegen der stark vom Kubismus beeinflussten Bewegung waren die Abkehr vom Gedanken der Individualität zugunsten einer objektiven Betrachtung der Realität und die Hinwendung zu den Grundsätzen von Wahrheit, Ordnung, Klarheit und Einfachheit. Ziel war es, eine strenge, grundlegende Kompositionsmethode zu entwickeln, die für alle Künste gültig sein sollte. Diese aus den malerischen Experimenten Mondrians abgeleiteten Prinzipien nahmen im Schaffen der Künstler der Gruppe konkrete Formen an: strenge geometrische Kompositionen aus orthogonalen Elementen und Primärfarben, die sich in zwei oder drei Dimensionen entwickeln.

Eines der ersten publizierten Bauvorhaben der Gruppe war Ouds Entwurf für Arbeiterreihenhäuser am Strand von Scheveningen von 1917: Eine Komposition aus Quaderformen von unterschiedlicher Höhe, gereiht zu einer durchgehenden Gebäudefront. Aus den Jahren 1920 bis 1923 stammen verschiedene Studien van Doesburgs zu Wohnhäusern, deren Dimensionen mit Hilfe von Axonometrien und Modellen überprüft wurden.

Das interessanteste unter den ausgeführten Gebäuden ist das um die Mitte der 1920er Jahre von Rietveld entworfene Haus Schröder am Ende einer Reihenhauszeile am Stadtrand von Utrecht, ein Quader, dessen Ebenen einander orthogonal schneiden.

Theo van Doesburg, Studie für eine »maison particulière«, 1923
Das Blatt ist Teil einer Serie von Entwürfen, die 1923 anlässlich der Ausstellung »De Stijl« in Paris gezeigt wurden. Van Doesburg hat diese Serie zusammen mit Cornelius van Eesteren erarbeitet. Allerdings war es van Doesburg, der diese Form der »Gegenkonstruktion« erdachte: eine analytische Methode zur Demonstration der Konstruktion eines Gebäudes durch Zerlegen und Wiederzusammenfügen der Ebenen und Räume entsprechend den rechten Winkeln und den Raumdurchdringungen.

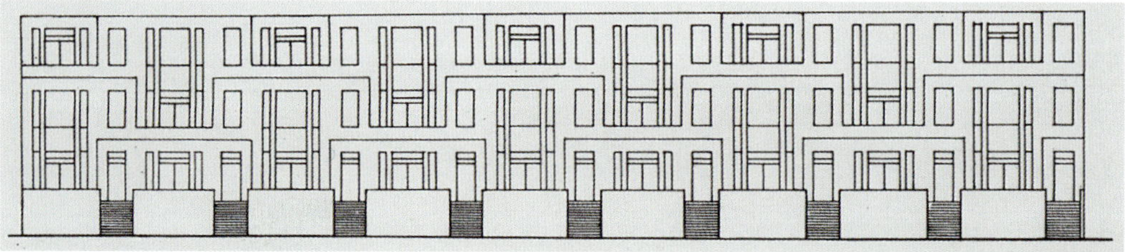

Jacobus Johannes Pieter Oud, Projekt für Arbeiterreihenhäuser am Strand, Scheveningen, 1917
Veröffentlicht in der ersten Nummer der Zeitschrift *De Stijl*, präsentiert dieses Projekt bestimmte Merkmale der Tätigkeit Ouds im Rahmen der Gruppe: größte Vereinfachung des Entwurfs; klare Oberflächen; Serialität in Form der Wiederholung von Grundmaßen; Symmetrie; Bewegung der Volumina an der kompakten Straßenfront.

Gerrit Rietveld, Haus Schröder, Utrecht, Außen- und Innenansicht, 1923–1924
Das Haus gilt als architektonisches Symbol für die De-Stijl-Bewegung – eine Ansammlung von Elementen, die senkrecht ineinander greifen und je nach ihrer Funktion unterschiedlich charakterisiert sind: die planen Hauptelemente sind weiß, die verbindenden Wände grau oder weiß, die linearen horizontalen und vertikalen Elemente, Profile, Stützen, Regenrohre, sind schwarz, grau, rot, gelb, blau, die Öffnungen und äußeren Verbindungselemente, Türen, Fenster, Geländer, Außentreppe zum Dach, sind blau und schwarz. Die Grundstruktur besteht aus Mauerwerk, Holz und Eisen; die vorspringenden »Dielen« einiger Balkons sind aus Beton. Die Innenräume sind ebenfalls von Linien und Flächen in unterschiedlichen Farben definiert. Sie lassen sich mit Hilfe mobiler Wände trennen – eine Lösung, die der Forderung des Bauherrn nach Flexibilität in der Nutzung des Raums entgegenkommt.

Architektur und Revolution in Russland 1917–ca. 1930

Die sowjetische Avantgarde

Auf die Niederschlagung des alten Regimes durch die Revolution von 1917 folgte in Russland eine Zeit intensiver formaler Experimente mit dem Ziel, ein Formenvokabular zu finden, das den neuen Idealen und Hoffnungen der sowjetischen Gesellschaft zu entsprechen vermochte. Die Kunstschulen regten nach dem Bruch mit dem Beaux-Arts-Prinzip eine Formensprache auf der Grundlage der abstrakten Kunst an, was für die Praxis auch der Architektur bedeutete, dass man auf die elementaren geometrischen Formen und auf eine Symbolik zurückgriff, die der Welt der Fabrik und der Produktion entstammte. In der zweiten Hälfte der 1920er Jahre überwindet die sowjetische Wirtschaft den Stillstand der nachrevolutionären Periode. Die Architekten, bereits organisiert in zwei Vereinigungen, der OSA (Verband Moderner Architekten) und der ASNOVA (Assoziation Neuer Architekten), die eine eher rationalistisch, die andere eher expressionistisch orientiert, stellen sich angesichts der neuen Lebensmodelle, die der nachrevolutionäre Sozialismus ihnen anträgt, darauf ein, in Zukunft ganz neue Aufgaben realisieren zu können. So werden in diesen Jahren Klubhäuser, öffentliche Gebäude, Wohnungen und Fabriken in großer Zahl entworfen, dann aber nur zum allergeringsten Teil auch ausgeführt.

Zu den Architekten, die es zu internationalem Ruhm brachten, gehört Konstantin Melnikow, Erbauer mehrerer Arbeiterklubhäuser in Moskau, bekannt geworden durch den sowjetischen Pavillon auf der »Exposition internationale des arts décoratifs et industriels modernes« 1925 in Paris und durch sein eigenes Haus in Moskau, ein originelles zylindrisches Gebäude mit sechseckigen Fenstern.

Im Zuge der Festigung des stalinistischen Systems zu Beginn der 1930er Jahre wurde die Architektur von den politischen Autoritäten als Vehikel zur Bestätigung der eigenen Macht eingesetzt: Experimente fielen, wie in allen totalitären Staaten Europas, einer klassisch, monumental und triumphalistisch inspirierten Architektur zum Opfer.

Konstantin Melnikow, Haus Melnikow, Moskau, 1929
Zwei unterschiedlich hohe zylindrische Baukörper, die das Haus und das Studio des Architekten aufnehmen, schneiden einander und bilden auf diese Weise ein Gebäude. Die Hülle ist charakterisiert durch die sechseckigen Öffnungen, die ihrerseits das Resultat einer Unterteilung der gesamten Außenfläche in 200 hexagonale Module sind; 60 von ihnen bilden die Fenster des Hauses.

Konstantin Melnikow, Arbeiterklub Rusakow, Moskau, 1927–1928
Das Gebäude, ein Kulturzentrum der Straßenbahner, beherbergt ein Auditorium für 1400 Personen. Der Sockel wird in der Hauptsache von einem großen Zuschauerraum eingenommen, der sich in drei Sälen fortsetzt, die in den drei vorkragenden Baukörpern untergebracht sind, vom Hauptraum durch ein System verschiebbarer Wände abtrennbar. Die Betonkonstruktion entsteht durch die Zusammenfügung geometrischer Körper mit scharfen Kanten und diagonalen Einschnitten, die an ein riesiges mechanisches Getriebe erinnern.

Ilja Alexandrowitsch Gollosow, Klub Sujew, Moskau, 1928
Das optisch sehr eindrucksvolle Gebäude entsteht durch die Überschneidung und Gegenüberstellung zweier Körper: eines vertikalen transparenten Zylinders, der die Treppen aufnimmt, und eines mächtigen horizontal ausgerichteten Quaders.

Eine gemeinsame architektonische Sprache
Der Ausdruck »International Style« wurde zum ersten Mal anlässlich einer 1932 vom New Yorker Museum of Modern Art veranstalteten Ausstellung zur Architektur der unmittelbar zurückliegenden Dekade von dem amerikanischen Kritiker Henry-Russell Hitchcock verwendet, der damit die moderne Architektur der zwanziger und dreißiger Jahre meinte. Tatsächlich ließen sich zu Beginn der dreißiger Jahre bei einem prüfenden Blick auf die Avantgarde der Zwanziger gemeinsame Kennzeichen in der Folge der Überwindung der historistischen Stilnachahmung ausmachen. Als die treibenden Kräfte hinter der neuen architektonischen Sprache werden gewöhnlich Le Corbusier, Mies van der Rohe, Gropius, Wright und Aalto genannt; es folgten aber sehr viele Architekten einem Stil, der eine Alternative zu den in Europa und Nordamerika dominanten eklektischen Tendenzen bedeutete. Anlässlich der Ausstellung von 1932 wurden die Grundsätze und Merkmale des neuen Stils definiert: Weg mit dem Eindruck von Masse und Solidität, der die Bauten der Vergangenheit geprägt hatte, zugunsten leichterer Volumina, die sich erreichen lassen, indem man die einzelnen Ebenen auf dünne Beton- oder Metallstützen stellt; Regelmäßigkeit der Joche und Beachtung der Proportionen als Elemente, die den Bauten zu Klarheit und Ordnung verhelfen; weg mit den Dekorationen und der unkritischen Verwendung künstlicher Elemente. Immer wiederkehrende Kennzeichen des Internationalen Stils sind auch glatte oder verglaste Oberflächen, Flachdächer und Fensterbänder.

Richard Joseph Neutra, Lovell House, Los Angeles, 1927–1929
Die horizontale Entwicklung dieses Hauses wird durch die von einer leichten Stahlkonstruktion getragenen weißen Betonstreifen unterstrichen.

Rudolf Schindler, Lovell Beach House, Newport Beach, California, 1923–1926
Fünf durchbrochene Betonrahmen tragen das Gebäude. Die Loslösung des Wohnteils vom Erdboden, die weißen Putzflächen, die durchlaufende Horizontale der Fenster rücken es in die Nachbarschaft von Bauten der europäischen Architekten. Die Binnengliederung der Räume, die teils einfache, teils doppelte Höhe haben, macht die Seitenansicht lesbar.

Johannes Andreas Brinkman, Leendert Cornelis van der Vlugt, Mart Stam, Tabakfabrik van Nelle, Rotterdam, 1926–1929
Wie Gropius' Dessauer Bauhaus gliedert sich auch hier der Bau entsprechend den diversen Funktionen in unterschiedliche Teile. Die Stahlkonstruktion tritt hinter die Fassaden zurück, die damit durchgehend verglast werden können und ein Maximum an Belichtung des Innenraums ermöglichen.

Pierre Chareau und Bernard Bijvoet, Maison de Verre, Paris, 1928–1931
Das Gebäude war für die Praxisräume und die Wohnung eines Arztes bestimmt. Bei seinem Bau kamen Materialien und Methoden zum Einsatz, die typisch für den Internationalen Stil sind: Die tragende Struktur besteht aus Stahlträgern, die Fußböden sind aus Beton, die Möbel eingebaut. Glasbausteine dienen der Belichtung und gleichzeitig dem Schutz des privaten Raums.

Der italienische Rationalismus und die Architektur des »Regimes« ca. 1920–1940

Zwischen Klassizismus und Rationalismus

Das Panorama der Strömungen zwischen den beiden Weltkriegen und der in dieser Zeit in Italien aktiven Architekten ist sehr komplex und reich an Widersprüchen. Auf der einen Seite stehen Architekten wie die Mailänder Ponti, Portaluppi und De Finetti, die auf eine klassische, nüchterne und einfache Formensprache setzen, mit vielfältigen Anklängen an die Schöpfungen der Wiener Sezession; auf der anderen Seite bilden sich gewisse Strömungen heraus, die eine von logischen und rationalen Kriterien geleitete Annäherung an das jeweilige Projekt anmahnen, die einen Bezug zu den klassischen Wurzeln der italienischen Kultur erkennen lassen soll. Die Forderung lautet nicht etwa, die antiken Bauten zu imitieren, wohl aber, sich von neuem einer Ästhetik zu versichern, die Wert auf die Proportionen, auf den Rhythmus, auf das ausgewogene Verhältnis der Teile zum Ganzen legt und sich von mathematischen Regeln leiten lässt.

Das Aufkommen des italienischen Rationalismus wird im Allgemeinen als gleichzeitig mit der Entstehung der »Gruppe 7« vermerkt, zu der sich sieben lombardische Architekten zusammenfanden: Sebastiano Larco, Guido Frette, Carlo Enrico Rava, Luigi Figini, Gino Pollini, Giuseppe Terragni, Adalberto Libera. Bis zur Mitte der dreißiger Jahre wurde der Rationalismus in gewisser Weise als offizielle Architektur des Regimes angesehen, etwa in Art der Gleichung Modernisierung des Staates = Modernisierung der Architektur. Die Zahl der öffentlichen Aufträge, die in diesen Jahren von rationalistischen Architekten ausgeführt wurden, war sehr groß. Es handelte sich neben stadtplanerischen Maßnahmen um den Bau von Postgebäuden, Bahnhöfen und allen jenen Anlagen, mit denen das faschistische Regime das Land überzog, Parteigebäude, Jugendhäuser, Ferienkolonien am Meer – für die moderne Architektur allesamt interessante Gelegenheiten, sich darzustellen.

Gegen Ende der dreißiger Jahre wandte das Regime sich einem Stil zu, der im Einklang mit seinem eigenen imperialistischen Konzept stand, das heißt es präsentierte sich in Gestalt einer rhetorischen, akademischen, hochtrabenden Architektur.

Marcello Piacentini, Città Universitaria, Rom, Rektoratsgebäude, 1932–1935
Die öffentlichen Bauten der dreißiger Jahre halten sich an eine Sprache, deren Hauptbezugspunkt der Mythos der antiken *romanitas* ist. Monumentale marmorverkleidete Gebäude mit traditionellen Elementen wie Säulen, Gebälken, Lisenen und lateinischen Inschriften sind das Ergebnis der vom politischen Klima vorgegebenen Rhetorik.

Giovanni Guerrini, Ernesto La Padula, Mario Romano, Palazzo della Civiltà Italiana, EUR-Gelände, Rom, 1937–1942
Das Gebäude zeigt Strenge und Monumentalität. Seine dominante Lage, die Statuen, die glatte, weiße Travertinverkleidung der Fassaden, die abstrakten Formen, aus denen es sich zusammensetzt, und die Ähnlichkeit mit dem Kolosseum unterstreichen den imposanten Charakter.

Giuseppe Terragni, Casa del Fascio, Como, 1932–1936
Das Gebäude, heute Sitz der Carabinieri von Como, beherbergte ursprünglich das örtliche Büro der faschistischen Partei. Es zeichnet sich durch überlegte Proportionen aus – ein Kubus von 16,5 m Höhe, dessen Seiten jeweils 33 m lang sind. Die Fassaden sind unterschiedlich ausgebildet und stellen vier verschiedene Möglichkeiten vor, ein rhythmisches Verhältnis zwischen geschlossenen und geöffneten Flächen zu erzielen. Die Konstruktion besteht aus einem mit weißem Travertin umkleideten Betonskelett. Oberlichter aus Glasbausteinen sorgen für die Belichtung des von Glaswänden umgebenen Innenhofs.

Die nationalsozialistische Architektur

Während die moderne Architektur in Italien zumindest anfangs die Unterstützung des Regimes genoss, wurde sie in Deutschland als eine Bedrohung empfunden. Diese offizielle Haltung hatte mehrere Gründe: den sozialistischen Charakter einer Reihe von Sozialbaumaßnahmen moderner Architekten, den Bruch mit der traditionellen deutschen Bauweise und das mangelnde Vertrauen in die neuen Konstruktionsmethoden. Hinzu kam, dass der Internationale Stil für die Allmachtsphantasien des Führers und ihre zeremonielle Repräsentation nicht viel hergab. Hitler machte Paul Ludwig Troost zu seinem wichtigsten Berater in Fragen der Architektur; als Troost 1934 starb, rückte Albert Speer an seine Stelle. Mit seinem Projekt der Neuen Reichskanzlei von 1938, die sich durch gigantische marmorverkleidete und mit den Emblemen des nationalsozialistischen Regimes geschmückte Säle auszeichnete, verstand Speer die Ambitionen Hitlers umzusetzen. Aus dem Jahr 1937 stammt Speers nie ausgeführter Plan zur Umgestaltung Berlins mit der zentralen »Nord-Süd-Achse«, einer Prachtstraße, die einen Triumphbogen zu Ehren Hitlers mit einer »Großen Halle« verbinden sollte.

Die urbane Reform der Zwischenkriegszeit

Die Beispiele Amsterdam, Rotterdam und Wien
Die Wiederaufnahme der Produktion nach dem Ersten Weltkrieg, die Entwicklung der Industrie und der starke Zustrom von Arbeitskräften in die Städte hatten zur Folge, dass sich die Aufmerksamkeit der Architekten nun auch auf die Planung städtischer Wohnquartiere und, darin eingeschlossen, akzeptabler Lebensbedingungen für die neue, rund um die Industrieansiedlungen konzentrierte Arbeiterbevölkerung richtete. In manchen Städten wurden große Wohnanlagen geplant, die zum Teil mehrere Quartiere umfassten und auch Gemeinschaftseinrichtungen wie Wäschereien, Kinderkrippen und Bibliotheken besaßen. In Amsterdam ließ Michel de Klerk die Wohnanlage Eigen Haard errichten, die wegen ihrer Grundrissgestaltung »Het Schip« (»Das Schiff«) genannt wurde. Das Backsteinensemble, dessen einzelne Gebäude entsprechend ihrer jeweiligen Funktion unterschiedliche Geometrien aufweisen, ist um einen Hof herum angelegt. Im Quartier Kiefhoek in Rotterdam errichtete J. J. P. Oud eine Reihe von Wohnzeilen: einfache Konstruktionen ohne dekorative Elemente, bestehend aus typisierten Zellen, die sich wiederholen. Ein exemplarischer Fall in Europa ist Wien: Hier wurde nach dem Krieg ein soziales Programm aufgelegt, dessen architektonischer Teil in der Errichtung von rund 400 Wohnblocks bestand, wegen ihrer Anordnung als Höfe bezeichnet. Große Aufmerksamkeit galt dabei den Gemeinschaftseinrichtungen: Die Wäschereien waren häufig mit modernen Geräten ausgestattet, die Badehäuser besaßen zum Teil Schwimmbecken und Saunen. Der Zweck dieser Maßnahmen bestand im Wesentlichen darin, den Angehörigen der ärmsten Schichten mit der Bereitstellung von Wohnraum und Gemeinschaftseinrichtungen zu helfen: Die Kinderkrippen zum Beispiel waren so konzipiert, dass sie auch als pädiatrische Ambulanzen fungieren konnten. Einer der bekanntesten Blocks ist der Karl-Marx-Hof, projektiert von Karl Ehn zwischen 1926 und 1930.

Michel de Klerk, Wohnblock Eigen Haard, Amsterdam, 1917–1921
Der Turmobelisk unterstreicht die Eingänge zum Innenhof und muss ursprünglich von einem Hahn bekrönt gewesen sein, dem Symbol der niederländischen Sozialdemokratie. Die Dächer schützen das Gebäude vor Schneelasten.

Karl Ehn, Karl-Marx-Hof, Wien, 1926–1930
Dieses Gebäude hat eine Längenausdehnung von etwa einem Kilometer und ist für 1400 Wohnungen ausgelegt. Die Bogenformen der Eingänge und die mächtigen Türme bringen Bewegung in die Fassade, die sich wie eine Festung präsentiert. An dieser Stelle kam es 1934 zu heftigen Zusammenstößen zwischen den Vertretern der extremen Rechten und der extremen Linken.

Jacobus Johannes Pieter Oud, Quartier Kiefhoek, Rotterdam, 1925–1929
Alle Wohnungen sind auf zwei Ebenen angelegt. Im Erdgeschoss befinden sich ein Wohnraum zur Straße und die Küche, die auf einen kleinen Garten an der Rückseite blickt; im oberen Geschoss sind in der Regel drei Schlafräume vorgesehen. Die Strenge des Gebäudes wird durch den einheitlichen weißen Außenputz, durch das Fehlen dekorativer Elemente und durch das durchgehende Fensterband unterstrichen.

Art déco und der Wolkenkratzer

Die Zeit zwischen dem Ende des Ersten Weltkriegs und dem New Yorker Börsenkrach des Jahres 1929 war in den Vereinigten Staaten von einem großen Aufschwung der Bautätigkeit gekennzeichnet: das Netz der Autostraßen und der Bahnlinien wurde erweitert, die Peripherien der großen Zentren dehnten sich aus, Wolkenkratzer modifizierten das Profil der Metropolen. Während die europäische Avantgarde sich die technischen Neuerungen und die Möglichkeiten zunutze machte, die mit den neuen Baustoffen gegeben waren, um Formen hervorzubringen, die den Geist der Zeit unverfälscht zum Ausdruck bringen konnten, waren in den Vereinigten Staaten historistische Formen noch immer en vogue. Für den Wettbewerb (1922) um den Bau des neuen Hauptsitzes der Chicago Tribune, einer der großen amerikanischen Zeitungen, wurden sehr viele und sehr unterschiedliche Vorschläge eingereicht. Der erste Preis ging an Raymond Hood und John Mead Howells für ein neogotisches Gebäude, eine mit Stein verkleidete Stahlkonstruktion, die oben mit einem Kranz von Fialen abschließt. Die amerikanische Architektur dieser Periode wird häufig als Art-déco-Architektur bezeichnet, womit eine Tendenz bezeichnet wird, die sich, zwischen Avantgarde und Tradition vermittelnd, abstrakte und historische Schmuckmotive zunutze machte. Eines der berühmtesten Art-déco-Gebäude ist das Chrysler Building, Ende der zwanziger Jahre von William van Alen entworfen, das, 319 m hoch, bis zum Bau des Empire State Building im Jahr 1931 das höchste Gebäude der Welt war.

Richmond Shreve, William Lamb und Arthur Harmon, Empire State Building, New York, 1931
Das 380 m hohe Empire State Building, charakterisiert durch den hohen Fernmeldeturm, der sich vom New Yorker Himmel abhebt, ist seit seiner Einweihung eines der beliebtesten Gebäude der Welt. Berühmt wurde es auch durch viele Filmszenen, die auf seiner Panoramaterrasse gedreht wurden. Die Stahlkonstruktion ist mit Kalkstein und Granit verkleidet.

oben
Raymond Hood und Mitarbeiter, Rockefeller Center, New York, 1931–1940
Der gesamte Komplex ist um einen vertieften Platz angelegt, der im Winter zur berühmten New Yorker Eislaufarena wird. Er besteht aus einem Ensemble von Gebäuden, die sich in Stufen über das Straßenniveau erheben und an einen riesigen Maya-Tempel denken lassen. Die Stahlkonstruktionen sind mit Granit und Marmor verkleidet.

Raymond Hood und John Mead Howells, Chicago Tribune Building, Chicago, 1922–1925
Die Vertikalität des Gebäudes wird unterstrichen durch die sekundären Stützen, die die Fassaden begleiten und sich in der Höhe verschmälern. Die Anklänge an die Kathedralgotik sollten wahrscheinlich eine Art moralischer Verantwortung symbolisieren, die die Besitzer der Zeitung sich zuschrieben.

William van Alen, Chrysler Building, New York, 1928–1930
Ein 170 m hoher Schaft, getragen von einem Sockel, in dem 20 Geschosse untergebracht sind, verjüngt sich nach oben und endet in einer nadeldünnen Spitze. Verweise auf die Marke Chrysler tauchen auf: So sind zum Beispiele an der Nahtstelle zwischen Sockel und Hauptschaft vier enorme Verschlüsse für Chrysler-Radiatoren angebracht, daneben und um das ganze Gebäude herum läuft ein Fries, der die Form von Autorädern repräsentiert. Graue Einlagen heben sich von der silbernen Oberfläche des Wolkenkratzers ab. Acht kolossale amerikanische Adler, postiert rund um die Basis der Gebäudespitze, heben sich gegen den Horizont ab. Die Lobby des Gebäudes ist mit Metall- und Marmorplatten verkleidet.

Die Meister nach dem Zweiten Weltkrieg

Zwischen Kontinuität und Neuerung

Der Zweite Weltkrieg hatte beträchtliche Konsequenzen auch für das Feld der Architektur. Die Bedingungen, die zur Entstehung der modernen Architektur geführt hatten, hatten an Kraft verloren, und die Architekten sahen sich vor der Aufgabe, nach neuen Lösungen zu suchen, während sie sich zugleich der großen Bedeutung der architektonischen Revolution der zwanziger Jahre bewusst waren. Das galt vor allem für die »Meister«, die ihre Sprache überarbeiteten, ohne dabei die Grundsätze, wie sie sich in den Jahren vor dem Krieg herausgebildet hatten, außer Acht zu lassen. Gropius und Mies van der Rohe gingen in die Vereinigten Staaten. Während Gropius' Bauten, Schulgebäude und Einfamilienhäuser, gegenüber seinen in Deutschland realisierten Projekten an Ausdruckskraft verloren, fand Mies van der Rohe in Chicago ein kongeniales Umfeld. Am Ufer des Lake Michigan projektierte er seine ersten Hochhäuser aus Stahl und Glas. In New York plante er zwischen 1954 und 1958 zusammen mit Philip Johnson eines der einflussreichsten Gebäude der Nachkriegszeit, das Seagram Building, ein imposantes Bürohochhaus, dessen klare Silhouette in Glas und Stahl zum unendlich oft imitierten Prototyp wurde. Auch Frank Lloyd Wright veränderte seine Sprache, indem er neue archetypische Formen wie den Kreis und die Spirale für sich übernahm. Ab 1943 war er mit der Planung des Guggenheim Museum in New York beschäftigt, das 1959 eingeweiht wurde; Das Museum ist rund um eine spiralförmige Rampe organisiert. Im Gegensatz zu den deutschen Kollegen blieben Le Corbusier und Aalto in Europa. Zwischen 1945 und 1965, seinem Todesjahr, entwarf Le Corbusier mehrere Gebäude, die sich von den *machines à habiter* der vorausgegangenen Jahre deutlich unterschieden; er nutzte jetzt auch geschwungene Formen und plastische Volumina und entschied sich häufig für den Sichtbeton. Alvar Aaltos Tätigkeit in der Nachkriegszeit führte seine Organische Architektur der Vorkriegsjahre fort. In den Vereinigten Staaten, in Cambridge, plante er eines seiner bedeutendsten Werke: das Studentenheim des Massachusetts Institute of Technology (1947–1948).

Mies van der Rohe und Philip Johnson, Seagram Building, New York, 1954–1958
Das 38 Stockwerke hohe, für das kanadische Unternehmen Seagram & Sons an der Park Avenue errichtete Gebäude hat mit seiner nüchternen Eleganz und technischen Perfektion häufig als Modell gedient. Die Bronzestützen bilden ein dichtes Raster, das die Vertikalität der Konstruktion unterstreicht. Eine ästhetische Bereicherung sind die graubernsteinfarbigen Glasscheiben und die grüne Travertinverkleidung der Stützen des Sockelgeschosses.

Frank Lloyd Wright, Guggenheim Museum, New York, Inneres, 1943–1959
Der elfenbeinfarbige Außenbau präsentiert sich im Straßennetz von New York wie ein umgestürzter, spiralförmiger Behälter. Im Inneren folgt eine geneigte Rampe der Außenwand und führt die Besucher in einem Spaziergang hinunter von der obersten Ebene bis auf Straßenniveau. Ein großes zentrales Oberlicht und durchgehende Lichtbänder beleuchten den Raum.

Le Corbusier, Notre-Dame du Haut, Ronchamp, 1950–1954
Architektur und Skulptur verschmelzen und lassen eines der berühmtesten Gebäude Le Corbusiers entstehen. Die mit weißem Zement überzogenen starken Betonwände sind nach innen geneigt, das Dach ist kompliziert nach oben geschwungen. Im Innenraum fallen dünne Lichtstrahlen durch kleine verglaste Öffnungen auf einen abgegrenzten Bereich; der leicht abfallende Fußboden konzentriert die Aufmerksamkeit auf den Altar.

Le Corbusier

Die Unité d'habitation in Marseille

1945–1952

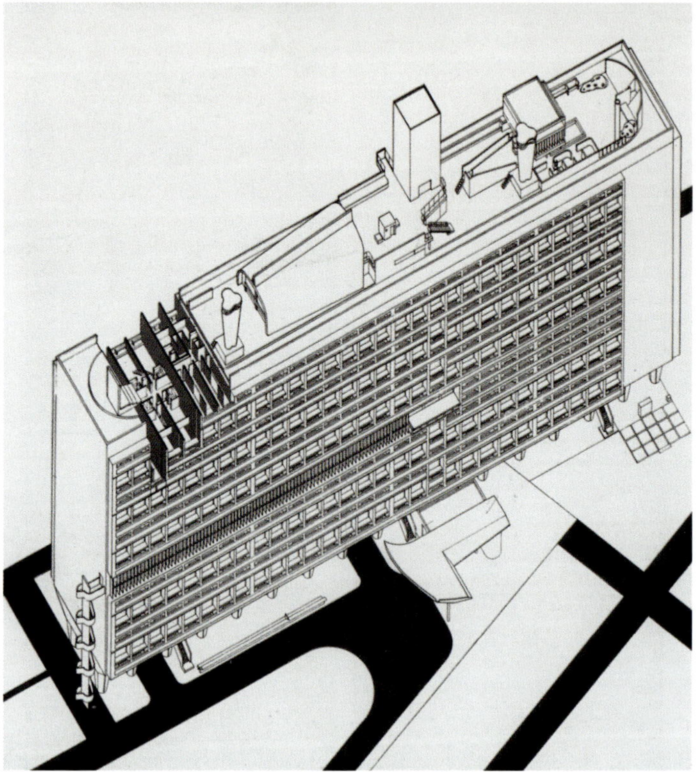

Le Corbusier setzt sein architektonisches Programm der »Wohnmaschine« nach dem Krieg in den *unités d'habitation* fort, großen Einheiten, die nicht nur ein Wohnmodell, sondern auch ein klares urbanistisches und soziales Programm darstellen. Die *unité* ist eine kleine unabhängige Wohnsiedlung, die sich in die Höhe entwickelt, um das Gelände zu befreien, das dem Verkehr und dem Grün vorbehalten sein soll, sie ist gleichzeitig ein großer sozialer »Behälter«. In der Marseiller Unité ist Platz für rund 1600 Menschen, die hier auch Restaurants, Geschäfte und sogar ein Hotel vorfinden; auf dem Terrassendach liegen diverse Gemeinschaftseinrichtungen. Der riesige Bau, häufig mit einem Überseedampfer verglichen, ist ca. 140 m lang, 24 m breit und mit 18 Geschossen 60 m hoch; er versammelt 23 verschiedene Wohnungstypen entsprechend unterschiedlichen Bedürfnissen: für Einzelpersonen, Paare, Familien mit vielen Mitgliedern. Die Wohnungen entwickeln sich im Allgemeinen gemäß einem L-förmigen Schema über zwei Ebenen; jeweils drei Geschosse nehmen zwei ineinander geschachtelte Appartements auf, deren Wohnraum jeweils die Höhe von zwei Geschossen hat. Der Zugang zu den Wohnungen erfolgt über Korridore. Zwischen 1945 und 1986 plante Le Corbusier sechs solcher Großwohneinheiten.

Die Unité d'habitation in Marseille besteht aus Sichtbeton. Nur die Sonnenschutzblenden sind rot, blau, grün und gelb gestrichen. Die Gestaltung der Wohnungen ist an der Fassade ablesbar: An der Höhe der Öffnungen kann man die doppelt hohen Räume erkennen. In der Nähe des siebenten Geschosses unterstreicht die dichtere Folge der Sonnenblenden das Geschoss, das den Gemeinschaftseinrichtungen vorbehalten ist. Die ganze Konstruktion ist nur durch Betonstützen mit dem Boden verbunden, durch die Pilotis, die sich nach unten verjüngen.

Das gesamte Gebäude und die Wohnungen sind konzipiert nach dem Modulor, der an der Fassade als Symbol erscheint: eine von Le Corbusier erdachte Maßordnung, die auf den Proportionen des menschlichen Körpers beruht.
Auf dem Dach des Gebäudes sind die hohen Kamine und die Gemeinschaftseinrichtungen zu erkennen: ein Bereich, der den Kindern zum Spielen zur Verfügung steht, eine Piste zum Laufen im Freien, eine Kinderkrippe, ein Solarium, eine Bar.

Nordamerikanische Tendenzen zwischen dem Zweiten Weltkrieg und den siebziger Jahren

In Nachfolge der Meister

Wie in Europa rückt man auch in den Vereinigten Staaten nach dem Krieg nicht von den Erfahrungen der dreißiger Jahre und von den Meisterarchitekten dieser Zeit ab. In besonderer Weise setzt sich Mies van der Rohe mit seinem Werk durch, dessen »minimalistische« Einfachheit ebenso wie die Technik des Stahl- und Glasbaus weitergeführt werden von Philip Johnson, Charles Eames, Eero Saarinen. Philip Johnson wurde zu einem Exponenten der Postmoderne, während Saarinen um 1970 die schweren Glasquader aufgibt, um sich plastischen Formen zuzuwenden, die eine expressionistische Herkunft verraten. Ein Beispiel für diese Entwicklung ist der TWA-Terminal am Kennedy-Flughafen in New York: eine Betonkonstruktion, die an die geöffneten Flügel eines Vogels erinnert.

Das Schaffen Louis Kahns unterscheidet sich von dem der genannten Architekten. Er hatte sein Studium an der University of Pennsylvania noch vor der Verwurzelung des Internationalen Stils in den Vereinigten Staaten absolviert und sich dabei noch unter dem Einfluss der Pariser Académie des Beaux-Arts die Elemente des klassischen Entwurfs zu eigen gemacht: Symmetrie, Achsialität, ausgewogene Proportionen und Hierarchien. Der Kontakt mit der rationalistischen Architektur in Rom, in Ägypten, in Griechenland, führte Kahn zu einer persönlichen Sprache, die moderne Materialien und Techniken mit reinen, häufig monumentalen geometrischen Formen verbindet, die sich wieder auf die Geschichte berufen. Zu Kahns wichtigsten Bauten gehören die Kunstgalerie der Yale University in New Haven (1951–1953), die Richards Medical Research Laboratories an der University of Pennsylvania in Philadelphia (1957 bis 1965), das Salk Institute for Biological Studies in La Jolla (1959–1965) und das Kimbell Art Museum in Fort Worth (1966–1972).

Louis Kahn, Jonas Salk Institute for Biological Studies, La Jolla, 1959–1965
Das Gebäude entstand im Zusammenwirken der Absichten des Naturwissenschaftlers Jonas Salk, der in Kalifornien ein Forschungszentrum aufbauen wollte, das auch Ort der Zusammenarbeit verschiedener Disziplinen sein sollte, mit der Sensibilität Louis Kahns. Zwei parallele »Kulissen«, bestehend aus den Türmen der Laboratorien, bilden einen Hof. Ein dünnes Wasserband fungiert als Symmetrieachse und verbindet den Komplex mit dem pazifischen Ozean, auf den hin er orientiert ist.

Eero Saarinen, TWA-Terminal, J. F. Kennedy-Airport, New York, 1956–1962
Vier große gewölbte Betonelemente werden von Y-förmigen Stützen getragen. Die durch die Struktur in der Begrenzungslinie entstehenden Öffnungen sind vollständig verglast. Die organische Form des Gebäudes spielt wahrscheinlich auf den Flug an, den die Reisenden antreten wollen.

Philip Johnson, Glass House, New Canaan, 1949
Philip Johnson, der Mies van der Rohe bei der Planung des Seagram Building assistiert hatte, plante sein eigenes Haus in Connecticut in Anlehnung an die minimalistische Ästhetik des Meisters: eine transparente Schachtel, das Stahlskelett bis zum Äußersten reduziert. Der weitläufige Park garantiert den Bewohnern ihre Ungestörtheit. Ihr Zuhause steht in engstem Zusammenhang mit der umgebenden Landschaft.

Die Assimilation der Moderne

1950–1960

Lateinamerika, Australien, Japan

Die Moderne nahm ihren Anfang in einer Reihe westeuropäischer Länder, in den Vereinigten Staaten und in einem Teil der Sowjetunion. Gegen Ende der fünfziger Jahre breitete sich die neue Architektursprache allerdings auch auf andere Regionen aus: Der eine oder andere »Meister« fand Gelegenheit, seine Werke auch außerhalb der nationalen Grenzen zu realisieren. So baute Le Corbusier nach dem Krieg auch in Indien, viele Architekten lernten in Europa oder in den Vereinigten Staaten, und die Kommunikationsmittel trugen ebenfalls zur Verbreitung der Moderne bei.

Wo die moderne Architektur sich neue Gebiete erschließt, entwickelt sich im Allgemeinen ein Prozess der Vermittlung zwischen »dem Neuen« und »der Tradition«, so zum Beispiel in Mexiko und in Australien, wo sich der Internationale Stil auf dem Weg über lokale Materialien und Archetypen mit indigenen Elementen mischt. Die Verwendung neuer Ausdrucksformen erweist sich manchmal als Teil der Umstände, unter denen ein Land sich auf den Weg der Emanzipation macht, häufig in Zusammenhang mit der politischen Situation, die zum Bruch mit dem Alten führte wie in Brasilien. Hier werden nach der Revolution des Jahres 1930 mehrere moderne Architekten, unter ihnen Oscar Niemeyer und Lucio Costa, mit der Planung des Ministeriums für Erziehung und Gesundheit beauftragt: ein Hochhaus, inspiriert vom Werk Le Corbusiers, mit Sonnenschutzblenden und verkleidet mit dem Granit der Umgebung. Mit der Planung Brasilias, das seit 1945 die neue Hauptstadt ist, und des Kapitols, des symbolischen Orts der Zentralisierung der staatlichen Institutionen Brasiliens, verbindet Niemeyer eine moderne, sehr monumentale Sprache.

Die traditionelle Architektur Japans und die moderne Architektur haben vieles gemeinsam, wie das Skelett oder die Wiederholung modularer Elemente; auch in Japan bringt allerdings die Einführung neuer Ausdrucksmöglichkeiten die erneute Beschäftigung mit traditionellen eigenen Konzepten mit sich. Einer der bekanntesten japanischen Architekten der Nachkriegszeit, Kenzo Tange, Schüler Le Corbusiers, bewegt sich in diese Richtung.

Kenzo Tange, Peace Center und Peace Memorial Museum, Hiroshima, 1949–1955
Eines der ersten nach dem Krieg entstandenen Gebäude des japanischen Meisterarchitekten, das Friedenszentrum und das Friedensmuseum von Hiroshima, verbindet Le Corbusiers »fünf Punkte« mit traditionell japanischen Elementen wie den leichten Sonnenschutzblenden und der modularen Gliederung der Fassade.

gegenüberliegende Seite, oben
Luis Barragán, Haus und Rennställe Egerstrom, Los Clubes, Mexico City, 1968
Der bekannteste mexikanische Schöpfer moderner Bauten voller Anspielungen auf die lokale Tradition ist Louis Barragán. Er interpretiert den mexikanischen Typ des von glatten Mauern umschlossenen Patio neu in einer Reihe von Bauten, deren einfache rechteckige und häufig farbige Flächen private Bereiche, Gärten und Wasserzonen umschließen, schützen und miteinander binden.

gegenüberliegende Seite, unten
Oscar Niemeyer, Platz der Drei Gewalten, Brasilia, 1958
Mittelpunkt der Planung des neuen Kapitols ist der Platz der Drei Gewalten: ein Gebäude in der Form einer konkaven Schale beherbergt das Abgeordnetenhaus, eine konvexe Kuppel bildet das Senatsgebäude. Zwei monumentale durchfensterte Hochhäuser nehmen die Verwaltungsbüros auf.

Jørn Utzon

Opernhaus Sydney

1957–1973

Das Opernhaus von Sydney, von Utzon ab 1956 geplant, ist eines der bekanntesten Gebäude der Welt, vielleicht das einzige, das imstande ist, eine Stadt, ja sogar einen Kontinent zu repräsentieren. Die Entscheidung, der Stadt Sydney eine der Musik gewidmete kulturelle Infrastruktur zu geben und ihr damit zu Prestige zu verhelfen, war schon am Ende der vierziger Jahre gefallen. 1955 wurde ein internationaler Wettbewerb für das Projekt des Opernhauses ausgeschrieben: zwei Auditorien mit 3500 beziehungsweise 1200 Plätzen und den entsprechenden Bühneneinrichtungen, mit Proberäumen, einem Rundfunkstudio, einem Restaurant für 250 Personen und zwei Sälen, beide mit Bar und Foyer. Der erste Preis ging an den damals 31-jährigen unbekannten dänischen Architekten Jørn Utzon. Sein Entwurf war verblüffend: Von einem steinernen Sockel, der die beiden nebeneinander liegenden Säle aufnehmen sollte, breiten sich die großen »Schalen« der Eindeckung aus. Die Jury zeigte sich überzeugt, dass der siegreiche Entwurf eines der repräsentativsten Gebäude der Welt werden könnte. Die internationale Presse reagierte mit Verwunderung, Verblüffung, Missfallen auf das Projekt Utzons; die aufgeklärtesten und besonders weitsichtigen Beobachter sagten dem Gebäude den Status einer Ikone voraus. Und so kam es auch. Die Baustelle wurde 1957 eröffnet, die Arbeiten zogen sich bis 1973 hin. Neben Utzon war das Londoner Büro Ove Arup & Partners in die Arbeiten einbezogen, eines der berühmtesten Ingenieurbüros der Welt. Die Probleme, die sich während der Arbeit stellten, waren zahlreich und erforderten ständige Recherchen; die Kosten wurden, höher als vorausgesehen, zum Hauptgrund der Konflikte zwischen Utzon und der Stadtverwaltung von Sydney. 1966 sah Utzon sich gezwungen, aus dem Projekt auszusteigen und sein Werk vor der Vollendung zu verlassen. Es wurde von anderen Architekten fertig gestellt und 1973 eingeweiht. Wie vorausgesagt, entwickelte es sich zu einem der bekanntesten und beliebtesten Gebäude des vergangenen Jahrhunderts: vom Bennelong Point in der Bucht von Sydney steigen die zwölf bis zu 60 m hohen Schalen des Opernhauses auf wie große Segel, aber auch wie sehr hohe Wellen, die sich auf das Meer zu bewegen.

Der Erfolg des Opernhauses von Sydney hat zu einem großen Teil mit seiner Lage zu tun: Es steht auf einer vorspringenden Landzunge, auf drei Seiten vom Wasser umgeben, gut sichtbar sowohl vom Land als auch vom Meer aus. In der Sensibilität, mit der der Architekt das Gebäude in sein Umfeld einfügte, steckt wahrscheinlich noch etwas vom Einfluss der Organischen Architektur Nordeuropas.

Die axonometrische Darstellung zeigt die Komplexität der gewölbten Dachschalen. Sowohl die Konstruktion aus Stahlbeton als auch die Verkleidung wurden aus vorgefertigten Elementen auf der Baustelle zusammengefügt. Der Komplex besteht aus einem Plateau, in dem die Säle und alle Technik- und Serviceräume untergebracht sind, und aus den Schalen des Dachs, die einer von der Gliederung der Innenräume unabhängigen Komposition folgen.

Europäische Tendenzen

1950–1960

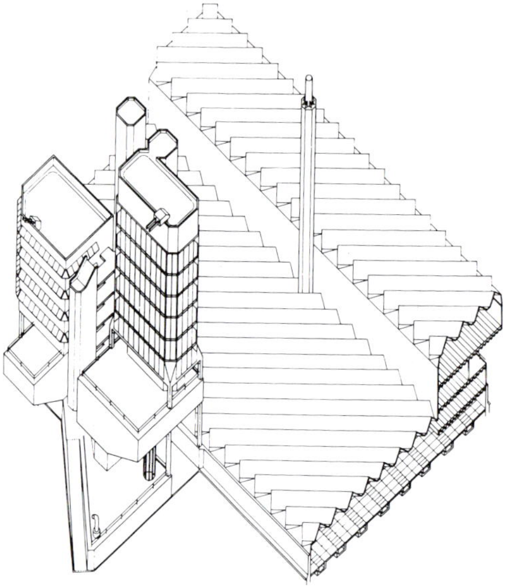

Die Architektur der Nachkriegszeit

In der unmittelbaren Nachkriegszeit war die moderne Architektur in Europa vor allem ein Instrument zur Bewältigung sehr konkreter Probleme des Wiederaufbaus der im Krieg zerstörten Städte und der Versorgung der Arbeiterbevölkerung mit zweckmäßigen und erschwinglichen Wohnungen. In der Mehrzahl der Fälle wurden recht unpersönliche, ihrem Umfeld gegenüber indifferente Gebäude errichtet; immerhin zeichneten sich aber auch Tendenzen ab, aktuelle Antworten in Kontinuität mit der Architektur der zwanziger und dreißiger Jahre zu finden.

Zu den Architekturströmungen, die sich in diesen Jahren entwickelten, gehört der Brutalismus, der in Anlehnung an Le Corbusiers Vorliebe für den *béton-brut*, den Sichtbeton, nun seinerseits die Idee vertritt, die Installationen und Materialien der Gebäude ebenfalls sichtbar zu lassen. Es sind vor allem englische Architekten wie Paul und Alison Smithson und James Stirling, die diese Tendenz befördern.

Eine andere Entwicklung, die auf ganz Europa ausgreift, betont die ästhetischen Qualitäten des Ingenieurbaus. Unter den Vertretern dieser Richtung ist der Franzose Jean Prouvé, der elegante Gebäude aus Metall und Glas errichtet. In Italien entwirft Pier Luigi Nervi öffentliche Gebäude, Ausstellungspavillons und Sportanlagen, an denen er die ästhetischen Qualitäten der strukturellen Elemente aus Beton hervorhebt. In Zusammenarbeit mit Gio Ponti baut Nervi am Ende der fünfziger Jahre das berühmte Pirelli-Hochhaus in Mailand. Die Überarbeitung der modernen Architektursprache hat überdies zur Folge, dass nun auch das Verhältnis zur Geschichte und zur Natur des Orts wieder Beachtung findet.

James Stirling, Ingenieurlabors, Universität Leicester, 1959–1963
Das Ensemble besteht aus drei einzelnen Blöcken: einem Turm, in dem die Büros untergebracht sind, einem viergeschossigen Laboratoriumsbau und einer großen Werkhalle. Der Auftraggeber hatte sich den Sichtbeton verbeten; Stirling entschied sich daher für eine Verkleidung aus roten Fliesen; die übrigen strukturellen Elemente sind unverkleidet geblieben. Es fehlt nicht an Bezugnahmen auf die Architektur der »Meister«: der durchfensterte Turm erinnert an die Schöpfungen der Bauhausarchitekten oder auch an die russische Architektur der zwanziger Jahre, zum Beispiel in der Auskragung von Baukörpern. Andere Elemente sind der Industriearchitektur entnommen.

Hans Scharoun, Philharmonie, Berlin, 1956–1963
Eine Reihe von Architekten entwarfen in der Tradition der Organischen Architektur und des Expressionismus der zwanziger Jahre Gebäude von ausgesprochen individuellem Charakter. Das ist zum Beispiel der Fall bei der Berliner Philharmonie mit ihrer extrem komplizierten Geometrie aus Kurven, Kanten und geneigten Flächen.

BBPR, Torre Velasca, Mailand, 1956–1958
Eines der Mailänder Gebäude aus der Nachkriegszeit mit hohem Wiedererkennungswert: ein Turm, 26 Geschosse hoch, mit einem hervortretenden oberen Bauteil, das von schrägen Strebekonstruktionen getragen wird. Das strukturelle Gerüst aus Beton ist sichtbar in den Schäften der Fassade. Dieses Mittel betont die Vertikalität des Gebäudes und bringt es in einen Zusammenhang mit den Rippen und Pendentifs des benachbarten Doms. Die Physiognomie des Turmes erinnert an die alten Stadtpaläste und verbindet sich mit dem nahe gelegenen Castello Sforzesco.

Gio Ponti und Pier Luigi Nervi, Pirelli-Hochhaus, Mailand, 1955–1959
Ein elegantes Turmhaus, 34 Geschosse hoch, Symbol der wirtschaftlichen Expansion der Stadt in der Nachkriegszeit, ragt in den Mailänder Himmel und spricht vom Prestige der Gesellschaft, deren Sitz es ist. Ponti rückt hier vom üblichen rechteckigen Grundriss des aus den Vereinigten Staaten importierten Hochhauses ab und entscheidet sich für die Form eines gelängten Rhombus.

Hightech-Architektur

Zweite Hälfte 20. Jahrhundert

Die Ästhetik der Technologie

In der zweiten Hälfte des 20. Jahrhunderts setzte sich eine gewöhnlich mit »Hightech« bezeichnete Tendenz durch, die ihre Wurzeln in der Eisenarchitektur der Bauingenieure des 19. Jahrhunderts hat. Die nunmehr aktuellen, hochtechnologischen Bauen leiten sich in gewisser Hinsicht von Gebäuden wie dem Eiffelturm oder dem Kristallpalast ab. Die Bezeichnung »Hightech« (Abkürzung für high technology) sollte zur Kennzeichnung einer Architekturauffassung dienen, die ihre Ästhetik und ihre Essenz in der gelegentlich übertriebenen Expressivität der konstruktiven Elemente sieht, die aus der Ingenieurskunst und der Technologie kommen: Die Form wird durch die strukturellen Komponenten bestimmt. Die traditionellen Bautechniken, zum Beispiel der Ziegelbau, werden aufgegeben zugunsten neuer Strukturen und Materialien: Stahl, Leichtmetalltafeln, Kunststoffe.

Ein wichtiges Ereignis für die Bestätigung dieses Planungsansatzes war die Weltausstellung in Montreal 1967; der deutsche Pavillon, projektiert von Frei Otto und Rolf Gutbrod, und der Pavillon der Vereinigten Staaten von Buckminster Fuller bedienten sich modernster technologischer Strukturen, um weitläufige Areale mit einem minimalen Aufwand an Materialien zu bebauen. Frei Otto und Günter Behnisch nahmen die für den Pavillon von Montreal angewandte Technik in ihrem Projekt für das Münchner Olympiastadion von 1972 von neuem auf.

Die Ikone unter den Gebäuden dieser Ausrichtung ist das Centre Pompidou, das in den Jahren zwischen 1971 und 1976 in Paris nach Plänen von Renzo Piano und Richard Rogers entstand: Hier sind Struktur und Installationen das Wesen des Bauwerks selbst. In den letzten zwanzig Jahren des Jahrhunderts machten Architekten wie Renzo Piano, Richard Rogers, Norman Foster und Nicholas Grimshaw Gebrauch von dieser architektonischen Ausdrucksweise, vor allem bei öffentlichen beziehungsweise kommerziellen Bauten und bei Sportanlagen.

Foster & Partners, Hong Kong and Shanghai Bank, Hongkong, 1979–1986
Die tragende Struktur dieses Hochhauses, ein Gerüst aus Stahlfachwerk, 180 m hoch, steht in ihrer Gesamtheit außen. So konnte man das Gebäude im Inneren völlig »entleeren« und dort einen Hof schaffen, der, zehn Geschosse hoch, von Aufzügen und Rolltreppen durchzogen wird und auf den die einzelnen Büros der Bank ausgerichtet sind.

Günter Behnisch und Frei Otto, Olympiastadion, München, 1968–1972
Die Dachform des Olympiastadions, die sich besonders gut zur Überspannung der großen Areale der Stadien eignet, garantiert Transparenz und zugleich Schutz vor atmosphärischen Einflüssen. Es handelt sich um eine Art Zelt, ein Netz mit Plexiglasplatten, gehalten von geneigten Stahlstützen.

Richard Buckminster Fuller, Pavillon der USA, Weltausstellung Montreal, 1967
Der Pavillon ist ein Beispiel der »geodätischen Kuppel«, projektiert von Buckminster Fuller am Ende der 1950er Jahre: sphärische Konstruktionen, die große Flächen überspannen können, bestehend aus modularen sechs- oder achteckigen Elementen. Die Kuppel von Montreal, die zu bewundern war, während man sich auf einer Einschienenbahn durch den Pavillon bewegte, hatte einen Durchmesser von 76 m und war 41,5 m hoch.

Renzo Piano und Richard Rogers

Centre Pompidou in Paris

1971–1978

Das Centre Pompidou, eine der meistbewunderten und meistdiskutierten architektonischen Schöpfungen des vergangenen Jahrhunderts, ist die Frucht eines Wettbewerbs, der Ende der 1960er Jahre von der Stadt Paris als Antwort auf die ehrgeizigen Pläne des damaligen französischen Präsidenten Georges Pompidou ausgeschrieben wurde, und der planerischen Intuitionen von Renzo Piano und Richard Rogers, die mit Ove Arup & Partners zusammenarbeiteten. Der Wettbewerb sollte die Stadt Paris um ein neues multifunktionales Zentrum bereichern, das große Mengen von Besuchern anziehen und aufnehmen sollte – in der Ausschreibung war von 10 000 Personen pro Tag die Rede. Bibliotheken, Museen, temporäre Ausstellungen, ein Filmforschungszentrum, diverse Dokumentationszentren, Räume für Aufführungen und Versammlungen bildeten die Liste der anfangs vorgesehenen Nutzungen; gedacht war an eine flexible und für viele Zwecke geeignete Struktur, die sich den wechselnden Anforderungen des Publikums und der Stadt anpassen würde. Unter den 684 eingereichten Entwürfen wurde derjenige von Renzo Piano und Richard Rogers ausgewählt und später mit gewissen Veränderungen ausgeführt: ein gläserner Quader, ca. 140 m lang, ca. 50 m breit und 50 m hoch, in einem Netzwerk farbiger Metallröhren, das zugleich das strukturelle und anlagentechnische System des Gebäudes ist. Die Konstruktionsweise garantiert freie Flächen von jeweils ca. 7500 qm, ohne tragende Mauern im Inneren, ohne Zwischenwände und mit der Möglichkeit progressiver Veränderung.

Im Lauf der Jahre ist das Centre Pompidou zu einer Ikone der Hightech-Architektur geworden: die Struktur deckt sich mit seinem Wesen, das Technologie und Gestaltung wirksam kombiniert.

Das Centre Pompidou liegt am Rand eines großen Areals im Zentrum von Paris, des Plateau Beaubourg, in Nachbarschaft der alten »Hallen«, die kurz vor der Errichtung des Centre abgerissen wurden. Der »spielerische« Charakter des Gebäudes hat viel zu seiner Popularität beigetragen, und es verleiht dem Platz, auf dem es steht, seine Identität. Anscheinend »anders« als sein Umfeld, ist es diesem in Wahrheit eng verbunden: die Terrassen, die Fenster, die überdeckten und transparenten Gänge ermöglichen ständige Sichtbeziehungen zwischen dem Besucher und der Stadt.

Die vielmals gebrochene Linie der Rolltreppe charakterisiert das Gebäude, macht es erkennbar und trägt zugleich zur Wahrnehmung der ihm zugrunde liegenden Ordnung bei: Wir haben es nicht mit einer zufälligen Anordnung von Röhren zu tun, sondern mit der bewussten Disposition von Modulen, die sich nach festgelegten Maßen wiederholen.

Jeder Funktion entspricht eine eigene Farbe: Weiß sind die tragende Struktur und die Zuluftschächte, rot die Plattformen und die Aufzugskästen, blau ist die Klimaanlage, gelb die elektrische Anlage, grün sind die Wasserrohre. Die im eigentlichen Sinn tragende Struktur besteht aus röhrenförmigen Stützen und Verspannungen, an der Fassade verbunden durch spezielle Scharniere, die so genannten *gerberettes*.

Die Überwindung der Moderne

Der Ausdruck »Postmoderne« wurde zum ersten Mal 1977 von dem amerikanischen Architekturtheoretiker Charles Jencks in seinem Buch *The language of post-modern architecture* verwendet und bezog sich auf gewisse Tendenzen, wie sie seit den 1960er Jahren in Opposition zum Diktat des Rationalismus auftraten. Auf der Suche nach einem authentischen, essentiellen Stil hatte die moderne Bewegung die traditionellen Formen und Schmuckelemente aus ihrem Repertoire ausgeschlossen. Die Postmoderne manifestierte sich dagegen im Allgemeinen in der Form von Stilmischungen, von klassischen Zitaten, die ironisch oder spielerisch verwendet werden, und von Anleihen bei der Trivialkultur. Häufig büßen primäre Elemente der Architektur, Säulen, Bögen, Tympana, ihre ursprüngliche Bedeutung ein, weil sie als ornamentale Elemente gesehen und verwendet werden. Die Nüchternheit und Ernsthaftigkeit des internationalen Rationalismus machten einer Sprache Platz, die ihrerseits auf Farb- und Materialkombinationen beruht, die jedoch häufig provokatorisch oder im Sinne einer Täuschung gemeint sind. Zu den bekanntesten Architekten, die irgendwann im Laufe ihrer Karriere diese Art der Expressivität für sich entdeckt haben, zählen die Amerikaner Robert Venturi, Charles Moore, Philip Johnson, der Spanier Ricardo Bofill, der Engländer James Stirling, der Italiener Aldo Rossi. In Italien kam der Durchbruch für die Postmoderne mit der ersten Internationalen Architekturausstellung anlässlich der Biennale von Venedig (1980), die von Paolo Portoghesi geleitet wurde: in der »Strada Novisssima«, einer Sequenz falscher farbiger Fassaden mit einer Fülle von historischen Zitaten.

Philip Johnson, American Telephone and Telegraph Building (AT&T), New York, 1982

Ein riesiges, gesprengtes Tympanon krönt dieses ganz mit rotem Granit verkleidete Hochhaus und macht es am Himmel über New York erkennbar.

Charles Moore, Piazza d'Italia, New Orleans, 1978

Erbaut für die italienische Kolonie von New Orleans, ist diese Konstruktion ein ironisches Zitat von römischen und Renaissanceelementen, die hier in einem Halbrund versammelt und mit ungewöhnlichen Materialien und in lebhaften Farben reproduziert sind.

Aldo Rossi, Wohnblock an der Kochstraße, Berlin, 1984–1987
Aldo Rossi ist Urheber zahlreicher Gebäude, in denen sich Strenge und Purismus mit deutlichen Zitaten mischen: evokative oder symbolische Bilder, die er aus dem Fundus der klassischen Archetypen der Architektur nimmt. Der regelmäßig komponierte Berliner Wohnblock erfährt an der Außenkante eine Unterbrechung, wird ausgehöhlt und wieder gefüllt von einer überdimensionierten Säule.

Robert Venturi, Vanna Venturi House, Chestnut Hill, Philadelphia, 1962–1964
Augenscheinlich dem traditionellen Haus der amerikanischen Prärie ähnlich, präsentiert das von Venturi für seine Mutter entworfene Haus eine Reihe von Elementen und Zitaten, die es widersprüchlich und disproportioniert erscheinen lassen, wie der Giebel und der runde Bogen, beide gesprengt, und die Asymmetrie in der Anordnung der Öffnungen.

James Stirling und Michael Wilford

Die Neue Staatsgalerie in Stuttgart

1977–1984

Nach einem ersten nationalen Wettbewerb im Jahr 1977, der unbefriedigende Ergebnisse brachte, wurde von der baden-württembergischen Landesregierung ein internationaler Wettbewerb für die Erweiterung der Stuttgarter Staatsgalerie, eines spätklassizistischen Baus von 1842, ausgeschrieben. Den Wettbewerb gewannen die Architekten Stirling und Wilford, die auch mit dem Bau beauftragt wurden. Sie legten einen komplexen Entwurf vor, der sich auf einen Hof in Form eines umgekehrten »U« reduzieren lässt, in den ein weiterer, kreisförmiger Hof eingeschrieben ist; beide offenen Bereiche werden von einer Folge von Rampen und Fußwegen »geschützt«, die sie zwar sichtbar, nicht aber zugänglich machen; zu betreten sind diese Bereiche vom Museum aus.

Ungeachtet der scheinbar einfachen Grundrissgestaltung präsentiert sich der Gesamtorganismus als eine komplizierte Folge von Baumassen, geneigten Oberflächen und Wegen: eine gewundene Rampe verbindet die Stadt mit dem Museumseingang, der sich durch eine gewellte Glasfläche in Korrespondenz zum Foyer auszeichnet. Der U-förmige Block nimmt die Galerie auf, eine Folge kommunizierender Räume, die den Umriss des Gebäudes nachzeichnet und am Ende über eine überdachte Verbindungsbrücke an das Museumsgebäude des 19. Jahrhunderts anschließt. Der Bau ist eine Collage aus historischen Zitaten und »postmodernen« Lösungen, und eben das macht ihn ansprechend wegen seines spielerischen Charakters und zugleich verwirrend wegen seiner Komplexität. 1995 wurde die Galerie um einen Anbau erweitert, der die Staatliche Hochschule für Musik und darstellende Kunst aufnimmt.

Die innere Rotunde bildet den Brennpunkt des Gebäudes. Mit der Gesamtheit der klassischen Anspielungen – ein Fragment eines Gebälks, von zwei dorischen Säulen getragen, eine Folge runder Bögen, klassisch anmutende Statuen – ist sie zugleich eine Geste der Huldigung an die klassizistische Baukunst Schinkels.

Der durchdachte Einsatz der Materialien, die wie in einer Collage zusammengestellt sind, erleichtert das Lesen des Gesamtorganismus: die Wege sind durch rosafarbene und blaue Handläufe markiert, die Eingangszone durch metallene Schutzdächer, die Eingangshalle durch die gewellte Fensterwand; der zweifarbige Stein bildet die durchgehende Verkleidung des Gebäudes und verbindet es zudem hervorragend mit den älteren Gebäuden.

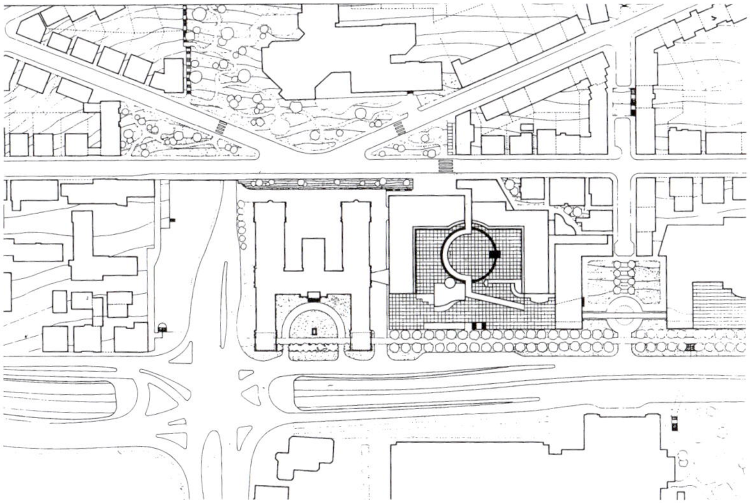

Das H-förmige Gebäude ist der Galeriebau des 19. Jahrhunderts, errichtet 1842; das Gebäude rechts daneben ist der Erweiterungsbau von Stirling und Wilford.

Die Unsicherheit am Ende des zweiten Jahrtausends
Mit dem Begriff Dekonstruktivismus wird eine von vielen Beobachtern der Postmoderne zugerechnete Strömung in der Architektur bezeichnet, die sich in den 1980er und 1990er Jahren in Europa und in den Vereinigten Staaten herausbildete. Sie kennzeichnet einen planerischen Ansatz, der, indem er die euklidsche Geometrie deformiert und sich von den üblichen Regeln der Proportion und Konstruktion klassischer und moderner Bauten verabschiedet, jede kohärente und straffe Regel zurückweist. Die wiederkehrenden Merkmale dieser Bauten sind im Allgemeinen das Schiefe, das Prekäre, die Disharmonie in der Verbindung von Formen und Materialien, die Unregelmäßigkeit. Die konventionellen Elemente der Architektur werden auseinander genommen und von neuem zu Formen zusammengesetzt, die häufig den Gesetzen der Schwerkraft widersprechen. Der Begriff wurde noch vor seinem Auftreten auf dem Feld der Architektur von dem Philosophen Jacques Derrida am Ende der 1960er Jahre verwendet, um die Vielfalt der möglichen Lesarten eines Textes zu beschreiben. 1988 wurde im Museum of Modern Art in New York eine wiederum von Philip Johnson vorbereitete Ausstellung zum Thema »Dekonstruktivistische Architektur« veranstaltet, die das Konzept nun auch in die Architektur einführte. Sieben Architekten waren mit ihren Werken vertreten, sie gelten als die wichtigsten Vertreter der neuen Tendenz: Frank O. Gehry, Daniel Libeskind, Rem Koolhaas, Peter Eisenman, Zaha Hadid, die Gruppe Coop Himmelb(l)au und Bernard Tschumi. Der Pionier unter ihnen ist allerdings Frank Gehry, der sich schon Ende der 1970er Jahre in Kalifornien mit ersten dekonstruktivistischen Experimenten versuchte, mit einer Serie von Gebäuden, in denen er ungewöhnliche Materialien in scheinbar instabilen Formen zusammenbringt. Seine Sprache, wie die Sprache vieler seiner Zeitgenossen, hat sich im Laufe der 1990er Jahre gewandelt. Sie hat eine Expressivität angenommen, die der Entwurfstätigkeit am Computer entspricht.

Coop Himmelb(l)au, UFA-Kinocenter, Dresden, 1993–1998
Häufig wird, wie auch hier, die hoch entwickelte Technik nicht dazu eingesetzt, die Qualität der Materialien zu verbessern, sondern dazu, absichtlich ein Bild der Unsicherheit und Instabilität zu erschaffen.

Frank O. Gehry, California Aerospace Museum, Los Angeles, 1982–1984
In diesem aus Anlass der Olympischen Spiele 1984 errichteten Gebäude gehen orthogonale Volumina, Vorsprünge, Schrägen, opake Wände und transparente Partien eine scheinbar zufällige Verbindung ein. Ein Kampfjet vom Typ F-104 hängt über dem Eingang.

Günter Behnisch, Hysolar-Institut, Universität Stuttgart, 1986–1987
Stahlträger, die aus der Konstruktion herausragen, schräg stehende Stützen, geneigte Flächen, Vorsprünge und ein Mix an Materialien charakterisieren dieses Institutsgebäude.

rechts
Frank O. Gehry, Bürohaus, Prag, 1993–1997
Die beiden Ecktürme heißen bei den Pragern »Ginger und Fred«. Wie ein Paar Balletttänzer scheinen sie einer den anderen zu halten und zu stützen.

Das zeitgenössische Museum

20.–21. Jahrhundert

Die großen Schöpfungen um die Jahrtausendwende
Eine Bauaufgabe, in die städtische Institutionen wie auch private Einrichtungen in den letzten Jahren spürbar investiert haben, ist das Museum. Museumsbaustellen haben in gewisser Hinsicht die Dombauhütten einer vergangenen Zeit ersetzt. Das Museum ist zu einem neuen städtischen Zentrum geworden; in vielen Fällen bildet es ein unerlässliches Element der Wiederaufwertung der Städte (etwa das Centre Pompidou in Paris), in anderen Fällen dient es der Erinnerung (etwa das Jüdische Museum in Berlin); es hat im Zusammenhang mit den sozialen und kulturellen Veränderungen der letzten Jahre einen Prozess der Revision und Modernisierung erfahren. Eine der größten Veränderungen betrifft die Nutzer. Das Museum ist nicht mehr einer gebildeten Elite vorbehalten, es ist für alle da: Intellektuelle, Touristen, Liebhaber, Kinder, Behinderte, Neugierige. Der Besuch im Museum beschränkt sich nicht auf die Betrachtung der Schätze und Kunstwerke, sondern wird zu einer Reise durch einen Mikrokosmos unterschiedlicher Aktivitäten, die alle etwas mit Kultur zu tun haben: Beobachten, lernen, bei Ereignissen mittun, sich treffen, spielen, kaufen, bummeln, essen und trinken. Die Architektur hat hier also repräsentative Funktion: sie muss die Aufmerksamkeit des Publikums und der Medien anziehen, sie muss von sich reden machen und dafür ein starkes, erkennbares Zeichen im Umfeld setzen; zugleich muss sie den Wünschen eines heterogenen und anspruchsvollen Publikums entsprechen, mithin ein breit gefächertes Angebot von Leistungen vorhalten in einem Ambiente, das gut ausgestattet ist und in dem man sich wohlfühlt. Das inhaltliche Panorama der in den vergangenen Jahren eingeweihten Museen ist sehr weit, die »Musealisierung« betrifft viele Interessengebiete: Die Formen der Kunst und der Wissenschaft, die Kultur der Völker und Nationen, das Zelebrieren bestimmter Konsumobjekte. Die Museumsgebäude repräsentieren die Vielfalt der zeitgenössischen Architektursprache.

Mario Botta, MART, Museo d'Arte Moderna e Contemporanea, Rovereto, 1988–1993
Das Herz des Botta-Museums ist ein großer zentraler Hof, um den sich die Ausstellungsräume und die übrigen Einrichtungen gruppieren. Eine große transparente Kuppel bedeckt und beleuchtet die große innere Piazza, die auch das Fehlen einer wirklichen städtischen Piazza vor dem Museum wettmacht. Auf ihr werden die Museumsbesucher empfangen, von ihr aus gelangen sie in die Museumsräume und die übrigen kulturellen Einrichtungen.

Hans Hollein, Vulcania, Saint-Ours les Roches, 2002
Der »Parc Européen du volcanisme«, von Hollein unweit eines erloschenen Vulkans in der Auvergne geplant, birgt einen Lehrpfad halb wissenschaftlicher, halb populärwissenschaftlicher Art zum Thema Vulkanismus und Geowissenschaften. Der wichtigste Teil ist ein 22 m hoher konischer Körper, außen mit dunklem Basalt, innen mit vergoldetem Metall verkleidet. Zur Verkleidung der übrigen Gebäude hat man ebenfalls den vulkanischen Stein der Umgebung verwendet.

Zaha Hadid, Contemporary Arts Center, Cincinnati, 2003
Das Netz der städtischen Plätze und Straßen setzt sich im Inneren des Museums in einem gewundenen Verkehrsweg fort, der als Treppe die sechs Stockwerke des Gebäudes verbindet und dabei die weitläufigen, auf die Rampe orientierten Ausstellungsräume durchquert.

Peter Zumthor, Kunsthaus, Bregenz, 1997
Ein schlichter glasverkleideter Betonkubus bildet einen zugleich diskreten und rasch erkennbaren Ort im Zentrum der Stadt am Bodensee.

Kulturzentren, Bibliotheken, Stätten des Lernens

Die Entwurfstätigkeit der vergangenen Jahrzehnte kreiste um die Neudefinition von Gebäuden wie Kulturzentren, Bibliotheken und Stätten des Lernens, die ebenso wie die Museen nach einer formalen Erneuerung verlangten. In der ganzen Welt sind neue Kulturzentren entstanden: Mehrzweckgebäude, die sich für unterschiedliche Aktivitäten eignen und ein Publikum mit unterschiedlichen Interessen anzuziehen vermögen, häufig Interessen, die mit der Wahrung der kulturellen Traditionen eines Ortes oder eines Landes zu tun haben. Beispiele sind Jean Nouvels Institut du Monde Arabe in Paris, das einen Ausstellungsbereich und ein Museum der Kunst und Geschichte des Islam beherbergt, oder das Kulturzentrum Tjibaou in Neukaledonien, das Renzo Piano für die Kultur der eingeborenen Kanak auf dem Territorium der französischen Kolonie entwarf. Auch die Bibliotheken legen ihren Ruf als dunkle und verstaubte Orte ab und machen sich neue Formen der Aufbewahrung, der Katalogisierung und der Nutzung ihrer Bestände zu eigen – hier sei darauf hingewiesen, dass das »papiergestützte« zunehmend durch ein multimediales System ersetzt worden ist –; sie brauchen also helle, komfortable Räume, in denen sie die Nachfrage nach neuen Dienstleistungen befriedigen können.

Die Welt der Wissensvermittlung, die im Mittelpunkt großer Veränderungen steht, ist ein fruchtbares Terrain für die Planung neuer didaktischer Räume mit der Nutzung innovativer Technologien.

Jean Nouvel, Institut du Monde Arabe, Paris, 1981–1987
Das hohe quaderförmige Gebäude, dem ein niedrigerer Bauteil von geschwungenen Formen beigegeben ist, verbindet abendländische Elemente mit islamischer Symbolik. Interessant sind die von den geometrischen Motiven der arabischen Kunst inspirierten, auf Licht reagierenden Aluminiumöffnungen, die in die Glasscheiben der Fassade eingefügt sind.

Renzo Piano Building Workshop, Kulturzentrum Jean-Marie Tjibaou, Nouméa, 1991–1998
Eine Serie gebogener Strukturen, die zugleich ein funktionierendes natürliches Belüftungssystem garantieren sollen, aus Holz und Stahl errichtet und an Schalen von Früchten erinnernd, bildet die Haupträume des Zentrums, das der Kultur der eingeborenen Kanak in Neukaledonien gewidmet ist. Das Zentrum umfasst Ausstellungsflächen, Lehrwerkstätten, ein Auditorium, Lehr- und Forschungsräume, Räume für den Tanz und andere traditionelle Ausdrucksformen. Die Aktivitäten verteilen sich entlang einer in die Natur eingebundenen Trasse.

Richard Meyer, Getty Center, Los Angeles, 1985–1997
Das Getty Center ist das flächenmäßig größte Projekt, das ein einzelner Planer im 20. Jahrhundert realisiert hat: 88 200 qm auf einem Areal von insgesamt 440 000 qm sind bebaut; das Center umfasst einen Museumskomplex, ein Auditorium, ein Forschungszentrum für Kunstgeschichte und Geisteswissenschaften, eine Bibliothek und ein Institut für Gemälde- und Skulpturenrestaurierung. Eine wahre Zitadelle der Kunst entfaltet sich zwischen Wegen, Gärten und Wasser.

Snohetta, Bibliothek, Alexandria, 1996–2000
Die neue Bibliothek erhebt sich auf dem gleichen Areal wie schon die historische Bibliothek von Alexandria, die am Ende des 4. Jahrhunderts von Ptolemäus I. gegründet worden war. Das Gebäude in Form eines Zylinderschaftes von 160 m Durchmesser hat ein Schrägdach und ist zwischen 20 und 30 m hoch. In die Außenwand sind die Schriften der Welt eingeschnitten.

Sportanlagen

20.–21. Jahrhundert

Der Sport wird zum Spektakel
Sportliche Veranstaltungen haben in den letzten Jahren eine Bedeutung angenommen, die neue Strukturen zur Aufnahme dieser spektakulären Events, die von einem immer zahlreicheren Publikum verfolgt werden, unerlässlich macht. Die Olympischen Spiele, die Fußballweltmeisterschaft, der Wintersport waren für viele Planer ganz besondere Herausforderungen, bei der die ästhetischen, normativen und funktionalen Aspekte nicht voneinander zu trennen sind. Die individuelle Sprache des einzelnen Architekten muss sich den strengen Normen der hochrangigen Wettkämpfe und den strukturellen Vorgaben im Zusammenhang mit der Größe und der speziellen Beschaffenheit der Anlagen anpassen. Ob Stadien oder Sportpaläste – es geht darum, große Räume zu realisieren, einzudecken und zu beleuchten und den ständigen Strom der Besucher zu koordinieren. Komplizierte neue Technologien und die Zusammenarbeit der Architekten mit Ingenieurbüros haben Gebäude von hoher Funktionalität und zugleich großer Eleganz entstehen lassen, wie die von Zaha Hadid auf dem Bergisel entworfene Sprungschanze, die in den Himmel über Innsbruck aufragt.

Santiago Calatrava, Olympiastadion, Athen, 2004, Detail des Dachs
Calatravas Aufgabe war es, die vorhandene olympische Anlage von Athen zu verbessern. Das Stadion erhielt eine neue Eindeckung aus Polykarbonat, die unabhängig ist von der ursprünglichen Konstruktion.

Eduardo Souto de Moura, Stadion, Braga, 2002–2003
Die Anlage wurde am Monte Castro in Portugal für die Europameisterschaft im Fußball 2004 geschaffen. Nur die Längsseiten des Fußballfeldes werden von Tribünen flankiert, deren eine sich an den Berg lehnt. Die Abdeckung mit einem Bündel von Spannseilen erinnert an die Hängebrücken der peruanischen Inka.

Zaha Hadid, Sprungschanze, Innsbruck, 2002
Die Anlage besteht aus einer Anlauframpe und einer Aussichtsplattform auf einem 43 m hohen Turm aus Beton. Die Rampe, 90 m lang, wird von einer Netzstruktur aus Stahl getragen. Die durchgehende Verkleidung mit Metallplatten gibt der Konstruktion ein fließendes und elegantes Aussehen.

Die Qualität des Raums

Von jeher waren die berühmtesten Architekten auch mit der Planung von Bühnenräumen befasst. Die gewachsenen Ansprüche der Theaterunternehmen wie des Publikums haben in den letzten Jahren zur Planung neuer oder zum Umbau vorhandener Spielstätten geführt, wobei sich zunehmend Probleme und Schwierigkeiten einstellten. Wenn dem Publikum ein umfangreiches und breit gefächertes Programm geboten werden soll, dann hat das eine Erweiterung der Räumlichkeiten zur Folge, deren strukturelle und technische Ausstattung den Forderungen nach Flexibilität und Vielseitigkeit Rechnung tragen muss, hinter denen vor allem ökonomische Überlegungen stehen. Häufig wird der gleiche Ort für die verschiedensten Veranstaltungen genutzt: für Konzerte, Ballett aufführungen, Vorträge, Lesungen. Das bedeutet, dass Funktionsräume (also Probenräume, Künstlergarderoben) und Räume nötig sind, die sich für immer komplexere szenische Aufführungen und für das Manövrieren besonders komplizierter Bühnenbilder eignen. Zu diesem Zweck wurden viele ältere Theaterbauten in jüngster Zeit erweitert oder umgebaut. Bei der Planung von Räumen für musikalische Aufführungen gilt die Aufmerksamkeit in erster Linie Lösungen, die eine exzellente Akustik garantieren können, etwas, das vor allem von der Form des Raums und der Wandverkleidung abhängt. Beides hat Einfluss auf die Nachhallzeiten und auf die Ausbreitung der Klangwellen; unterschiedliche Materialien absorbieren die Töne, die sich im Raum verteilen, auf unterschiedliche Weise. Die Zusammenarbeit zwischen Architekten und Tontechnikern ist in diesen Fällen also sehr wichtig. Hinzu kommt die Vereinbarkeit der Publikumsströme mit ansprechenden Räumen, einem breiten Serviceangebot und Sicherheitsvorkehrungen (Fluchtwege, adäquate Belüftung, Feuerschutzanlagen).

Mario Botta, Erweiterung des Teatro alla Scala, Mailand, 2002–2004
Bottas Eingriff bestand zum einen in der konservierenden Wiederherstellung des Saals und der Fassade Piermarinis, zum anderen in der Anfügung zweier neuer Bauteile an den hinteren Teil des Theaterkomplexes: eines Bühnenturmes in Form eines Kubus, der auch die neuen Probenräume aufnimmt, und eines elliptischen Baukörpers, in dem Künstlerzimmer, Garderoben und Funktionsräume untergebracht sind. Beide Anbauten sind mit Botticino-Marmor verkleidet.

Frank O. Gehry, Walt Disney Concert Hall, Los Angeles, 1999–2003
Dieses Projekt, 1989 initiiert und ab 1999 verwirklicht, ist das Schlüsselelement der Umgestaltung des Zentrums von Los Angeles. Der Außenbau ist mit Titanplatten verkleidet, die Innenvertäfelung besteht aus Douglasienholz, das eine exzellente Akustik garantiert.

Renzo Piano Building Workshop, »Parco della Musica«, Rom, 2002
Die Anlage setzt sich aus drei Sälen mit 700, 1200, 2800 Sitzplätzen zusammen, die auch von außen als solche zu identifizieren sind. Es handelt sich um drei Baukörper, ironisch als »coleotteri« (»Käfer«) bezeichnet, deren Dach als Resonanzkasten fungiert. Die Bleiverkleidung spielt auf die Kuppeln der römischen Kirchen an.

Stätten der Arbeit

20.–21. Jahrhundert

Die Ästhetik der großen Marken

Im 20. Jahrhunderts lassen sich immer wieder Beispiele dafür finden, dass das Erscheinungsbild einer Firma mit dem Namen eines Architekten oder mit einem bestimmten Gebäude verbunden wird. Hier mag der Hinweis auf die AEG und Peter Behrens oder auch auf die amerikanischen Wolkenkratzer wie das Chrysler Building genügen. Diese Tendenz ist noch immer lebendig, und heute ist die unterscheidende Wiedererkennbarkeit unerlässliches Werbemittel für jede Marke. Das gilt für die Industrie wie für den tertiären Sektor: Das Bild, mit dem Produktionsstätten und Büros sich nach außen präsentieren, reflektiert Geist und Stil eines Unternehmens. Bei der Innengestaltung geht es darum, das Publikum zu empfangen, aber auch ein Arbeitsklima zu schaffen, das zu der Umgebung passt, in der die Arbeit geleistet wird. Wie in der Vergangenheit ist die Zusammenarbeit zwischen Architekten und ihren Auftraggebern auch heute sehr wichtig, die Projekte entstehen aus dem Dialog über alle funktionalen und kommunikativen Vorgaben des jeweiligen Gebäudes, dessen Zweck auch darin besteht, die Aufmerksamkeit potentieller neuer Käuferschichten zu gewinnen. Hinzu kommen die Sensibilität und Kreativität des einzelnen Architekten, der durch den klugen Einsatz neuer Technologien und Materialien häufig Resultate von großer Ausdruckskraft erzielt.

Herzog & de Meuron, Produktionsstätten Ricola, Mulhouse-Brunstatt, 1992–1993
Der Süßwarenhersteller Ricola ist auf Produkte auf Kräuterbasis spezialisiert. In diesem Gebäude verbindet sich die Struktur aus Glas, Beton und Stahl mit ansprechenden Details wie den Platten der Außenverkleidung aus Polykarbonat mit vegetabilischen Motiven, die auf die bei der Produktion verwendeten Aromen anspielen.

Renzo Piano Building Workshop, Maison Hermès, Tokio, 2001
Das Gebäude steht in einem eleganten Geschäftsviertel von Tokio und zeichnet sich hier, in der Nachbarschaft sehr vieler auffälliger Bauten, gerade durch sein diskretes Erscheinungsbild aus. Die elf mit erdbebensicherem Glas verkleideten Geschosse sind nur nachts erleuchtet und verwandeln das Gebäude dann in einen großen Leuchtturm.

gegenüberliegende Seite
Frank O. Gehry, DG-Bank, Berlin, 1995–2000
Der Außenbau präsentiert sich entsprechend den Vorschriften der Bauordnung als nüchterner steinverkleideter Quader mit regelmäßig angeordneten Fenstern. Im Atrium aber entwickeln sich unerwartete Räume: Ein transparentes gewelltes Oberlicht garantiert natürliche Belichtung von oben, ein Raum in Form eines riesigen Pferdekopfs nimmt den Konferenzsaal auf.

Gebäude für den Kultus

20.–21. Jahrhundert

Die Orte der Spiritualität

Viele zeitgenössische Architekten haben sich der anspruchsvollen Aufgabe gestellt, »Orte der Spiritualität« zu konzipieren: Bauten von heute und zugleich Bauten, die Kulte und Liturgien repräsentieren sollen, deren Wurzeln in der Vergangenheit liegen. Die signifikantesten Beispiele dürften diejenigen sein, in denen sich Essentielles und Lyrisches zu einfachen Architekturen verdichten, die zugleich reich sind an symbolischen Bezügen, frei von Blendwerk und überflüssigem Dekor, die sich durch geschickte Lichtführung und sorgfältige Behandlung des Details auszeichnen. Das ist der Fall sowohl in der von Álvaro Siza in Marco de Canaveses in Portugal entworfenen Kirche als auch in der Lichtkirche von Tadao Ando in Osaka. In manchen Fällen bringt die Sensibilität der Planer ein Werk von großer Aktualität hervor, und dies ungeachtet der mehr oder weniger expliziten Anspielungen auf die Architektur der Vergangenheit. Ein Beispiel dafür ist die von Botta auf dem Monte Tamaro im Kanton Tessin gebaute Kapelle. Infolge der Migrationsbewegungen der letzten Jahre mussten und müssen Räume für neue religiöse Gemeinschaften geplant werden. Die Moschee Paolo Portoghesis in Rom ist eines der ersten Beispiele, bei denen islamische Symbole sich in die Realitäten der westlichen Welt einfügen.

gegenüberliegende Seite, oben
Tadao Ando, Lichtkirche, Osaka, 1989
Der große kreuzförmige Einschnitt in diesem einfachen Gehäuse aus Beton lässt das Licht einem Raum Sakralität verleihen, der offensichtlich in der Absicht geplant wurde, die Gläubigen vor den Ablenkungen der Außenwelt zu bewahren, sie zu Sammlung und Gebet einzuladen.

Mario Botta, Santa Maria degli Angeli, Monte Tamaro, 1990–1996
Das Kirchengebäude steht in 2000 m Höhe und entwickelt sich horizontal, parallel zum Bergrücken. Die Solidität der Volumina und die Verkleidung aus bossiertem Porphyr stehen im Dialog mit der Umgebung und erinnern an römische Bauten.

Paolo Portoghesi, Moschee und islamisches Kulturzentrum, Rom, 1975–1993
Die dünnen Stützen, die Rippen, die ineinander verflochtenen Bögen, das diffuse, von den Kuppeln gefilterte Licht erschaffen eine Atmosphäre, die sich mit der traditionellen islamischen Moschee vergleichen lässt.

rechts
Álvaro Siza, Santa Maria, Marco de Canaveses, 1990–1996
Strenge und Wesentlichkeit zeichnen dieses imposante weiße Bauwerk aus, dessen Inneres reich an durchdachten Details ist. Dazu gehört ein Fensterband an der rechten Seite des Kirchenschiffs, das den Gläubigen den Blick auf die Berge der Umgebung eröffnet. Der Sockel aus Granit verankert das Gebäude fest im Boden. Das gleiche Material wurde auch für die Einfassung des Patios neben der Kirche verwendet.

Die Verbindungswege des neuen Jahrtausends

Das Wirtschaftswachstum der zurückliegenden Jahrzehnte, die Zunahme der Touristenrouten, ein immer weniger statischer Lebensstil, die Verbilligung des Reisens haben für eine Vervielfältigung der »Ortsveränderungen« gesorgt. Die Zunahme des Luftverkehrs und die Gründung neuer Fluggesellschaften machten die Erweiterung der bestehenden Flughäfen und den Bau neuer Landeplätze erforderlich. Der durch die neuen Hochgeschwindigkeitstrassen effizienter gewordene Eisenbahnverkehr und die flächenmäßige Ausdehnung der Städte haben neue Bahn- und U-Bahn-Stationen entstehen lassen; Modernisierung und Erweiterung des Straßennetzes haben den Bau neuer Infrastrukturen und Verbindungswege befördert. Aufgaben, die im Allgemeinen ausschließlich dem Ingenieurbau anvertraut waren, gehen mittlerweile mit Geschick auch zeitgenössische Architekten an, die es in Zusammenarbeit mit den technischen Büros verstanden haben, auch mit sehr schwierigen Aufträgen fertig zu werden.

Renzo Piano Building Workshop, Kansai Airport, Osaka, 1988–1994
Der Flughafen liegt auf einer künstlichen Insel, die eigens angelegt wurde, um die dicht besiedelten Wohnviertel vor der Geräuschbelästigung durch den Start- und Landeverkehr zu schützen. Der Terminal für die Fluggäste erstreckt sich über 1,7 km längs einer Küste der Insel. Das gewellte Stahldach liegt eng auf den Stützen.

Nicholas Grimshaw, Waterloo Station, London, 1993
Der Bahnhof Waterloo ist ein Knotenpunkt an der Hochgeschwindigkeitslinie, die England mit Frankreich verbindet. Ein gläsernes Dach, getragen von einer blauen Stahlkonstruktion, begleitet den geschwungenen Verlauf der Gleise und Bahnsteige – eine Anspielung auf die Stahl- und Eisen-Konstruktionen englischer Bahnhöfe des 19. Jahrhunderts.

Santiago Calatrava, Europa-Brücke, Orléans, 1996–2000
Der Entwurf wurde unter Inanspruchnahme neuester konstruktiver Techniken realisiert. Ein einziger geschwungener Bogen, auf zwei dreiarmigen Betonsockeln ruhend, »trägt« eine Brücke von 470 m Länge. Bogen und Brücke bestehen aus Stahl.

Zaha Hadid, Terminal Hoenheim-Nord, Straßburg, 2002
Ein schmales, durchgehendes Betonband und eine dichte Folge unterschiedlich geneigter Stützen bilden einen Umsteigepunkt für den Auto- und Zugverkehr vor den Toren der Stadt. Die Stadtverwaltung von Straßburg will damit und mit der Einrichtung zweier neuer Bahnlinien den Autoverkehr in der Innenstadt eindämmen.

Paris

Ende 20. Jahrhundert

Die »grands projets« vom Ende des Jahrtausends
Was in Paris in den vergangenen dreißig Jahren gebaut wurde, scheint die *grands projets* der Herrscher des 18. und 19. Jahrhunderts keineswegs zu verleugnen. Präsident Pompidou förderte die Errichtung des Kulturzentrums, das seinen Namen erhielt; sein Nachfolger Valéry Giscard d'Estaing machte den Weg frei für die neue Nutzung der Gare d'Orsay und andere interessante Maßnahmen wie den Bau des Quartiers La Défense, eines neuen Verwaltungs- und Finanzzentrums der Stadt, und die Anlage des Parc de la Villette. François Mitterand, der das Präsidentenamt von 1981 bis 1995 innehatte, bekundete schon bei seinen ersten öffentlichen Auftritten seine Absicht, die Vorhaben seines Amtsvorgängers zu Ende zu führen und neue öffentliche Bauten auf den Weg zu bringen; er beförderte damit die Initiativen der jungen Architektengeneration. Ende der achtziger und Anfang der neunziger Jahre wurden dann in der Tat wichtige Bauvorhaben abgeschlossen, so die neue Opéra an der Bastille, die funktionsgerechte Umgestaltung des Louvre, die neue Nationalbibliothek und das Institut du Monde Arabe. Ikone des neuen Paris ist allerdings der große Arc de la Défense, in dem staatliche und private Büros untergebracht sind, von dem Dänen Otto von Spreckelsen in Achsenbeziehung mit dem napoleonischen Arc de Triomphe entworfen und zur 200-Jahr-Feier der französischen Revolution eingeweiht.

Gae Aulenti, Musée d'Orsay, 1980–1986
Das Museum entstand im Zuge der Umgestaltung des im Jahr 1900 erbauten Bahnhofs Orsay im Hinblick auf die neue Nutzung. Der neue Museums-»pfad« entwickelt sich entlang der großen Halle des ursprünglichen Gebäudes.

Dominique Perrault, Bibliothèque Nationale, 1989–1997
Die »Très Grande Bibliothèque« besteht aus vier gläsernen Türmen, die eine rechteckige Plattform definieren, in deren Zentrum sich ein Gartenhof öffnet. Die Lesebereiche sind auf diesen grünen Raum orientiert. Der gesamte Komplex kann etwa 4000 Benutzer aufnehmen.

Johann Otto von Spreckelsen, Grande Arche, 1982–1989
Die Grande Arche, ein symbolisches Eingangstor zur Stadt, bildet das westliche Ende eines ideellen Parcours, der den Louvre, den Arc de Triomphe und die Place de la Défense verbindet. Es handelt sich um einen 110 m hohen, mit weißem Marmor verkleideten Kubus.

gegenüberliegende Seite
Ieoh Ming Pei, Grand Louvre, Eingangspyramide, 1983–1993
Die Pyramide ist das auffälligste der Elemente, die im Zuge der Erneuerung des Louvre in diversen Bereichen des Komplexes geschaffen wurden. Die 21 m hohe Konstruktion aus Stahl und Glas bildet den neuen Eingangsbereich des Museums. Im Souterrain befinden sich Service-Einrichtungen für die Besucher.

Die Baustelle der deutschen Wiedervereinigung
In den letzten Jahren hat die Stadt Berlin tief greifende Veränderungen erfahren. Das neue Gesicht der Stadt geht im Wesentlichen auf die Wiedervereinigung im Jahr 1989 zurück, allerdings war im Westteil der Stadt schon seit den siebziger Jahren eine heftige Debatte im Gang über die Frage, wie man dem fortschreitenden Niedergang großer städtischer Areale begegnen könne. Die gewaltigen Kriegsschäden, die planlosen Abbrüche und Rekonstruktionen der Nachkriegszeit und der Bau der Mauer 1961 hatten schwer wiegende Folgen für die urbanistische Ordnung Berlins. 1979 kam ein großes Programm zur Stadterneuerung im Rahmen der IBA = Internationale Bauausstellung auf den Weg, das gegen Ende der achtziger Jahre abgeschlossen war. Mit dem Fall der Mauer und der Einsetzung als deutsche Hauptstadt hat sich Berlin zu einem großen »urbanen Labor« entwickelt. Von 1993 an wurden Architekten aus der ganzen Welt aufgefordert, ihren Beitrag zur Erneuerung der Stadt zu leisten – neue Infrastrukturen zu schaffen, große innerstädtische Areale aufzuwerten und die gewaltigen Lücken, die sich nach dem Fall der Mauer im Stadtbild präsentierten, mit neuen Bauten zu schließen.

Aldo Rossi, Quartier Schützenstraße, 1992–1998
Ausgangspunkt dieses Unternehmens war der Gedanke, einen Dialog mit der Geschichte des Ortes aufzunehmen. Das Viertel gliedert sich um ehemalige Innenhöfe, traditionelle Elemente des Berliner Stadtbildes im 19. Jahrhundert. Die Front zur Straße präsentiert sich als Zitat verschiedener Haustypen, wie Bestandsfragmente zusammengefügt.

Foster & Partner, Umgestaltung des Reichstagsgebäudes, 1995–1999
Eines der Symbole des neuen Deutschlands ist das Gebäude des Parlaments, das 1894 errichtet, 1933 durch Brand zerstört und im Zweiten Weltkrieg bombardiert wurde. Die Umgestaltung sah die Wiederherstellung des Bestands und eine gläserne Kuppel vor, durch deren Inneres eine als Spirale ausgebildete Rampe führt.

Helmut Jahn, Sony Center, 1995–2000
Der Komplex erhebt sich auf dem Areal, das dem Potsdamer Platz benachbart ist, dem Zentrum des mondänen Berliner Lebens der 1920er Jahre. Der Platz wurde im Zweiten Weltkrieg bombardiert und nach der Errichtung der Mauer verlassen. Ab 1995 wurde das gesamte Areal einer ehrgeizigen, von drei multinationalen Unternehmen finanzierten Umgestaltung unterworfen, an der mehrere Architekten beteiligt sind, unter ihnen Renzo Piano und Arata Isozaki. Helmut Jahn erhielt den Auftrag, den Sony-Komplex zu errichten, der die europäischen Büros des Konzerns und eine öffentliche Piazza aufnimmt. Diese Piazza ist von einem großen transparenten Dach überwölbt.

gegenüberliegende Seite, unten
Daniel Libeskind, Jüdisches Museum, 1988–1999
Das Gebäude, ein Denkmal für den Holocaust in urbanem Maßstab, ist reich an symbolischen Gehalten. Eine Mauer durchläuft im Zickzack, wie ein tiefer Riss im Relief den Boden der Stadt. Die mit Zinkplatten verkleideten Wände sind ihrerseits von Einschnitten durchzogen, die einer willkürlichen Logik folgen, eben jener Logik, von der die Mörder sich leiten ließen.

Die Umgestaltung der Docklands

In den letzten Jahren hat das Gesicht Londons ebenso wie das vieler anderer europäischer Städte große Veränderungen erfahren. Der Übergang von einem auf der industriellen Produktion basierenden Wirtschaftssystem zur post-industriellen Realität hat zur Veränderung der Stadt beigetragen, in der riesige ungenutzte Areale umgewidmet und neue Servicebauten für den wachsenden Dienstleistungssektor errichtet werden mussten – Banken, Büros und kulturelle Zentren in Reaktion auch auf den zunehmenden Tourismus.

Im Mittelpunkt dieser Umgestaltungsmaßnahmen stand das Gebiet der Docklands: die Molen, Anlegestellen und Lagerhäuser am Ufer der Themse, die mit dem Betrieb des Londoner Hafens zusammenhingen, der 1972 geschlossen wurde. Die Initiativen in den Docklands hatten ihren Schwerpunkt im Bereich der Canary Wharf auf der Isle of Dogs, die von der Regierung Thatcher zur »Enterprise zone« erklärt und der Aufsicht der London Docklands Development Corporation unterstellt wurde. Diese Gesellschaft hatte den Auftrag, aus dem von Lagerhäusern beherrschten Areal einen neuen wirtschaftlichen und finanziellen Brennpunkt der Stadt zu machen. Die Arbeiten kamen Ende der 1980er Jahre in Gang; um einen zentralen Platz wuchsen hohe Bürobauten in die Höhe, unter denen eines als Symbol von Canary Wharf herausragt: ein von Cesar Pelli entworfener Turm mit pyramidenförmiger Spitze. An dieser speziellen Maßnahme waren zwar vor allem amerikanische Architekten beteiligt wie eben Cesar Pelli und das Büro Skidmore, Owings & Merrill; zu den wichtigsten Protagonisten der Umgestaltung der Stadt gehören aber auch zwei Londoner, Richard Rogers und Norman Foster, die zusammen mit europäischen Kollegen wie den Schweizern Herzog & de Meuron das Gesicht der Stadt veränderten und bei ihren Bauten mit den jeweils neuesten Technologien experimentieren.

Foster & Partner, Swiss Re Tower, 2003
Der Turm, an seiner Form leicht zu erkennen, erhebt sich im Herzen der Londoner City und ist das neue Verwaltungsgebäude der Versicherungsgesellschaft Swiss Re. An seiner Stelle stand zuvor ein viktorianisches Gebäude, das von einer IRA-Bombe beschädigt und in der Folge abgebrochen wurde. Der kreisförmige Grundriss verjüngt sich zur Spitze hin. Die interessante Verglasung reduziert den Angriff des Windes auf die Fassade und lässt natürliches Licht in die Innenräume fallen.

Cesar Pelli, One Canada Square, 1991
Das von Pelli entworfene Gebäude an der Canary Wharf ist die Ikone der Aufwertung der Docklands: ein 236 m hoher Turm, der mit einer Pyramide abschließt und rundum mit Stahl verkleidet ist. Gegenwärtig beherbergt er die Büros der beiden Tageszeitungen »The Daily Telegraph« und »The Independent«.

Herzog & de Meuron, Tate Modern, 1994–2000
Der neue Ausstellungsbereich am Themse-Ufer, gegenüber von St. Paul's, ist ein gelungenes Beispiel der Umnutzung eines älteren Gebäudes. Die Galerie nimmt die Bereiche ein, die von der elektrischen Zentrale der nach dem Zweiten Weltkrieg von Gils Gilbert Scott geplanten Bankside Power Station aufgegeben wurden. Das Herz des Gebäudes ist der ehemalige Turbinenraum, mehr als 30 m hoch und heute das Eingangsatrium des Museums.

Barcelona

20.–21. Jahrhundert

Das moderne Gesicht des demokratischen Spanien
Nach dem Ende der Diktatur mit dem Tod Francos 1975 und nach den ersten demokratischen Wahlen von 1979 begann in Spanien eine Zeit reger Bautätigkeit, die vor allem dem Ziel diente, der Nation ein modernes Gesicht zu geben, die notwendigen Infrastrukturen zu schaffen und den Anliegen der öffentlichen Institutionen gerecht zu werden. Im Blick auf die Olympischen Spiele von 1992 wurde die Stadt Barcelona einer ehrgeizigen Umgestaltung unterzogen, an der mehr als 150 Architekten mit der Planung von über 300 neuen Gebäuden beteiligt waren. Eine Schlüsselrolle hatte Oriol Bohigas als Leiter des Stadtplanungsamtes von Barcelona. Seine Aufgabe bestand in der Koordinierung der verschiedenen Projekte eines übergreifenden organischen Programms. Die Kampagne beschränkte sich nicht auf den Bau neuer Häuser, sondern schloss die Umgestaltung auch öffentlicher Räume, die Wiederherstellung stark heruntergekommener Gebäude und die Reorganisation der Fußgängerwege und Autostraßen ein. Die großen Maßnahmen, die der Stadt ein neues Gesicht verleihen sollten, konzentrierten sich auf die Küste; baufällige Quartiere, leer stehende Fabrikhallen und nicht mehr genutzte Hafengebäude wurden abgerissen. An ihre Stelle traten Strandpromenaden, Hotelbauten, Geschäfte, Restaurants und Nachtlokale.
Die Organisation des Forums der Kulturen 2004 diente als Anstoß zur neuerlichen Nutzung eines riesigen Areals zwischen dem Port Olimpic und dem Fluss Besòs, auf dem neue Wohnquartiere errichtet wurden, und zur Anlage einer Flaniermeile an der Küste mit Gärten und touristischen Attraktionen.

Herzog & de Meuron, Forum Building, 2000–2004
Das Gebäude, das die Veranstaltungen des von Mai bis September 2004 in Barcelona vorgesehenen Forums der Kulturen aufnehmen sollte, bildet den Brennpunkt der Maßnahmen zur Aufwertung des Gebiets zwischen dem Port Olimpic und der Mündung des Flusses Besòs. Ein großes blaues Dreieck, zum Meer gewandt, mit »eingeritzten« Öffnungen und transparenten Partien enthält ein Auditorium für 3200 Personen. Umgeben ist es von Wegen und überdachten Bereichen mit den Zugängen zu Restaurants, Ausstellungsflächen, Büros und Ruhezonen.

Arata Isozaki, Sportpalast, San Jordi, 1983–1992
Isozakis Sportpalast, als Mehrzweckhalle zunächst für die Olympischen Spiele von 1992 konzipiert, sollte in der Folge auch andere Veranstaltungen beherbergen. Das Gebäude zeichnet sich durch sein imposantes Dach mit einer zentralen Kuppel aus.

Rafael Moneo, Auditorio Municipal, 1999
Das Auditorium von Rafael Moneo gehört zu den bedeutendsten kulturellen Bauten des neuen Barcelona und zu den größten Zentren klassischer Musik in Spanien. Es nimmt eine ganze Parzelle des Quartiers Eixample ein, beherbergt einen Kammermusiksaal und einen großen Konzertsaal. Die Fassade wird durch die vertikale Folge der Betonstützen gegliedert, die Stahlplattenverkleidung unterstreicht den strengen Eindruck.

Frank O. Gehry, »Peix«, Skulptur für das Olympische Dorf, 1992
Die riesige Fischgestalt, von Gehry mit Hilfe der Sofware »Catia« entwickelt – sie wurde auch für die Planung des Guggenheim-Museums von Bilbao herangezogen –, beherrscht den Port Olimpic. Die aus Anlass der Spiele von 1992 wiederhergestellte lange Küstenpartie liegt nordöstlich von Port Vell, dem alten Hafen von Barcelona, der bereits zu Beginn der achtziger Jahre umgestaltet wurde.

Frank O. Gehry

Guggenheim-Museum in Bilbao

1991–1997

Das Museum in Bilbao ist die Frucht des Zusammentreffens der Verwaltung des Baskenlandes mit der Solomon R. Guggenheim Foundation. Es entstand als Teil eines umfangreichen Programms zur urbanen Neugestaltung und zur Entwicklung des Tertiärsektors in Reaktion auf die Krise der achtziger Jahre, den Zusammenbruch der Transportindustrie zur See, die bis dahin der wichtigste Teil der lokalen Wirtschaft gewesen war. Ein neues Museum sollte als Anziehungspunkt für Touristen und als Quelle frischer Ressourcen aus dem Ausland den Prozess der wirtschaftlichen Erholung der Stadt ankurbeln.

Nachdem der geeignete Platz für das neue Ausstellungsgelände, ein aufgegebenes Gebiet am Ufer des Flüsschens Nervión, gefunden war, wurde ein eingeladener Wettbewerb ausgeschrieben. Die Aufforderung zur Teilnahme erging an den Japaner Arata Isozaki, die Österreicher Coop Himmelb(l)au und den Amerikaner Frank O. Gehry. Die wichtigsten Vorgaben des Direktors der Guggenheim Foundation, Thomas Krens, forderten ein attraktives, leicht zu erkennendes Gebäude, das einen Bezug zum urbanen Umfeld und zur weiteren Umgebung, der angrenzenden Puente de la Salve und dem Hügel jenseits des Flusses, herstellen und Werke der modernen Kunst von großen Dimensionen aufnehmen sollte. Am 21. Juli 1991 fiel die Entscheidung zugunsten des Entwurfs von Frank O. Gehry, im Oktober 1993 wurde der Grundstein des neuen Museums gelegt, am 9. Oktober 1997 wurde es eingeweiht. Die geniale Idee Gehrys, eine hoch entwickelte Software der französischen Luftfahrtgesellschaft Dassault, mit der es möglich war, die Utopie in die Realität zu überführen und die Orthogonalität der euklidschen Geometrie zu überwinden, und die Beratung durch das Büro Skidmore, Owings & Merrill aus Chicago ließen ein außergewöhnliches architektonisches Objekt entstehen, charakterisiert durch die Folge konkaver und konvexer Flächen, die, verkleidet mit Stein- und Titanplatten, ihre Farbe je nach der Intensität des auftreffenden Lichtes wechseln und sich im Wasser des Flusses Nervión spiegeln.

Über eine Fußgängerbrücke, die das Museum mit der Altstadt von Bilbao verbindet, gelangt man an den Eingang. Eine Freitreppe führt hinunter ins Herz des Gebäudes, ein 50 m hohes, von einem großen Fenster belichtetes Atrium, von dem aus die Besucher über Fahrstühle und Rampen in die Ausstellungsräume gelangen. Die Konstruktion besteht aus Stahl und Beton, die Außenverkleidung aus Kalkstein, verputztem Mauerwerk und Titan. Charakteristisches Element ist die 0,3 mm starke Titanhaut, die das Gebäude umhüllt. Titan ist ein dehnbares Metall, flexibel und zugleich sehr widerstandsfähig; es kann je nach der Sonneneinstrahlung alle möglichen Färbungen annehmen.

Renzo Piano Building Workshop, London Bridge Tower, London, geplant für 2009

Der Turm soll im Zentrum Londons, in der Nähe der Themse und der Station London Bridge entstehen. Eine »Klinge«, die sich nach oben verjüngt, wird 306 m hoch in den Himmel von London aufragen. In den 66 Geschossen sollen Geschäfte, Hotels, Büros, Wohnungen und ein Museum Platz finden.

Cesar Pelli, Petronas Towers, Kuala Lumpur, 1998

Die Petronas Towers sind gegenwärtig die höchsten Gebäude der Welt: Mit 88 Geschossen ragen sie, 452 m hoch, von einem gemeinsamen Sockel aus parallel zueinander in den Himmel von Malaysia. Eine Galerie in Höhe des 41. Stockwerks verbindet die Türme miteinander. Der Grundriss, gewonnen aus der Überschneidung zweier Quadrate, die durch Kreissegmente verbunden sind, erinnert an islamische Symbole.

Zwischen Technologie und Ökologie

1956 stellte Frank Lloyd Wright sich das futuristische Projekt eines gut 1,5 km hohen Wolkenkratzers vor, einer Konstruktion mit 528 Geschossen, in denen 130 000 Menschen wohnen könnten. Es war eine der vielen Utopien des 20. Jahrhunderts: Die Architekten träumten von urbanen Szenarien, die unausführbar waren, weil es an den technologischen und ökonomischen Voraussetzungen fehlte. Heute sind einige der fortschrittlichsten Architekturbüros der Welt tatsächlich mit ehrgeizigen technologischen Herausforderungen konfrontiert und setzen, wenn auch in kleinen Schritten, den Wrightschen Traum in die Realität um. Im Jahre 2009 soll der London Bridge Tower fertig sein, der mit 306 Metern höchste Wolkenkratzer Europas, entworfen von Renzo Piano; in Südostasien entstehen soeben die höchsten Wolkenkratzer der Welt; seit 1998 erheben sich in Kuala Lumpur in Malaysia die Petronas Towers von Cesar Pelli, die 452 m hoch sind, sehr viel weniger als der über 800 m hohe Millennium Tower, ein Projekt von Norman Foster, das im nächsten Jahrzehnt in der Bucht von Tokio realisiert werden soll.

Auf der einen Seite ermöglicht es die Technologie inzwischen, Bauten zu errichten, von denen man bis vor wenigen Jahrzehnten nur träumen konnte, auf der anderen Seite sucht die Architektur mittlerweile aber auch nach neuen Möglichkeiten, verantwortungsbewusster mit den Ressourcen umzugehen, um der fortschreitenden Veränderung der ökologischen Bedingungen unseres Planeten zu begegnen. Technologien beziehungsweise Anlagen, mit denen sich der Energieverbrauch senken oder aber neue Energiequellen erschließen lassen, etwa die thermische Isolierung von Gebäuden oder die Nutzung der Sonnenenergie, sind nur einige der vielen großen Herausforderungen, die sich im dritten Jahrtausend stellen.

Shigeru Ban und Frei Otto, Japanischer Pavillon, Expo 2000, Hannover
Das Thema der Expo in Hannover lautete »Menschheit, Natur und Technologie«. Japan stellte sich mit diesem experimentellen Pavillon vor, der ausschließlich aus ökologischen und wieder verwendbaren Materialien bestand, im Wesentlichen aus Holz und Papier. Die feuerhemmende Eindeckung bestand aus Polyester, verkleidet mit eigens für diesen Zweck entwickelten Polymeren.

Nicholas Grimshaw, Eden Project, St. Austell, Großbritannien, 2001
Das Eden Projekt entstand als Antwort auf die Grundsätze, die von der Umweltkonferenz der Vereinten Nationen 1992 verkündet worden waren. Sie haben die Förderung eines verantwortungsbewussten Umgangs mit den Ressourcen des Planeten zum Inhalt, um allen Menschen eine lebenswerte Zukunft zu ermöglichen. Acht Biosphären mit subtropischen und Wüstenbedingungen geben dem Besucher Gelegenheit, Tausende von Pflanzen aus verschiedenen natürlichen Lebensräumen kennen zu lernen: das größte Gewächshaus der Welt.

Biografien

Aalto, Alvar Hugo Henrik
(Kuortane 1898 – Helsinki 1976)
1916–1921 Architekturstudium am Polytechnikum Helsinki. In den folgenden Jahren Reisen in Skandinavien, nach Zentraleuropa und nach Italien. Beginn seiner Berufstätigkeit 1921, im folgenden Jahr Eröffnung seines ersten Architekturbüros in Jyväskylä. Nach der Übersiedlung nach Turku 1927 wendet Aalto sich vom Neoklassizismus seiner ersten Arbeiten ab, nähert sich den Anliegen des europäischen Funktionalismus und gelangt zur Formulierung eines sehr persönlichen Stils, einer Synthese aus abstrakten und naturalistischen Formen. Mitte der 1930er Jahre gründet er die Möbelfirma Artek. 1940 Lehrtätigkeit am Massachusetts Institute of Technology. Nach Finnland zurückgekehrt, lässt er sich endgültig in Helsinki nieder, wo nach dem Krieg die originellste und expressivste Phase seiner Laufbahn beginnt. In dieser Zeit entstehen zahlreiche Bauten im Ausland und eine Reihe interessanter städtebaulicher Projekte.

Adam, Robert
(Kirkcaldy 1728 – London 1792)
Robert Adam bildete sich in Rom an den Werken Piranesis und Raffaels und studierte die Ruinen von Herkulaneum, Pompeji und Spalato. Zusammen mit seinem Bruder James entwarf er zahlreiche Landsitze und Häuser für Londoner Privatleute (Kedleston Hall, 1761; Osterley Park, 1761), wobei er sich in vielen Fällen auch um den Dekor und die Innenausstattung kümmerte und in diesem Rahmen geschickt zwischen Räumen von monumental-archäologischem Charakter (Syon House, 1762) und anderen, eher intimen und nüchternen Gestaltungen wechselte. Berühmt geworden, widmete er sich auch städtebaulichen Projekten großen Maßstabs (der zerstörte Wohnkomplex »Adelphi« am Ufer der Themse in London, 1768) und öffentlichen Bauten (Universität Edinburgh, 1789). Der Adam-Stil vereinigt neopalladianische und archäologische Elemente mit einem von der Renaissance geprägten Dekor und bringt auf diese Weise einen eleganten und verfeinerten »häuslichen« Klassizismus hervor.

Alberti, Leon Battista
(Genua 1404 – Rom 1472)
Vielseitig und fruchtbar als Traktatist und Architekt, ist Alberti die Symbolfigur des Künstler-Intellektuellen der humanistischen Ära. Nach ersten Studien an den Universitäten Padua und Bologna siedelte er 1432 nach Rom über. Er studierte die Architektur der Antike und »aktualisierte« sie in seinen Schriften wie auch in konkreten Planungen, Restaurierung und Integration von Denkmalen. In Florenz entwarf er den Palazzo Rucellai, den Prototyp des herrschaftlichen Wohnbaus der Renaissance, und entwarf mit dem Tempietto del Santo Sepolcro, der dem Palast angefügt ist, ein Juwel an Maß und Dekor. Noch komplizierter ist 1450 sein nicht vollständig ausgeführter Entwurf des Tempio Malatestiano in Rimini, eine Kombination klassischer architektonischer Motive, die unvoreingenommen auf einen Sakralbau appliziert werden. 1459 geht er an den Hof der Gonzaga nach Mantua, wo er die Kirchen San Sebastiano und Sant'Andrea baut.

Ammannati, Bartolomeo
(Settignano 1511 – Florenz 1592)
Architekt und Bildhauer, Vertreter des Florentiner Manierismus. Ammannati nimmt die stilistischen Themen der Spätrenaissance auf und entwickelt sie weiter, mit dem Resultat, dass er sich von den betont profanen und intellektualistischen Werken in seinen letzten Lebensjahren lossagt – beherrscht von einer religiösen Einstellung, die durch seinen Kontakt mit den Jesuiten geweckt worden war. Um 1540 Mitarbeiter Jacopo Sansovinos in Venedig; wichtige Schaffensperiode in Rom (1550–1555), während derer er an Marmordenkmälern und an der Vollendung des Nymphäums der Villa Giulia arbeitet, des Prototyps eines manieristischen Gartens. Wieder in Florenz, wird er mit der Fertigstellung bedeutender Gebäude beauftragt, so der Biblioteca Laurenziana, des Salone dei Cinquecento im Palazzo Vecchio und vor allem des Palazzo Pitti, für den er den großartigen Hof plant, der sich auf die Boboli-Gärten öffnet. Symbol seiner Kunst ist der große Neptunsbrunnen (1563–1577) auf der Piazza della Signoria, an dem sich hochelegant-fließende mit grob-rhetorischen Partien abwechseln.

Ando, Tadao
(Osaka 1941)
Die Eindrücke, die er auf seinen Reisen in Europa, Amerika und Afrika vor 1969 sammelte, dem Jahr der Eröffnung seines ersten Architekturbüros, stehen am Anfang der ständigen Synthese zwischen Orient und Okzident, die das gesamte Werk Tadao Andos kennzeichnet. Von einem introspektiven Minimalismus und der geometrischen Einfachheit, die seine ersten Werke auszeichnen, geht er zu immer komplexeren und immer stärker gegliederten Organismen über, in denen allerdings ein stets eleganter und abstrakter Gebrauch «armer« Materialien ebenso fundamental bleibt wie der Wunsch, die architektonischen Formen selbst mit natürlichen Elementen zu ergänzen, mit Wasser, Licht und Wind. Ein Beispiel dafür bildet der Japanische Pavillon auf der Weltausstellung in Sevilla (1992), mit dem Ando sich internationalen Ruhm erwarb.

Arnolfo di Cambio
(Colle Val d'Elsa ca. 1245 – Florenz 1302)
Arnolfo di Cambio war Bildhauer und Architekt und besaß eine solide klassische Bildung. Nach dem Vorbild seines Lehrers Nicola Pisano ließ er sich von der Monumen-

talplastik des antiken Rom anregen, was an der Bronzestatue des Heiligen Petrus in der Peterskirche gut zum Ausdruck kommt, blieb dabei aber sensibel für die linearen Werte der französischen Gotik. In den letzten Jahren seines Lebens gewann er noch an künstlerischer Potenz durch das neu erwachte Interesse an der Architektur, vermittelt durch die beiden großen römischen Ziborien für San Paolo fuori le Mura (1285) und für Santa Cecilia (1293), in denen sich architektonische Schemata auf originelle Weise mit plastischen Teilen mischen. Zwischen 1296 und 1302 plant und begleitet er Bau und Dekoration von Santa Maria del Fiore in Florenz. Auch die Grundidee des Palazzo Vecchio geht auf Arnolfo zurück.

Asam, Cosmas Damian
(Benediktbeuern 1686–München 1739)
Asam, Egid Quirin
(Tegernsee 1692–Mannheim 1750)
Die Gebrüder Asam stehen für die große Zeit des Rokokodekors in Süddeutschland. Die Asams übersetzten die barocke Freude am Szenografischen in überschäumende, mitreißende Formen. Egid Quirin, vor allem Bildhauer und Plastiker, ist zuständig für die Altäre, die Statuengruppen, das Ornament; Cosmas Damian dagegen bevorzugt die Tätigkeit als Maler, die auf seine römischen Studien zurückgeht, die er aber frei betreibt mit Formen, Farben und Prospekten, die sich im offenen Himmelsgrund verlieren. Zu ihren bedeutendsten Werken zählen die Kirchen von Aldersbach, Rohr, Weingarten, Weltenburg und Straubing. Ab 1733 widmen die Brüder Asam sich der Errichtung und Ausschmückung der Kirche Sankt Johann Nepomuk in München, die sich wie eine strahlende Theaterszene aufbaut.

Aulenti, Gae
(Palazzolo dello Stella, Udine 1927)
Studienabschluss 1954 am Polytechnikum Mailand, 1956 Eröffnung eines Büros; Planungstätigkeit auf den Gebieten Architektur, Innenraumgestaltung, Industrial Design und Bühnenbildnerei. Zwischen 1980 und 1986 Mitarbeit an den Plänen zur Umnutzung der Pariser Gare d'Orsay als Museum. Sie besorgte die Umgestaltung des Palazzo Grassi in Venedig (1986) und des Museo Nacional de Arte Catalana in Barcelona (1987–2004). 1996 gewann sie den Wettbewerb für das neue Asian Art Museum in San Francisco, das 2003 eröffnet wurde.

Barragán, Luis
(Guadalajara, Mexico 1902–Mexico City 1988)
1923 Abschluss des Ingenieurstudiums, beginnt seine architektonische Tätigkeit als Autodidakt. Großen Einfluss auf die Entwicklung seines Stiles haben die beiden Europareisen 1924 und 1931; von der ersten Reise bleiben ihm vor allem die starken Anregungen, die er von der arabischen Baukunst und von den mediterranen Gärten Spaniens empfängt, sowie die Ideen des Landschaftsarchitekten Bac, die er in Frankreich kennen lernt. Wichtige Eindrücke der zweiten Reise sind die Begegnung mit Le Corbusier und die neuen Strömungen in der europäischen Architektur. Die eigenständige und sensible Verschmelzung der europäischen Eindrücke mit Formen und Materialien der autochthonen Architektur wird schon an einer Reihe von Wohnhäusern sichtbar, die er 1926 nach der Rückkehr nach Guadalajara realisiert. Seine Sprache gewinnt noch an Präzision durch die Kombination von Vegetation, Wasser, einfachen Formen und Volumina, die seine ab 1936 in Mexico City geschaffenen Bauten kennzeichnet.

Barry, Charles
(London 1795–1860)
Barry, einerseits ein herausragender Vertreter des viktorianischen Eklektizismus und des »Gothic Revival« (Saint Matthew in Manchester, 1822–1825; Saint Peter in Brighton, 1825–1826; Saint Peter in London, 1830–1832), bevorzugt andererseits Renaissanceformen für seine Stadthäuser und öffentlichen Gebäude. Ab 1836 Zusammenarbeit mit Pugin bei der Umgestaltung des Parlamentsgebäudes in London, eines im Wesentlichen klassischen Bauwerks mit einer gotischen Fassade im Perpendicular Style.

Basile, Ernesto
(Palermo 1857–1932)
Nach dem Studium in Palermo und der anfänglichen Hinwendung zur arabisch-normannischen Baukunst Siziliens bildet Basile ein historistisches Interesse aus, das in seinen ersten Werken – vom Entwurf für den Palazzo Montecitorio in Rom bis zu den Gebäuden für die Weltausstellung in Palermo 1898 – gut zum Ausdruck kommt. Vom Eklektizismus der ersten Phase gelangt er am Ende des Jahrhunderts zu einer eher autonomen Sprache, die seine persönliche Vorliebe für die Stilmittel des Jugendstils verrät. In diese Phase gehören die bekannten Villen Igiea und Paternó in Palermo (1898) und zahlreiche kleine Villen, in denen Volumetrie und Dekor zu einem schönen Gleichgewicht finden und ihrerseits einige der bekanntesten Beispiele des »liberty italiano« nach sich ziehen.

BBPR
(G.L. Banfi, 1910–1945; L. Barbiano di Belgiojoso, 1909–2004; E. Peressutti, 1908–1976; E.N. Rogers, 1910–1968)
Nach Abschluss ihrer Ausbildung, 1932, eröffnen die vier Architekten ihr Studio in Mailand. Schon mit ihren ersten Schöpfungen, mit der Beteiligung an den CIAM (Congrès Internationaux d'Architecture Moderne) und mit einer Reihe theoretischer Beiträge nimmt das Büro lebhaften Anteil an der Debatte über die moderne Architektur, was ihm weitreichende internationale Beziehungen einträgt. Die planerische Tätigkeit ist vielfältig und reicht vom einzelnen Gebäude über urbanistische Maßnahmen bis zum Industriedesign. Die Werke der Nachkriegszeit zeigen eine fortschreitende Abkehr von den rationalistischen Versuchen zugunsten expressiver Bestrebungen, die zunehmend der Umweltproblematik und den traditionellen Werten, aber auch der Einfügung des jeweiligen Gebäudes in den historischen Kontext gelten. Aus dieser Phase stammen die Torre Velasca und die Gestaltung der Museen im Castello Sforzesco in Mailand.

Behnisch, Günter
(Lockwitz bei Dresden 1922)
Diplom 1951 an der Technischen Hochschule Stuttgart, 1952 Eröffnung eines Studios zusammen mit Bruno Lambart. Das Büro Behnisch & Partner wurde 1979 gegründet. Am Anfang seiner Tätigkeit befasst Behnisch sich vorwiegend mit dem Schul-

bau aus vorgefertigten Teilen. In Zusammenarbeit mit Frei Otto entwickelt er die Hängekonstruktion für das Münchner Olympiastadion (1972). Ende der 1980er Jahre plant das Studio Behnisch & Partner das Hysolar-Institut der Universität Stuttgart. Von den übrigen Bauten seien das Deutsche Postmuseum in Frankfurt (1990) und das Bonner Bundestagsgebäude (1992) genannt.

Berg, Max
(Stettin 1870–Baden-Baden 1947)
Nach dem Studium an der Technischen Hochschule in Berlin-Charlottenburg ist Berg 1909–1925 Stadtbaurat in Breslau. Zwischen 1912 und 1913 baut er in Breslau die Jahrhunderthalle, die wegen ihrer Eindeckung berühmt wurde, einer Kuppel von 65 m Durchmesser, getragen von Rippen aus Sichtbeton. Zwischen 1919 und 1921 ist Berg für den Breslauer Generalbebauungsplan zuständig; in Breslau realisiert er auch zwei Wasserkraftwerke (1920–1925) und den Messehof für die Ausstellung von 1925.

Berlage, Hendrik Petrus
(Amsterdam 1856–Den Haag 1934)
Nach dem Studium am Zürcher Polytechnikum Reisen durch Italien, Österreich und Deutschland. 1881 Rückkehr nach Amsterdam und Zusammenarbeit mit Theodor Sanders. Berlages praktische Tätigkeit und sein theoretisches Werk, mit denen er zu den Begründern der modernen Architektur in Holland zählt, lassen sich in drei Perioden einteilen. Von 1881 bis 1902 realisiert er eine Reihe von Gebäuden, darunter die Börse von Amsterdam, in denen sich sein Bestreben äußert, in Opposition zum herrschenden Eklektizismus zu authentischen Formen zurückzukehren. In den folgenden Jahren widmet er sich urbanistischen Überlegungen und tritt mit einer Reihe von Plänen hervor, die sich durch ausgesprochene Einheitlichkeit auszeichnen und aus denen die Schule von Amsterdam hervorgeht. In der letzten Periode seiner Tätigkeit ähneln seine Bauten der Architektur von Wright, die Berlage während einer Amerikareise 1911 entdeckt und die nicht zuletzt durch ihn in Europa bekannt wird.

Bernini, Gian Lorenzo
(Neapel 1598–Rom 1680)
Mehr als sechs Jahrzehnte lang beherrscht Bernini, Symbol des Barocks, die künstlerische Szene Roms als Interpret der wichtigsten Bestrebungen seines Jahrhunderts. Dynamik, Freiheit der schöpferischen Fantasie, Gestaltungskraft – sämtlich revolutionäre Elemente – sind schon in den Figurengruppen der Galleria Borghese präsent. Als Bauleiter von Sankt Peter (ab 1624) realisiert er den Baldachin über dem Apostelgrab mit den berühmten gedrehten Säulen, das Grabmal Urbans VIII., das Vorbild zahlreicher Nachfolgewerke, die fantasmagorische Kathedra Petri, das Grabmal Alexanders VII., die eindrucksvolle Kolonnade mit den beiden Hemizyklen und die Scala Regia. Hinzu kommt eine Vielzahl weiterer Aufträge im barocken Rom: die Cappella Cornaro in Santa Maria della Vittoria (mit der Gruppe der Verzückung der heiligen Therese), der Vierflüssebrunnen auf der Piazza Navona, das Grabmal der heiligen Ludovica Albertoni in San Francesco a Ripa, der Palazzo Montecitorio (begonnen 1650).

Borromini, Francesco (Francesco Castelli)
(Bissone 1599–Rom 1667)
Die bekannte Aversion gegenüber dem Kollegen und Rivalen Bernini ging im Wesentlichen auf die Unterschiedlichkeit der Temperamente und der künstlerischen Sensibilität zurück: Borromini war sich seiner niemals endgültig sicher; er endete durch Selbstmord. Entscheidend für seine Anerkennung wurde die Kirche San Carlo alle Quattro Fontane mit der revolutionären Lösung, die er für das Innere fand. Im Oratorium der Philippiner lässt sich die Zerlegung der Formensprache der Renaissance und die anschließende Wiedergewinnung ihrer einzelnen strukturellen und dekorativen Elemente beobachten. Borrominis Hauptwerk ist die Kirche Sant'Ivo della Sapienza mit dem charakteristischen gemischtlinigen und sternförmigen Grundriss. Weitere wichtige Aufträge betrafen die Umgestaltung der Lateransbasilika, die Kirche Sant'Agnese in Piazza Navona und die Scheinkolonnade des Palazzo Spada.

Botta, Mario
(Mendrisio, Tessin 1943)
Im Anschluss an eine mehrjährige Lehre als Bauzeichner studierte Botta von 1964 bis 1969 Architektur in Venedig und schloss sein Studium bei Carlo Scarpa ab. In diesen Jahren zugleich Zusammenarbeit mit Le Corbusier und Kahn. 1969 lässt er sich in Lugano nieder und eröffnet ein eigenes Architekturbüro. Von Anfang an sind in seinen Bauten die Leitlinien seiner originellen Sprache erkennbar: Aufmerksamkeit gegenüber der umgebenden Landschaft, reine geometrische Formen, ein ausgeprägter Sinn für das Handwerkliche. Die immer wieder andere Kombination dieser Elemente lässt sich in einer Serie von Einfamilienhäusern aus den 1970er und 1980er Jahren verfolgen und setzt sich in einer immer entschiedeneren »Zerlegung« des Gebäudes in seine verschiedenen Teile fort, wie die großen öffentlichen Aufträge der letzten Jahre zeigen. Formale Experimente kennzeichnen auch seine Aktivität als Designer. Seit 1996 lehrt Botta an der von ihm gegründeten Accademia di Architettura in Mendrisio.

Boullée, Étienne Louis
(Paris 1728–1799)
Boullée, Denker und Architekt, machte eher unter theoretischem als unter praktischem Aspekt von sich reden. Den Hauptteil seines architektonischen Wirkens bildet die Serie fantastischer, monumentaler Projekte, die seine Schrift *Architecture, Essai sur l'Art* illustrieren und heute in der Nationalbibliothek in Paris aufbewahrt werden. Es handelt sich um riesige öffentliche Gebäude, in denen er mit einer neuen Architektur experimentiert, die auf einfachen geometrischen Formen beruht und symbolisch-repräsentative Absichten verfolgt.

Bramante (Donato di Pascuccio)
(Fermignano/Urbino 1444–Rom 1514)
Ein hochberühmter Architekt, ein großartiger Interpret der klassischen Kunst in immer monumentaleren, kühneren Formen – vom Mailand der Sforza bis zum Rom Julius' II. Bramante kam um 1480 nach Mailand. Neben bedeutenden Bauwerken (Santa Maria presso San Satiro, Santa Maria delle Grazie, Kreuzgang von Sant'Ambrogio) schuf er Gemälde, die mit der strengen Mo-

numentalität der Figuren in ihren feierlichen Umfeldern von Einfluss auf die lombardische Schule waren. Nach dem Sturz des Herzogs Ludovico il Moro geht Bramante 1499 nach Rom, befasst sich hier wiederum intensiv mit der Antike (der Tempietto von San Pietro in Montorio beeindruckt die Künstler der Epoche, unter ihnen Raffael, zutiefst) und wird binnen weniger Jahre zum bedeutendsten Architekten des päpstlichen Hofes. Für Julius II. plant er eine umfassende Umgestaltung der vatikanischen Gebäude rund um den Belvederehof und legt 1506 den Grundstein für den später von Michelangelo fortgeführten Neubau der Petersbasilika.

Brega, Giuseppe
(1877–1929)
Brega studiert Architektur an der Universität von Urbino und arbeitet als Architekt und Designer in den Versuchswerkstätten der Keramikfabrik Ruggeri. 1902 erbaut er die Villa Ruggeri in Pesaro, die zu den bedeutendsten Beispielen des »stile liberty« zählt.

Brosse, Salomon de
(ca. 1571–1626)
Salomon de Brosse, tätig unter Heinrich IV. und Maria de'Medici, schuf im Laufe weniger Jahre eine stattliche Anzahl von Schloss- und Repräsentationsbauten, darunter die Schlösser Coulommiers und Blérancourt sowie das Palais de Luxembourg in Paris (1619–1624), das sich mit seinem U-förmigen Grundriss und den Eckpavillons am Florentiner Palazzo Pitti orientiert. Mit diesen Schöpfungen trug Brosse zur klassizistischen Orientierung der französischen Baukunst seiner Zeit bei.

Brown, Lancelot
(Kirkharle 1716–London 1783)
Der ausgesprochen vielseitige Brown, auch »Capability« genannt, ist der bedeutendste Schöpfer englischer Gärten des 18. Jahrhunderts. Er führte weitläufige Grünflächen, geschickt zusammengestellte Baumgruppen, Seen mit vielfältig gewundenen Rändern, überquert von kleinen Brücken, in die Komposition seiner Gärten ein, Motive, die ausgesprochen natürlich wirkten, auf ein breites Echo nicht nur in Europa trafen und eine wirkliche Revolution in der Gartenkunst einleiteten. Diese klassische Landschaftsauffassung entstammte allerdings den pittoresken Szenarien, wie sie in den Landschaftsbildern Lorrains, Poussins und Dughets dargestellt waren, Bildern, die von den englischen Sammlern auf ihren Italienreisen erworben wurden. Brown war in einer ganzen Anzahl englischer Parks tätig, sein Hauptwerk ist allerdings der Park von Blenheim bei Woodstock, den er rund um Blenheim Palace anlegte, die Residenz des Herzogs von Marlborough, die als Höhepunkt des englischen Barockbaus gilt. 1764 ernannte George III. ihn zum königlichen Gärtner von Hampton Court.

Brunelleschi, Filippo
(Florenz 1377–1446)
Als gelernter Goldschmied, der sich in der Technik der Metallbearbeitung (Antependium des Jakobusaltares in der Kathedrale von Pistoia) wie auch in der Holzbildhauerei (Kruzifix in Santa Maria Novella in Florenz) hervortat, »entdeckte« Brunelleschi seine Berufung für die Architektur anlässlich mehrerer Romreisen. Die erste und denkwürdigste dieser Reisen unternahm er zusammen mit Donatello (1402). Er beginnt 1409 seine Tätigkeit auf der Baustelle von Santa Maria del Fiore, wo er ab 1418 mit der Errichtung der Kuppel beschäftigt ist, die nach absolut neuen technischen und ästhetischen Kriterien erfolgt. Brunelleschi befasst sich auch mit der angewandten Mathematik und steht damit am Anfang der Lehre von einer »wissenschaftlichen« Perspektive, das heißt er konzipiert und baut in rationalen Maßen: mit ihm nimmt der Humanismus in der Kunst seinen Anfang. Die Bauten, die er in Florenz errichtet, sind jeweils anspruchsvolle Prototypen – von den großartigen Basiliken über die Sakralbauten auf Zentralgrundriss und die privaten Palazzi bis zu den Pflegeeinrichtungen; das Gleiche gilt für seine städtebaulichen Maßnahmen sowie militärische oder mechanische Entwicklungen.

Buckminster Fuller, Richard
(Milton 1895–Los Angeles 1983)
Nach dem Studium an der Harvard University (1913–1915) und der Gründung der Baufirma Stockade Building System (zusammen mit J. M. Hewlett) plant Buckminster Fuller 1927 das Dymaxion House, die Umsetzung einer Idee, die seine planerische Tätigkeit in den folgenden Jahren bestimmte: ein bestmögliches Ergebnis bei geringstmöglichem Einsatz von Energie und Materialien. Es handelte sich um ein leicht auf- und abzubauendes und leicht zu transportierendes Haus auf hexagonalem Grundriss, bestehend aus sechs dreieckigen Räumen und einem Mittelteil für die Versorgungsleitungen. Zwischen 1948 und 1959 realisiert er verschiedene Beispiele seiner »geodätischen Kuppel«, Strukturen aus Metall, Kunststoff, Holz, Karton, leicht zusammenzusetzen und selbsttragend, basierend auf der Geometrie der Hexaeder und Oktaeder. Die berühmteste seiner Kuppeln war diejenige für den US-Pavillon auf der Weltausstellung 1967 in Montreal.

Burnham, Daniel Hudson
(Henderson 1846–Heidelberg 1912)
Von William Le Baron Jenney ausgebildet, kann Burnham sehr bald wichtige Aufträge verbuchen. Als Praktiker und hervorragender Administrator findet er in dem poetischen und vielseitigen John Wellborn Root den idealen Sozius. Zusammen spielen sie eine bedeutende Rolle bei der Entstehung der Schule von Chicago und realisieren eine Reihe von Gebäuden, die vor allem wegen der Experimente mit den neuen Bautechniken relevant sind. Zu den ersten Bauten in Stahl und Glas gehört der damals höchste Wolkenkratzer der Welt, das Flatiron Building in New York von 1902. Nach dem Tod Roots (1891) wendet Burnham sich städtebaulichen Fragen zu und hält sich an den neoklassizistischen Stil der École des Beaux-Arts. Mit dem Plan für Chicago von 1909 wird er zu einem der wichtigsten Exponenten der amerikanischen Bewegung City Beautiful.

Calatrava, Santiago
(Benimamet, Valencia 1951)
Studium an der Kunstschule Valencia, wo er 1974 sein Architekturdiplom erwirbt. Von 1975 bis 1979 studiert Calatrava Bauingenieurwesen an der ETH Zürich, und 1981 promoviert er mit einer Arbeit über die Faltbarkeit von Fachwerken. Im gleichen Jahr Einrichtung eines Büros für Architek-

tur und Ingenieurbau in Zürich; 1989 ein zweites Studio in Paris. Mit den Arbeiten aus den letzten Jahren, den Brücken von Barcelona, Valencia, Merida, Sevilla und Paris, der verglasten Galerie in Toronto, dem Montjuic-Turm in Barcelona, den großen Überdachungen (so für den Bahnhof von Lyon) und den Projekten für das Kulturzentrum von Valencia, für den Flughafen Bilbao und für den neuen Bahnhof von Lissabon ist Calatrava eine der interessantesten Figuren im Panorama der zeitgenössischen Architektur und Ingenieurskunst.

Cauchie, Paul
(Ath 1875–Etterbeek 1952)
Belgischer Maler und Architekt, der von 1893 bis 1898 an der École des Arts décoratifs der Académie des Beaux-Arts in Brüssel studierte. 1896 Gründung eines Unternehmens für Wandmalerei, das sogleich großen Erfolg hat. Als Architekt ein Autodidakt, erbaut er 1905 sein eigenes Haus in Brüssel und eröffnet 1918 in Den Haag eine Firma, die Fertighäuser aus Holz vertreibt.

Chambers, William
(Göteborg 1723–London 1796)
Englischer Architekt und Traktatist, hielt sich lange Zeit in Frankreich, in Italien und im Orient auf. Nachdem er sich in London niedergelassen hat, fördert er die Gründung der Royal Academy of Arts 1798. Von Chambers stammen mehrere klassizistische Gebäude, die französische und palladianische Einflüsse verraten. Mit seiner Schrift *Designs of Chinese Buildings* von 1757 trägt er zur Verbreitung der Mode des Exotismus im architektonischen Ornament und in den Gärten (Pagode in Kew Gardens, 1757 bis 1763) bei.

Chareau, Pierre
(Bordeaux 1883–East Hampton 1950)
Nach dem Studium an der École des Beaux-Arts in Paris und einer Lehrzeit in einer Möbelfirma wendet er sich einer Laufbahn als Designer und Architekt zu und eröffnet 1918 ein eigenes Büro. 1919 stellt er im Pariser Herbstsalon die für die Maison Dalsace entworfene Inneneinrichtung aus. 1925 Teilnahme an der Pariser Ausstellung der dekorativen Künste mit einem drehbaren Möbel, das zugleich Schreibtisch und Bücherregal ist. Sein erstes ausgeführtes Gebäude ist das Clubhaus von Beauvallon aus dem Jahr 1927, sein bedeutendstes Werk die Maison de Verre in der rue Saint-Guillaume in Paris. 1940 Emigration in die Vereinigten Staaten, wo er 1947 das Haus des Malers Robert Motherwell in East Hampton erbaut.

Chiattone, Mario
(Bergamo 1891–Lugano 1957)
Studium an der Accademia di Brera in Mailand und Diplom in Architektur 1915 am Istituto di Belle Arti in Bologna. 1913 tritt Chiattone der Gruppe »Nuove Tendenze« bei und stellt 1914, zusammen mit Antonio Sant'Elia, seine futuristischen Arbeiten zum Thema der modernen Metropole aus. In den gleichen Jahren entwirft er auch Möbel und Dekorationsgegenstände. Nach dem Ersten Weltkrieg lässt Chiattone sich in Lugano nieder und entwickelt nun eine neomediävistisch orientierte planerische Sprache. Zu seinen Bauten zählen ein Wohnhaus in Condra von 1934 und der überdachte Markt von Mendrisio aus dem Jahr 1945.

Coop Himmelb(l)au
Die Architektengemeinschaft Coop Himmelb(l)au wurde 1968 in Wien von Wolf D. Prix (Wien 1942), Helmut Swiczinsky (Posen 1944) und Michael Holzer (der die Gruppe 1971 wieder verließ) gegründet; 1989 kam Frank Stepper (Stuttgart 1955) dazu. In den ersten Jahren ihrer Tätigkeit arbeitete die Gruppe an verschiedenen Projekten der experimentellen Architektur, in Opposition zum gewohnten Stadtdesign. Unter den jüngsten Arbeiten sind die Erweiterung des Ronacher-Theaters in Wien, der Ostpavillon des Museums von Groningen und das UFA-Kino in Dresden zu nennen.

Cuvilliés, François de
(Soignies 1695–München 1768)
Cuvilliés, ein Vertreter des bayrischen Rokoko, Architekt, Stukkateur und Vergolder, erhielt seine Ausbildung in Paris und war ab 1724 als kurfürstlicher Hofbaumeister in München tätig. In München und in der unmittelbaren Umgebung entstanden seine wichtigsten Werke: die Umgestaltung der Residenz mit dem Theater und die Pavillons im Park von Nymphenburg. Das Jagdschlösschen Amalienburg ist sein reifstes Werk. Cuvilliés hinterließ eine umfangreiche Sammlung von Ornamentstichen, die in ganz Europa Verbreitung und Nachahmung fanden.

D'Aronco, Raimondo
(Gemona del Friuli 1857–Sanremo 1932)
D'Aronco studierte ab 1877 an der Accademia delle Belle Arti in Venedig und nahm schon früh an zahlreichen Wettbewerben teil, stets mit großem Erfolg. Als Architekt war er nicht nur in Italien, sondern auch in der Türkei tätig, wo er unter anderem die Restaurierung der Hagia Sophia und des Großen Basars durchführte. Für die Turiner Ausstellung des Jahres 1902 wurde er mit der Planung des Hauptausstellungsgebäudes und des Eingangsbereichs zu den Pavillons beauftragt. Sein Stil ist von der Wiener Schule Otto Wagners und vom Werk Joseph Maria Olbrichs beeinflusst. Zusammen mit Ernesto Basile und Giuseppe Sommaruga gilt D'Aronco als Hauptvertreter des Jugendstils in Italien.

De Klerk, Michel
(Amsterdam 1884–1923)
Als 25. Kind eines Diamantschleifers besucht De Klerk zunächst eine Abendschule und arbeitet dann bei Eduard Couypers. Er wird zu einem der wichtigsten Exponenten der Schule von Amsterdam, einer avantgardistischen holländischen Bewegung, die sich um die Zeitschrift *Wendingen* bildet. Sein erstes ausgeführtes Werk ist das Haus Hille in Amsterdam (1911–1912). Zwischen 1912 und 1916 Arbeit am Sheepvarthuis von Amsterdam zusammen mit Johan Melchior van der Mey. Mitarbeit an dem von Berlage entworfenen Quartier Amsterdam-Süd (1921–1923) und an der Planung von Arbeitersiedlungen, darunter Spaarndammerbuurt (1917–1921) und Eigen Hard (1921). Von den übrigen ausgeführten Projekten des früh verstorbenen Architekten seien der Blumenmarkt von Aalsmer (1922) und der Ruderklub De Hoop an der Amstel (1923) genannt.

De l'Orme, Philibert (Delorme)
(Lyon ca. 1510–Paris 1570)
De L'Orme, Architekt der französischen Hochrenaissance, Protagonist der zentralen

Phase des Cinquecento und der Periode der Loireschlösser, studierte 1533–1536 in Rom die Antike und die Architektur der Renaissance. Hier erwarb er mit Sicherheit seinen Sinn für die klassischen Proportionen, verzichtete dabei aber nicht auf eine subtile und elegante dekorative Komponente, die vor allem während der Regierungszeit Heinrichs II. (1547–1559) zum Ausdruck kommt. De l'Orme arbeitete an den Schlössern Anet, Chenonceau und Fontainebleau und entwarf das monumentale Grabmal für Franz I. in Saint-Denis. In den 1560er Jahren widmete er sich der Abfassung von Traktaten, Meilensteinen für die Entwicklung der langen Saison des Klassizismus in der französischen Architektur.

De Sanctis, Francesco
(Rom 1693–1740)
De Sanctis, Architekt von gewisser Bedeutung und Auslöser der neuen Blüte Roms in der ersten Hälfte des 18. Jahrhunderts, realisiert 1723 die Fassade der Santissima Trinità dei Pellegrini in Rom. Sein Name ist in erster Linie mit der Spanischen Treppe (1723–1726) verbunden, dem eindrucksvollen, aristokratischen Werk, überreich an szenischen Wirkungen.

Dientzenhofer, Christoph
(Sankt Margarethen 1655–Prag 1722)
Als bedeutendes Mitglied einer deutschstämmigen Architektenfamilie definiert er zusammen mit seinen Brüdern Georg und Johann und mit seinem Sohn Kilian den Stil des böhmischen Barock und führt in den vielen in Prag und an anderen Orten errichteten Kirchen die kurvige Linie und den elliptischen Grundriss ein, die er bei seinen Studien in Italien, vor allem Guarinis und Borrominis, kennen gelernt hat. Charakteristisch sind die subtilen, kapriziösen Glockentürme, häufig von kleinen Kuppeln überwölbt. Das Symbol dieser Strömung ist die große Prager Kuppelkirche St. Nikolaus auf der Kleinseite, von Christoph begonnen und von seinem Sohn Kilian vollendet.

Doménech i Montaner, Lluis
(Barcelona 1850–1923)
Nach Abschluss seines Architekturstudiums in Madrid (1873) macht Montaner sich binnen kurzem durch seinen Erfolg in einer Reihe von Wettbewerben einen Namen. 1875 Lehrtätigkeit an der Architekturschule Barcelona, deren Leiter er 1910 wird. Zur Weltausstellung 1888 in Barcelona errichtet er das Grand Hotel und das Café-Restaurant Sinon, vor allem aber widmet er sich dem Bau von Privathäusern. Sein Stil ist stark von der katalanischen Gotik inspiriert, enthält aber in der Regel auch klassische Elemente, Renaissancemotive und japanische Einflüsse.

Ehn, Karl
(Wien 1884–1957)
Studium an der Akademie der Bildenden Künste in Wien als Schüler von Otto Wagner. Von 1908 bis 1950 ist Ehn als einer der Verantwortlichen für den kommunalen Wohnungsbau bei der Wiener Stadtverwaltung tätig. Aus den 1920er und 1930er Jahren stammen einige Komplexe, die sich an englischen und holländischen Vorbildern orientieren und an denen sich die Entwicklung seines höchst originellen Stils beobachten lässt. Von einer zunächst biedermeierlich beeinflussten Formensprache, die sich in der Siedlung Hermeswiese von 1923 zeigt, geht er über zum monumentalen Expressionismus des Karl-Marx-Hofes (1927), um sich schließlich im Adelheid-Popp-Hof von 1932 für stark geometrische Elemente zu entscheiden. Das Ende der sozialdemokratischen Wiener Stadtverwaltung 1934 markiert auch den Stillstand der professionellen Tätigkeit Ehns, der danach nur noch einige kleine Wohnhäuser realisiert.

Eiffel, Gustave-Alexandre
(Dijon 1832–Paris 1923)
Eiffel, französischer Ingenieur-Architekt, wandte die neuen Technologien experimentell an verschiedenen Bauten an, an der 1867 gegründeten Maison Eiffel sowie an Brücken, Deichen, Schleusen, Gasometern und den Metallkonstruktionen verschiedener Gebäude in der ganzen Welt, wobei er seine formale Suche mit den statisch-konstruktiven Problemen verknüpfte. Diese unermüdliche Aktivität mündete in Projekte von großer Bedeutung wie die der Brücke über den Douro (1877), der Garabit-Brücke (1880–1884) und vor allem des Eiffelturmes, der für die Pariser Weltausstellung des Jahres 1889 realisiert wurde. Nicht, wie geplant, demontiert, ist er zum Symbol der neuen Architektur des 19. Jahrhunderts geworden, die aus dem Zusammentreffen ingenieurtechnischen Könnens und formaler Experimente hervorging.

Filarete (Antonio Averulino)
(Florenz ca. 1400–Rom ? 1469)
Aufgewachsen und ausgebildet im humanistischen Florentiner Klima, verbringt Filarete den ersten Teil seiner Laufbahn als Bildhauer in Rom, wo er die Bronzetür der Petersbasilika (1433–1445) für Papst Eugen IV. ausführt. Von Francesco Sforza nach Mailand gerufen, widmet er sich hier auf den Baustellen des Doms und des Castello Sforzesco (1451–1455) vor allem der Architektur und führt in dieser Zeit auch sein wichtigstes Werk aus, das Ospedale Maggiore (1456), bis ins 18. Jahrhundert hinein unbestrittenes Vorbild der späteren Hospitalbauten, nicht nur wegen seiner Anlage, sondern auch wegen der technischen Lösungen. Gleichzeitig widmet Filarete sich der Niederschrift seines *Trattato di Architettura*, des ersten volkssprachlichen theoretischen Traktats, in dem er das Thema der Idealstadt auf sternförmigem Grundriss, Sforzinda, behandelt. Als derjenige, der die neue Sprache der Renaissance in der Lombardei einführt (nicht zu vergessen sein Plan für die Kathedrale von Bergamo, 1457), leistet er mit der Wiedererweckung der lokalen gotisch-dekorativen Tradition einen signifikanten kulturellen Beitrag.

Fischer, Johann Michael
(Burglengenfeld 1692–München 1766)
Als Architekt speziell von Sakralbauten, der sich 1718 endgültig in Bayern sesshaft machte, begleitete Fischer mit seiner Tätigkeit die Entwicklung der spätbarocken Sakralarchitektur bis an die Schwelle des Klassizismus: In seinen Jugendwerken, die in der Umgebung Münchens entstanden, herrschen noch Bezüge und Lösungen vom Anfang des Jahrhunderts vor, mit kurvigen und dynamischen Linien; später lässt die Emphase allmählich nach, und er findet zu eher kontrollierten Formen, die ihrerseits reichen Dekor aufzunehmen vermögen; Beispiele sind die Pfarrkirche von Rott am Inn (bedeutend auch wegen der Altarfiguren Ignaz Günthers) und sein Hauptwerk, die Abteikirche Ottobeuren.

Fischer von Erlach, Johann Bernhard (Graz 1656–Wien 1723)
Fischer von Erlach, der wichtigste österreichische Architekt an der Schwelle zum 18. Jahrhundert, befasste sich zunächst in Italien mit Bildhauerei und arbeitete in Rom und Neapel. Von früher Jugend an ist er ernsthaft um Ausdrucksmöglichkeiten bemüht, eingebunden in das Umfeld katholischer Auftraggeber, in Kontakt mit Bernini und der Königin Christine von Schweden. Seine klassische Bildung äußert sich im großen experimentellen und intellektuellen Engagement seiner Projekte und in seinem wichtigen Traktat *Entwurf einer historischen Architektur* (1721). Ab 1705 ist er Hofarchitekt und als Oberbauinspektor verantwortlich für die kaiserlichen Bauten: ein Amt, das ihn nicht daran hindert, eine große Zahl kirchlicher und privater Bauten zu realisieren, die seinen Stil in einem weiten Bereich zwischen Österreich und Böhmen verbreiten. Zu seinen berühmtesten Bauten zählen die Wiener Projekte wie die Karlskirche und die Hofbibliothek; der interessante Entwurf für das kaiserliche Schloss Schönbrunn wurde dagegen nicht realisiert. Einige seiner wichtigsten Projekte, darunter das der Karlskirche, wurden von seinem Sohn Joseph Emmanuel Fischer von Erlach vollendet.

Foster, Norman (Manchester 1935)
1961 Studienabschluss an der Manchester University, dem ein Master's Degree in Architektur an der Yale University folgt, wo er Richard Rogers trifft, seinen zukünftigen Sozius im Architekturbüro Team 4. 1967 Gründung des Büros Foster Associates, heute Foster & Partners, mit Hauptsitz in London und Büros in Berlin, Frankfurt, Paris, Hong Kong, Singapore und Tokio. Zu seinen bedeutendsten Arbeiten zählen der neue Hauptsitz der Hong Kong and Shanghai Bank in Hong Kong, die Sackler Galleries an der Royal Academy of Arts in London und die Umgestaltung des Reichstagsgebäudes in Berlin.

Gabriel, Jacques-Ange (Paris 1698–1782)
Gabriel, geistiger Erbe von Jules Hardouin Mansart, folgt 1742 seinem Vater im Amt des Premier Architecte du Roy. Als Mitarbeiter des Vaters, der den zu Beginn des Jahrhunderts von Mansart kreierten Stil auf elegante Weise fortsetzt und weiterentwickelt, vollendet er dessen nicht fertig gestellten Werke. Schöpfer des reinsten und elegantesten Ausdrucks der klassischen französischen Architektur, ignoriert Gabriel wie alle französischen Architekten seiner Zeit den Barock, der – in der Rocaille-Version – allein in der Innenausstattung der Räume akzeptiert wird. Die französische Architektur des 18. Jahrhunderts dominierend, führt seine Klassizität, die sich eher in den Proportionen als in der Struktur zu erkennen gibt, zum nachfolgenden Stil des Louis Seize und des Empire. Zwischen 1750 und 1755 vollendet er bedeutende Projekte, so den »Gros Pavillon« in Fontainebleau und die Place de la Concorde in Paris, Ludwig XV. gewidmet und von außergewöhnlicher szenischer Wirkung. 1762 betraut ihn der König mit dem großen Vorhaben der Umgestaltung des Schlosses in Versailles, aber die noch im gleichen Jahr begonnenen Arbeiten werden durch den Tod Ludwigs XV. unterbrochen.

Gagliardo, Rosario (ca. 1690–1762)
Gagliardo, herausragender Vertreter des sizilianischen Barock des 18. Jahrhunderts, ist nach dem Erdbeben von 1693 in mehreren Städten des Ostteils der Insel tätig. Seine Architektur zeichnet sich durch die gelungene Synthese zwischen architektonischen und dekorativen Elementen aus, wobei er besondere Aufmerksamkeit auf den Stuck verwendet. Zu seinen Hauptwerken zählen in Noto die Kirche San Domenico (1746–1758) und das Kloster Santa Chiara (1717–1758); in Modica die Kirche San Giorgio und in Ragusa Ibla die ebenfalls diesem Heiligen gewidmete Kirche (1738–1775).

Gaudí y Cornet, Antoni (Réus 1852–Barcelona 1926)
Nach dem Studium an der Escuela Provincial de Arquitectura in Barcelona, dem Hauptschauplatz seiner professionellen Tätigkeit, hängt er anfangs jener Bewegung zurück zu den mittelalterlichen Formen an, wie sie von der katalanischen Bewegung als authentischer Ausdruck der spanischen Volkstradition verkündet wird. Bald lernt er seinen wichtigsten Auftraggeber kennen, den Industriellen Güell, für den er die ersten Arbeiten ausführt, die sich durch eine kühne Kombination gotischer und maurischer Elemente auszeichnen. Diese Experimente führen ihn in der Folge zu einer persönlichen Sprache, frei von allen historischen Bezügen und reich an formalen, strukturellen und dekorativen Erfindungen, die die traditionellen Kompositionsschemata über den Haufen werfen sollten. Bis in seine letzten Lebenstage mit der Realisierung der Sagrada Familia beschäftigt, ist er lange Zeit von der offiziellen Kritik unterbewertet worden, die erst in jüngerer Zeit die Großartigkeit und den prophetischen Rang dieses einsamen Protagonisten der Architektur erkannt und anerkannt hat.

Gehry, Frank Owen (Toronto 1929)
Nach Abschluss seines Studiums arbeitet Gehry ab 1954 mit verschiedenen Architekten zusammen, bevor er 1962 sein eigenes Studio in Kalifornien eröffnet. Die ersten Bauten Gehrys sind von der bodenständigen kalifornischen Architektur und vom Werk Neutras und Wrights beeinflusst. Mit Beginn der 1970er Jahre zeigt sich die Tendenz zur Auflösung der kompositorischen und strukturellen Konventionen in einer Serie von Wohnbauten, darunter das eigene Haus in Santa Monica (1977–1979), die zu einer Art programmatischer Architektur des Dekonstruktivismus geworden ist. In den 1980er Jahren nehmen seine Schöpfungen, die immer stärker an Skulpturen erinnern, an Dimension zu und erfahren weltweite Verbreitung. Die Arbeiten der 1990er Jahre nehmen Formen an, die, mit Hilfe des Computers entwickelt, immer irrationaler und plastischer werden, bis hin zur Absage an die traditionellen perspektivischen und perzeptiven Werte. 1989 erhält Gehry den Pritzker-Preis für Architektur.

Giulio Romano (Giulio Pippi) (Rom 1492/99–Mantua 1546)
Giulio Romano, Architekt und Dekorkünstler, lernt und entfaltet erste eigene Aktivitäten in der Werkstatt Raffaels, dessen treuester Mitarbeiter er bei der Ausführung der großen Zyklen in den Stanzen und den Log-

gien des Vatikan, in der Farnesina und in der Villa Madama wird. Beim Tod Raffaels (1520) übernimmt Giulio die Leitung der Werkstatt und führt Arbeiten von hohem Anspruch zu Ende (die Sala di Costantino im Vatikan). 1524 übersiedelt er nach Mantua und wird hier zum Regisseur der letzten Saison der höfischen Kunst der Renaissance in Italien. Für die Gonzaga entwarf er Freskenzyklen und anspruchsvolle Bauten (Palazzo Te, Dom von Mantua, Abtei San Benedetto Po), aber auch Kartons für Teppiche und Zeichnungen für Goldschmiedeobjekte, verantwortlich insgesamt für das öffentliche Bild des Hofes der Isabella und des Federico Gonzaga. Diese Arbeiten sind zum Teil in alle Winde verstreut oder infolge der Zerstörung der Gonzaga-Residenzen verloren gegangen. Das umfangsreichste Werk bleibt die Planung und Dekoration des Palazzo Te, in dem jeder Raum wieder andere und zunehmend mitreißende ornamentale Lösungen präsentiert.

Golossow, Ilja Alexandrowitsch (Moskau 1883–1945)
Nach Abschluss seiner Studien an der Hochschule für Malerei, Plastik und Architektur in Moskau (1912) wandte Golossow sich der Lehrtätigkeit am Polytechnischen Institut Moskau und der WCHUTEMAS zu, einer Art technisch-künstlerischer Schule mit Werkstätten, die Ähnlichkeiten mit dem Bauhaus hatte. In den frühen 1920er Jahren zählte er zu den einflussreichsten Vertretern des Konstruktivismus. Zwischen 1925 und 1932 gehörte er der SASS (Sektion der Architekten sozialistischer Bauten) an und wandte seine Aufmerksamkeit den Schöpfungen des westeuropäischen Rationalismus zu. Von den 1930er Jahren an Rückkehr zu einer klassisch-traditionellen Sprache. Zu seinen bekanntesten Werken zählen der Club Sujew (1928) und das Wohnhaus in Pokrovskij Bullvar bei Moskau (1936).

Gondoin, Jacques (Saint-Ouen-sur-Seine 1737–Paris 1818)
Von 1759 bis 1763 Ausbildung an der Französischen Akademie in Rom, wo er mit Piranesi zusammentrifft. Nach seiner Rückkehr nach Paris wird er zum »Architekten des Königs« ernannt. Sein bedeutendstes Werk, die École de Médecine (1769–1776) zeigt reine klassizistische Formen. Nach der Revolution auf Wunsch Napoleons Neuplanung der Place Vendôme mit der großen Bronzesäule anstelle der Statue Ludwigs XIV.

Grimshaw, Nicholas (London 1939)
Nach der Ausbildung am Edinburgh College of Art und bei der Architectural Association in London gründet Grimshaw 1965 zusammen mit Terry Farrell die Firma Farrell-Grimshaw, die 1980 wieder aufgelöst wird. Im gleichen Jahr eröffnet er das Studio Grimshaw & Partners. Grimshaw gilt zusammen mit Norman Foster und Richard Rogers als einer der bedeutendsten High-Tech-Architekten. Unter seinen ersten Arbeiten ragt das Wohnhaus in der Londoner Park Road (1968) heraus. Ergebnis seiner Entscheidung für eine Architektur der neuesten Technologien und der Sichtbarkeit der Strukturen ist die Fabrik Herman Miller in Bath (1976), die Werkhalle von Vitra in Weil am Rhein (1981), das Einkaufs- und Wohnzentrum Camden Town in London (1989–1990), der britische Pavillon auf der Weltausstellung in Sevilla (1992) und der Bahnhof Waterloo in London von 1993.

Gropius, Walter (Berlin 1883–Boston 1969)
Nach seinem Architekturstudium in München (1903–1904) und Berlin (1905–1907) tritt Gropius in das Atelier von Peter Behrens ein, von dem er die Begeisterung für den industriellen Fortschritt als Manifestation einer neuen Kultur übernimmt. Ab 1910 selbständige Tätigkeit in Zusammenarbeit – bis 1925 – mit Adolf Meyer. Aus dieser Zusammenarbeit gehen 1911 die Faguswerke in Alfeld an der Leine hervor, ein Meilenstein der Modernen Bewegung. 1919 gründet Gropius in Weimar das Bauhaus, Krönung seiner Lehrtätigkeit, bei der es ihm darum geht, die Moralität des künstlerischen Schaffens mit den Erfordernissen der industriellen Produktion zu versöhnen. Mit dem neuen Sitz in Dessau, wohin die Schule 1925 übersiedelt, beginnt unter dem Einfluss der holländischen Architektur der Zeit die Annäherung an die technologische Ära der modernen Architektur, beispielhaft vorgeführt in einer Reihe von Werken von internationaler Bedeutung. 1928 verlässt Gropius das Bauhaus und widmet sich eine Zeit lang urbanistischen Entwürfen und neuen Formen des Wohnbaus. Nach der nationalsozialistischen Machtergreifung emigriert er nach England und folgt 1937 einem Ruf an die Harvard University nach Boston, wo er neben der Lehrtätigkeit seine Arbeit als Architekt zunächst mit Marcel Breuer und später mit der Gruppe TAC fortsetzt.

Guarini, Guarino (Modena 1624–Turin 1683)
Guarini, Professor der Philosophie und der Mathematik und Mitglied des Ordens der Theatiner, der in Rom die Bauten Borrominis studiert hatte, geht dem dialektischen Verhältnis der konkaven und konvexen Formen nach und gelangt zu einer komplexen Gliederung, die über die Vorstellungen Borrominis hinausgeht. Er überträgt das Prinzip der gewellten Wand borrominischer Herkunft an die Palastfassaden: Der Palazzo Carignano in Turin (1679), einer der Höhepunkte der profanen italienischen Barockarchitektur, präsentiert eine wechselnd konkav-konvexe Fassade; der ovale Mittelteil mit dem konkaven Eingangsbereich ist eingezwängt von zwei konvexen Bauteilen, die Treppen und Rampen beherbergen. 1666 nach Turin berufen, bleibt Guarini als Ingenieur und Mathematiker des Carlo Emanuele von Savoyen bis 1681 in dieser Stadt. In diesen Jahren vollendet er die Cappella della Sacra Sindone (= des Grabtuchs Christi) (ab 1668) im Dom, deren Kuppel ein außergewöhnliches Beispiel eines stilistischen Synkretismus zwischen der gotischen und der hispano-arabischen Architektur darstellt (von einem zwölfzackigen Stern geht ein komplexes System von Rippen aus, das 36 symmetrisch übereinander gelagerte Segmentbögen bildet, die aus dieser Kapelle das originellste und anregendste Werk des italienischen Barock machen), und realisiert die Kirche San Lorenzo (1668–1687). Die Cappella della Sindone, 1997 einem Brand zum Opfer gefallen, ist seit Jahren Objekt einer langwierigen Wiederherstellung und aufmerksamer Restaurierungsarbeiten.

Guas, Juan
(Saint Pol de Léon, Finistère ca. 1430 – Toledo 1496)
Spanischer Architekt, dessen Werke sich durch Erfindungen auszeichnen, in denen arabische Stilelemente sich mit Motiven der Rayonnantgotik mischen: herausragend die Kirche San Juan de los Reyes in Toledo (1479–1480) und ein Teil des Palacio del Infantado in Guadalajara (1480–1483).

Guimard, Hector
(Paris 1867 – New York 1942)
Guimard, einer der herausragenden Vertreter des französischen Jugendstils, setzt in seinem umfangreichen Werk neue konstruktive Techniken und die neuesten Materialien ein. Besondere Aufmerksamkeit fanden das Pariser Castel Béranger (1897–1898), eine aus 36 Appartements bestehende Einheit, mit der das Prinzip des Qualitätswohnbaus erstmals Anwendung auch auf Miethäuser fand (und deren Inneres stark an Horta erinnert, auch wenn der Dekor hier noch üppiger ist) und das Auditorium Humbert de Romans (1902, zerstört) mit der kühnen Konstruktion aus Eisenstützen. Der Name Guimards ist mit seiner bekanntesten Schöpfung verbunden, den Eingängen zu den Pariser Metrostationen, bewundernswert in der Gestaltung ihrer Ädikulen, Balustraden und Lampen aus Gusseisen, die Pflanzen- und Tierformen imitieren und sich in vollkommener Weise in die Struktur einfügen.

Hadid, Zaha
(Baghdad 1950)
Zaha Hadid lebt und arbeitet in London, wo sie an der Architectural Association School studierte. Sie hat sich als eine der originellsten Architektengestalten der 1970er Jahre profiliert und nach der Zusammenarbeit mit Rem Koolhaas und Elia Zanghelis ihr erstes Gebäude 1993 in Weil am Rhein errichtet, das Feuerwehrhaus der Firma Vitra. Aus jüngerer Zeit stammen die Sprungschanze auf dem Bergisel bei Innsbruck, die Umsteigestation in Straßburg, das Museum für zeitgenössische Kunst in Cincinnati, das Centro delle Arti Contemporanee in Rom. 2004 hat sie den Pritzker-Preis erhalten.

Hankar, Paul
(Frameries 1859 – Brüssel 1901)
Paul Hankar, belgischer Architekt und Kunsthandwerker, realisierte zusammen mit Van de Velde und Horta unter dem Eindruck des neuen, nicht nur in Belgien verbreiteten Geschmacks eine Art konstruktiven Rationalismus, der den historistischen Eklektizismus in der Architektur ablehnte zugunsten eines freieren, fantasievolleren, häufig von orientalischen Motiven abgeleiteten Dekors. Seine intensive Beschäftigung mit den Werken Viollet-le-Ducs veranlasste ihn zu einem unvoreingenommenen Umgang mit Materialien dekorativer wie struktureller Funktion, wie er am raffinierten Einsatz der Farben, an der strukturellen Präzision und der Akkuratesse der Details sichtbar wird. Besondere Erwähnung verdienen sein eigenes Haus (1893) in Brüssel und das Haus Ciamberlani (1897) mit den festlichen a graffito geschmückten Fassaden, dem weißen, roten und blauen Mauerwerk, den schmiedeeisernen Balkongittern und den höchst aufwendig gegliederten Fenstern.

Haussmann, Georges Eugène
(Paris 1809 – 1891)
Der französische Stadtplaner Haussmann, von 1853 bis 1869 Präfekt des Département Seine, konzipierte im Auftrag Napoleons III. einen Plan zur Umgestaltung von Paris, hinter dem sowohl politische als auch ökonomisch-gesellschaftliche Motive standen, die zur Urbanisierung und Expansion der französischen Kapitale führten. Er erneuerte und erweiterte das Straßennetz, verbunden mit umfangreichen Abbrüchen in den mittelalterlichen Quartieren, ließ große Straßenarterien öffnen und neue Wohnviertel an der Peripherie errichten, der erste Versuch einer urbanistischen Planung einer Stadt. Die Ordnung des heutigen Paris mit seinen Boulevards und den aus dem Zentrum ausgelagerten Wohnquartieren ist sehr weitgehend noch dem Plan des 19. Jahrhunderts geschuldet.

Herrera, Juan de
(Mobellán ca. 1530 – Madrid 1597)
Herrera, Militäringenieur unter Kaiser Karl V., erhielt 1569 von Philipp II. den Auftrag, nach dem Tod des ersten Planers, Juan Bautista de Toledo, das Kloster Escorial zu errichten. Angelegt in einem ernsten, monumentalen Stil, der sich an den römischen Bauten Michelangelos und an den Vorschriften des Tridentiner Konzils bezüglich der Sakralbauten orientierte, wird der Escorial zum Symbolbau einer Epoche. Nach der Errichtung der Kirche (1582 vollendet) widmete Herrera sich auch anderen offiziellen Gebäuden in Sevilla (Palacio de la Lonja) und in Valladolid (Kathedrale).

Herzog & de Meuron
(Jacques Herzog, Basel 1950; Pierre de Meuron, Basel 1950)
Die beiden Architekten, Schüler Aldo Rossis an der Eidgenössischen Technischen Hochschule, eröffnen 1978 gemeinsam ein Büro in Basel und widmen sich der Analyse der Typengeschichte der Deutschschweiz anhand von Bauten wie Baracken, Hallen, Magazinen und Einfamilienhäusern. Ihre Tätigkeit stößt rasch auf großes Interesse, das sich in wichtigen internationalen Aufträgen niederschlägt. Zu ihren jüngsten Arbeiten zählen die Umgestaltung eines Elektrizitätswerkes an der Themse-Mündung und die der Tate Gallery in London. In ihren extrem variantenreichen Entwürfen werden eine Tendenz zur ständigen Erprobung neuer Materialien und neuer konstruktiver Systeme und ein fortschreitender Prozess der »Entfremdung« der Außenhaut vom Innenraum erkennbar. Singuläres Resultat ist die Fusion traditioneller Materialien und Konstruktionsmethoden, die für das expressive Ergebnis ausschlaggebend sind, mit Betonstrukturen, die dem Gebäude Ordnung geben und es zugleich abstrakt erscheinen lassen.

Hildebrandt, Johann Lucas von
(Genua 1668 – Wien 1745)
Hildebrand wurde als Sohn eines Berufssoldaten in Italien geboren und ausgebildet, folgte den Verlegungen des österreichischen Heeres und kam schon in jungen Jahren in Kontakt mit dem Prinzen Eugen von Savoyen. Seine italienischen Erfahrungen und vor allem seine Lehre bei Carlo Fontana (ca. 1690) trugen ihm eine Vorliebe für plastischen Dekor ein, den er an vielen seiner Gebäude anbrachte. Nachdem er sich in Wien niedergelassen hatte, wurde er 1701 zum

Hofarchitekten der Habsburger ernannt. Seine Tätigkeit erstreckte sich auf die Sakral- und die Zivilbaukunst: Seine Kirchen, Paläste und Villen entstanden in Böhmen, in Österreich und in Franken, mit französisch inspirierten Grundrissen und einer reichen plastischen Gliederung. Besondere Beachtung verdienen das Schloss Mirabell in Salzburg (1721) und das Schönborn-Schloss in Pommersfelden (1713–1716). Sein Hauptwerk und die Krönung seines Schaffens ist der Komplex des Belvedere in Wien, bestehend aus zwei Palästen des Prinzen Eugen, die durch einen französischen Garten miteinander verbunden sind (1714–1716 und 1721–1722).

Hoffmann, Josef
(Pirnitz, heute Brtnicze, Mähren 1870–Wien 1956)
Besuch der Staatsgewerbeschule in Brünn (Brno) und Studium bei Otto Wagner in Wien. 1895 wird ihm der »Prix de Rome« verliehen, was ihm das Studium der antiken Bauten in Italien ermöglicht. Stark beeinflusst von der Formensprache seines Lehrers und vom Jugendstil, bleibt er nicht gleichgültig gegenüber den Anregungen der mediterranen Tradition und den Schöpfungen der englischen Arts-and-Crafts-Bewegung, deren Vorbildrolle in seinen ersten Arbeiten – einer Reihe von Villen, die er in Wien baute – erkennbar ist. 1903 gründet er die Wiener Werkstätten, eine bis 1932 tätige Vereinigung von Kunsthandwerkern, die ihm die Innenausstattung für eine Reihe eigener Bauten von großer Eleganz liefern – Bauten, die sich durch die Vereinfachung der formalen Elemente und durch die Raffinesse des dekorativen und farblichen Details auszeichnen. Ab 1905 zeigt seine Arbeit eine Überlagerung unterschiedlicher Formensprachen, vom Klassizismus bis zum Expressionismus. In der letzten Phase seiner Tätigkeit ist er in einer fruchtbaren Auseinandersetzung mit der Modernen Bewegung und vor allem mit den Arbeiten des jungen Le Corbusier begriffen, der eine Zeitlang in Hoffmanns Atelier arbeitet. Im Sanatorium Purkersdorf (1904–1908) und im berühmten Palais Stoclet in Brüssel (1905–1911) zeigen sich die Eleganz und Anmut seines Stils in geglätteten weißen Oberflächen, in denen die Öffnungen wie grafisch erscheinen.

Höger, Fritz
(Beckenreihe 1877–Bad Segeberg 1949)
Ausbildung an der Baugewerkschule in Hamburg; 1907 Eröffnung eines eigenen Studios. Nachdem Höger eine Reihe eher kleinerer Wohnhäuser gebaut hat, widmet er sich der Planung von Bürogebäuden, die sich durch die Verwendung des Backsteins bei der Verkleidung der Fassaden auszeichnen. Sein bekanntestes Werk ist das Chilehaus (1922–1923), eines der Hauptwerke des deutschen Expressionismus, dessen Grundriss an den Bug eines großen Schiffes erinnert. Weitere bemerkenswerte Bauten Högers sind das Haus Hannoverscher Anzeiger in Hannover (1928) und das Rathaus von Rüstringen (1929).

Horta, Victor
(Gent 1861–Brüssel 1947)
Nach dem Studium und der anschließenden Mitarbeit im Büro Alphonse Balats trat Horta 1885 mit einer Reihe kleiner Arbeiten hervor, die sogleich sein Talent erwiesen. Aus dem Jahre 1893 stammt das Haus Tassel in Brüssel, ein Manifest des Jugendstils, in dem sein Erbauer revolutionäre Elemente künstlerischer, technischer und kompositorischer Art einführt. Die Verwendung von Eisen als konstruktives und dekoratives Material im Dienst eines neuen architektonischen Programms, das auf dem freien Grundriss und der dreidimensionalen Gliederung der Räume basiert, erkennbar auch in den folgenden Werken, repräsentiert den originalen Beitrag Hortas zur Entwicklung der modernen Bewegung in der Architektur. Weitere Bauten, sämtlich in Brüssel, sind das Haus Solvay (1895–1900), das Haus Horta (1898), das Warenhaus Waucquez (1903–1906) und vor allem sein Meisterwerk, die Maison du Peuple (1896–1899), heute zerstört. Nach einem Aufenthalt in den Vereinigten Staaten in den Jahren 1916–1919 folgt er einer eher traditionellen und strengeren klassizistisch inspirierten Richtung, wie am Palais des Beaux-Arts in Brüssel (1922–1928) erkennbar wird.

Isozaki, Arata
(Oita, Kyushu, Japan 1931)
Nach dem Studium an der Tokio-Universität als Schüler von Kenzo Tange, mit dem er auch bis 1963 zusammenarbeitet, übernimmt Isozaki eine bedeutende Aufgabe mit der Realisierung des Planes »Tokio 1960«. Sein Werk zeichnet sich in den 1960er Jahren zunächst durch eine manieristische Periode aus, charakterisiert durch eine starke Orientierung an abstrakten, aus kubischen oder halbzylindrischen Elementen zusammengesetzten Formen, in glattem Bruch mit den rationalistischen Grundsätzen der modernen Architektur. In den 1970er Jahren zeigt sich eine zunehmende Annäherung an den Historismus mit der Wiederaufnahme von Fragmenten aus der westlichen Architektur der Vergangenheit, eingefügt in die zeitgenössische Sprache. In den 1980er Jahren nimmt die Tendenz zum Eklektizismus noch spürbar zu. Der Gebrauch einer High-Tech-Sprache, alternierend mit einer klassizistischen und ernsten Sprache, macht es schwierig, eine kohärente Entwicklungslinie auszumachen. In den Werken der 1990er Jahre gelangt Isozaki zu einer harmonischen Synthese der vorausgegangenen stilistischen Tendenzen und kehrt zur elementaren geometrischen Form zurück, zum Beispiel im Museum of Contemporary Art in Nagi (1991–1994).

Jahn, Helmut
(Zirndorf b. Nürnberg 1940)
Nach dem Studium an der Technischen Hochschule in München geht Jahn 1965 nach Chicago, um seine Ausbildung am Illinois Institute of Technology zu vervollkommnen. In Chicago ist er auch lehrend tätig, hat Gelegenheit, in das Büro C. F. Murphy Associates einzutreten, eines der renommiertesten der Stadt, und wird Assistent von Gene Summers. 1973 wird er verantwortlicher Leiter der Abteilung Planung und Design, 1981 Teilhaber der inzwischen in Murphy & Jahn umbenannten Firma. Zu seinen bedeutendsten Arbeiten zählen die Crosby Kemper Memorial Arena in Kansas City (1975), die Michigan City Public Library in Indiana (1977), das State of Illinois Center in Chicago (1979–1985), das Hochhaus One South Wacker Drive in Chicago (1980), der Büroturm in Johannesburg (1981–1985), der United Airlines Terminal am Internationalen Flughafen von Chicago (1980–1982) und das Sony-Center in Berlin (1995).

Jefferson, Thomas
(Shadwell, Virginia 1743 – Monticello, Virginia 1826)
Jefferson, Architekt und dritter Präsident der Vereinigten Staaten, übte einen maßgeblichen Einfluss auf die Geschichte der amerikanischen Architektur aus, indem er ein »kultiviertes« Bauwesen einführte, das sich von der lokal-kolonialen Tradition unterschied und neopalladianische Anregungen enthielt (Wohnsitz Monticello, ab 1769). Als Kenner der römischen Architektur wandte er die klassischen Formen vor allem bei seinen öffentlichen Gebäuden (Regierungsgebäude des Staates Virginia in Richmond, 1785–1796), aber auch an privaten Gebäuden an, die sich durch nüchterne und feierliche Linien auszeichnen, Symbol der republikanischen Tugenden.

Johnson, Philip
(Cleveland, Ohio 1906 – New Canaan 2005)
Als Direktor der Architekturabteilung am Museum of Modern Art in New York begeistert er sich in den 1930er Jahren für die avantgardistische europäische Architektur, fördert die ersten USA-Reisen Mies van der Rohes und Le Corbusiers und gibt 1932 anlässlich der Ausstellung zum Thema der modernen Architektur, die das von ihm geleitete Museum veranstaltet, zusammen mit Henry-Russel Hitchcock die einflussreiche Publikation *The International Style* heraus. Seine Tätigkeit als Architekt beginnt in den 1940er Jahren mit einer Reihe von erkennbar rationalistisch geprägten Bauten. In der Folge entwickelt er eine immer komplexere Sprache, charakterisiert durch das unvoreingenommene und schöpferische Wiederaufgreifen klassischer Kompositionselemente und ihre Einbeziehung in Lösungen, die technisch auf dem neuesten Stand sind, was ihn zum Vorläufer der Postmoderne macht. In den 1980er Jahren erreicht er den Höhepunkt seiner Kreativität mit dem AT & T Building in New York. Das Einschwenken auf den Dekonstruktivismus in den 1990er Jahren markiert den Abschluss der Experimente seiner langen professionellen Tätigkeit.

Jones, Inigo
(London 1573–1652)
Inigo Jones bildete sich in Italien an den Bauten Palladios und Scamozzis und wird auf dem Höhepunkt des Barockstils zum Hauptinterpreten des englischen Klassizismus, womit er eine unauslöschliche Spur hinterlässt und noch die Architektur des 18. Jahrhunderts in den Vereinigten Staaten beeinflusst. Zu seinen bedeutendsten Arbeiten zählen Landhäuser wie Queen's House in Greenwich (1616–1635) und Wilton House (1633–1640), das Londoner Banqueting House (1619–1622) sowie die Restaurierung und Erweiterung der St. Paul's-Kathedrale in London. Wichtig sind ferner seine Tätigkeit als Szenograf und der Corpus seiner Zeichnungen, die von den Entwürfen für das Schloss Whitehall bis zu den Bozzetti für Ben Johnson reichen.

Juvarra, Filippo
(Messina 1678 – Madrid 1736)
Architekt und Schöpfer von Bühnendekorationen, der zunächst in Messina mit Festapparaten und zeremoniellen Aufbauten beschäftigt war, ephemeren Architekturen, die dennoch schon Lösungen zeigen, die der Künstler bei seinen ersten römischen Arbeiten weiterentwickeln sollte. In Rom schloss er seine Ausbildung ab: hier tritt zur Tätigkeit des Bühnengestalters für das Haus Ottoboni diejenige des Architekten, der schon als 28-Jähriger Mitglied der Accademia di San Luca wird. Der Erfolg kommt im Jahre 1714, als Juvarra von Vittorio Amedeo II. von Savoyen, König von Sizilien, zum ersten Architekten bestellt wird und ihm zunächst nach Messina und später nach Turin folgt, wo er im Verlauf von zwanzig Jahren mehr als dreißig Projekte realisiert. Im Rahmen dieser intensiven Tätigkeit entstehen Meisterwerke wie die Basilika La Superga (1715–1718), der Palazzo Madama (1718–1721) und das Jagdschloss Stupinigi (1729–1731), herausragende Beispiele einer klassisch geprägten Architektur, in denen der Architekt die italienische mit der französischen Tradition verschmilzt. Von Philipp V. 1735 nach Madrid berufen, gestaltet er auch hier bedeutende Bauten, darunter den nach seinem Tod von seinem Turiner Schüler Giovanni Battista Sacchetti vollendeten königlichen Palast.

Kahn, Louis I.
(Insel Ösel, heute Saaremaa, Estland 1901 – New York 1974)
1905 in die USA emigriert, schließt Kahn 1924 sein Studium an der University of Pennsylvania in Philadelphia ab. In den 1930er Jahren veranlasst ihn sein Interesse an den Wohnverhältnissen in Philadelphia zum Bau mehrerer subventionierter Wohnsiedlungen. Die Arbeiten aus den 1940er Jahren spielen auf stilistische Moduli der Modernen Bewegung an, während Kahn im folgenden Jahrzehnt zu einem originalen Brutalismus findet, der seinen signifikanten Ausdruck in der Erweiterung der Yale Art Gallery in New Haven findet. In diesem und in den folgenden Werken entwickelt Kahn alle charakteristischen Motive seiner Formensprache: Die Vorliebe für elementare geometrische Formen und Kompositionen, die hierarchische Trennung zwischen den Räumen, die Betonung von sekundären Elementen, das historische Zitat. Von den späten 1960er Jahren an hat er Gelegenheit, seine städtebaulichen und architektonischen Vorstellungen in mehreren Projekten in Indien und Nepal uneingeschränkt umzusetzen.

Kent, William
(Bridlington, Yorkshire 1685 – London 1748)
Kent, englischer Architekt und Maler, wendet sich nach einer ersten, ganz der Malerei gewidmeten Phase der Architektur zu, nachdem er in Rom mit Lord Burlington zusammengetroffen ist. 1719 nach England zurückgekehrt, wird er zu einem der Protagonisten der englischen Architektur des frühen 18. Jahrhunderts. Zu seinen bedeutendsten Bauten, in denen er palladianische Motive mit ausgesprochener Dekorfreude im Inneren verbindet, zählen Houghton Hall in Norfolk (1726–1731) und das Horse Guards Building im Komplex von Whitehall in London (vollendet nach seinem Tod in den Jahren 1750–1758). Wichtig ist seine Tätigkeit als Entwerfer von Parks und Gärten; nachdem er die formale Symmetrie des »französischen« Gartens zugunsten eines pittoresken und ansprechenden Bildes der Natur aufgegeben hat, wird er zusammen mit Lancelot »Capability« Brown als Schöpfer des englischen Gartens betrachtet. Unter seinen Entwürfen ragen die Parks von Stowe in Buckinghamshire und von Rousham Hall in Oxfordshire (1730–1740) heraus.

Klenze, Leo von
(Bockenem 1784 – München 1864)
Schüler von Gilly und später von Durand. Dank seiner Begegnung mit Ludwig I. von Bayern und ihrer gemeinsamen Passion für die Antike wird Klenze der Protagonist der städtebaulichen Umgestaltung von München. Auf ihn geht die Umgestaltung der Ludwigstraße (ab 1817) und die des Königsplatzes mit den neohellenischen Bauten der Glyptothek (1816–1830) und der Propyläen (1846–1860) zurück, ebenso die Südfassade der Residenz, inspiriert vom Palazzo Pitti (1826–1835), und das Gebäude der Alten Pinakothek (1826–1836), ebenfalls im Stil der Neorenaissance. Ein Musterbeispiel der archäologischen wie romantischen Konzeption des Griechischen sind die strengen dorischen Formen der Walhalla (1831–1842), des Ehrentempels für die großen Deutschen.

Knobelsdorff, Georg Wenzeslaus von
(Kuckädel 1699 – Berlin 1753)
Knobelsdorff, Hofarchitekt Friedrichs des Großen, nahm mit Entschiedenheit die keineswegs einfache Aufgabe in Angriff, aus der kleinen Provinzstadt Berlin eine der bedeutendsten Kapitalen des neuen Europa des 18. Jahrhunderts zu machen und ihr einen angemessen monumentalen Rahmen zur Verherrlichung des Souveräns zu geben. Um das zu erreichen, verband er zwei Richtungen: die palladianische für die Fassaden, mit sauberen Kolonnaden, aufgerichtet nach den Regeln der klassischen Ordnungen, und die des französischen Rokoko für die behaglichen und dekorierten Innenräume. Unter den von Knobelsdorff in Berlin errichteten Bauten ist zu erinnern an Schloss Charlottenburg (1740–1743), das Königliche Opernhaus (1741–1743), vor allem aber an das Schloss Sanssouci in Potsdam (1745–1747).

Labrouste, Henri
(Paris 1801 – Fontainebleau 1875)
Der Architekt und Ingenieur Labrouste, herausragender Vertreter der rationalistischen Strömung im Frankreich des 19. Jahrhunderts, erkannte die Bedeutung des Eisens für die Architektur. Mit seinen antiakademischen Vorschlägen erregte er schon als Student der École des Beaux-Arts einen Skandal und löste heftige Reaktionen aus. Bei seinem ersten professionellen Auftrag, der Bibliothèque Sainte-Geneviève in Paris (1843–1850), setzt er zum ersten Mal an einem öffentlichen Gebäude eine Konstruktion aus Guss- und Schmiedeeisen ein, die auf Sicht stehen blieb. Sein Hauptwerk ist die Pariser Nationalbibliothek (begonnen 1868) mit einem Lesesaal, dessen dünne Säulen aus sichtbar belassenem Gusseisen kleine Kuppeln tragen: ein Ensemble von großer Leichtigkeit und Funktionalität.

Latrobe, Benjamin Henri
(Fulneck, Yorkshire 1764 – New Orleans, Louisiana 1820)
Nach einer klassizistischen Ausbildung in seiner Heimat emigrierte der englische Architekt Benjamin Latrobe 1795 in die Vereinigten Staaten. Zunächst Mitarbeiter Jeffersons beim Bau des Parlamentsgebäudes in Richmond, wird er 1800 Superintendent des öffentlichen Bauwesens von Washington. In seinen Gebäuden vom Regierungssitz der Hauptstadt (ab 1801) bis zur Bank of Pennsylvania in Philadelphia und zur katholischen Kathedrale von Baltimore (1805–1818) setzt er gräzistische Formen ein, die großen Einfluss auf die amerikanische Architektur gewannen.

Laurana, Luciano
(Zara ca. 1420 – Pesaro 1479)
Laurana, Musterbeispiel eines »höfischen« Architekten der zweiten Hälfte des 15. Jahrhunderts, hielt sich am Ende der 1450er Jahre vermutlich in Neapel und 1465 in Mantua auf, wo er in Kontakt mit Leon Battista Alberti trat. Seine Hinwendung zur humanistischen Architektur Zentralitaliens wird schon im folgenden Jahr deutlich, in dem Laurana nach Urbino geht. Mit Verständnis für die Angaben des Auftraggebers Federico da Montefeltro entwickelt er in autonomer und genialer Weise jenen intellektuellen Umgang mit der Mathematik, wie er von Piero della Francesca geweckt worden war, und wird so zum wichtigsten Planer des Palazzo Ducale, an dem er bis 1472 arbeitete.

Lavirotte, Jules Aimé
(Paris 1864 – 1928)
Der französische Architekt Lavirotte, Schüler Antoni Gaudís, versieht seine Fassaden mit Dekorationen aus Keramik, die der Künstler Bigot für ihn entwarf. Um 1900 hat er in Paris großen Erfolg mit einer Reihe von Bauten. In seinen beiden bekanntesten Gebäuden, dem Mehrfamilienhaus in der Avenue Rapp von 1901 und dem Hôtel Céramique (1904), macht Lavirotte mit großer Fertigkeit Gebrauch von floralen Jugendstilmotiven. Seine Ornamentierungen sind stark symbolisch und beziehen ihre Inspiration aus der Tier- und Pflanzenwelt.

Le Corbusier (Charles-Édouard Jeanneret)
(La Chaux-de-Fonds 1887 – Cap-Martin 1965)
Nach einer Graveur- und Ziseleurlehre an der Kunstgewerbeschule seiner Heimatstadt bereist Le Corbusier in den Jahren zwischen 1906 und 1914 Europa und den Mittleren Orient, studiert als Autodidakt die europäische Architektur und tritt in Kontakt mit den bedeutendsten Architekten seiner Zeit: 1907 trifft er Hoffmann in Wien, 1908 arbeitet er in Paris für die Brüder Perret, 1910 ist er im Studio von Peter Behrens in Berlin. 1917 geht er nach Paris und gründet zusammen mit seinem Vetter Pierre Jeanneret ein Büro. In den folgenden Jahren entsteht eine Fülle von urbanistischen Projekten, Bauwerken und theoretischen Überlegungen. Das Arbeiten mit Beton und Primärmaterialien wie Eisen und Glas, die Industrialisierung der Baustellen, die Kodifizierung vorfabrizierbarer Teile und der Einsatz der reinen Farben sind Kennzeichen dieser neuen technischen, typologischen und formalen Sprache, die beispielhaft repräsentiert ist in der Villa Savoye von 1928–1931, einem Bau, der ganze Generationen von Architekten stark beeinflussen sollte.

Le Nôtre, André
(Paris 1613–1700)
Le Nôtre ist der erste große Gartenarchitekt und der Schöpfer des »französischen« Gartens mit seinen axialen Systemen, die sich in die Unendlichkeit öffnen – ein geometrisch definiertes Areal, bestehend aus Blumen- und Heckenparterres, Wasserbecken, Kanälen und Brunnen. Bedeutende Schöpfungen Le Nôtres sind der großartige Park des Schlosses Versailles (ab 1662), der Park von Vaux-le-Vicomte (1655–1661) und der Park des Schlosses Chantilly (1661–1683).

Le Pautre, Antoine
(Paris 1621–1691)
Als Schüler von Le Vau entwickelte Le Pautre die Methoden seines Lehrers in einer Reihe von Werken weiter, die einen klassizistischen Stil mit einer lebhaften Dynamik verbinden, die sich vor allem in seinen Grundrissgestaltungen äußert. Sein gelungenstes Werk ist das Hôtel de Beauvais in Paris (1654–1656).

Le Vau, Louis
(Paris 1612–1670)
Erster Architekt Ludwigs XIV., Superintendent und Aufseher der königlichen Bauten, nimmt Le Vau eine wichtige Rolle in der Entwicklung der französischen Architektur des 17. Jahrhunderts ein. Nach seiner Ausbildung, die wesentlich von einer Italienreise mit Aufenthalten in Genua und Rom geprägt wird, beginnt Le Vau ab 1650 seine Tätigkeit für die Krone mit der Errichtung der Pavillons des Königs und der Königin in Vincennes, der Erweiterung der Kirche Saint-Sulpice, der Mitarbeit an der Fertigstellung des Louvre. Sein Hauptwerk ist das in der kurzen Spanne von fünf Jahren, zwischen 1656 und 1661, für den Finanzminister Fouquet errichtete Schloss Vaux-le-Vicomte. Gleich anschließend begannen die Arbeiten am königlichen Schloss in Versailles: hier entwarf Le Vau in Zusammenarbeit mit Le Brun und Le Nôtre, die ihm schon in Vaux-le-Vicomte zur Seite standen, eine Erweiterung des kleinen, 1623 von Ludwig XIII. erbauten Schlösschens.

Lechner, Ödön
(Budapest 1845–1914)
Lechner, ein Vertreter des ungarischen Jugendstils, sympathisierte anfangs mit dem Historismus, was seinen Bauten, so der Kunstgewerbeschule in Budapest (1893–1897), einen eklektischen Stil verlieh. Seine späteren Arbeiten, die sich dem Werk Gaudís annähern, lassen seine Vorliebe für polychrome Materialien erkennen: vor allem das Geologische Institut (1898–1899) und die Postsparkasse (1899–1902), beide in Budapest.

Ledoux, Claude-Nicolas
(Dormans-sur-Marne 1736 – Paris 1806)
Ledoux, Hauptvertreter der französischen Revolutionsarchitektur, die sich im Kielwasser der Aufklärung entwickelt hatte, gründet seine Entwürfe auf die Kombination elementarer geometrischer Formen – seien es die Pariser Zollgebäude oder die Salinenstadt Chaux in Arc-et-Senans (1775–1779), ein frühes Beispiel einer Stadtplanung im Dienst von Produktionserfordernissen.

Leonardo da Vinci
(Vinci, Florenz 1452 – Amboise 1519)
Leonardo absolvierte eine Lehre in der vielseitigen Florentiner Werkstatt des Andrea del Verrocchio, eine Erfahrung, die ihm wesentliche Anregungen liefert und sein Interesse – immer über die unersetzliche Übung der Zeichnung – auf die ganz verschiedenen künstlerischen und technischen Anwendungsbereiche lenkt. Nachdem er als Mitarbeiter Verrocchios gearbeitet hat, beginnt er seine eigene Karriere und lässt sehr bald eine Vorliebe für das Portrait und für die Erkundung der Natur erkennen. Mit dreißig Jahren, 1482, verlässt Leonardo Florenz und geht an den Hof des Ludovico il Moro nach Mailand, wo er einen großen Teil seiner Karriere zubringen wird. Die Malerei und die Niederschrift seiner in vielen Heften (den »codici«) zusammengefassten Bemerkungen und Beobachtungen sind zwei verschiedene, aber einander ergänzende Aspekte seiner Kreativität, die offen ist für die unterschiedlichsten Wissensgebiete. Auf die erste Mailänder Zeit gehen unter anderem die Felsmadonna (begonnen 1483; heute im Louvre) und das Abendmahl (1494–1498) zurück. Nach der Besetzung Mailands durch die Franzosen verlässt er die Stadt und geht über Mantua und Venedig wieder nach Florenz, wo er das Bildnis der Gioconda beginnt und seine in Mailand begonnenen technischen, geografischen und wissenschaftlichen Studien fortsetzt. 1506 dorthin zurückgekehrt, vollendet er das Bild der Heiligen Anna Selbdritt, heute ebenfalls im Louvre. 1513 übersiedelt er auf Wunsch Franz' I. nach Amboise, im Gepäck einige Gemälde sowie Tausende von Zeichnungen und Entwürfen, begleitet von einer kleinen Gruppe von Schülern.

Libeskind, Daniel
(Lodz 1946)
Libeskind geht nach einem Musikstudium in Israel 1960 in die Vereinigten Staaten. Nachdem er 1965 das Bürgerrecht erworben hat, beginnt er ein Architekturstudium an der Cooper Union School in New York, um sich in der Folge an der University of Essex in England zu spezialisieren. 1990, zusammen mit anderen jungen Architekten von Isozaki aufgefordert, einen Pavillon für die Internationale Gartenausstellung in Osaka zu entwerfen, macht er damit von sich reden. In der Folge schafft er sich seinen Platz auf der internationalen Szene, indem er an zahlreichen Wettbewerben teilnimmt und Einrichtungen und Installationen realisiert. Seine Bauten, die getreu die Theorien spiegeln, die er im Rahmen seiner Lehrtätigkeit erarbeitet und vertritt, sind Teil der aktuellen dekonstruktivistischen Strömung in der Architektur. 1989–1999 entstand das Jüdische Museum, ein Annex des Berlin-Museums: eine seiner bedeutendsten Schöpfungen überhaupt.

Ligorio, Pirro
(Neapel ca. 1510 – Ferrara 1583)
Ligorio, Architekt, Maler und Archäologe, widmete sich auf Wunsch Ippolitos d'Este anfangs der Malerei und den Ausgrabungen im Bereich der Villa Hadriana in Tivoli (ab 1549). Für Ippolito d' Este entwarf er auch die Villa d'Este in Tivoli (1550–1572), deren Garten mit seinen Brunnen, Bauten und Treppenanlagen zu den ersten und berühmtesten Beispielen des »giardino all'italiana« zählt. Sein manieristischer Stil kommt im szenischen Dekor der für Pius IV. in den vatikanischen Gärten geschaffenen Casina (1559–1562) zum Ausdruck.

Longhena, Baldassarre
(Venedig 1598–1682)
Longhena, Schüler des Vicentiners Vincenzo Scamozzi, Architekt und Traktatist, Interpret seines Jahrhunderts, kehrt zu den Wurzeln der venezianischen Renaissancearchitektur zurück und entwickelt eine persönliche Sprache, die sich durch große Erfindungsgabe auszeichnet. Seine lange Tätigkeit umfasst Werke von großer Bedeutung, die ihn zum absoluten Herrn der venezianischen Architektur des 17. Jahrhunderts machen. Sein Hauptwerk ist die Kirche Santa Maria della Salute, 1631 entworfen, wo der malerische Sinn des Künstlers unverfälscht zum Ausdruck kommt – er

nutzt das natürliche Licht und die flimmernde Oberfläche des Wassers der Kanäle, um szenografische Wirkungen von Hell und Dunkel zu erzeugen. Typisch barock sind die feierliche Chiesa degli Scalzi (ca. 1660) und die Kirche des Ospedaletto, Architekturen von außergewöhnlicher Freiheit. Ebenso innovativ sind die Profanbauten wie die Ca' Pesaro (um 1660) und die Ca' Rezzonico (ca. 1667), monumentale Erscheinungen am Canal Grande, in denen das Vorbild Palladios und Sanmichelis mit einem Gespür für die Materialität von Licht und Luft interpretiert wird.

Loos, Adolf
(Brno, Mähren 1870 – Wien 1933)
Nach dem Studium an der Technischen Hochschule Dresden unternahm Loos 1893 eine lange Reise durch die Vereinigten Staaten, wo er die Bauten der Schule von Chicago und die angelsächsische Arts-and-Crafts-Bewegung kennen lernte. Wieder in Europa, nahm er in Wien seine professionelle Tätigkeit auf, die durch die unauflösliche Einheit von ausgeführten Bauten und theoretischen Schriften gekennzeichnet ist. In offener Polemik mit dem Jugendstil sind die Wohnhäuser, die er in den ersten beiden Jahrzehnten des 20. Jahrhunderts errichtete, die konkrete Manifestation jener theoretischen Sicht, die er in einer Veröffentlichung *Architektur* von 1910 zum Ausdruck brachte. Den raffinierten Innenräumen, in denen Holz und Marmor verarbeitet sind, stehen das kubische Äußere und die schmucklos verputzten Flächen gegenüber. In den 1920er Jahren ermöglicht ihm seine Stellung als leitender Architekt des Siedlungsamtes der Stadt Wien, sich des Themas des Massenwohnungsbaus anzunehmen. Der Architektur seiner Zeit fremd gegenüberstehend, nähert er sich einer Reihe von Vertretern der künstlerischen Avantgarde Europas. Beeinflusst vom Gedanken des Dadaismus ist das 1926 in Paris realisierte revolutionäre Haus Tzara.

Mackintosh, Charles Rennie
(Glasgow 1868 – London 1928)
Mackintosh hatte im Architekturbüro John Hutchinson gelernt und sich in Abendkursen an der Glasgower Kunstschule weitergebildet, als er 1889 eine Anstellung als Zeichner bei dem Bauunternehmen Honeyman & Keppie fand. Hier blieb er bis 1913, und hier lernte er Herbert McNair und die beiden Schwestern McDonald kennen, mit denen er die Künstlergruppe The Four ins Leben rief, die auf dem Gebiet der Grafik tätig war. Dank der Eleganz und der Originalität der Entwürfe setzten sich die Arbeiten dieser später als Schule von Glasgow bekannten Gruppe auch international durch. Ab 1897 war Mackintosh als Architekt mit seinem größten Auftrag beschäftigt: dem neuen Gebäude der Glasgow School of Art. In der geometrischen Abstraktion der Formen dieses Gebäudes und in der eleganten Kombination gotischer, keltischer und japanischer Schmuckmotive gelangen die Elemente seiner künstlerischen Sprache zu einer gelungenen Synthese. Sein Ruhm hat auch mit den zahlreichen Möbelentwürfen zu tun, die er im Jahre 1900 im Rahmen der Ausstellung der Wiener Sezession zeigte. Alkoholprobleme veranlassten ihn, zunächst nach Suffolk, später nach London und am Ende nach Frankreich zu übersiedeln, wo er sich der Malerei zuwandte.

Maderno, Carlo
(Capolago, Tessin 1556 – Rom 1629)
Was die Architektur Carlo Madernos revolutionär macht, ist vor allem der Umstand, dass er den in Rom am Ende des Cinquecento noch immer lebendigen verfeinerten Klassizismus durch einen starken und kraftvollen Stil ersetzt. Als Schüler seines Onkels Domenico Fontana wird er nach dessen Tod mit dem wichtigen Amt des Architekten von Sankt Peter betraut und vollendet die Fassade von Santa Susanna, sein Hauptwerk, das mit seiner ausgesprochenen Dynamik die endgültige Überwindung des Manierismus anzeigt. Der größte Teil seiner Tätigkeit gilt der vom Erbe Michelangelos determinierten Baustelle von St. Peter und hier insbesondere der Gestaltung von Langhaus und Fassade. Von Carlo Maderno stammen auch die Pläne für den Palazzo Mattei (1598–1616) und den Palazzo Barberini. Bei seinem Tod hat sich die römische Architektur endgültig vom akademischen Manierismus befreit und kann sich nun leichter dem revolutionären Schaffen Berninis und Borrominis öffnen.

Mansart, Jules Hardouin
(Paris 1646 – Marly 1708)
Jules Hardouin Mansart, ein Neffe des berühmten Architekten von Ludwig XIII., François Mansart, mit dem zusammen er eine neue klassische Periode in Frankreich einläutet, war der Liebling Ludwigs XIV. und wurde von ihm zum Superintendenten der königlichen Bauten ernannt. Als Schüler seines Onkels machte er sich dessen Vorliebe für nüchternen Außendekor und die Stimmigkeit der Proportionen zu Eigen. Sein Hauptwerk ist Versailles, wo er das Projekt Le Vaus, den Umbau des kleinen vorhandenen Schlösschens, vollendet und das Schloss auch in der Folge im Zuge weiterer Interventionen vergrößert, darunter die Spiegelgalerie, das Grand Trianon und die Kapelle. Als Architekt und Stadtplaner plante Mansart die Place Vendôme, die ehemalige Place Louis-le-Grand, und sein letztes großes Werk, den Invalidendom, eine Kirche auf dem Grundriss eines griechischen Kreuzes mit einer Kuppel, kombiniert mit einer Fassade, bei der er der Verbindung von Volumina und Linien den Vorrang vor dekorativen Exzessen einräumt.

Martini, Francesco di Giorgio
(Siena 1439–1501)
Francesco di Giorgio Martini, Architekt, Militäringenieur, Erfinder, Maler und Techniker, spielt eine wichtige Rolle in der Entwicklung der Kunst und der Figur des Künstler-Intellektuellen des späten Quattrocento. Seine Ausbildung und die Anfänge seiner Tätigkeit sind an die Werkstatt Vecchiettas und an die Zusammenarbeit mit Neroccio gebunden. 1477 wird der Künstler als Erster Architekt an den Hof des Federico da Montefeltro in Urbino berufen. Neben den Arbeiten am Urbiner Herzogspalast entwirft und realisiert er eine Reihe denkwürdiger Festungen und befestigter Anlagen. Andere wichtige Werke, die in den 1480er Jahren entstehen, sind die Kirche Santa Maria del Calcinaio bei Cortona und der Herzogspalast von Gubbio. 1489 ist Francesco wieder in Siena, um die Bronzeengel in der Apsis des Domes zu gestalten und sich auch der Malerei wieder zuzuwenden, doch reist er rasch nach Mailand und anschließend nach Neapel weiter, um seine eklektische Karriere schließlich als Maler in seiner Heimatstadt zu beenden.

Meier, Richard
(Newark, New Jersey 1934)
Nach dem Studium an der Cornell University in Ithaca, New York, bildet Richard Meier sich im New Yorker Studio Skidmore, Owings und Merrill und bei Marcel Breuer weiter. 1963 eröffnet er ein eigenes Büro in New York. Seine ersten Bauten sind Einfamilienhäuser und Wohnbauten, in denen der Einfluss Breuers und das Interesse am Purismus Le Corbusiers unverkennbar sind. Einen Namen macht er sich 1969 mit der Ausstellung über die »New York Five«, deren Mitglied er ist und die wegen ihrer – und speziell Meiers – Vorliebe für die Farbe Weiß auch als die »White Architects« bezeichnet werden; es folgen mehrere Aufträge von internationalem Interesse. Bei diesen Projekten schöpft er frei aus seinem Repertoire an geometrischen Formen und findet in diesem Rahmen zu komplexen Raumgestaltungen, die den Einfluss der avantgardistischen Kompositionen der 1920er Jahre erkennen lassen. Im letzten Jahrzehnt zu einem der gefragtesten Architekten der Welt avanciert, hat Meier den Höhepunkt seines Schaffens mit den zwischen 1985 und 1997 realisierten Gebäuden des Paul Getty Center in Los Angeles erreicht.

Melnikow, Konstantin
(Moskau 1890–1974)
Melnikow, der sein Studium an der Moskauer Akademie 1917 abschließt, wird zu einer Schlüsselfigur des Konstruktivismus und Gründungsmitglied der Architektenvereinigung ASNOVA. Schon seine frühen Werke, darunter das eigene Haus in Moskau, eines der spektakulärsten Gebäude im Russland der 1920er Jahre, lassen eine Tendenz zur Darstellung von Bewegung erkennen, die in dynamischer Form eingefangen wird. International bekannt wird Melnikow 1925 mit seinem preisgekrönten Pavillon auf der »Exposition Internationale des Arts Décoratifs et Industriels Modernes« in Paris. Es folgt eine Anzahl von Entwürfen, die typisch sind für seine originelle Sprache, so die fünf Arbeiterklubhäuser, die er zwischen 1927 und 1929 in Moskau baut und die sich durch die wechselseitige Durchdringung gegliederter Volumina im Verein mit symbolischen und fantastischen Elementen auszeichnen. Danach wird Melnikow zur Zielscheibe der stalinistischen Kritik und beendet seine Karriere als Randgestalt der offiziellen Architekturszene.

Michelangelo Buonarroti
(Caprese, Arezzo 1475–Rom 1564)
Der größte Marmorbildhauer aller Zeiten, das kritische Gewissen der Renaissance im Zenith ihrer Entfaltung und folglich hellwacher Zeuge ihrer Krise, beherrscht und prägt Michelangelo das 16. Jahrhundert in Europa auch als Maler und Architekt. Von früher Jugend an einbezogen in die pulsierende Atmosphäre der Rückbesinnung auf die Antike im Umkreis des Lorenzo il Magnifico, erschafft er noch vor 1500 die Pietà für St. Peter in Rom und kurz danach den David der Florentiner Accademia. Im ersten Jahrzehnt des 16. Jahrhunderts widmet er sich wiederholt der Malerei: zunächst in Florenz, wo er sich gemeinsam mit Leonardo an den verloren gegangenen Dekor des Palazzo Vecchio macht und den Tondo Doni ausführt; später in Rom, wo er auf Wunsch Julius' II. das große Unternehmen der Ausmalung der Decke der Sixtinischen Kapelle beginnt, die dramatische Synthese der Geschichte des Menschen und zugleich die Verherrlichung der Schönheit der Schöpfung. Nach diesem Werk, an dem er zwischen 1508 und 1512 fast ohne Unterbrechung arbeitet, lässt Michelangelo die Malerei mehr als zwanzig Jahre lang liegen und widmet sich der Bildhauerei und der Architektur (Neue Sakristei an San Lorenzo in Florenz, Peterskuppel und Piazza del Campidoglio in Rom). Die Pinsel werden erst wieder in den 1530er Jahren für die lange Entstehungszeit des Jüngsten Gerichts in der Sixtinischen Kapelle in Dienst genommen. Auf dieses gewaltige Werk folgen in den späten Jahren die beiden letzten marmornen Pietà-Gruppen, heute im Dommuseum Florenz bzw. im Castello Sforzesco in Mailand.

Michelozzi, Michelozzo di Bartolomeo
(Florenz 1396–1472)
Michelozzo, Schüler Ghibertis und Mitarbeiter Donatellos, zeigt seine Qualitäten als Architekt im Komplex des Klosters von San Marco in Florenz (1436–1444), dessen Bibliothek das Streben nach einer ausgewogenen rhythmischen und chromatischen Abfolge der Räume anzeigt. Mit dem Palazzo Medici-Riccardi in Florenz (1444–1459) entwickelt er den Typ des Florentiner Palazzo, auf den sich die Architekten noch bis zum Cinquecento beziehen sollten, und mit den Medici-Villen von Careggi (ca. 1435–1440) und Cafaggiolo (ca. 1450) gelingt ihm eine Neuinterpretation des mittelalterlichen Kastells unter Renaissance-Vorzeichen und damit die Installation eines neuen Typs des ländlichen Wohnbaus. Michelozzo versöhnt in seinen Werken die verhaltene Erinnerung an die florentinische Gotik mit den neuen klassizistischen Interessen.

Mies van der Rohe, Ludwig
(Aachen 1886–Chicago 1969)
Mies van der Rohe absolviert kein Architekturstudium, sondern lernt und arbeitet in den Ateliers von Bruno Paul und Peter Behrens. Vom letzteren übernimmt er die Strenge der Mittel, die Reinheit der Form, die Eleganz der Proportionen, die Freude am Detail, die alle miteinander im Verein mit der Verwendung moderner industrieller Materialien sein ganzes folgendes Werk kennzeichnen sollten. 1912 macht er sich in Berlin selbständig. Beeinflusst von dem neuen Geist der Nachkriegszeit entwirft er eine Anzahl revolutionärer Bauten, die einen entscheidenden Beitrag zur Architektur des 20. Jahrhunderts darstellen und in denen sich die Tendenz abzeichnet, die Struktur auf technische Erfordernisse zu reduzieren, die sich frei im Raum organisieren lassen. Unbestrittenes Hauptwerk ist der deutsche Pavillon für die Internationale Ausstellung von 1929 in Barcelona, ein räumliches Kontinuum, das Innen- und Außenraum koordiniert. Von 1930 bis 1933 ist Mies van der Rohe Leiter des Bauhauses, 1938 emigriert er in die Vereinigten Staaten, wo er sein Prinzip »Weniger ist mehr« an wenigen grundsätzlichen Typen anwendet, die er den unterschiedlichen Funktionen anpasst.

Moneo, Rafael
(Tuleda, Spanien 1937)
Nach dem Studium an der Escuela de Arquitectura in Madrid und einem Aufenthalt in Dänemark im Studio von Jörn Utzon kehrt Moneo 1965 nach Madrid zurück, um neben seiner professionellen Tätigkeit einen Lehrauftrag zu versehen und sich als Essay-

ist und Kritiker intensiv zu Wort zu melden. Schon an seinen ersten Werken werden die charakteristischen Elemente seines Stils erkennbar: die strenge Sprache, die klassischen Formen, ein ausgeprägtes Interesse an den konstruktiven Materialien, insbesondere Ziegel, der Verzicht auf das typologische Element als Ausgangspunkt der Planung. Mit dem »Bankinter«-Gebäude in Madrid von 1973–1976, mit dem er sich breite internationale Anerkennung verschafft, führt er die Tendenz zur Aufwertung des urbanen Kontextes und den Gedanken des »Einfriedens« ein, mit dem er dem Architekten die neue Aufgabe zuweist, für die Stadt zu bauen und sich von dem Gedanken des Gebäudes als Gehäuse zu verabschieden. Konsequenz dieser Überlegungen ist der Entwurf für das Museum für moderne Kunst und Architektur in Stockholm von 1997.

Morris, William
(Walthamstow, London 1834 – London 1896)
Der Maler, Künstler-Handwerker, Entwerfer, Publizist und *homo politicus* William Morris studierte Kirchen- und Literaturgeschichte am Exeter College in Oxford, wo er eine lebenslange Freundschaft mit Edward Burne-Jones schloss. 1856 beginnt er eine Lehre bei dem Architekten George Edmund Street und schreibt für das *Oxford and Cambridge Magazine*. Unter dem Einfluss Dante Gabriel Rossettis und John Ruskins wendet er sich bald der Malerei und der Schriftstellerei zu. 1861 eröffnet er einen Betrieb für die Produktion kunstgewerblicher Erzeugnisse unter dem Namen Morris, Marshall, Faulkner & Co., mit Burne-Jones, Rossetti und Philip Webb als seinen Sozien. Damit will Morris der Massenproduktion eine Alternative entgegensetzen, indem er handwerklich-künstlerische Produkte herstellt: Möbel, Glaswaren, Wollwaren, Tapeten, Stickereien, Glasmalereien und kolorierte Gläser, alles in den strengen Formen und Linienführungen, wie sie für die gotische Kunst typisch sind. Morris, der auch als Dichter und Texter hervortrat, gründete 1891 die Kelmscott Press, die großen Einfluss auf die weitere Entwicklung der Buchkunst nehmen sollte. Ein großer Polemiker gegen den Merkantilismus – und darin seinem geistigen Vater John Ruskin ähnlich –, widmete er sich in den 1880er Jahren der Politik: 1883 tritt er der Democratic Federation bei; 1884 gründet er die Socialist League und gibt das Parteijournal *Commonweal* heraus. Seine sozialreformerischen Ideen und die strikte Ablehnung des Einsatzes von Maschinen für die Herstellung von Kunstgegenständen machen ihn zum Inaugurator der Arts-and-Crafts-Bewegung. Er verbreitet seine Theorien in einigen Diskursen und in zahlreichen Büchern und Aufsätzen, darunter The Decorative Arts (1878) und die Collected Works (1915).

Nash, John
(London 1752 – East Cowes Castle, Isle of Wight 1835)
John Nash, ein origineller und fruchtbarer Planer, unbekümmerter Manipulierer von Stilen und Urheber urbanistischer Utopien, baute Landhäuser und Schlösser in einem vage renaissanceähnlichen Stil (Cronkhill, 1802) und Cottages in der Art des »picturesque movement«. In seinem Royal Pavillion in Brighton entwickelt er eine fantasievolle Version des »indischen« Stils, dem neogotische, chinesische und maurische Elemente beigefügt sind. Berühmt ist seine Umgestaltung von Regent's Park im Zentrum von London (1812–1827): eine imposante Ansammlung von Reihenhäusern streng klassizistischer Art. Obwohl er im Umkreis des englischen Klassizismus tätig war, gehört er zu den Initiatoren der historistischen Revival-Bewegung in der englischen Architektur.

Neumann, Balthasar
(Eger, Böhmen 1687 – Würzburg 1753)
Balthasar Neumann ist ein genialer Vertreter der europäischen Rokokoarchitektur, aktiv sowohl im sakralen als auch im profanen Sektor. Von den Würzburger Fürstbischöfen für ihre Bauvorhaben engagiert, erweist Neumann sich als der Interpret der repräsentativen Ambitionen der deutschen Lokalfürsten, von Köln bis Stuttgart, von Karlsruhe bis Brühl und weiter bis nach Wien (er ist auch an der Hofburg tätig). Zu den Kennzeichen seiner Werke gehört die Zurückweisung der Fantasie als Ziel in sich: die Gebäude Neumanns wahren bei aller Vielfalt eine große Gemessenheit, während er mit den Dekorationskünstlern zu einer sehr fruchtbaren Zusammenarbeit findet. Die Stuckateure der Schule von Wessobrunn setzen die originelle Idee des Nothelferaltares in Vierzehnheiligen in plastische Formen um, und die Fresken des Giovan Battista Tiepolo fügen sich perfekt in die Räume der Würzburger Residenz, des Hauptwerks von Neumann, das nach jahrzehntelanger Bautätigkeit kurz nach 1750 vollendet wurde.

Niemeyer, Oscar
(Rio de Janeiro 1907)
Nach dem Studium an der Escola Nacional de Belas Artes in Rio de Janeiro arbeitet Niemeyer 1935 im Studio von Lucio Costa und 1936 in Paris bei Le Corbusier, dessen Einfluss in seinen ersten Arbeiten ganz deutlich zu Tage tritt. In der Folge entwickelt er einen persönlichen Stil, der es ihm mit der originellen plastischen Organisation der Volumina und mit der Einführung kurviger Linien, abgeleitet von den Formen des spanischen Barock und der natürlichen Landschaften Brasiliens, neben den rationalen Rastern erlaubt, die Lektion Le Corbusiers hinter sich zu lassen und Gebäude von großer Wirkung zu realisieren. Seine extrem expressive und antirationalistische Sprache trägt ihm die Berufung zum Berater der Organisation ein, die zur Realisierung der neuen Kapitale des Landes ins Leben gerufen wurde. Zwischen 1956 und 1961 entwirft er alle wichtigen Gebäude, deren figurative Elemente, riesig vergrößert im Rahmen des erweiterten urbanen Raums, dem Ganzen einen surrealen Aspekt verliehen. Unter dem Militärregime der Jahre 1964 bis 1985 emigriert er nach Paris, wo er zahlreiche internationale Projekte verfolgt. Seine jüngsten Schöpfungen zeugen von einem noch nicht erschöpften Repertoire formaler Erfindungen.

Nouvel, Jean
(Fumel, Frankreich 1945)
Jean Nouvel erwirbt 1971 sein Diplom an der École Nationale Supérieure des Beaux-Arts in Paris, nachdem er bei dem Architekten Claude Parent gearbeitet und sein erstes Studio 1970 eröffnet hat. 1976 ist er Mitbegründer der Gruppe Mars; 1980 konzipiert und leitet er die Biennale der Architektur in Paris. 1988 gründet er das Studio Jean Nou-

vel, Emmanuel Cattani et Associés, das sogleich international bekannt wird dank einer Architekturauffassung, die, kritisch gegenüber den traditionellen Vorbildern und Lösungen, reich ist an Metaphern und an überraschenden und provozierenden Bildern und sich auf Materialien, Licht und Farben stützt, die dem täglichen Leben der Stadt und der Peripherien entnommen sind. Der Bau des Institut du Monde Arabe in den Jahren 1981–1987, einer gelungenen Kombination der Potentiale der fortschrittlichen Technologie und der Möglichkeiten der bio-ökologischen Architektur, markiert eine wichtige Etappe seiner Karriere und trägt ihm bedeutende Folgeaufträge ein, die ihn zu einem der bekanntesten französischen Architekten machen.

Olbrich, Joseph Maria (Troppau, Schlesien 1867–Düsseldorf 1908)

Nach seinem Architekturstudium an der Akademie der bildenden Künste in Wien wird Olbrich 1893 mit dem »Prix de Rome« ausgezeichnet, der ihm eine Anstellung im Büro Otto Wagners einträgt, wo er fünf Jahre lang arbeitet. Zusammen mit anderen jungen Architekten der österreichischen Avantgarde gründet er 1897 die Wiener Sezession, für die er zwischen 1897 und 1898 das Sezessionsgebäude errichtet, das ihn unmittelbar bekannt macht. Es folgen zwischen 1898 und 1900 zahlreiche Aufträge, die ihn als den begabtesten und ideenreichsten Architekten der Sezession bestätigen. 1899 ist er in Darmstadt, wo er die Künstlerkolonie Mathildenhöhe ins Leben ruft, deren Leitung er übernimmt und deren Gebäude und Ausstellungsräume einschließlich des berühmten Aussichtsturmes er entwirft. Sein Werk gehört zur Erneuerung der figurativen Kultur, die vom Jugendstil befördert wird. Dessen Begrenzungen und Schwächen vermag Olbrich durch die Kombination der fantastischen Aspekte mit einer räumlichen Konkretheit zu überwinden, die auf die späteren Formulierungen der Moderne vorausweist.

Otto, Frei (Siegmar, Sachsen 1925)

Frei Otto schreibt sich 1947 an der Technischen Hochschule Berlin ein. Nach einem Aufenthalt in Charlottesville/Virginia, zu dem ihm ein Stipendium verholfen hat, macht er sein Diplom und eröffnet ein eigenes Atelier in Berlin. Seine Tätigkeit kreist im Wesentlichen um Planung und Entwicklung von Hängedächern und zugbeanspruchten Konstruktionen. Zu seinen bedeutendsten Bauten zählen die Pavillons für die Gartenschauen von Kassel (1955) und Köln (1957), das Dach für die Open-Air-Veranstaltungen in Cannes (1965), der Deutsche Pavillon auf der Weltausstellung in Montreal (1967) und die Überdachung der Hauptsportstätten der Münchner Olympiade (1972) in Zusammenarbeit mit Behnisch. Seit Ende der 1960er Jahre beschäftigt ihn die Planung von »Öko«häusern: Bauten zum Leben und Arbeiten unter extremen materiellen und Umweltbedingungen.

Oud, Jacobus Johannes Pieter (Purmerend, Holland 1890–Wassenaar, Holland 1963)

Nach dem zunächst in Amsterdam und später in Delft absolvierten Studium arbeitet Oud bei Petrus J. H. Cuypers, dem ersten holländischen »Rationalisten«, und anschließend in München bei Theodor Fischer. Die Bekanntschaft mit dem Maler Theo van Doesburg führt 1915 zur Gründung der Zeitschrift *De Stijl* und zu einer Serie von Bauten, die sehr stark von einem abstrakten Kubismus beeinflusst sind, im Gegensatz zu den expressionistischen Kompositionen der ideenreichen Schule von Amsterdam. Als Architekt der Stadt Rotterdam realisiert Oud zwischen 1918 und 1933 mehrere volkstümliche Wohnquartiere, die sich durch die harmonische Komposition von Volumina mit weiß verputzten Oberflächen auszeichnen, wobei die Öffnungen in den reinen Farben Mondrians gehalten sind. Bei den nach 1933 realisierten Werken, nunmehr wieder Privataufträgen, wird sein rigoroser Stil weicher und lässt Raum für revisionistische Ideen, die ihm Kritik von Seiten der Anhänger der Moderne eintragen.

Palladio, Andrea (Andrea di Pietro della Gondola) (Padua 1508–Maser 1580)

Nachdem er in Padua in die Anfangsgründe der Steinbildhauerei eingewiesen worden war, ging Palladio 1523 nach Vicenza. 1537 wird Giangiorgio Trissino auf den knapp Dreißigjährigen aufmerksam, ein engagierter und an Fragen der Literatur, der Philosophie und der Architektur interessierter Intellektueller, der ihn mit dem antikisierenden Namen »Palladio« belegt und ihm den Weg zu einer erstaunlichen Karriere ebnet. Zwischen 1538 und 1543 betreiben Trissino und Palladio ihre archäologischen Erkundungen zunächst im Veneto, dann in Rom, in den latinischen Bergen, auf den phlegräischen Feldern. Mit der Villa Godi Valmarana in Lonedo di Lugo Vicentino beginnt in den Jahren 1542–1543 der charakteristischste Teil der Arbeit Palladios. Er wird der Architekt des Vicentiner Adels, unbestrittener Protagonist der Erneuerung der Stadt sowohl was die privaten Palazzi als auch was die öffentlichen Gebäude angeht, und macht sich 1546 an die Umgestaltung der Basilika. 1556 ist er an der Gründung der Accademia Olimpica in Vicenza beteiligt, und im gleichen Zeitraum entwirft er die Villa Almerico Capra, die immer wieder imitierte »Rotonda«. Es folgen unter anderem die Villa Pisani di Mira und die Villa Barbaro in Maser. Als Jacopo Sansovino 1570 stirbt, übernimmt Palladio das Amt des offiziellen Architekten der Serenissima und übersiedelt nach Venedig. Im November des gleichen Jahres erscheinen seine *Quattro libri dell'architettura*, Grundlage der Verbreitung des Palladianismus. Jetzt ist er vor allem mit Sakralbauten befasst: als Hauptwerke entstehen in Venedig die Kirchen San Giorgio Maggiore (ab 1566) und Il Redentore (1577–1592). Palladios letztes Werk ist das Teatro Olimpico in Vicenza. Der Bau ist noch nicht vollendet, als Palladio am 19. August 1580 stirbt. Fünf Jahre später wird das von Vincenzo Scamozzi fertig gestellte Theater eingeweiht.

Parler, Peter (Schwäbisch Gmünd 1330–Prag 1399)

Peter Parler, Architekt und Bildhauer von Rang im Prag des 14. Jahrhunderts, verändert in der Regierungszeit Karls IV. das Gesicht dieser böhmischen Stadt, indem er den ursprünglichen Plan des Mathias von Arras aktualisiert, die Karlsbrücke (ab 1357) entwirft und das Schloss Karlstein für den Kaiser errichtet. Sein höchst origineller Stil hatte eine starke Breitenwirkung auf die spätgotische Architektur Zentraleuropas.

Paxton, Joseph
(Milton Bryant, Bedfordshire 1801 – Sydenham, London 1865)
Paxton, genialer Konstrukteur von Gewächshäusern aus Glas und Eisen, unter denen die für den Herzog von Devonshire in Chatsworth errichteten an erster Stelle zu nennen sind, realisierte für die Internationale Londoner Ausstellung von 1851 dasjenige Werk, das ihm weltweiten Ruhm eintrug und ihn zum Vorläufer der Moderne machte: den Kristallpalast. Errichtet aus vorgefertigten Teilen aus Glas und Eisen, entwickelte der Kristallpalast Dimensionen, wie sie bis dahin nie erprobt worden waren; demontiert und in Sydenham rekonstruiert, wurde die enorme Konstruktion 1937 durch einen Brand zerstört.

Pei, Ieoh Ming
(Kanton 1917)
Der in China geborene Architekt emigrierte 1935 als Achtzehnjähriger in die Vereinigten Staaten. Nach dem Studium am Massachusetts Institute of Technology und in Harvard arbeitete er ab 1948 für den New Yorker Bauunternehmer Zeckendorf. 1955 gründete er eine Sozietät, die noch heute zu den angesehensten in den Vereinigten Staaten zählt, wurde bald international bekannt und errichtete in der ganzen Welt eine große Zahl öffentlicher und kommerzieller Bauten von großer Wirkung. Stilistische Unterschiede zwischen den Sozien und die lange Zeit, über die sich die Tätigkeit des Büros erstreckt, ließen Projekte entstehen, die, vom Rationalismus bis zur Postmoderne reichend, sehr verschieden sind, sich aber immer durch eine außergewöhnliche planerische Subtilität und Fertigkeit auszeichnen. Zu den bekanntesten Arbeiten gehört das Projekt für den Grand Louvre in Paris von 1983–1993 mit dem Empfangsbereich und den Service-Einrichtungen im Souterrain, von dem man durch die riesige Glaspyramide in den Hof gelangt, eine der in den letzten Jahren meistdiskutierten architektonischen Schöpfungen in Europa. 1983 erhielt Pei den Pritzker-Preis.

Pelli, Cesar
(Tucuman, Argentinien 1926)
Nach dem Studium an den Universitäten von Tucuman und von Illinois in Urbana-Champaign absolviert Pelli eine Lehrzeit im Studio von Eero Saarinen, mit dem er zehn Jahre lang zusammenarbeitet (1954–1964). Von 1968 bis 1977 ist er Sozius von V. Gruen und realisiert eines seiner bekanntesten Werke, das Pacific Design Center in Los Angeles (1971–1976). 1977 gründet er ein eigenes Büro, das öffentliche und kommerzielle Bauten errichtet, und wird zu einem der bekanntesten Architekten von Hochhäusern. Zu seinen wichtigsten Arbeiten zählen die Erweiterung des Museum of Modern Art in New York (1977), der Canary Wharf Tower und die zugehörige Eisenbahnstation in London (1986–1990) sowie die Petronas Twin Towers in Kuala Lumpur (1992–1996), gegenwärtig mit 85 Stockwerken das höchste Gebäude der Welt.

Perrault, Dominique
(Clermont-Ferrand, 1953)
1978 schließt Perrault sein Studium an der École Nationale Supérieure des Beaux-Arts in Paris ab, wo er 1981 ein eigenes Büro eröffnet. Der Sieg im Wettbewerb für das Gebäude der Universität für Ingenieure der Elektronik und Elektrotechnik in Marne-la-Vallée (1980er Jahre) macht ihn bekannt und trägt ihm bedeutende Aufträge ein. Zu nennen ist hier an erster Stelle der Entwurf für die Nationalbibliothek in Paris von 1989–1997 mit den imposanten vier Türmen, die einen natürlichen Garten einschließen. Perraults Architektur ist immer durch sehr abstrakte und minimalistische Grundrisse und Baukörper charakterisiert, die bereichert und veredelt werden durch die hohe Qualität der Verarbeitung der industriell gefertigten Materialien, die er für seine Projekte einsetzt.

Perret, Auguste
(Brüssel 1874 – Paris 1954)
Perret beginnt ein Studium an der École des Beaux-Arts in Paris, schließt es aber nicht ab, sondern beteiligt sich zusammen mit seinen beiden Brüdern am Baugeschäft des Vaters, das ab 1905 als Perret Frères firmiert. Seine theoretische und unternehmerische Ausbildung veranlasst ihn, in seinem Werk nach einer Synthese zwischen dem Ideal der klassisch-formalen Harmonie und den Erfordernissen der Bauwirtschaft zu suchen, die dann realisiert wird in der Verwendung von Beton und in der Nutzung seiner technischen und expressiven Potentiale. Diese Suche nach einer entsprechenden Sprache findet zu einem ausgesprochen lyrischen Ergebnis in der Kirche Notre-Dame in Le Raincy 1923, wo die tragende Struktur aus Beton mit dem Dekorativen zusammenfällt. Nach dem Zweiten Weltkrieg entstehen in Zusammenarbeit mit den Brüdern mehrere große Arbeiten, darunter 1948 der Wiederaufbau der Stadt Le Havre, die erste offizielle Bestätigung einer langen und anspruchsvollen Tätigkeit als Konstrukteur, die ihn unter die Pioniere der modernen Architektur einreiht.

Peruzzi, Baldassarre
(Siena 1481 – Rom 1536)
Seine Ausbildung als Maler erhält Peruzzi im Umkreis Pinturicchios, die Ausbildung als Architekt im Umkreis des Francesco di Giorgio Martini. Um 1503 geht er nach Rom, wo sich sein Stil durch den Kontakt mit Raffael in eine eher klassische Richtung entwickelt. Mit seinem ersten bedeutenden Bau, der Farnesina (ab 1506), realisiert Peruzzi eine klare und geometrische Struktur noch immer toskanischer Tradition. Als Mitglied der Bauhütte von St. Peter übernimmt er nach Raffaels Tod 1520 deren Leitung. In diesen Jahren entstehen zahlreiche Architekturzeichnungen, Bauaufnahmen und Entwürfe, die großen Einfluss auf die nachfolgende Traktatliteratur (vor allem auf Serlio) ausübten und sich durch ein unruhiges Suchen und Experimentieren vor dem Hintergrund bramantesker Themen auszeichnen. Frucht dieser Suche ist der Palazzo Massimo alle Colonne (ab 1532), der mit dem Fragmentarischen der Innenräume und der asymmetrischen Entsprechung von Fassade und Hof spielt. Nach der Plünderung Roms 1527 kehrt Peruzzi nach Siena zurück und beteiligt sich an der Erneuerung der städtischen Befestigungsanlagen. Peruzzis Werk ist ein Beispiel der Unruhe und Unsicherheit einer Zeit, die nach formalen Lösungen zur Überwindung des Klassizismus der Renaissance sucht.

Piacentini, Marcello
(Rom 1881–1960)
Piacentini erhält seine Ausbildung im Studio seines Vaters und am Istituto Superiore di Belle Arti in Rom. Sein Talent erweist sich erstmals anhand einer Reihe von ephemeren Bauten eindeutig eklektischer Art und in urbanistischen Projekten mitteleuropäischer und nordamerikanischer Prägung. Die römischen Entwürfe der 1920er Jahre für eine reiche Klientel von Privatleuten verraten in ihrer formalen Aktualisierung Wiener Einflüsse. Seine Polemik mit der Bewegung der jungen Rationalisten zugunsten einer auf das moderne Leben zugeschnittenen Architektur, die dennoch die Tradition respektiert, macht ihn rasch zu einem der offiziellen Architekten des »Regimes«. Erwähnung verdient unter den zahlreichen öffentlichen Aufträgen der 1930er Jahre das Projekt von 1936–1942 für die Ausstellung »E42« in Rom: Piacentini entwirft den Generalplan der Ausstellung mit dem Ziel einer Wiederbelebung des Ruhmes der antiken Größe Roms, die sich im von Guerrini, La Padula und Romano entworfenen Palazzo della Civiltà italiana manifestiert. Der Krieg bringt die Einstellung aller von Piacentini betreuten großen Baustellen und setzt auch seiner professionellen Laufbahn ein Ende.

Piermarini, Giuseppe
(Foligno 1734–1808)
Piermarini, Schüler Vanvitellis in Rom und als dessen Mitarbeiter auch in Caserta beschäftigt, war vorwiegend in Mailand tätig, wo er 1769 die Nachfolge des Meisters antritt. Mit dem Auftrag für den Palazzo Ducale (1770–1780) beginnt eine fruchtbare Tätigkeit, die ihn im Laufe von dreißig Jahren zu einer herausragenden Figur im Panorama der Architektur der Lombardei macht und ihm den Lehrstuhl für Architektur (ab 1776) an der Accademia di Brera einträgt. Piermarini, einer der angesehensten Repräsentanten des italienischen Klassizismus, verdankt seinen Ruhm zum einen der ausgeprägten Fähigkeit, sich vorgegebenen architektonischen und urbanistischen Situationen anzupassen, und zum anderen der Klarheit der räumlichen Anlage seiner Bauten, die, auch wenn sie sehr anspruchsvollen Zwecken dienen sollen, eine extreme Nüchternheit sowohl der Struktur als auch der dekorativen Elemente wahren. Von den Mailänder Werken seien genannt das Teatro alla Scala (1776–1778), der Palazzo di Brera, der Botanische Garten (1779) sowie die Palazzi Greppi (1772–1778) und Belgioioso (1772–1781); bedeutende Bauwerke im Hinterland sind die Villa Reale in Monza (1780) und die Villa Borromeo in Cassano d'Adda (ca. 1780–1785).

Pietro da Cortona (Pietro Berrettini)
(Cortona 1596–Rom 1669)
Pietro da Cortona, berühmter Architekt des barocken Rom und zugleich fantasievoller Maler, bringt den theatralischen Malstil des europäischen Seicento auf brillante und feierliche Weise zum Ausdruck. Seine Ausbildung absolvierte er in der Toskana, ging dann nach Rom und kam hier in Kontakt mit Bernini, mit dem er unter dem Pontifikat Urbans VIII. aus dem Hause Barberini am großartigen Stadtpalast dieser Familie tätig ist. Vor dem Hintergrund des noblen emilianischen Klassizismus gestaltet Pietro die Szene reicher, farbiger und bewegter; Höhepunkt ist die Dekoration des Festsaals im Palazzo Barberini mit einer ausgebreiteten allegorischen Darstellung, licht, voller virtuoser Verkürzungen und zugleich dicht von symbolischen Figuren bevölkert. In Florenz malt Pietro die Repräsentationsräume des Palazzo Pitti aus (1637–1647). In seinen letzten Jahren widmet er sich in Rom erneut der Freskenmalerei (Palazzo Pamphili, Chiesa Nuova), auch wenn er die praktische Ausführung der Bilder jetzt zu einem großen Teil seinen Schülern anvertraut. Von seinen Bauten seien genannt die Kirche SS. Luca e Martina al Foro (1635–1650) und die Umgestaltung von Santa Maria della Pace (1656–1657) in Rom mit einem halbkreisförmigen Portikus an der Fassade, die sich in einen gleichermaßen umgestalteten urbanen Kontext einfügt.

Piranesi, Giovanni Battista
(Maiano di Mestre 1720–Venedig 1778)
Piranesi, venezianischer Architekt und Stecher, kommt nach einer Ausbildung in Venedig 1740 nach Rom, wo er, abgesehen von kurzen Aufenthalten in Neapel, Pompeji, Herkulaneum und Paestum, sein ganzes Leben verbringt. Bekannt geworden wegen seiner Stiche, in denen sich Architekturfantasie mit zeitgenössischen französischen Vorbildern sowie mit der direkten Beobachtung der klassischen Antike und der wichtigsten römischen Monumente verbindet, realisiert er als Architekt das Ensemble auf dem Aventin – die Kirche Santa Maria del Priorato mit der davor liegenden Piazza und der Villa –, bei dem er alle seine Fähigkeiten als Dekorkünstler ausspielt. Sein großes Interesse an der Topografie und an der Antike bildet einen höchst wichtigen Anreiz für die Entstehung des Klassizismus in Italien.

Ponti, Gio
(Mailand 1891–1979)
Ponti, der sein Studium am Mailänder Polytechnikum 1921 abschließt, wendet sich dem Sektor der Inneneinrichtung und der dekorativen Künste zu und übernimmt die künstlerische Leitung der Porzellanfabrik Richard Ginori. In den 1920er Jahren ist er beteiligt an der Bewegung zur stilistischen Erneuerung in Mailand und realisiert hier verschiedene private Wohngebäude, u. a. das Haus in der Via Randaccio von 1925, das er gemeinsam mit E. Lancia plant. 1928 gründet er die Zeitschrift für Architektur und Design mit dem Titel Domus, die er bis 1940 und dann erneut von 1948 bis 1978 leitet. In den 1930er Jahren nähert er sich dem italienischen Rationalismus. Von den Werken aus diesen Jahren seien genannt die Fakultät für Physik in der Città Universitaria in Rom (1935) und der Palazzo Montecatini in Mailand (1938–1939). Das bekannteste Werk aus der Zeit nach dem Zweiten Weltkrieg ist das Pirelli-Hochhaus (1957–1959). Ponti hat auch in anderen europäischen Ländern und in Südamerika gebaut.

Pöppelmann, Matthäus Daniel
(Herford 1662–Dresden 1736)
Pöppelmann ist der Architekt, der der Stadt Dresden zu ihrem Beinamen »Elbflorenz« verholfen hat: August der Starke gab ihm alle besonders wichtigen Gebäude seiner sächsischen Hauptstadt in dem Augenblick in Auftrag, in dem Pöppelmann auf der Höhe seines Ruhmes stand, nicht zu vergessen einen wichtigen »Nachtrag« in Warschau (August der Starke war zugleich König von Polen). Pöppelmann war ein sehr kultivier-

ter Mann; in Kenntnis der relativen Abgeschiedenheit Dresdens reiste er viel in Italien, Frankreich und Österreich und hielt sich auch durch persönliche Kontakte mit zahlreichen Kollegen auf dem Laufenden. Neben der Umgestaltung des königlichen Schlosses und dem Bau der beiden Jagd- bzw. Lustschlösser Moritzburg und Pillnitz realisierte er mit dem Zwinger, einem weitläufigen umschlossenen Areal mit Arkaden, umgeben von den mit den Figuren Permosers reich dekorierten Pavillons, eines der größten Meisterwerke der Architektur des 18. Jahrhunderts.

Portoghesi, Paolo
(Rom 1931)
Portoghesi schließt sein Studium an der Universität Rom 1957 ab, um sich intensiv mit historischen Fragen, didaktischen Anliegen und seiner professionellen Tätigkeit zu befassen, was ihn zu einer Schlüsselfigur in der kontroversen Debatte über die Postmoderne werden lässt. Die eingehende Beschäftigung mit der Baukunst vergangener Zeiten veranlasst ihn am Ende der 1950er Jahre, sich gegen den funktionalistischen Rationalismus zu stellen, zugunsten einer historischen Orientierung der neuen Baukultur. Seinen theoretischen Betrachtungen stellt er originelle und unverwechselbare Bauten an die Seite, Frucht einer Synthese aus Anregungen der orientalischen Architektur, der Gotik, des Barocks, des Jugendstils und des Eklektizismus mit kompositorischen und formalen Elementen der Moderne. Sein Hauptwerk ist das Ensemble aus Moschee und islamischem Kulturzentrum in Rom, das zwischen 1975 und 1993 entstand.

Prandtauer, Jacob
(Stans in Tirol 1660 – Sankt Pölten 1726)
Der österreichische Architekt wird 1708 mit der Aufsicht über das Bauwesen in Oberösterreich betraut, einer Region, die durch die Türkeneinfälle schwere Schäden erlitten hatte. Prandtauer entwickelt ein funktionales, innovatives Modell für die Wiederherstellung der großen Benediktiner- und Augustinerabteien: er fügt den typischen Funktionen der sakralen Anlage die Komponente des Schutzes des Territoriums hinzu und gibt seinen Schöpfungen Eleganz und einen gewissen Wohnkomfort, der manchmal auch Räumlichkeiten einschließt, die dem reisenden Kaiser vorbehalten sind. Aussagekräftiges Hauptwerk ist die Abtei Melk, die er auf einem Felssporn hoch über der Donau realisierte (1702–1738).

Pugin, Augustus Welby
(London 1815 – 1852)
Der englische Architekt, Theoretiker und Bühnengestalter gilt als einer der wichtigsten Vertreter des »Gothic Revival«, verstanden als gedankliche Rückkehr zur ästhetischen Wahrheit und konstruktiven Kohärenz. In diesem Stil hat er zahlreiche Gebäude entworfen, darunter das Londoner Parlamentsgebäude, das in Zusammenarbeit mit Charles Barry errichtet wurde. Von Bedeutung sind auch seine Entwürfe für Wohnbauten (Haus des Künstlers in Saint-Marie Grange in Wiltshire, 1835), mit denen er jene Erneuerung der heimischen Baukunst einleitet, die dann von P. Webb fortgesetzt werden sollte.

Puig i Cadafalch, Josep
(Mataró 1869 – 1956)
Dieser Vertreter des katalanischen Modernismus liefert insofern eine persönliche Interpretation, als er sich sowohl an den lokalen folkloristischen Traditionen als auch an der zeitgenössischen europäischen Architektur orientiert. Zu seinen berühmtesten Arbeiten gehören das Haus Amatller, das Haus Macaya und der Palacio Quadras (1906), alle in Barcelona. Als Kunsthistoriker hat er zahlreiche Arbeiten über die romanische Kunst Kataloniens veröffentlicht.

Raffael (Raffaello Sanzio)
(Urbino 1483 – Rom 1520)
Raffael, Sohn des Traktatschreibers und Malers Giovanni Santi, übernimmt schon als Heranwachsender die väterliche Werkstatt und ist mit sechzehn Jahren bereits ein selbständiger Meister. Zunächst noch eingebunden in das von Piero della Francesca geprägte künstlerische Klima in Urbino, geht er um 1500 eine wache und kritische Zusammenarbeit mit Perugino ein. Die Fähigkeit, Anregungen von anderen Künstlern aufzunehmen und zu verarbeiten, kennzeichnet auch seine Florentiner Zeit (1504–1508) stark. Im Dialog mit Michelangelo und mit Leonardo gelangt der noch immer sehr junge Künstler zu einem Höchstmaß an Ausgewogenheit zwischen korrekter Anwendung der Regeln der Renaissancekunst, Imitation der Natur und Sanftheit des Ausdrucks. 1508 ruft Julius II. ihn nach Rom und beauftragt ihn mit der Ausmalung der Stanzen seines privaten Appartements im Vatikan. Der Zyklus beginnt mit der Stanza della Segnatura (1508–1511) und setzt sich mit der Stanza d'Eliodoro (1511–1513) fort, wobei ein progressiver Übergang von harmonisch angeordneten Szenen vor symmetrischen Hintergründen zu eher erregten Episoden mit suggestiven Lichtwirkungen zu beobachten ist. Es folgen Altarbilder, Porträts und Arbeiten in Fresko. Unter dem Pontifikat Leos X. ist Raffael mit dekorativen Aufgaben beschäftigt (Loggien des Vatikan, Farnesina) und modifiziert seinen Stil noch einmal, indem er nun Themen und Lösungen des unmittelbar bevorstehenden Manierismus vorwegnimmt.

Rainaldi, Carlo
(Rom 1611–1691)
Carlo Rainaldi, Sohn des Architekten Girolamo Rainaldi, übernimmt von seinem Vater jene originelle Mischung manieristischer und barocker Elemente, von der er sich nicht mehr befreien wird, obwohl er in der Folge einen grandiosen, typisch römischen Stil entwickelt. Gegenüber den drei großen Meistern Bernini, Borromini und Pietro da Cortona vertritt Rainaldi eine etwas spätere Phase des römischen Barocks. Sein Name ist vor allem mit drei großen Schöpfungen verbunden: mit Santa Maria in Campitelli (1663–1667), mit der Fassade von Sant'Andrea della Valle (1661–1665) und mit den beiden Kirchen an der Piazza del Popolo (Santa Maria di Monte Santo und Santa Maria dei Miracoli), die 1662 begonnen und 1675 unter Mitwirkung von Carlo Fontana vollendet wurden. Einige seiner Bauten zeigen überdies typisch norditalienische Kennzeichen und einen szenischen Effekt, der schon auf den Spätbarock verweist.

Raspall i Mayol, Manuel
(Barcelona 1877–1937)
Maler und Aquarellist, der 1905 ein Architekturstudium in seiner Heimatstadt abschließt und sich anschließend vor allem der Planung von Privathäusern widmet. Als Ar-

chitekt der Stadt Vallée hielt er sich bei den von ihm geleiteten städtebaulichen Maßnahmen deutlich an lokale Traditionen.

Rastrelli, Bartolomeo Francesco
(Paris 1700 – St. Petersburg 1771)
Rastrelli, der 1736 Hofarchitekt Peters des Großen wurde, ist der unbestrittene Protagonist der baulichen und urbanistischen Erneuerung der Stadt St. Petersburg unter Elisabeth II., Katharina II. und Alexander I. Dabei entwickelte er einen unverwechselbaren Stil, der russische mit abendländischen Elementen – der Renaissance und des Manierismus – verband. Außergewöhnliche Wirkungen erzielte er überdies mit der lebhaften Farbigkeit seiner Fassaden, so des Sommerpalais (1740–1744, zerstört), des Smolny-Klosters (1748–1755), des Schlosses in Zarskoje Selo (1752–1756) und des Winterpalais (1753–1762).

Rogers, Richard
(Florenz 1933)
Rogers studierte an der Architectural Association School in London und spezialisierte sich an der Yale University in New Haven. Seine ersten beruflichen Erfahrungen datieren in die Jahre zwischen 1963 und 1967, die Zeit seiner Zugehörigkeit – zusammen mit seiner Frau Su und dem Ehepaar Foster – zum Team 4. Seine Neigung zur Verarbeitung formalistischer und konstruktivistischer Motive, erkennbar schon in den letzten gemeinsam mit der Gruppe verfolgten Projekten, verstärkte sich noch nach seinem Ausscheiden aus dem Team 4 und gipfelte in dem Entwurf, mit dem Rogers international bekannt wurde – im Centre Pompidou in Paris, das er 1977 in Zusammenarbeit mit Renzo Piano realisierte. Ebenfalls 1977 eröffnete er ein eigenes Büro in London und entwickelte hier jene persönliche Sprache, die sich durch das Zurschaustellen der konstruktiven und Installationselemente und durch die Negierung jeder Fassadengestaltung im klassischen Sinne auszeichnet und ihn zu einem der typischsten Vertreter der High-Tech-Architektur gemacht hat.

Rossellino, Bernardo
(Settignano 1409 – Florenz 1464)
Bernardo Rossellino, Schüler und Mitarbeiter Albertis, tätig in der Toskana und in Rom, wird von Papst Nikolaus V. mit der Erweiterung von Querhaus und Apsis der Petersbasilika beauftragt. Sein Ruhm ist mit der Umgestaltung der Stadt Corsignano (des heutigen Pienza) verbunden, des Geburtsortes Pius' II. aus dem Hause Piccolomini: Hier ordnet er Gebäude nach dem Geschmack Albertis und im Einklang mit den urbanistischen Grundsätzen der Renaissancearchitektur um einen trapezförmigen Platz an. Darüber hinaus gelingt ihm mit der Fusion von Architektur und Skulptur eine typologische Erneuerung des Grabmonumentes, die in Florenz viele Nachahmer findet.

Rossi, Aldo
(Mailand 1931 – 1997)
Rossi studierte bis 1959 am Polytechnikum in Mailand. Wichtige Etappen seiner weiteren Ausbildung waren die Mitarbeit in der Redaktion der Zeitschrift *Casabella-continuità* in den Jahren 1955 bis 1964 und die Beschäftigung mit Adolf Loos und Étienne Louis Boullée, die in seinen frühen Bauten anklingt. In den 1960er Jahren entstehen eine Reihe von Studien zum Verhältnis von Bautypus und Stadtgestalt, die er 1966 unter dem Titel *L'Architettura della Città* in Buchform vorlegt und die großen Einfluss auf die nachfolgenden Architektengenerationen ausübten. Seine Theorie von der Präsenz primärer Elemente im Prozess der Konstruktion der Stadt, mit der er den objektiven und unpersönlichen Charakter der Architektur unterstreicht, wurde zum Bezugspunkt des Neorationalismus. Die Methodik seiner theoretischen Suche fand eine fruchtbare Entsprechung in der poetischen Dimension seiner Planungspraxis, die ihrerseits auf der immer neuen Kombination von traditionellen und »autobiografischen« Architekturelementen basiert, ein Verfahren, das ihm zahlreiche Aufträge und internationale Anerkennung eingetragen hat.

Rossi, Carlo
(Neapel 1775 – St. Petersburg 1849)
Rossi, italienischer Herkunft, jung nach Russland gekommen, war vor allem in St. Petersburg tätig. Im Gedanken an das Werk Quarenghis gestaltet er die neue zaristische Kapitale im Sinne eines monumentalen Klassizismus römischer Prägung. Zu seinen wichtigen Schöpfungen zählen das Generalstabsgebäude (1819–1825), das Alexander-Theater (1827–1832), der Senat (1824–1834) und das Michaelspalais (1819–1823).

Saarinen, Eliel
(Rantasalmi, Finnland 1873 – Bloomfield, Michigan 1950)
Saarinen studierte Malerei und Architektur in Helsinki und war hier von 1896 an bis zu seiner Übersiedlung in die Vereinigten Staaten im Jahr 1923 als Architekt tätig. Sein Jugendwerk, das in Zusammenarbeit mit den Architekten Herman Gesellius und Armas Lindgren entstand, zeigt jenen national-romantischen, von englischen Vorbildern beeinflussten Stil, der sich als Alternative zum vorherrschenden Klassizismus anbot. Die Zusammenarbeit der drei Architekten fand 1904 ein Ende, als Saarinen den Wettbewerb für den 1904–1919 realisierten Hauptbahnhof von Helsinki mit einem allein erarbeiteten, rationalistisch geprägten Entwurf gewann, der den Einfluss deutscher Vorbilder verriet und für die Eisenbahnarchitektur der Epoche exemplarisch werden sollte. In den gleichen Jahren entwickelte Saarinen ein ausgeprägtes Interesse an Stadtplanung, das von nun an immer untrennbar mit der architektonischen Planung verbunden war, so auch im Komplex der Cranbrook Academy of Art von 1926–1941, einer Synthese zwischen seinem romantischen Naturalismus und der amerikanischen Pioniertradition. In seinem Architekturbüro in Ann Arbor arbeitete auch sein Sohn Eero (gest. 1961), der das Werk des Vaters fortsetzte.

Sacchetti, Giovanni Battista
(Turin ? – Madrid 1764)
Sacchetti, Schüler und Nachfolger Filippo Juvarras, erbaute zwischen 1738 und 1764 den königlichen Palast in Madrid, wobei er den Plan seines Lehrers in den Dimensionen reduzierte und sich am Entwurf Berninis für den Louvre orientierte. Sacchetti ist auch Schöpfer der Gartenfassade des Schlosses La Granja bei Segovia nach Plänen Juvarras.

Sagrera, Guglielmo
(Guillen ? – 1454)
Sagrera, katalanischer Architekt und Bildhauer und in seinem Werk der Tradition der

– wenn auch burgundisch beeinflussten – katalanischen Gotik verhaftet, arbeitete in der Kathedrale von Palma de Mallorca (1420–1447) und in der Lonja de Mar (1445). Ab 1449 ist seine Anwesenheit am Hof Alfonsos von Aragon in Neapel dokumentiert, wo er als Leiter der Baustelle des Castel Nuovo die Türme und die Sala dei Baroni entwarf.

Salvi, Nicola
(Rom 1697–1751)
Zusammen mit Fuga, De Sanctis und anderen Architekten ist Nicola Salvi an der urbanistischen Umgestaltung der Stadt Rom in der ersten Hälfte des 18. Jahrhunderts beteiligt. Von 1732 an und bis zu seinem Tod widmet er sich seinem Hauptwerk, der Fontana di Trevi, jener überschäumenden Szenografie im Stil Berninis, mit Felsklippen, Statuen und Meeresgöttern, überraschenderweise assoziiert mit der Fassade eines Palastes von palladianischer Prägung.

Sangallo, Antonio d. Ä.
(Florenz ca. 1455–1534)
Als Mitarbeiter Giulianos bleibt Antonio bis zu dessen Tod (1516) von seinem Bruder abhängig, kann seine Originalität aber dennoch in Form mächtiger Baumassen und solider Gesamtstrukturen im cinquecentesken Geschmack demonstrieren, die den Einfluss Bramantes erkennen lassen. Bekannt auch als Militärarchitekt. Sein Hauptwerk ist die Kirche Madonna di San Biagio in Montepulciano, ein Gebäude auf dem Grundriss eines griechischen Kreuzes, das im Rahmen der Experimente des frühen Cinquecento mit dem Zentralgrundriss zu den originellsten seiner Art gehört.

Sangallo, Antonio d. J.
(Florenz 1484 – Rom 1546)
Der jüngere Antonio Sangallo, Neffe Giulianos und Antonios d. Ä., kommt 1503 nach Rom, wo er die Beschäftigung mit den antiken Vorbildern mit einer Tätigkeit auf den Baustellen Bramantes verbindet. Aus dieser Zeit stammen die Kirche Santa Maria di Loreto (nach 1507) und der Palazzo Baldassini (1510–1515). Ab 1512 arbeitet er selbständig, unterstützt vom Mäzenatentum der Familie Farnese: der Familienpalast in Rom (von Michelangelo vollendet) und die Schlösser Capodimonte und Caprarola (1515; dem Sockelgeschoss des letzteren wird Vignola später seinen Palazzo aufsetzen). In den einschlägigen römischen Kreisen bekannt und geschätzt, übernimmt Sangallo nach Raffaels Tod (1520) die Leitung der Baustelle von Sankt Peter und realisiert ein von Michelangelo stark kritisiertes Modell. Ebenso bekannt ist seine Tätigkeit als Militäringenieur, von der hier der Brunnen von San Patrizio in Orvieto (1527–1537) und die Fortezza da Basso in Florenz (1534–1537) genannt seien.

Sangallo, Giuliano
(Florenz ca. 1445–1516)
Giuliano da Sangallo, herausragender Architekt der Renaissance, Militäringenieur und Bildhauer, ist eine der kreativsten und originellsten Figuren seiner Zeit sowohl als Erbe der Tradition Brunelleschis als auch als Erfinder innovativer Formen. Die durch einen Aufenthalt in Rom 1465 vermittelte unmittelbare Anschauung der antiken Bauwerke, die er in seinen Skizzenbüchern minutiös nachzeichnet, trägt zu seiner fruchtbaren und heterogenen Tätigkeit bei, die um 1480 einsetzt und unterschiedliche Gebiete abdeckt. Als Militäringenieur ist er an den Befestigungsanlagen von Colle Val d'Elsa und von Ostia, Arezzo und Sansepolcro tätig; Brunelleschis Spuren folgt er dagegen beim Projekt für die Sakristei von Santo Spirito (ab 1489) und beim Palazzo Gondi in Florenz (ab 1490). Mit der Medici-Villa in Poggio a Caiano (nach 1480) führt er den Typus der Renaissancevilla ein, sowohl was das programmatische Antikenzitat als auch was die Grundrissgestaltung und die strukturellen Lösungen angeht, die das ganz humanistische Bestreben erkennen lassen, zu einer Synthese von Architektur und umgebendem Raum zu gelangen. Mit dem zeittypischen wachen Interesse an allem Neuen experimentiert er in der Kirche Santa Maria delle Carceri in Prato (ab 1485) auf elegante Weise mit dem Thema des Zentralgrundrisses.

Sanmicheli, Michele
(Verona 1484 –1559)
Der aus Verona stammende Architekt und Stadtplaner Sanmicheli, der seine Ausbildung in Rom erhielt, wurde 1509 zum Chef der Dombauhütte von Orvieto berufen. Nach der Plünderung Roms (1527) nach Verona zurückgekehrt, beginnt er für die Republik Venedig zu arbeiten und repräsentiert, zusammen mit Falconetto und Sansovino, jene Erneuerungsbewegung in der venezianischen Baukunst, die, offen für die römischen Einflüsse, klassische Motive in manieristischer Interpretation verwendet. In den für die großen Adelsfamilien der Stadt geplanten Palästen ändert er die bramantesken Proportionen zugunsten einer stärkeren Betonung der chromatisch-luministischen Werte. Parallel zu dieser Bautätigkeit entwickelt er eine fruchtbare Tätigkeit als Militärarchitekt der Stadt und plant Festungen vom padanischen Hinterland bis nach Dalmatien. Von herausragender Bedeutung die Tore des neuen Mauergürtels von Verona (ab 1530), bei denen er das funktionale Element – die Verteidigungserfordernisse – mit der Feierlichkeit seiner formalen Lösungen verbindet.

Sansovino, Jacopo (Jacopo Tatti)
(Florenz 1486 – Venedig 1570)
Sansovino, jahrzehntelang Protagonist der Bildhauerei und der Architektur in Venedig, ist einer der bedeutendsten Interpreten des ausgreifenden, heiteren und überzeugten Klassizismus der Hochrenaissance. Seine frühe Tätigkeit in Florenz gilt vor allem dem Gebiet der Marmorskulptur, auf dem er dem Beispiel des Andrea Sansovino folgt, dessen Nachnamen er annimmt, und steht auch in einem Bezug zu den Jugendwerken Michelangelos. Im Verlauf eines langen Aufenthaltes in Rom (1516–1527) wendet er sich dann entschiedener der Architektur zu. Im Zusammenhang mit der Plünderung Roms im Jahr 1527 plant er zunächst, nach Frankreich zu gehen, bleibt dann aber quasi zufällig in Venedig. Einbezogen in die vom Dogen Gritti veranlasste »renovatio urbis«, wird er binnen kurzem offizieller Architekt der Serenissima und als solcher zum Schöpfer von Gebäuden von hohem Symbolgehalt an den wichtigsten Punkten der Stadt (Prokuratien, Loggetta del Campanile, Markusbibliothek, Innenbereich des Dogenpalastes, Zecca). Auch in Venedig findet er Gelegenheit, sich, wenn auch vorwiegend als Planer, mit plastischen Arbeiten zu befas-

sen, wobei er jetzt die Bronze bevorzugt und frühzeitig eine manieristische »Schrift« entwickelt.

Sant'Elia, Antonio
(Como 1888 – Monfalcone 1916)
Nach einer handwerklichen Ausbildung in Como und praktischen Arbeit als Polier studierte Sant'Elia an der Accademia di Brera und erwarb 1912 das Diplom als Lehrer für Architekturzeichnung an der Accademia di Belle Arti in Bologna. Er eröffnet ein eigenes Büro in Mailand und schließt sich 1914 der futuristischen Bewegung an, für die er den Text des *Manifesto dell'architettura futurista* verfasst. Ausgehend von einer noch an den Stil der Wiener Sezession gebundenen formalen Matrix, die im einzigen von ihm realisierten Gebäude, der 1911 entstandenen Villa Elisi in San Maurizio unweit von Como, sichtbar wird, stellt er in der Folge auf einer theoretisch-planerischen Ebene volumetrische und räumliche Überlegungen an, die den späteren Äußerungen des Konstruktivismus und gewissen Entwicklungslinien der Moderne vorausgreifen. In den mehr als 300 Entwurfszeichnungen, die vor allem in den Jahren 1913 und 1914 entstehen, verleiht er seinen Visionen von einer utopischen Metropole der Zukunft eine Form, mit in Terrassen aufsteigenden Hochhäusern, großen Arterien für den rollenden Verkehr auf mehreren Ebenen, kühnen, monumentalen Gebäuden, die er niemals ausgeführt sehen sollte.

Santini-Aichel, Giovanni
(Prag 1667–1723)
Santini-Aichel, Mitglied einer aus Italien stammenden Künstlerfamilie, entwickelte einen sehr persönlichen Stil, in dem barocke Elemente sich mit gotischen Formen verbinden – Ergebnis seiner restauratorischen Tätigkeit an mittelalterlichen Klosterbauten, die von den Hussiten zerstört worden waren. Höchst originell sind die Formen, die er bei seinen Neubauten verwendet, von der Kirche auf dreieckigem Grundriss in Jungfernbrezan (Panenské Brezenay) (1706–1707) über das Schloss Karlskrone im ostböhmischen Chlumec (1721–1723) bis zur Wallfahrtskirche auf dem Grünberg (Zelená Hora) bei Saar (Zdár) (1720–1722).

Schindler, Rudolph Michael
(Wien 1887 – Los Angeles 1953)
1911 erwarb Schindler an der Technischen Hochschule Wien sein Diplom als Bauingenieur. In diesen Jahren besuchte er auch die Bauschule von Adolf Loos und studierte bei Otto Wagner. Seine Aufmerksamkeit galt sowohl den avantgardistischen Strömungen in Europa als auch der Entwicklung der Schule von Chicago und den Bauten Frank Lloyd Wrights, die er aus der entsprechenden Publikation des Verlegers Wasmuth von 1910 kannte. 1914 ging Schindler nach Chicago, wo er zunächst für kurze Zeit im Büro Ottenheimer arbeitete. 1917 wechselte er zu Frank Lloyd Wright und arbeitete anfangs in Oak Park und später in Taliesin. 1922 eröffnete er ein eigenes Büro in Los Angeles. In den Jahren 1925/26 entstand eines seiner bedeutendsten Werke, das Haus Lovell in Newport Beach. Weitere Werke sind das Haus Kallis in Hollywood (1945), das Haus Presburger in Studio City (1945) und das Haus Tilscher in Bel Air (1949).

Schinkel, Karl Friedrich
(Neuruppin 1781 – Berlin 1841)
Schinkel, Schüler von Gilly, widmete sich anfangs der Malerei und dem Bühnenbild. Im Anschluss an eine Studienreise durch Italien wendet er sich klassischen, genauer gesagt hellenistischen Formen zu und realisiert 1816–1817 sein erstes bedeutendes Bauwerk: die Neue Wache in Berlin mit ihrer strengen dorischen Kolonnade vor einem kubischen Volumen, das den Rationalismus Ledoux' verrät. Von jetzt an kennzeichnet eine rationalistische Behandlung der von der griechischen Architektur übernommenen Elemente seine Arbeiten: das Schauspielhaus (1812–1821) und das Alte Museum in Berlin (1822). Ab 1826 steht Schinkel im Dienst des späteren Königs Wilhelm IV. und realisiert in Potsdam das Schloss Charlottenhof in einem neodorischen, vom »picturesque movement« beeinflussten Stil, der sich in der Asymmetrie der Komposition und in der Tendenz zur Verbindung von Gebäude und Umfeld äußert.

Serlio, Sebastiano
(Bologna 1475 – Fontainebleau 1554/55)
Sebastiano Serlio, als Traktatist bekannter denn als Architekt, kommt 1515 nach Rom, ist hier Schüler von Peruzzi und wird mit dem Architekturverständnis Bramantes und Raffaels bekannt. 1527 emigriert er nach Venedig, wo er bis 1539 bleibt und einen Teil seines *Trattato di architettura* veröffentlicht. Von Franz I. 1541 nach Fontainebleau gerufen, übernimmt er hier das Amt des Chefarchitekten einer der berühmtesten architektonischen Unternehmungen Frankreichs, bleibt für den Rest seines Lebens in Fontainebleau und publiziert in nicht systematischer Weise weitere Teile seines Traktats. Dieser, in ganz Europa verbreitet, vereinigt die klassische römische Tradition, den venezianischen Piktorismus und den dekorativen Geschmack der französischen Künstler. Als Repertoire architektonischer Formen und Typen wird er zur unerschöpflichen Quelle für die Architekten der manieristischen Epoche.

Siza Vieira, Álvaro
(Matosinhos, Porto 1933)
Nach dem Architekturstudium an der Escola Superior de Belas Artes in Porto und einer Lehrzeit bei Fernando Tàvora eröffnet Álvaro Siza Vieira anlässlich der ersten Aufträge, die ihn erreichen, ein eigenes Büro. Schon sehr bald lässt er eine ganz individuelle ästhetisch-kritische Haltung erkennen, die sich nicht auf ein einziges Bezugsparadigma zurückführen lässt. Seine Formensprache, in die Elemente aus sehr verschiedenen Quellen eingegangen sind, die sich allerdings alle auf die Blütezeit der Moderne zurückführen lassen, im Verein mit einer großen topografischen Sensibilität und dem Bestreben, seine Gebäude in die Umgebung einzufügen, hat ihm weltweite Anerkennung und immer bedeutendere Aufträge, auch im Ausland, eingetragen. Neben der intensiven Bautätigkeit ist Álvaro Siza Vieira mit zahlreichen wichtigen Veröffentlichungen und Interviews als Kritiker und Theoretiker hervorgetreten.

Sommaruga, Giuseppe
(Mailand 1867–1917)
Sommaruga, Schüler von Camillo Boito an der Accademia di Brera, reagierte rasch auf die historistische Orientierung seines Lehrers, indem er sich den innovativsten Strömungen seiner Epoche zuwandte, im Figurativen verbunden mit der Poetik des Art

nouveau. Vom Schaffen der Wiener Meister hebt Sommaruga sich durch eine größere Materialität der Oberflächen und deren Bedeckung mit einem üppigen und lebhaften Dekor ab. Der Palazzo Castiglioni in Mailand (1901–1904), wenn auch in seiner Anlage noch dem 19. Jahrhundert zugehörig, erreicht mit dem traditionellen alternierenden Verhältnis von geschlossenen und geöffneten Partien eine bemerkenswerte Expressivität. Sommaruga führt zahlreiche Aufträge für das Mailänder Bürgertum aus, von der Villa Romeo (heute Clinica Columbus, 1912–1914) über das Hotel Tre Croci in Campo dei Fiori bei Varese (1908–1912) bis zu den Bauten, die er für die Familie Sacconi in Sarnico realisiert (1907–1912).

Soufflot, Jacques-Germain
(Irancy, Auxerre 1713 – Paris 1780)
Soufflot erhielt seine Ausbildung vor allem in Rom (1731–1738) und ließ sich dann in Lyon nieder, wo er zahlreiche Gebäude errichtete und, in die Akademie aufgenommen, zur neuen Beachtung der konstruktiven Formen und technischen Lösungen der Gotik beitrug. 1749 kehrt er mit dem Bruder der Madame de Pompadour nach Italien zurück, zeichnet die Tempel von Paestum und sorgt damit für eine kritische Neubetrachtung der architektonischen Ordnungen, wie sie von Vitruv niedergelegt wurden. 1755 zum Aufseher über die königlichen Bauten und zum Leiter der Arbeiten am Louvre ernannt, realisiert er die Kirche Sainte-Geneviève (das heutige Pantheon), die das Manifest des neuen archäologischen und technizistischen Klassizismus darstellt und zur Entstehung der neuen französischen Architekturtheorien beiträgt.

Souto de Moura, Eduardo
(Porto 1952)
Von 1974 bis 1979 studiert Souto de Moura Architektur an der Escola Superior de Belas Artes in Porto und arbeitet zugleich für Álvaro Siza. 1980 beginnt er seine freiberufliche Tätigkeit mit dem Entwurf für einen überdachten Markt in Braga, in dem eine von seinem Lehrer Fernando Tàvora übernommene brutalistische Sprache auftaucht. In den folgenden Arbeiten gibt er den Brutalismus wieder auf zugunsten eines originellen Purismus, einer Synthese der regionalen Bautradition mit abstrakten Elementen aus dem Werk Mies van der Rohes und Barragáns. Diese Sprache, die er in den 1980er Jahren an mehreren luxuriösen Wohngebäuden in Porto anwendet, trägt ihm den Sieg in zahlreichen nationalen und internationalen Wettbewerben ein. Neben seiner Tätigkeit als Architekt arbeitet er auch als Designer und hat Möbelentwürfe in Portugal wie auch im Ausland ausgestellt; auf eine Lehrtätigkeit zunächst an der Escola Superior de Belas Artes folgte inzwischen ein Lehrauftrag an der Fakultät für Architektur der Universität Porto.

Stirling, James
(Glasgow 1926 – London 1992)
Nach Abschluss seines Architekturstudiums an der Universität Liverpool und einer zeitweiligen Mitarbeit im Londoner Studio Lyons, Israel & Ellis beginnt Stirling seine professionelle Tätigkeit, die sich in drei Perioden unterteilen lässt. Die erste, die sich über die Jahre von 1956 bis 1963 erstreckt und in der er mit James Gowan zusammenarbeitet, ist charakterisiert durch eine Reihe von Arbeiten, die sich durch eine klare brutalistische Sprache auszeichnen. Ab 1964 arbeitet Stirling wieder allein, realisiert große Universitätsgebäude und beteiligt sich an mehreren Wettbewerben mit Entwürfen, die einen rezeptiven Dialog mit dem jeweiligen Kontext erkennen lassen. 1970 geht Stirling eine Zusammenarbeit mit Michael Wilford ein, die in dem Auftrag für die Staatsgalerie in Stuttgart von 1977 kulminiert. Es handelt sich um eines der signifikantesten und umstrittensten Projekte Stirlings, das eine planerische Einstellung einführt, der es um eine stark expressive Sprache und um einen eklektischen Experimentalismus geht, wie er sie auch in den späteren Entwürfen einsetzt.

Sullivan, Louis Henry
(Boston 1856 – Chicago 1924)
Nach einem kurzen Studium zunächst am Massachusetts Institute of Technology und dann an der École des Beaux-Arts in Paris tritt Sullivan 1879 in das Büro von Dankmar Adler ein, dessen Sozius er wird. 1886 erreicht ihn der anspruchsvolle Auftrag für das Auditorium Building in Chicago. Auch wenn die Synthese zwischen Struktur und Dekoration nicht rundum gelungen ist, wird doch die konstruktive Poetik Sullivans deutlich, der bestrebt ist, aus der architektonischen Form das Resultat eines harmonischen und organischen Wachstums der verschiedenen Teile zu machen. In den folgenden Gebäuden wird diese vor allem bei der Fassade des Auditoriums fehlende expressive Einheit durch die rhythmische Anordnung völlig gleicher Ebenen erreicht, akzentuiert durch vertikale Schlitze und leichte dekorative Kreuzungen. Nach der 1895 erfolgten Trennung von Adler erreichen ihn zwar nicht mehr so viele Aufträge, doch realisiert Sullivan das große Kaufhaus Schlesinger and Mayer in Chicago (heute Carson Pirie Scott & Co.), ein Werk, in dem sein Anliegen, zusammengefasst in dem berühmten Axiom »form follows function«, mit der Verwendung des tragenden Skeletts als Basis der Komposition seine Verwirklichung findet.

Tange, Kenzo
(Imabari, Shikoku 1913)
Kenzo Tange schließt sein Ingenieurstudium in Tokio 1938 ab und beginnt im Büro von Kunio Mayekawa zu arbeiten, der eine Zeit lang Mitarbeiter Le Corbusiers gewesen war. 1946 macht er sich selbständig und realisiert eine Reihe bedeutender Projekte, die die japanische Architektur gerade durch die Befreiung von den westlichen Vorbildern erneuern sollten. Seine Arbeiten aus den 1950er Jahren sind gekennzeichnet durch eine neue, symbolische Betrachtung der architektonischen Tradition Japans, im Verein mit einem unvoreingenommenen Gebrauch der modernen Formensprache. In den 1960er Jahren, in denen das Interesse an urbanistischen Fragen zunimmt, realisiert Tange zahlreiche Projekte großen Maßstabs wie den Stadterweiterungsplan für Tokio von 1960 und Gebäude von großer Wirkung im Stadtbild, an denen sich der Übergang zur metabolistischen Schule ablesen lässt. Seit 1964, dem Jahr, in dem er mit den Sportstätten für die XVIII. Olympischen Spiele in Tokio berühmt wurde, hat Tange Aufträge aus aller Welt erhalten, auf die er mit einer weniger charakteristischen und eher internationalen Architektur antwortet.

Taut, Bruno
(Königsberg 1880 – Istanbul 1938)
Taut erhielt seine Ausbildung an der Baugewerkeschule seiner Heimatstadt und eröffnete 1909 ein eigenes Büro in Berlin. Große Aufmerksamkeit wurde ihm schon bald für sein »Monument des Eisens« auf der Leipziger Bauausstellung von 1913 und für das 1914 bei der ersten Ausstellung des Deutschen Werkbundes in Köln gezeigte »Glashaus« zuteil. Über das letztgenannte Werk kam er in Kontakt mit dem Dichter und Utopisten Paul Scheerbart, dessen Idee einer Glasarchitektur Taut so stark beeindruckte, dass er sich während des Ersten Weltkrieges auf eine kurze, aber intensive Phase der theoretischen Suche einließ, die dann die radikale Avantgarde des deutschen Expressionismus leiten sollte. 1920 erwärmt er sich für den Rationalismus, und in den folgenden Jahren ist er an Planungen des Massenwohnbaus beteiligt, bei denen er seine tayloristischen Theorien einer funktionalen und ökonomischen Architektur in Lösungen umsetzt, die zu den interessantesten des 20. Jahrhunderts überhaupt gehören, wie die Siedlungen in Berlin-Britz und in Berlin-Zehlendorf. Zwischen 1930 und 1933 geht er außerdem einer intensiven Lehrtätigkeit nach. 1933 emigriert er aus politischen Gründen zunächst nach Japan, später in die Türkei.

Terragni, Giuseppe
(Medea, Mailand 1904 – Como 1943)
Terragni schließt sein Studium am Mailänder Polytechnikum 1926 ab und wird bereits in sehr jungen Jahren Mitglied der italienischen Gruppe 7 und des MIAR (Movimento Italiano per l'Architettura Razionale), womit er sich rasch zum Rationalismus bekennt und diesen dank seiner ausgesprochen klassischen Ausrichtung von den Geboten der modernen Bewegung befreit. Sein unbestrittenes Hauptwerk ist die Casa del Fascio in Como von 1932–1936, in der sich jene abstrakte und autonome Komposition durchsetzt, die für seine Architektursprache typisch ist. Sein ursprüngliches Festhalten an einer klassischen Modernität, die auf halbem Wege zwischen dem akademischen Klassizismus und dem orthodoxen Rationalismus steht, eine Frucht der weisen Verarbeitung der besten Aspekte der Poetik des italienischen Novecento, des 20. Jahrhunderts, und der metaphysischen Malerei des Giorgio de Chirico, sollte in den 1960er Jahren die rationale Architektur Aldo Rossis und die Arbeit der New Yorker »Five« beeinflussen.

Toledo, Juan Bautista de
(Madrid ?–1567)
Nachdem er in Rom gelernt hatte, arbeitete Juan Bautista de Toledo in Neapel, wo er im Auftrag des spanischen Vizekönigs Don Pedro di Toledo die Kirche San Giacomo degli Spagnoli erbaute. 1599 von Philipp II. nach Spanien zurückgerufen, ist er zwischen 1563 und 1567 mit seinem wichtigsten Bauwerk beschäftigt, dem Kloster-Palast des Escorial vor den Toren von Madrid, der nach seinem Tod von Juan de Herrera vollendet wird. Ungeachtet der späteren Veränderungen ist die Anlage des grandiosen, in strengen Renaissanceformen errichteten Komplexes doch das Werk des Juan Bautista de Toledo. Ein herausragendes Beispiel des so genannten »strengen Stils«, wurde der Escorial zum Symbol der gegenreformatorischen Unerbittlichkeit der spanischen Monarchie.

Tomé, Narciso de
(1690–1742)
Narciso de Tomé, Angehöriger einer Familie spanischer Barockbaumeister und -bildhauer, arbeitete ab 1715 zusammen mit seinem Vater und seinen Brüdern an der Fassade der Universität von Valladolid. Bekannt wurde er vor allem wegen des so genannten »Transparente« in der Kathedrale von Toledo (1721–1732), eines mitreißenden Zeugnisses des spanischen Barocks. Es handelt sich um eine Kapelle ohne Wände, in theatralischer Weise oberhalb des gotischen Umgangs installiert: eine Fantasmagorie, in Szene gesetzt in einem Raum, der von einem metaphysischen Licht erhellt und von Engeln bevölkert ist.

Utzon, Jørn
(Kopenhagen 1918)
Utzon studierte an der Kunstakademie Kopenhagen. Beeinflusst von den Ideen Alvar Aaltos und Gunnar Asplunds, mit denen er eine Zeitlang zusammenarbeitete, sowie Frank Lloyd Wrights, den er auf einer Reise durch die Vereinigten Staaten persönlich kennen lernte, interessierte er sich frühzeitig für das Konzept einer organischen Architektur. 1950 eröffnet er ein eigenes Büro in Kopenhagen und verwirklicht nun seine Vorstellungen von einer progressiven Architektur, die ihre Anregungen von der Natur bezieht und sich neuer Materialien bedient, die den spezifischen Kennzeichen des jeweiligen Baus entsprechen – einer Architektur, die er an unterschiedlichen Projekten erprobt, die sich durch Fantasie, lebendige Ausstrahlung und technische Kompetenz auszeichnen. 1957 gewinnt er den ersten Preis im Wettbewerb für den Bau des Opernhauses in Sydney, sein unbestrittenes Meisterwerk, das ihn weltweit berühmt machte und zu dessen Verwirklichung er 1962 nach Australien ging. Seit 1966 wieder in Dänemark – der Bau in Sydney wird von anderen Architekten vollendet –, realisiert er eine Vielzahl von Gebäuden, die von den in Sydney erprobten konstruktiven Methoden inspiriert sind. 2003 erhielt er den Pritzker-Preis.

Valadier, Giuseppe
(Rom 1762–1839)
Valadier, Architekt, Archäologe und Stadtplaner, ist einer der herausragenden Vertreter des italienischen Klassizismus. Tätig in Rom und im Kirchenstaat, geht er in seinem Interesse an einer Wiederbelebung des Klassischen über die gelehrten Ambitionen hinaus in dem Wunsch, den künstlerischen Glanz und die Vitalität des barocken Rom wieder zum Leben zu erwecken. In dieser Absicht plant er urbanistische Maßnahmen – von denen einige Papier geblieben sind –, die die Stadt in signifikanter Weise prägen: vom allgemeinen Plan der öffentlichen Promenade an den Kaiserforen von 1811 bis zur Gestaltung der Piazza di San Giovanni in Laterano von 1822. Sein bedeutendstes Werk ist die Umgestaltung der Piazza del Popolo. Auch wenn er sich hier klassizistischer Elemente bedient, vergisst er doch bei den Rampen, die auf den Pincio hinaufführen, keineswegs die barocke Bühnenbild-Tradition.

Van de Velde, Henry
(Antwerpen 1863 – Zürich 1957)
Van de Velde studierte Malerei an der Kunstakademie Antwerpen und später in Paris, wo er in Kontakt mit den Impressio-

nisten und den Symbolisten kam, deren Raumauffassung neue Wege zur Architektur zu eröffnen schien. Die Schriften Ruskins und das Werk von Morris veranlassten ihn zu einer Betrachtung des Kunstwerks unter sozialem Aspekt und hatten zur Folge, dass er die Malerei zugunsten des Entwerfens von Möbeln und Einrichtungsgegenständen aufgab. 1896 entstand sein erstes Gebäude, das Haus Bloemenwerf in Uccle unweit von Brüssel, in dem die Kenntnis der konstruktiven Funktion und der Bedeutung der Nutzbarkeit sowie der Verzicht auf jegliches naturalistische Ornament oder auch auf stilistische Elemente der Vergangenheit als charakteristische Merkmale seines architektonischen Denkens deutlich zum Ausdruck kommen. Die fließenden Formen und kurvigen Linien seiner Möbel und seiner Gebäude, die Anklang vor allem in Deutschland fanden, machten van de Velde zu einem der bedeutendsten Künstler des Jugendstils.

Van Doesburg, Theo
(Utrecht 1883 – Davos 1931)
Nach fauvistischen Anfängen wandte van Doesburg sich unter dem Einfluss Kandinskys einer Form der abstrakten geometrischen Malerei zu, die rasch zum rigorosen Streben nach vertikalen und horizontalen Beziehungen wurde und in der die Farbe allmählich den vorwiegend konstruktiven Werten der Weiß-, Schwarz- und Grautöne und der reinen Farben mit weniger Tiefenwirkung wich. Diese stilistisch-formale Entwicklung stand in engem Zusammenhang mit der Begegnung mit Mondrian und dem Architekten Oud im Jahre 1916; mit dem letzteren rief van Doesburg 1917 die Zeitschrift *De Stijl* sowie die Bewegung des Neoplastizismus ins Leben. Als Maler, Architekt und Kunsttheoretiker entfaltete van Doesburg auch eine rege propagandistische Aktivität in den wichtigsten künstlerischen Zentren der Zeit, Paris und Berlin. Sein Einfluss ist vor allem im Umkreis des Weimarer Bauhauses spürbar, das wiederum dem holländischen Konstruktivismus viele formale Anregungen für Grafik, Typografie und Architektur lieferte. Der Bruch mit Mondrian, verursacht durch das Manifest des Elementarismus, das 1926 erschien, bestärkte ihn in der Idee des künstlerischen Produkts als vollkommen autonome Realität, bestimmt von mathematischen Beziehungen und optischen Gesetzen: zentrales Motiv der Zeitschrift *Art Concret*, die, von van Doesburg 1930 in Paris gegründet, zum wichtigen Bezugspunkt der abstrakten Gruppen der 1930er Jahre wurde.

Vanvitelli, Luigi
(Neapel 1700 – Caserta 1773)
Der Architekt, Ingenieur, Maler und Bühnenbildner, Sohn des bekannten niederländischen Vedutenmalers Gaspar van Wittel, erhielt seine künstlerische Ausbildung in Rom. Beeinflusst von Juvarra, verband er die klassische Lektion mit der barocken und spätbarocken Tradition Roms, der er zumal das bühnenmäßige Element entnimmt, das typisch ist für seine reifen Werke. Vanvitelli war in Rom, in den Marken und in Neapel tätig, wo er, 1751 von Karl III. aus dem Hause Bourbon gerufen, sich der Planung des Schlosses in Caserta widmet. Dieses, sein Hauptwerk, ist Zeugnis des Übergangs vom Spätbarock in Richtung nüchternerer Formen und größerer Strenge und Ausgewogenheit.

Vasari, Giorgio
(Arezzo 1511 – Florenz 1574)
Der Maler, Architekt und Kunstschriftsteller Vasari gehört zu den herausragenden Figuren im spätmanieristischen Italien. Seine vielseitige Ausbildung, die auf dem frühen Florentiner Manierismus und den Werken Raffaels und Michelangelos fußt, aber auch Anregungen aus Venedig enthält, führt ihn in Richtung einer eklektischen und gelehrten Kunst, die zunächst in Rom auf eine günstige Atmosphäre trifft (Bilderzyklus im Palazzo della Cancelleria) und ihn in der Folge zur Abfassung der ersten Ausgabe (1550) seiner *Vite de' più eccellenti architetti, scultori e pittori* führt. Er kehrt in den Dienst Cosimos I. nach Florenz zurück und macht sich hier zum Befürworter und Protagonisten der Selbstdarstellung des mittlerweile im Niedergang begriffenen Herzogtums, indem er die Uffizien umgestaltet und damit einen bühnenmäßigen Zusammenhang zwischen der Piazza della Signoria und dem am anderen Ufer des Arno gelegenen Palazzo Pitti herstellt. Zudem nimmt er den Umbau und die Ausschmückung des Palazzo Vecchio (1563–1572) vor. Im Jahr 1568 kommt die zweite Ausgabe seiner *Vite* heraus, ein Meilenstein der Kunstgeschichtsschreibung und ein Werk, aus dem das Gefühl der Unsicherheit und des Niedergangs der Florentiner Kunst nach Michelangelo unschwer herauszulesen ist.

Vauban, Sébastien Le Prestre de
(Saint-Léger-de-Foucheret 1633–Paris 1707)
Vauban, Architekt und Traktatist im Dienst Ludwigs XIV., widmet sich ab 1653 dem Bau der Festungen und Verteidigungsanlagen des französischen Staates, in denen die Kunst der Fortifikation ein hohes Niveau der technischen und künstlerischen Perfektion erreicht. Zu seinen interessantesten Arbeiten zählen die Festung Neuf-Brisach von 1698 und die Verteidigungsgürtel von Arras, La Rochelle und Saint-Malo.

Venturi, Robert
(Philadelphia 1925)
Venturi studierte an der Princeton University, New Jersey, und arbeitete in den Architekturbüros von Eero Saarinen und Louis Kahn. 1958 macht er sich mit mehreren Sozien selbständig. 1967 tritt seine Ehefrau Denise Scott-Brown in das Studio ein; sie tritt von nun an zusammen mit Venturi als Autorin zahlreicher Entwürfe und auch der theoretischen Arbeiten und Publikationen hervor, denen er seinen Weltruhm verdankt. Das Büro firmiert ab 1989 unter dem Namen Venturi, Scott-Brown & Associates und führt im Laufe der Jahre sehr unterschiedliche Arbeiten aus, die allerdings alle durch den Versuch wieder zusammengefasst werden, Erkenntnisse der Wahrnehmungspsychologie in eine autonome und zutiefst amerikanische Architektursprache zu überführen. Daher die interessante und polemische Aufforderung, die amerikanische Populär- und Geschäftsarchitektur mit ihrer Neonreklame und ihren Werbeplakaten als Anregung für zeitgenössisches Planen zu betrachten – in der Folge ein Schlüsselkonzept der Postmoderne.

Vignola (Jacopo Barozzi)
(Vignola 1507 – Rom 1573)
Vignola, in der Emilia als Perspektivmaler ausgebildet, wendet sich unter dem Einfluss

des Traktats des Serlio und der Kunst der Renaissance bald der Architektur zu. Er geht nach Rom und gewinnt als Architekt das Vertrauen der Familie Farnese, für die er den Palast und die Villa in Caprarola realisiert (ab 1559). Für Papst Julius III. arbeitet er an der Villa Giulia (ab 1550), wobei er mit der Gliederung des Bauorganismus Rücksicht auf das natürliche Umfeld nimmt. Schöpfer des Gartens »all'italiana« und des Parks der Villa Lante in Bagnaia (ab 1556), realisiert er auch zahlreiche Sakralbauten, unter denen die späte Kirche Sant' Anna dei Palafrenieri (ca. 1570) herausragt. Das eigentliche Hauptwerk, die Kirche Il Gesù (ab 1568), präsentiert zum ersten Mal einen einzigen Saalraum, der sich besonders gut für die Predigt und die liturgischen Erfordernisse der gegenreformatorischen Kirche eignet.

Viollet-le-Duc, Eugène
(Paris 1814 – Lausanne 1879)
Eugène-Emmanuel Viollet-le-Duc erhält, erst 24-jährig, den großen Auftrag, die Kirche der Madeleine in Vézelay zu restaurieren; bald folgen entsprechende Aufträge für die Sainte-Chapelle und für Notre-Dame in Paris sowie für die Kathedrale von Narbonne und für Saint-Denis. 1853 zum Generalinspekteur der Monumente der Diözese bestellt, widmet er sich seiner wichtigsten restauratorischen Aufgabe, der historischen Stadtanlage von Carcassonne, und zwar nach zwei grundlegenden Vorstellungen: zum einen will er mit der Restaurierung das authentische ursprüngliche Monument wieder ans Licht bringen, obwohl er damit willkürliche Verfälschungen begeht, zum anderen ist er überzeugt, dass auch in der mittelalterlichen, speziell in der gotischen Kunst das ästhetische Moment im technischen Aspekt der architektonischen Erfindung steckt. Dem vorherrschenden akademischen Klassizismus setzt er die Beispiele der französischen Gotik entgegen, verstanden als Modelle eines nationalen Stils, womit er die konstruktive Rationalität betont und damit zum ersten Mal die Gleichsetzung von Ästhetik und Technik formuliert, die für die gesamte moderne Architektur grundsätzlich werden sollte.

Vitruv
(1. Jahrhundert v. Chr.)
Vitruv war römischer Architekt und Traktatist, Verfasser der Schrift *De architectura*, des berühmten antiken Traktats, des einzigen, der auf uns gekommen ist. In diesem Werk analysiert der Autor das Thema der Architektur in seiner Gesamtheit, von der Struktur der Städte bis zu den Baumaterialien. Seit seiner Wiederauffindung in der Renaissance bildet der Text Vitruvs das unumgängliche Modell für die Architekturschriftstellerei dieser Epoche von Alberti bis zu Palladio.

Wagner, Otto
(Penzing, Wien 1841 – Wien 1918)
Nach dem Studium an der Technischen Hochschule in Wien und an der Bauakademie in Berlin beendet Wagner in den Jahren 1861 bis 1863 seine Ausbildung an der Akademie in Wien. Im robusten und nüchternen klassizistischen Stil der ersten Phase seiner Arbeit realisiert er in Wien zahlreiche Gebäude und wird dabei zu einem der renommiertesten Vertreter seines Berufs in der Stadt, der viele öffentliche und akademische Aufträge erhält. 1896 erscheint das Manifest *Moderne Architektur*, in dem er auf der Notwendigkeit eines neuen Ansatzes zur Architektur besteht und die Prinzipien einer von Zweck und Funktion bestimmten und durch die Betonung der konstruktiven Prinzipien und der verwendeten Materialien zum Ausdruck kommenden Architektur formuliert. Das Gebäude der Wiener Postsparkasse aus den ersten Jahren des 20. Jahrhunderts setzt diese Forderung in schlüssigster Weise in die Praxis um. Mit seiner Lehrtätigkeit, seinen Schriften und seinen Entwürfen übte Wagner einen starken Einfluss auf einen Großteil der architektonischen Avantgarde Europas aus.

Webb, Philip
(Oxford 1831 – Worth 1915)
Architekt, Gestalter von Innenräumen und Künstler-Kunsthandwerker, wird Webb nach einer ersten Lehrzeit in einer Werbeagentur von George Edmund Street in dessen Architekturbüro geholt, wo er seinen zukünftigen Arbeitgeber und Freund, William Morris, kennen lernt. 1856 beginnt er als selbständiger Architekt in London zu arbeiten, und in den Jahren 1859 und 1860 erstellt er für Morris das Red House in Bexley Heath in Kent. 1862 tritt er als Sozius in die soeben gegründete Firma Morris, Marshall, Faulkner & Co. ein, für die er Inneneinrichtungen ausführt, eine Tätigkeit, die er auch nach Verlassen dieses Büros 1875 weiter ausübt. In der Folge ist er an der Konservierung historischer Gebäude beteiligt und entwickelt eine neue Technik zur Verhinderung des Alterns der Mauern. Webb ist einer der wichtigsten Exponenten des Domestic Revival in England. In seinen Wohnhäusern und in den Landvillen versucht er eine Ähnlichkeit mit dem spätmittelalterlichen Stil herzustellen, auch wenn er nicht in den Historismus verfällt. Webb entwarf auch Möbel, Stickmuster, Schmuck, Glas, Tapeten und Innenausstattungen. Der größte Teil der Stoff- und Tapetenentwürfe von Morris geht auf Webb zurück.

Wood, John d. J.
(Bath 1728 – 1782)
John Wood II, zusammen mit seinem Vater John Wood I Autor des Londoner Circus (ab 1754), ist bekannt als Schöpfer des Royal Crescent (1767–1775), eines Wohnquartiers, das als eine Art in die Landschaft sich öffnendes Amphitheater konzipiert war, gekreuzt von einer Längsachse, die ihrerseits durch eine gigantische ionische Säulenordnung gekennzeichnet ist: ein Komplex, der die englische Architektur und die pittoreske Bewegung stark beeinflussen sollte.

Wren, Christopher
(East Knoyle, Wiltshire 1632 – Hampton Court 1723)
Wren, der bedeutendste und berühmteste englische Architekt seiner Zeit, war von Haus aus Naturwissenschaftler, dessen architektonisches Werk sich nach seinen eigenen Worten dieser ursprünglichen Ausbildung verdankte. 1657 zum Professor der Astronomie in London berufen, betätigte Wren sich, wandernd zwischen der Astronomie, der Physik und der Ingenieurskunst, als Erfinder, Theoretiker und Experimentator, in einer Epoche, in der die experimentelle Wissenschaft sich in ganz Europa durchsetzte. Als Gründungsmitglied der Royal Society beschloss Wren nach dem Brand des Jahres 1666, sich ganz

der Architektur zuzuwenden. Er war Mitglied der königlichen Kommission für den Wiederaufbau der Stadt, wurde zum Generalbaumeister ernannt und mit der Projektierung zahlreicher wieder aufzubauender Kirchen beauftragt, an erster Stelle der St. Pauls-Kathedrale (1675–1710). Über die mathematischen Proportionen hinaus zeichnet sich Wrens Architektur durch eine profunde und gemessene Rationalität aus, die sich ihre Inspirationen wahlweise von den klassischen Quellen und vom französischen Klassizismus holt und eigenständige Bauten in einer Formensprache hervorbringt, die der britischen Aristokratie sehr nahe liegt.

Wright, Frank Lloyd
(Richland Center, Wisconsin 1867–Phoenix, Arizona 1959)
Nach kurzem Studium an der Fakultät für Ingenieurwesen der Universität von Wisconsin tritt Frank Lloyd Wright 1888 in das Studio von Louis Sullivan ein, mit dem er sechs Jahre lang zusammenarbeitet. In dieser Zeit vervollständigt er seine Ausbildung, in der das individualistische Denken und der amerikanische Pioniergeist, die Liebe zur Natur, die Anregungen des Shingle Style und Impulse aus der japanischen Architektur zusammenfließen. Das alles trägt zur Entwicklung jenes »organischen« Ideals bei, antiklassisch und antieuropäisch, das ihn zur Neubegründung einer Architektur führt, die wahrhaft amerikanische Grundlagen hat. Von 1893 an setzt eine mehr als sechzigjährige professionelle Tätigkeit ein, in der die unaufhörlichen Mutationen der Formen und die Entwicklung einer unermesslichen Varietät der Ideen den amerikanischen Mythos vom Pionier aufrufen, der ewig auf die Eroberung von etwas Neuem aus ist. Wrights individualistische Sprache zieht keine Schüler an, wohl aber zahlreiche Nachahmer, und sie wirkt auf die unterschiedlichsten Richtungen ein. Frucht seiner ständigen Versuche sind unter anderem die Serie der Präriehäuser, die Usonian Houses und schließlich das Raumkontinuum, das sich aus der Vereinigung von Spirale und Kreis im Guggenheim Museum in New York ergibt.

Wyatt, James
(Burton Constable, Staffordshire 1747–Marlborough, Wiltshire 1813)
James Wyatt, der sich in Italien gebildet hatte, gewann 1770 den Wettbewerb für den Bau des Pantheons in der Londoner Oxford Street und wurde in der Folge zum Modearchitekten. Er errichtete klassizistische Gebäude nach dem Beispiel der Brüder Adam (Heaton Hall bei Manchester, 1772) sowie ganz klassizistische Residenzen wie Castle-Coole in Fermanagh (1790–1798) und erreichte den Höhepunkt seiner Erfindungskraft mit der außergewöhnlichen neugotischen Anlage von Fonthill Abbey (1795–1807), die, für W. Beckford realisiert, teilweise zerstört ist.

Zumthor, Peter
(Basel 1943)
Nach einer Lehrzeit als Schreiner und Ebenist studierte Peter Zumthor Innenarchitektur an der Schule für Gestaltung in Basel und am Pratt Institute in New York. Nach Rückkehr in die Schweiz war er als Berater beim Denkmalamt des Kantons Graubünden tätig. 1979 eröffnete er ein eigenes Büro in Haldenstein. Seine ersten Arbeiten zeigen Ähnlichkeiten mit der rationalistischen italienischen Architektur. Mit der Zeit entwickelte er einen ganz eigenständigen Stil, der sich durch den kontrollierten Einsatz der Materialien, der konstruktiven Elemente, des Lichtes und des Raums auszeichnet und es dem Architekten gestattet, Werke von gehobener Qualität und Sensibilität zu realisieren, mit denen er internationales Interesse auf sich zieht. Erwähnt seien sein Entwurf für die »Topographie des Terrors« in Berlin von 1993 und die Thermalbäder von Vals, die zwischen 1991 und 1996 entstanden.

Kleines Glossar

Abakus Deckplatte des Kapitells, auf der der Architrav ruht.

Ajimez In der islamischen Architektur verbreitete Form eines Zwillingsfensters mit Mittelsäule.

Alfiz Rechteckige architektonische Form, die einen maurischen Bogen umschließt.

Ambo Lesepult, von dem aus Teile der Heiligen Schrift verlesen oder gesungen werden.

Architrav Hauptbalken, insbesondere der auf den Säulen waagerecht aufliegende und den Oberbau tragende Balken.

Arkade Bogenstellung oder fortlaufende Reihe von Bögen auf Pfeilern oder Säulen.

Attika Gebäudeteil oberhalb des Hauptgesimses; kann ein eigenes Wohngeschoss bilden.

Azulejos Vielfarbige Terrakotta- oder Majolikafliesen, für Fußböden und Wandverkleidungen im Innen- und Außenbereich eingesetzt. Arabischen Ursprungs, verbreiteten sich die Azulejos vom 13. Jahrhundert an in Spanien.

Barchessa Überdachter Anbau an Bauernhäusern, der als Getreidespeicher dient. In den palladianischen Villen ist die Barchessa der seitliche Trakt des Gebäudes, der als Verbindungsglied zwischen den Funktionsbereichen und der Villa selbst dient.

Bossenwerk siehe Rustika

Bow window (auch: bay window) Zumeist gerundetes Erkerfenster an englischen Häusern, das zur besseren Belichtung des Innenraums beiträgt.

Cimborio Runder oder oktogonaler Turm über der Vierung spanischer Kirchen, der eine Kuppel umschließt.

Circus Englische Platzanlage, ein runder, ringsum bebauter Platz, auf den die Straßen zulaufen und in dessen Zentrum sich in der Regel eine öffentliche Grünanlage befindet.

Crescent In England Sequenz von einheitlich gestalteten Häusern, die im Halbkreis angeordnet sind.

Donjon Wehrhafter Wohnturm einer Burg.

Dreikonchenchor Ein Chor, der aus drei halbrunden Räumen von gleicher Größe besteht, die miteinander eine Kleeblattform bilden.

Echinus Wulstartiger Bestandteil des Kapitells als Verbindungsglied zwischen Deckplatte und Säulenschaft.

Enfilade Zimmerflucht, bei der die Türen in einer Achse liegen und damit die Durchsicht durch alle Räume erlauben.

Exedra Halbrunde Erweiterung eines Raums.

Fiale In der gotischen Architektur kleine, schlanke, spitz auslaufende Turmspitze.

Groteske Ornamentmotiv, von antiken römischen Wanddekorationen übernommen, im 16. Jahrhundert häufig verwendet.

Ha-ha Im französischen Garten ein breiter gemauerter Graben, der als Abgrenzung dient; im Landschaftsgarten wird er zu einer grasbewachsenen Vertiefung, die den Park begrenzt und zugleich seine Grenzen verbirgt.

Ikonostasis Mit Ikonen bedeckte durchbrochene Wand, die in byzantinischen Kirchen das Presbyterium vom Hauptschiff trennt.

Isabellinischer Stil Üppiger spätgotischer Ornamentstil Spaniens, 1480–1510, benannt nach Königin Isabella.

Kantonierter Pfeiler Pfeiler, in dessen vier Hauptachsen Halb- oder Dreiviertelsäulen gestellt sind.

Joch Gewölbeeinheit innerhalb einer Folge von Einheiten; auch der durch eine Gewölbeeinheit bestimmte Raumabschnitt.

Kapitell Oberster, plastisch ausladender Teil von Säule, Pfeiler oder Pilaster, Zwischenglied zwischen Stütze und Last; besteht im Allgemeinen aus einem unteren, häufig dekorierten Verbindungsteil (Echinus) und einem einfacheren oberen Teil, dem Abakus.

Kathedra Bischofsstuhl aus Holz, Marmor oder Elfenbein, hinter dem Altar aufgestellt und im Allgemeinen mit Intarsien oder Flachreliefs verziert.

Kathedrale Hauptkirche einer Diözese, Bischofskirche.

Kenotaph »Leeres Grab«; Gedächtnisgrabmal.

Kolonnade Säulengang mit waagerechtem Gebälk (im Unterschied zur Arkade) im Inneren oder am Außenbau eines Gebäudes.

Königsgalerie Galerie mit Königsstatuen an der Fassade französischer Kathedralen.

Krypta Aus einem oder zwei Teilen bestehender Raum unter dem Presbyterium einer Kirche. Ihren Ursprung hat die Krypta in den Apostelgräbern der römischen Basiliken aus konstantinischer Zeit; vom 7. Jahrhundert an übernimmt sie die Funktion der Aufbewahrung der Reliquien des Märtyrers, dem die Kirche geweiht ist. Vom 10./11. Jahrhundert an ist die Krypta in Schiffe unterteilt und wird größer, bis sie die Form einer zweiten, einer Unterkirche annimmt.

Laterne Von Fenstern durchbrochener Aufbau über der Scheitelöffnung einer Kuppel.

Lehrbogen (auch Lehrgerüst) Provisorisches Tragwerk zum Abstützen eines Gewölbes während seiner Errichtung.

Lisene Senkrechter flacher Mauerstreifen ohne Basis und Kapitell und ohne tragende Funktion.

Loggia Gewölbter Bogengang, von Pfeilern oder Säulen getragen, nach einer oder nach beiden Seiten offen.

Lünette Halbkreisförmiges Bogenfeld über Tür- oder Fensteröffnungen.

Mihrâb Gebetsnische in der islamischen Moschee, die die Richtung nach Mekka anzeigt.

Modul Grundmaß, von dem das Maß aller Teile eines Bauwerks abgeleitet ist.

Mozarabischer Stil Der in den maurischen Gebieten Spaniens aus frühromanischen und maurischen Elementen entstandene Stil, dessen Träger die von den Mauren unterworfenen Christen waren.

Mudejar-Stil Der von den Mudejaren, den nach der Reconquista »zum Bleiben ermächtigten« Mauren, vertretene Bau- und Dekorationsstil.

Mur épais Entkernte starke Außenmauern mit einer Art Korridor im Inneren.

Narthex Gedeckter Portikus auf Säulen oder Pfeilern als Vorraum der christlichen Basilika.

Normannische Galerie Korridor vor Blendempore, typisch für die anglonormannische Architektur.

Obergaden (auch Lichtgaden) Fensterregion im oberen Mittelschiff einer Basilika, die der direkten Belichtung des Hauptschiffs dient.

Ogive Französischer Ausdruck für den gotischen Spitzbogen.

Okulus Kleines Rundfenster.

Opus sectile Wand- oder Fußbodendekoration aus steinernen oder marmornen Bändern, in geometrischen Mustern.

Pendentif Dreieckszwickel, der den Übergang vom quadratischen oder polygonalen Querschnitt des zu überwölbenden Raums in den kreisrunden Querschnitt der Kuppel ermöglicht.

Pilaster Mehr oder weniger flach aus der Wand hervortretender Pfeiler mit stützender Funktion.

Pilotis Der französische Ausdruck bedeutet soviel wie »Grundpfahl«, »Pfahlwerk« und bezeichnet die zumeist aus Beton bestehenden runden Stützen, die ein Gebäude tragen, es vom Erdboden isolieren und damit einen überdachten, wandlosen Raum umschreiben, der in direkter Beziehung zum Außenraum steht.

Platereskenstil Architekturstil, der seine Blütezeit in Spanien zwischen dem Ende des 15. und dem Ende des 16. Jahrhunderts hatte; er zeichnet sich durch einen sehr reichen, kleinteiligen Dekor vor allem der Fassaden aus (vom spanischen Wort plata = Silber).

Portikus Von Säulen getragene offene Galerie, zumeist als Vorbau eines Gebäudes.

Presbyterium In Kultgebäuden der dem Klerus vorbehaltene Bereich um den Altar. Kann erhöht sein, wenn sich darunter eine Krypta befindet.

Pronaos Von Stützen getragene Vorhalle des antiken griechischen Tempels.

Querhaus Im basilikalen Schema der quer liegende Bauteil, der das Langhaus orthogonal schneidet und damit die Kreuzform des Gebäudes bewirkt.

Radialkapellen Radial um den Chorumgang romanischer und gotischer Kirchen angeordnete Kapellen.

Retabel Reliefgeschmückter oder mit Malerei versehener Altaraufsatz, seit dem 14. Jahrhundert in Europa und vor allem in Spanien verbreitet.

Rustika (auch Bossenwerk) Mauerwerk, dessen Quadern an der Vorderseite in roher, aber gleichmäßiger Bearbeitung belassen sind.

Serliana Dreigeteiltes Fenster, dessen Mittelteil größer und von einem Rundbogen überfangen ist und das auf einem von zwei Säulen getragenen Gebälk aufruht. Die Bezeichnung geht auf den Architekten Sebastiano Serlio zurück, der ein solches Fenster in seinem Architekturtraktat von 1551 abbildet. Auch Palladiomotiv genannt.

Tabernakel Kleiner Aufbau in der Mitte des Altars, in dem die geweihten Hostien aufbewahrt werden.

Tambour Zylindrischer oder polygonaler, zumeist mit Fenstern versehener Unterbau einer Kuppel.

Tiburio In Spanien anzutreffender polygonaler oder runder Aufbau, der in seinem Inneren eine Kuppel birgt.

Tribuna In der römischen Basilika der der Rechtsprechung vorbehaltene Ort; in den frühchristlichen Kirchen Ort des Bischofsstuhls und der Sitze für den Klerus. In einem allgemeineren Sinn der Bereich von Presbyterium und Apsis einschließlich der Radialkapellen. Noch weitergefasst meint der Begriff eine im Innen- oder am Außenbau vorspringende Loggia oder Galerie unterschiedlicher Zweckbestimmung.

Triforium In dreifacher Bogenstellung geöffneter Laufgang innerhalb der Mauerstärke oberhalb des Arkadengeschosses und unterhalb des Obergadens des Hauptschiffes (gelegentlich auch im Querschiff und im Chor vorhanden) einer Kirche, typisch für die romanische und gotische Architektur.

Trompe Bogen oder Bogensystem, das die Anbindung eines quadratischen oder polygonalen Raums an die Rundform der darüber sitzenden Kuppel ermöglicht.

Trumeau Mittelpfeiler, der den Architrav eines Portals trägt. An den mittelalterlichen Kirchen häufig mit einer Skulptur geschmückt.

Tympanon Bogenfeld über dem Türsturz eines Portals.

Vierung Das Joch, das durch die Durchdringung von Hauptschiff und Querhaus entsteht.

Wimperg Hoher, schmaler Dreiecksgiebel, flankiert von Fialen, typisch für die gotische Baukunst.

Ziborium Auf Säulen ruhender steinerner Altarüberbau.

Register der Namen, Orte und Bauten

M

N

T

U

Bildnachweis

Die Ziffern geben Seitenzahlen an.

AKG-Images, Berlin, 13, 41 oben, 92 oben, 275 unten, 276 unten, 283, 314 oben, 325 oben, 326 oben; 165 oben links, 374 oben (Archives CDA/Guillot); 193 unten (Archives CDA/St. Genès); 203 oben (Orsi-Battaglini); 6, 15, 18, 29 oben, 21, 25, 34, 36, 37, 38 unten, 39 unten, 41 unten, 43, 44, 45, 52, 58 rechts, 59, 61 unten, 71, 73 unten, 75 rechts, 76 rechts, 77, 79, 80 oben, 81, 82 rechts, 83, 84, 89, 90, 91, 92 unten, 93, 94, 95 oben, 96 oben, 97, 99, 100, 101 oben, 106, 107 rechts, 108, 110 unten, 111 oben, 112 links, 120, 121 rechts, 122, 126 oben, 127, 156 unten, 157 unten, 168, 170, 175 unten, 189, 192, 207 rechts, 208 unten, 213, 215 oben, 218, 219, 220, 221, 222 rechts, 224, 225, 227 links, 220 rechts, 238 oben, 240, 241 unten, 245 oben, 248, 255 oben, 264, 265 oben, 267, 299 unten, 382 und Umschlagvorderseite (Bildarchiv Monheim); 60 unten (Henning Bock); 304 (Florence Delva); 257 rechts, 268, 337 oben (Keith Collie); 231, 232, 233 oben (Jerôme Da Cunha); 65 oben (Elisabeth Disney); 20 unten, 22, 26 oben, 40 unten, 56 unten, 57 oben, 60 oben, 75 Mitte, 78, 82 links, 86 links, 217 oben, 250, 352, 362 oben, 374 unten rechts (Stefan Drechsel); 32 oben (Hedda Heid); 14, 85, 98 unten, 223 oben, 254, 269 oben, 280 rechts, 280 links, 290 rechts, 290 links, 310 unten, 324 links, 351 unten (Hilbich); 379 oben (Dieter E. Hoppe); 32 unten, 38 oben, 46 unten, 206 oben, 293 (Andrea Jemolo); 282 unten (Jànos Kolmar); 124 oben (Françoise Kuntz) 8 (Tristan Lafranchis); 57 unten, 107 oben, 223 unten (Paul M. R. Maeyaert); 87, 181 unten, 186 rechts, 196 unten, 279, 291, 375 (Joseph Martin); 75 oben (Gilles Mermet); 200 unten, 208 oben (Robert O' Dea); 9, 261 unten (Pirozzi); 376, 386/387 (Florian Profitlich); 51 (Rabatti-Domingie); 353 (Jürgen Raible); 172 unten, 239 oben (Jost Schilgen); 19 unten, 23, 24 oben, 26 unten, 56 oben, 61 oben, 72, 119, 165 unten, 205 oben, 222 links (Schütze/Rodemann); 109 (Von Linden); 359 unten (Irmgard Wagner).
© Archipress/Artur, 363.
Archivio Alinari, Florenz, 73 oben.
Archivio Fotografico Associazione Culturale Crespi D'Adda, 273.
Archivio Fotografico MART, 357 unten.
Archivio Mondadori Electa, Mailand, 12, 24, 30 unten, 39 oben, 50 unten, 62, 69, 102 oben, 105 oben, 111 rechts, 113 oben, 131 oben, 137 unten, 138 rechts, 139 oben, 177, 140 unten, 141, 146 oben, 147, 148 unten, 152, 153, 169 oben, 175 oben, 195 oben, 197, 212 unten, 227 rechts, 243 oben rechts, 261 oben, 270, 274 links, 275 oben, 277, 302 oben, 303, 306 oben, 309 oben, 335 unten/Sergio Anelli, Mailand, 136, 155 unten, 156 oben, 247, 272 oben, 349 oben/Graziano Arici, Venezia, 154 oben, 155 oben, 178 links, 245 unten/Balestrini, Mailand, 54, 55 unten/Fabrizio Carraro, Turin, 278 oben, 282 oben, 308 unten, 309 unten, 311, 313, 315 unten, 333 oben, 335 oben, 356/Daniele De Lonte, 163 unten, 242, 249 unten, 263 unten, 339, 340 unten/Roberto Gargiani, 341/Roland Halbe, Stuttgart, 366/Andrea Jemolo, Rom, 146 unten, 180, 181 oben, 186 links/Diego Motto, Mailand, 294 links/Paolo Perina, 190, 191 unten/Marco Ravenna, 131 unten, 137 oben, 183 oben/Arnaldo Vescovo, Rom,10, 144 links, 178 Mitte, 187 links, 204.
Archivio Mondadori Electa, Mailand, mit Genehmigung des Ministero per i Beni e le Attività Culturali, 68 oben, 133.
© Archivio Scala, Florenz, 53, 55 oben, 145, 237.
© Madijd Asghari/Artur, 349.
Achim Bednorz, Köln, 11, 20 oben, 27, 33, 35, 40 oben, 42, 46 oben, 58, 65 unten, 66, 67 rechts, 88 rechts, 88 links, 112 rechts, 113 rechts, 114 unten, 115, 117 oben, 123 oben, 165 oben rechts, 166 unten, 173, 174, 206 unten, 207 oben, 214, 215 unten, 253 unten.
Bibliothèque Nationale de France, Paris, 253 oben.
© Luc Boegly/Archipress/Artur, 373 oben.
Bridgeman/Archivi Alinari, Florenz, 18, 257, 258.
Bridgeman Art Library, London, 285.
Cameraphoto, Venedig, 30 oben.
Fabrizio Carraro, Turin, 63 oben, 355 oben, 376 oben.
© Corbis/Contrasto, Mailand, 28, 47 unten, 67 links, 68 unten, 70, 103 rechts, 117 unten, 121 links, 124 unten, 125, 128, 144, 167 oben, 169 unten, 171, 176, 177 unten, 184, 195 unten, 200 oben, 201 oben, 202, 203, 243 unten, 246, 254, 256 oben, 257 oben, 265 unten, 269 unten, 287, 288, 289 oben, 292, 295, 298 rechts, 300, 318, 319 unten, 321, 330 oben, 337 rechts, 338, 343 oben, 346, 350, 351 oben, 354 links, 359 oben links, 364, 370 unten rechts.
Piero De Martini, Mailand, 319 oben.
© Michel Denancé/Archipress/Artur, 362 unten, 368 oben.
© Frank Eustache/Archipress/Artur, 374 unten links.
© Klaus Frahm/Artur, 324 rechts.
Gérald Halary/Artedia, Paris, 271 unten.
© Roland Halbe, Stuttgart, 301 rechts, 305 unten, 306 unten, 307, 311, 315 oben, 317, 325 unten, 329 unten, 336 unten, 348 unten, 357, 358, 359 oben rechts, 361 oben, 365 unten, 367 oben, 369, 372, 373 unten, 376 unten, 377, 378, 381 oben, 385 unten.
© Jochen Helle/Artur, 332 unten.
© Werner Huthmacher/Artur, 345 oben.
© Wolfram Janzen/Artur, 361 unten.
Andrea Jemolo, Rom, 102 unten, 161, 262, 329 oben.
© Reiner Lautwein/Artur, 281.
© Leemage, Paris, 193 oben, 286 unten.
© Erich Lessing/Contrasto, 98, 129, 308 oben.
© Magnum/Contrasto, Mailand, 164 oben.
© Dieter Leistner/Artur, 379 unten.
© Duccio Malagamba, 371, 383.

© Christian Michel/VIEW/Artur, 360 unten rechts.
© Florian Monheim/Bildarchiv Monheim/Artur, 327 unten.
© Luca Mozzati, 7, 31, 49 unten, 63 unten, 144.
© Hans Muenchalfen/Artur, 342.
© Monika Nikolic/Artur, 380 oben, 381 unten.
Archivio Oronoz, Madrid, 29.
Francesca Prina, Mailand, 80 unten, 226, 229, 296 links.
© Paul Raftery/View/Artur, 365 oben, 367 unten.
© Michael Rasche/Artur, 380 unten.
© Tomas Riehle/Artur, 276 oben.
© Rpbw, Renzo Piano Building Workshop, 372 oben, 384 oben.
© Joerg Schoener/Artur, 345 unten.
© Barbara Staubach/Artur, 370 unten links.
© Edmund Sumner/VIEW/Artur, 385 oben.
Daniela Teggi, Mailand, 96 unten, 101 unten.
Foto Vasari, Rom, 185.
Araldo Vescovo, Rom, 50 oben.
© Joerg Winde/Artur, 384 unten.

Honoraransprüche versehentlich nicht genannter Fotografen bleiben selbstverständlich gewahrt.